David Powers
June 7 1999
gift from Maribel Fierro

447
483
1105
1107 (Debel

Repertorio bibliográfico de Derecho Islámico

REPERTORIO BIBLIOGRÁFICO DE DERECHO ISLÁMICO (R.B.D.I)

PRIMERA Y SEGUNDA PARTES

COORDINACIÓN: M. FIERRO

María Jesús Carnicero
Ana Fernández Félix
Susana Peña
Cristina de la Puente
Delfina Serrano
Amalia Zomeño

Este trabajo ha sido llevado a cabo dentro de los proyectos de investigación PS93-0008 y PB96-0867 del Programa Sectorial de Promoción General de Conocimiento

UNIVERSIDAD DE MURCIA

Repertorio bibliográfico de Derecho Islámico (R.B.D.I.) : primera y segunda partes / coordinación M. Fierro ; Mª Jesús Carnicero...[et al.].- Murcia : Servicio de Publicaciones, Universidad, 1999
341 p.
ISBN 84-8371-072-2
1. Derecho Islámico - Bibliografía comentada. I. Fierro, M. II. Carnicero, María Jesús. III. Universidad de Murcia. Servicio de Publicaciones. IV. Título
016:348.97
019:941

1ª Edición, 1999

ISBN 84-8371-072-2

Depósito Legal: MU-926-1999

Impreso en España - Printed in Spain

Imprime: F.G. GRAF, S.L.

Experto crede Ruperto

Índice

Presentación

En el año 1993, se publicaba el "Repertorio Bibliográfico de Derecho Islámico (R.B.D.I.), Primera Parte", en los *Cuadernos de la Biblioteca Islámica "Félix M.ª Pareja"*, n.º 55. Queremos agradecer nuevamente a la dirección de esa revista haber aceptado publicar aquel trabajo. Las autoras de esa "Primera Parte" fueron M.ª J. Carnicero, M. Fierro, S. Peña, D. Serrano y A. Zomeño. Fue reseñada por L. al-Zwaini y L. Buskens en el *British Journal of Middle Eastern Studies* 21 (1994), pp. 144-6, y H. Krüger hizo referencia a ella en *Die Welt des Islams* 36/1 (1996), pp. 141-2.

Aquella "Primera Parte" del *R.B.D.I.* fue posible gracias a la colaboración existente, en los años anteriores a 1993, entre el Departamento de Estudios Árabes e Islámicos de la Facultad de Filología de la Universidad Complutense y el Departamento de Estudios Árabes del Instituto de Filología del Consejo Superior de Investigaciones Científicas. Dentro de esa colaboración, miembros del CSIC impartieron cursos de doctorado en la Universidad Complutense. En el curso que impartí durante los años 1989-1991, tuve la suerte de contar con un grupo de estudiantes que mostraban un grado de interés poco común y entre los que se contaban M.ª Jesús Carnicero, Susana Peña, Delfina Serrano y Amalia Zomeño. Todas ellas tenían previsto entonces realizar Tesis Doctorales sobre temas de derecho islámico bajo la dirección de la Dra. M.ª Jesús Viguera, Catedrática de Estudios Árabes e Islámicos y entonces Directora del Dpto. de Estudios Árabes e Islámicos de la Facultad de Filología de la Universidad Complutense. La ocasión era propicia para intentar hacer realidad el viejo sueño de un "Repertorio Bibliográfico de Derecho Islámico (R.B.D.I.)". En una reunión celebrada en la primavera de 1990, a la que también asistió M.ª J. Viguera, decidimos dividir el trabajo de recopilación de datos en varias fases. La primera estaría dedicada a extraer la información de las revistas, la segunda de obras colectivas y la tercera a las monografías. Se decidió asimismo hacer una consulta directa de las revistas, recurriendo al *Index Islamicus* tan sólo cuando se hubiera terminado dicha consulta para comprobar la información reunida y para corregir posibles errores u omisiones. Esta decisión estuvo motivada por el hecho de que dicha consulta directa serviría para familiarizar a las estudiantes con las revistas, pero sobre todo porque el *R.B.D.I.* nacía con la voluntad de ser una bibliografía comentada y era necesaria, en cualquier caso, la lectura de los artículos para decidir si se incluía o no su referencia.

Respecto a la primera fase, decidimos empezar por las revistas publicadas en España, Francia e Italia y la "Primera Parte" refleja esta decisión. Nuestra intención era continuar luego con las revistas publicadas en el resto de los países occidentales y pasar a continuación a las publicadas en países árabes. Sin embargo, diversos avatares interrumpieron la dedicación al proyecto de algunas de las personas que habían colaborado en esa "Primera Parte" y fue tan sólo a partir de 1996 cuando se pudo reanudar el trabajo. El equipo formado entonces y que ha elaborado la "Segunda Parte" está constituído por A. Fernández Félix, M. Fierro, C. de la Puente, D. Serrano y A. Zomeño. En la "Segunda Parte" se ha actualizado (hasta 1996, con alguna revista hasta 1997) la información de las revistas consultadas en la "Primera Parte" y se han añadido nuevas revistas.

El trabajo que hoy ofrecemos al público interesado recoge el material ya publicado en 1993 junto con la nueva información. Lo hemos denominado *Repertorio Bibliográfico de Derecho Islámico (R.B.D.I.). Primera y Segunda Parte.*

La relación de las revistas en las que se basa esta nueva entrega del *R.B.D.I.* se da al comienzo, especificando en su caso si algún número no ha podido ser consultado por no encontrarse en las bibliotecas a las que se ha tenido acceso. Las entradas son por orden alfabético de autores. Si un autor tiene varios artículos, éstos se ordenan cronológicamente.

Una novedad es la sección de reseñas extraídas de las revistas consultadas. La información al respecto se ha recogido en un apartado especial con numeración propia. La estructura adoptada es la siguiente: primero se da el nombre del autor de la obra reseñada, el título de ésta, lugar y año de edición; a continuación, referencia de la revista en la que ha aparecido la reseña y el nombre del reseñador. Se ofrece al final un índice por orden alfabético de los reseñadores.

Otra novedad es la elaboración de un índice analítico en el que se recogen los temas principales sobre los que versa la información reunida. Los artículos recogidos tratan temas no sólo de derecho islámico propiamente dicho, sino también de temas relacionados, entendiendo por "temas relacionados" aquellos trabajos, por ejemplo, dedicados al estudio de biografías de personajes que fueron alfaquíes, así como estudios generales sobre los ulemas, la enseñanza islámica, el califato, la teología, etc., siempre que se ha considerado que su lectura podía ayudar a una mejor comprensión de ciertos aspectos de la historia y las características del derecho islámico. Es preciso hacer aquí una advertencia. Nuestra dedicación a estudios sobre el islam norteafricano y andalusí se refleja en una mayor receptividad a incluir artículos en los que los "temas relacionados" tienen que ver con esas áreas geográficas. Agradeceremos que los lectores especialistas en otras áreas geográficas nos indiquen artículos que hayan podido pasarnos desapercibidos.

Es preciso insistir, como hicimos en 1993, en que el trabajo que aquí se publica no es más que una segunda entrega de un proyecto más ambicioso que contamos con terminar algún día, completando las revistas consultadas y añadiendo la información contenida en obras lectivas y en monografías.

Los fondos de revistas de la Biblioteca del Instituto de Filología del C.S.I.C. han sido la fuente principal de nuestra búsqueda. Queremos agradecer aquí a su directora, Pilar Martínez Olmo, su excelente labor al frente de dicha Biblioteca que tanto facilita el trabajo de los investigadores de esa institución. También han sido de gran ayuda los fondos de revistas de la Biblioteca del Cento de Estudios Históricos del C.S.I.C. y de la Biblioteca del Departamento de Estudios Árabes e Islámicos de la Facultad de Filología de la Universidad Complutense. Sin los fondos de revistas de la Biblioteca Islámica "Félix M.ª Pareja" este trabajo no habría podido ser llevado a cabo. Parte del trabajo de recogida se ha llevado a cabo asimismo en las bibliotecas de la School of Oriental and African Studies de la Universidad de Londres, en el Department of Near Eastern Studies de la Universidad de Princeton y en el Orientalisches Seminar de la Univ. de Tubinga. Nuestra más profunda gratitud al personal de todas esas Bibliotecas por su dedicación y su amabilidad.

Nuestro agradecimiento a todos los que, de una manera u otra, han hecho posible que los miembros del equipo culminasen este esfuerzo, muy en especial a nuestros colegas y amigos del Departamento de Estudios Árabes del Instituto de Filología del C.S.I.C. Por último, nuestro reconocimiento al Profesor Alfonso Carmona y al Director del Servicio de Publicaciones de la Universidad de Murcia sin cuyo interés y ayuda este libro no habría visto la luz.

REVISTAS

A.A.	: *Al-Andalus*, Madrid-Granada, 1933 (t.1)-1978 (t.43)
A.C.F.	: *Annali di Ca'Foscari*, Roma, 1979 (t.18)-1996 (t.35) [No se han podido consultar los tomos 1-17]
A.E.A.	: *Anaquel de Estudios Arabes*, Madrid, 1990 (t.1) - 1996 (t. 7)
A.E.S.C.	: *Annales: économies, sociétés et civilisations*, París, 1965 (t.20)-1993 (t.48). Continúa como *A.H.S.S.*
A.H.D.E.	: *Anuario de Historia del Derecho Español*, Madrid, 1924 (t.1)-1947 (t.18), 1961 (t.31)-1964 (t.34)
A.H.S.S.	: *Annales: histoire, sciences sociales*, París, 1994 (t.49)-1996 (t.51)
A.I.O.N.+	: *Annali de l'Instituto Orientale di Napoli*, Nápoles, 1940 (t.1)-1995 (t.55) *Annali Nuova Serie*
Alifbā'+	: Palermo, 1983 (t.3)-1987 (t.8-9), 1994 (t. 16) - 1995 (t. 17)
A.M.	: *Al-Andalus Magreb*, Cádiz, 1993 (t.1) - 1994 (t. 2)
A.Q.	: *Al-Qanṭara*, Madrid, 1980 (t.1)- 1996 (17)
Arabica	: París, 1954 (t.1)- 1996 (t. 43)
ArOr	: *Archiv Orientální*, Praga, 1929 (t. 1)- 1997 (t. 65). [Faltan dos fascículos de 1996 (t.64) y dos fascículos de 1997 (t. 65)]
Awrāq+	: Madrid, 1978 (t.1)- 1994 (t. 15)
B.A.E.O.	: *Boletín de la Asociación Española de Orientalistas*, Madrid, 1965 (t.1)-1996 (t.32)
B.E.O.+	: *Bulletin d'Etudes Orientales*, Damasco, 1931 (t.1)-1935 (t.5); 1942-3 (t.9) - 1994 (t. 46)
C.C.M.	: *Cahiers de Civilisation Médiévale*, Poitiers, 1958 (t.1)-1996 (t.39)
C.D.	: *La Ciudad de Dios*, v. *Religión y Cultura*
C.E.A.+	: *Cahiers d'Etudes Arabes*, París, 1987 (t.1)-1988 (t.2), 1990 (t.4)
C.H.E.+	: *Cuadernos de Historia de España*, Buenos Aires, 1944 (t.1 y 2)-1989 (t.71)

C.H.I.⁺	: *Cuadernos de Historia del Islam*, Granada, 1967 (t.1)-1984 (t.11)
C.I.H.⁺	: *Cuadernos de Investigación Histórica*, Madrid, 1975 (t.1)-1990 (t.16)
C.T.	: *Les Cahiers de Tunisie*, Túnez, 1953 (t. 1)-1991 (t. 43) [Falta 1990 (t. 42)]
D.I.	: *Der Islam. Zeitschrift für Geschichte und Kultur des islamischen Orients*, Berlín-Leipzig, 1930-39 (t. 19-25) y Berlín-Nueva York, 1975-96 (t. 52-73)
E.Ll.⁺	: *Estudios Llulianos*, Palma de Mallorca, 1959-1990
Faventia⁺	: Barcelona, 1979 (t.1)-1989 (t.11)
I.CH.	: *Islamochristiana*, Roma, 1975 (t.1)-1996 (t.22)
I.L.S.	: *Islamic Law and Society*, Leiden, 1994 (t.1)-1996 (t.3)
I.O.S.	: *Israel Oriental Studies*, Tel-Aviv, 1971 (t. 1)-1996 (t. 16)
Irfán⁺	: Buenos Aires, 1985 (t.1)-1988 (t.6)
I.S.⁺	: *Islamic Studies*, Islamabad, 1962 (t. 1)-1968 (t. 7) [este último no ha sido completado]
I.S.C.⁺	: *Islam (Storia e Civilitá)*, Roma, 1983 (t.2)-1993 (t.12)
J.A.	: *Journal Asiatique*, París, Primera serie 1822 (t.1)-1827 (t.11); Segunda serie, 1828 (t.1)-1835 (t.16); [No consultados los volúmenes 15 y 16 correspondientes a 1835]; Tercera serie, 1836 (t. 1)- 1842 (t.15); [No consultados los volúmenes 1 y 2 correspondientes a 1836]; Cuarta serie, 1843 (t.1)-1852 (t.20) [No consultados los volúmenes 19 y 20 correspondientes a 1852]; Quinta serie, 1853 (t.1)- 1862 (t.20) [No consultados los volúmenes correspondientes a febrero-septiembre y noviembre-diciembre 1856, agosto-diciembre de 1858]; Sexta serie, 1863 (t.1)-1872 (t.20); Séptima serie 1873 (t.1)-1882 (t.20); Octava serie 1883 (t.1)-1892 (t.20); Novena serie 1893 (t.1)-

1912 (t.20); Décima serie 1913 (t.1)-1922 (t.20), [No consultados los volúmenes 19-20 correspondientes a 1922]; Serie décimoprimera 1923 (t.1)-1932 (t.20). De 1933 (t. 222)-1996 (t.284).

Jábega⁺ : Málaga, 1980-1990

J.S.S. : *Journal of Semitic Studies*, Manchester, 1956 (t.1)-1996 (t.41)

M.C.V.⁺ : *Mélanges de la Casa de Velázquez*, Madrid, 1965 (t.1)-1990 (t.26)

M.E.A.H. : *Miscelánea de Estudios Árabes y Hebraicos*, Granada, 1952 (t.1)-1996 (t.45)

al-Mulk⁺ : Córdoba, 1959-60 (t.1)-1964-65 (t.4)

M.U.S.J.⁺ : *Mélanges de l'Université Saint-Joseph*, Beirut, 1906 (t. 1)-1992 (t. 52) [no se editó durante los años 1985-1989]

O.M.⁺ : *Oriente Moderno*, Roma, 1921 (t.1)-1995 (t.75)

Q. : *Qurṭuba. Estudios Andalusíes*, Córdoba, 1996 (t. 1)

Q.S.A. : *Quaderni di Studi Arabi*, Venecia, 1983 (t.1)-1996 (t.14) [No se ha podido consultar el t. 12 (1994)]

R.A.B.M.⁺ : *Revista de Archivos, Bibliotecas y Museos*, Madrid, Primera época 1871 (t.1)-1878 (t.8); Segunda época 1883 (t.9); Tercera época 1897 (t.1)-1931 (t.52); Cuarta época 1947 (t.53)-1979 (t.58)

R.B.P. : *Revue Belgue de Philologie*, Bruselas, 1933 (t.1)-1981 (t.59)

R.C. : *Religión y Cultura*, San Lorenzo de El Escorial; resulta de la fusión de las revistas *La Ciudad de Dios* (1881-1927), y *España y América* (1903-1927). Una segunda etapa abarca los años 1928-1936 bajo el título *Religión y Cultura*. A partir de 1941 y hasta 1990 vuelve a llamarse *La Ciudad de Dios*⁺

R.E.I.⁺ : *Revue des Études Islamiques*, París, 1927 (t.1)-LX (1992)

R.E.M.M.M. : *Revue du Monde Musulman et de la Méditerranée*, Aix-en-Provence, 1987 (t.48-9)-1996 (t. 79-80)

Revista de Dialectología y Tradiciones Populares : Madrid, 1996 (t. 51)

R.H.R. : *Revue de l'Histoire des Religions*, París, 1880 (t.1)-1996 (t.213)

R.I.E.E.I. : *Revista del Instituto Egipcio de Estudios Islámicos*, Madrid, 1953 (t.1)-1996 (t.28)

R.L. : *Revista de Llengua i Dret*, Julio 1988 (t.11)

R.O.M.M. : *Revue de l'Occident Musulman et de la Méditerranée*, Aix-en-Provence, 1966 (t.1-2)-1988 (t.47). Continúa como *R.E.M.M.M.*

R.S.O. : *Rivista degli Studi Orientali*, Roma, 1903 (t.1)-1996 (t.69)

Sh.A.+ : *Sharq al-Andalus*, Alicante, 1984 (t.1)-1995 (12)

S.I. : *Studia Islamica*, París, 1953 (t.1)- 1996 (82-84)

S.M.+ : *Studi Magrebini*, Nápoles, 1966 (t.1)-1990 (t.22)

S.O. : *Studia Orientalia*, Helsinki, 1925 (t. 1)-1996 (t. 79)

S.S. : *Settimane*, Spoleto, 1954 (t.1)-1996 (t.43)

T.A. : *Temas Arabes*, Madrid, 1986 (t.1-2)-1987 (t.3)

W.I.[1] : *Die Welt des Islams. Zeitschrift der deutschen Gesellschaft für Islamkunde*, Berlín, 1913 (t. 1)-1943 (t. 25) [No se han indicado los números de la páginas de las reseñas, tras el número del fascículo y el autor de la reseña, porque la información relativa a las reseñas ha sido obtenida por medio del índice. Lo mismo ha sucedido con algunos artículos, en cuyo caso se omite el comentario]

W.I. : *Die Welt des Islams. Internationale Zeitschrift für die Entwicklungsgeschichte des Islams, besonders in der Gegenwart*, Leiden, 1951 (t. 1)-1996 (t. 36)

Nota: Todas las colecciones de revistas han sido consultadas hasta 1996, a excepción de las señaladas con el signo (+).

Nuestro agradecimiento a la Universidad de Murcia y a la Sociedad Española de Estudios Árabes por haber hecho posible la publicación de esta obra. Nuestro agradecimiento también al profesor Alfonso Carmona por ser como es.

ARTÍCULOS DE REVISTAS

1. **ABBOUD HAGGAR, S.**, "*Al-ğihād* según el manuscrito aljamiado de *al-Tafrī'* de Ibn al-Ğallāb", *Sh.A.*, 12, 1995, pp. 325-38.

Edición de la sección correspondiente al *ŷihād* del ms. BN Madrid, nº 4870.

2. **ABDEL NOUR, A.**, "Traits et conflicts du monde rural Syrian au XVIIIe siècle d'après les *Fatwā* de Ḥāmid al-ᶜImādī", *M.U.S.J.*, 50, 1984, pp. 69-84.

Ejemplo de utilización de los compendios de dictámenes jurídicos como fuente para la historia. Ḥāmid al-ᶜImādī fue un muftí perteneciente, como era habitual, a una familia de notables que vivió en la 1ª mitad del siglo XVIII y que ejerció como muftí ḥanafí en Damasco, como muchos de sus antepasados. Recopiló un buen número de fetuas emitidas por los miembros de su familia bajo el título *Muqni' al-mustaftī 'an su'āl al-muftī*, obra considerada la referencia más importante en derecho ḥanafí, escuela que era la predominante durante el periodo otomano. A través de esta obra, Abdel Nour analiza el sistema de la propiedad inmobiliaria, los derechos de riego, impuestos, contratos de aparcería, tierras comunales y el abandono de las tierras y la emigración de la población en la capital, Damasco.

3. **ABDESSELEM, A.**, "Contribution a l'étude de la politique et de l'administration d'Ahmad Bey (1837-1855). La Delegation de pouvoirs de 1846", *C.T.*, 19, 1971, pp. 109-118.

Traducción al francés y análisis del texto árabe en el que se recoge la delegación de poder dada por Ahmad Bey a su primo y heredero Muḥammad Bey, cuando el primero tuvo que viajar a Francia en 1846. El documento se conservó en los Archivos Generales del Gobierno Tunecino con una nota escrita, según parece, por Ibn Abī l-Ḍiyāf.

4. **ABDO-KHALIFÉ, I., S.J.**, "Index généraux des manuscrits arabes chrétiens de la Bibliotheque Orientale de l'Université Saint Joseph de la Seconde série, suite au Catalogue, sec., série IV", *M.U.S.J.*, 40, 1964, pp. 191-233.

En las pp. de la lista de títulos, ordenada alfabéticamente, podemos encontrar algunos sobre teología, heresiografía, derecho y fuentes del derecho islámico.

5. **ABDUL-WAHAB, H.H.**, "Les steppes tunisiennes (region de Gammouda) pendant le Moyen-Age", *C.T.*, 2, 1954, pp. 5-16.

Las pp. 12-13 incluyen información sobre la organización administrativa de esta región.

6. **ABEL, A.**, "Le khalife, présence sacrée", *S.I.*, 7, 1957, pp. 29-45.

Algunas observaciones sobre los títulos adoptados por los califas y sultanes en la época de rivalidad entre 'abbāsíes y fāṭimíes (ss. X-XI).

7. **ABEL, A.**, "La *Djizya*: tribut ou rançon?", *S.I.*, 32, 1970, pp. 5-19.

Estudio sobre la concepción de la *ŷizya* desde la época del Profeta hasta la época de al-Ŷāḥiẓ.

8. **ABOU EL FADL, K.**, "Islamic Law and Muslim Minorities: The Juristic Discourse on Muslim Minorities from the second/eighth to the eleventh/seventeenth Centuries", *I.L.S.*, 1, 1994, pp. 141-87.

Este trabajo examina el discurso jurídico sobre las minorías musulmanas desde el siglo VIII hasta el XVII en lo que se refiere a las posibilidades y circunstancias legales que existen para permanecer en territorios no-musulmanes. Se trata también la cuestión de la aplicación de la *šarī'a* en el *dār al-ḥarb*, así como las relaciones de estos musulmanes con las autoridades no-musulmanas.

9. **ABUIN, Mª A.**, "Hāšim ibn 'Abd al-'Azīz", *C.H.E.*, 16, 1951, pp. 110-129.

Hāšim b. 'Abd al-'Azīz fue visir y general del emir omeya Muḥammad I. En el artículo se describen algunos litigios que hubo entre este visir y los alfaquíes de Córdoba, que no querían aceptar sus intentos de soborno.

10. **ABUN-NASR, J.M.**, "Zur politischen Bedeutung der Berufungsgerichte für die Muslime in Nigeria", *W.I.*, 28, 1988, pp. 38-61.

El debate sobre la constitución en los años 70 en Nigeria de un tribunal de apelaciones de acuerdo con la *šarī'a* (*Federal Sharia Court of Appeal*) desembocó en una crisis política entre los diferentes grupos étnicos con diversos credos.

11. **ABU-SAHLIEH, S.A.A.**, "Le délit d'apostasie aujourd'hui et ses conséquences en droit arabe et musulman", *I.CH.*, 20, 1994, pp. 93-116.

Se plantea el problema de la adecuación del derecho islámico, tanto en la teoría como en la práctica, a la Declaración de los Derechos del Hombre.

12. "Acuerdos de Cooperación entre el Estado y la Comisión Islámica de España", *Awrāq*, 13, 1992, pp. 247-262.

Ley 26/1992 del 10 de noviembre por la que se desarrolla la Ley Orgánica de Libertad Religiosa y se regula la cooperación con la agrupación considerada representativa de los musulmanes españoles.

13. **AGERON, CH.R.**, "Un rapport inédit de Louis Massignon à la commission du Centenaire de l'Algerie", *C.T.*, 33, 2, 1985, pp. 37-47.

El informe consiste principalmente en una serie de respuestas a cuestiones planteadas por A. Tardien a L. Massignon que este último replanteó dejándolas en siete, a las cuales dió respuestas de longitud equivalente. Véanse especialmente las pp. 43-44, cuestiones 6 y 7, relativas a la importancia del estatuto personal islámico para los argelinos nativos y a los resultados de la experiencia electoral surgida de la ley de 1919.

14. **AGUADÉ, J.**, "Some remarks about sectarian movements in al-Andalus", *S.I.*, 64, 1986, pp. 53-77.

Es un artículo interesante para la historia del mālikismo andalusí, en el que se pasa revista a las diversas teorías existentes sobre las razones que motivaron la implantación de la escuela mālikí en al-Andalus y se intenta explicar la relativa carencia de movimientos sectarios en la península.

15. **AGUIAR AGUILAR, M.**, "El apartado referente a la *qibla* en el *Kitāb al-qawānīn* de Ibn Ŷuzayy (siglo XIV)", *B.A.E.O.*, 30, 1994, pp. 219-28.

Se acompaña traducción del texto.

16. **AGUILERA PLEGUEZUELO, J.**, "Un tratado de procedimiento en al-Andalus", *Awrāq*, 5-6, 1982-83, pp. 103-109.

Se trata de una síntesis de la obra titulada *Tabṣirat al-aḥkām fī uṣūl al-aqḍiya wa-manāhiŷ al-aḥkām* de Ibn Farḥūn, tratado de derecho procesal y judicial.

17. **AGUILERA PLEGUEZUELO, J.**, "El manuscrito árabe nº 1165 de la

Biblioteca del Real Monasterio de El Escorial, titulado *Kitāb fay' al-amwāl (Tratado sobre la división de los bienes)* del jurista Abū Ŷa'far Aḥmad b. Naṣr al-Dāwdī (sic)", *Awrāq*, 7-8, 1984-85, pp. 39-45.

El alfaquí autor de la obra murió en Tremecén en el 402/1011. Su libro trata de la división de las tierras conquistadas por los musulmanes en al-Andalus y Sicilia, de interés para conocer la teoría y la práctica de su estatuto legal. Se resume una parte del contenido.

18. **AGUILERA PLEGUEZUELO, J.**, "El derecho mercantil marítimo en al-Andalus", *T.A.*, 1, 1986, pp. 93-106.

Se basa en el manuscrito nº 1155 de El Escorial, titulado *Kitāb akriyat al-sufun (Tratado sobre el fletamiento de los barcos)*, obra de derecho mercantil marítimo. Consiste en una introducción a la obra, destacando su importancia, y una traducción.

19. **AGUILERA PLEGUEZUELO, J.**, "Manuscrito nº 1077, en lengua árabe, de la Biblioteca del Real Monasterio de El Escorial, sin título, del que es autor el jurista granadino y juez de Mallorca Abū Isḥāq Ibrāhīm Ibn 'Abd al-Raḥmān el-Garnāṭī, del siglo XIV", *M.E.A.H.*, 36, 1987, pp. 7-20.

Traduce y edita algunos párrafos de esta obra, que incluye una discusión de aquellos puntos de doctrina peculiares de la escuela mālikí en al-Andalus.

20. **AGUILERA PLEGUEZUELO, J.**, "El pensamiento jurídico en al-Andalus", *B.A.E.O.*, 33, 1987, pp. 306-315.

Pasa revista a las características del ideario jurídico de al-Awzā'ī, cuya doctrina fue la primera en ser introducida en al-Andalus, así como a la recepción del ideario de la escuela mālikí.

21. **AGUIRRE DE CÁRCER, L.F.**, "Sobre el ejercicio de la medicina en al-Andalus", *A.E.A.*, 2, 1991, pp. 147-162.

Traducción y estudio de una fetua que trata sobre el litigio entre dos mujeres en desacuerdo sobre la remuneración que debe recibir una de ellas por haber tratado la enfermedad de dos niñas de la otra.

22. **'AKKĀM, F.**, "Des fondements de la propriété dans la

jurisprudence musulmane", *R.E.M.M.M.*, 79-80, 1996, pp. 25-42.

Estudio detallado de la apropiación de bienes vacantes (*al-istīlā' 'alā al-mubāḥ*) y de la postura de las distintas escuelas jurídicas sobre si el derecho de propiedad queda anulado si un bien es abandonado.

23. **AḤMAD, A.**, "Trends in the political thought of Medieval Muslim India", *S.I.*, 17, 1962, pp. 121-130.

Análisis de la recepción en la India del pensamiento político musulmán contenido en las obras de Niẓām al-Mulk y al-Gazālī con enumeración de diversos autores y obras.

24. **AḤMAD, A.**, "An eighteenth-century theory of caliphate", *S.I.*, 28, 1968, pp. 135-144.

Estudio de la teoría sobre el califato de Šāh Walī-Allāh (1703-1762) en las zonas islámicas de la India.

25. **AḤMAD, A.**, "The role of ulema in Indo-Muslim history", *S.I.*, 31, 1970, pp. 1-13.

Se pasa revista a la historia de la India musulmana a través de sus ulemas más importantes, sus relaciones con el poder político y las instituciones que fueron formando. Asimismo se tiene en cuenta la inclusión o no de sus ideas dentro de las corrientes generales del pensamiento en el Islam.

26. **AHMAD, M.**, "Semantics of the Theory of Interest", *I.S.*, 6, 1967, pp. 171-196.

El artículo plantea las siguientes cuestiones: qué constituye *ribā* en el contexto de las transacciones económicas modernas y en qué medida es diferente de sus -más o menos aparentemente- afines categorías económicas como *mujābara* y *muḍāraba* -que son legales para la mayoría de los alfaquíes- desde el punto de vista de un economista. El autor concluye que la cuestión de fondo es la adaptación de la prohibición de la usura a las necesidades económicas actuales y a la actividad de los bancos.

27. **AHMAD, M.**, "The political role of the ᶜulamā' in the Indo-Pakistan Sub-continent", *I.S.*, 6, 1967, pp. 327-354.

Con un excelente estudio de las principales características de este poderoso grupo social y de su evolución histórica, se analiza el papel de los ulemas en varios acontecimientos: la partición de la India, durante la revuelta anti-Qādiyānī, en la cuestión del electorado en el Este de Pakistán, en la redacción de la nueva

Constitución de Pakistán después de 1958, en la redacción de las Leyes de Familia, en el movimiento de Gulāmī Aḥmad Parvez, en el Congreso Mundial Musulmán celebrado en Octubre de 1963 en Karachi y su papel después del Acta de los Partidos Políticos. El autor concluye que, en los años sesenta, ejercieron una gran presión política en Pakistán de gran influencia y que durante este decenio estuvieron luchando en dos frentes: 1) contra una burocracia altamente semisecularizada y 2) contra el liderazgo liberal reformista.

28. **AHMAD KHAN, M.D.**, "A diplomat's Report on Wahhabism of Arabia", *I.S.*, 7, 1968, pp. 33-46.

Transcripción de un documento que es un informe diplomático redactado por Sir Harford Jones Brydges, British Resident en Bagdad, en el que describe la estructura del movimiento wahhabí de Arabia y elabora una lista de sus diez doctrinas. Se trata de uno de los primeros documentos históricos sobre esta secta y probablemente, la primera valoración de conjunto de sus postulados básicos por parte de un observador europeo.

29. **AHMAD KHAN, M.D.**, "Sayyid Aḥmad Shahīd's campaign against the Sikhs", I.S., 7, 1968, pp. 317-338.

Sayyid Aḥmad Šahīd (nacido en Rai en 1786) fue el fundador del movimiento Ṭarīqah-i-Muhammadiyya, orden mística en la cual él intentó llevar a cabo una combinación entre *ṭarīqa* y *šarīʿa*. Este movimiento pronto se convirtió en un *ŷihād* para liberar a los musulmanes de la tiranía de los Sikhs del Panjab, a través del reforzamiento de la ley islámica en la sociedad.

30. **AHMED, M.**, "The classical Muslim state", *I.S.*, 1, 3, 1962, pp. 83-104.

Las siguientes cuestiones son revisadas: la concepción islámica de comunidad, las relaciones religión-estado y el califato, el concepto de autoridad política en el estado islámico, la distribución de poder en el estado islámico, el concepto de califato en la *šīʿa* y conclusiones.

31. **AHMED, M.**, "Islamic aspects of the new constitution of Pakistan", *I.S.*, 2, 1963, pp. 249-286.

La nueva Constitución fue promulgada por el Presidente Muḥammad Ayyūb Jān en junio de 1962 y reproduce las disposiciones islámicas de la antigua Constitución de 1956 con algunas modificaciones. Los aspectos estudiados en el artículo son los siguientes: principios de legislación, la creación del Islamic Research Institute, la política de Educación islámica, la *zakāt*, habices y mezquitas, internacionalismo islámico y erradicación de los males sociales repugnantes para el Islam.

32. **ALARCÓN, M.**, "Un caso de limitación del poder real en la España musulmana", *A.H.D.E*, 2, 1925, pp. 196-199.

En el libro *Sirāŷ al-Mulūk* de al-Ṭurṭūšī hay un capítulo en el cual se insertan varias anécdotas sobre casos en los que los representantes del poder político se vieron coartados por la opinión de los juristas. En este caso, Almanzor quiere comprar un terreno que pertenece a las fundaciones pías y los juristas no se lo permiten. El artículo consta de una introducción y una traducción de la anécdota.

33. **ALBARRACIN NAVARRO, J.**, "Una carta morisca de dote y arras. Granada (1540) y Juan Martínez Ruiz", *Sh.A.*, 12, 1995, pp. 263-78.

De interés para las prácticas matrimoniales entre los moriscos.

34. **ALI, M.**, "Le *Kitāb al-farq bayna wilāyāt Ahl al-Islām wa wilāyāt Ahl al-Kufr* de Dan Fodio" (présentation, édition critique et traduction française), *I.Ch.*, 6, 1980, pp. 179-209.

Esta obra del reformador musulmán nigeriano ʿUṯmān b. Fūdī (m. 1232/1817) se inscribe dentro de su estrategia político-religiosa con miras a elaborar una ideología islámica de lucha y resistencia.

35. **ALLARD, M.**, "En quoi consiste l'opposition faite à al-Ash'ari par ses contemporains hanbalites?", *R.E.I.*, 28, 1960, pp. 93-105.

Intento de explicación de la oposición entre al-Ašʿarī y sus contemporáneos ḥanbalíes, oposición motivada por la diferente utilización del *qiyās*, y sobre todo, por la primacía del texto sagrado y la *Sunna*, y por su posición ante el problema del Corán increado.

36. **ALUCH, A.**, "Organización administrativa de las ciudades en el Islam español", *M.E.A.H.*, 10, 1961, pp. 37-68.

Análisis de las funciones desempeñadas por los distintos cargos del gobierno en las ciudades. En lo que se refiere a la institución judicial, se dedica un apartado a la figura del cadí, a sus funciones religiosas y administrativas, y a sus ayudantes. Gran parte del artículo está centrado en la institución de la *ḥisba*. En las conclusiones se establecen ciertas comparaciones entre las instituciones musulmanas y las cristianas.

37. **ALUFFI BECK PECCOZ, R.**, "La riforma del diritto di famiglia in Somalia", *O.M.*, 70, 1990, pp. 93-99.

En 1975 Somalia codificó las normas de la ley islámica en materia de matrimonio, filiación y actos de última voluntad (*waṣiyya*), innovando radicalmente las reglas que rigen la sucesión legítima. Se destacan los principales artículos de esta materia reformada y se subraya el paso del concepto de paridad (*maṯal*) y de adecuación (*kafā'a*) al de igualdad.

38. **ÁLVAREZ DE MORALES, C.**, "Aproximación a la figura de Ibn Abī-l-Fayyāḍ y su obra histórica", *C.H.I.*, 9, 1978-79, pp. 29-127.

El autor de esta obra de carácter histórico fue el alfaquí y cadí Ibn Abī l-Fayyāḍ (375/986-459/1066).

39. **AMIR-MOEZZI, M.A.**, "Al-Ṣaffār al-Qummī (m. 290/902-3) et son *Kitāb baṣā'ir al-darajāt*", *J.A.*, 280, 1992, pp. 222-250.

Uno de los primeros autores šī'íes duodecimanos en recopilar un compendio teológico-jurídico, del que se ofrece un índice.

40. **AMOR, A.**, "La notion d'*umma* dans les constitutions des états arabes", *Arabica*, 30, 1983, pp. 267-289.

Análisis del término *umma* teniendo en cuenta su utilización en las diferentes constituciones de los países árabes actuales. Este término aparece utilizado como *umma*, como *umma 'arabiyya* o como *umma islāmiyya*, siendo, en determinados momentos, el estandarte de los nacionalismos árabes.

41. **ANDERSON, J.N.D.**, "The Personal Law of the Druze Community", *W.I.*, 2, 1952-53, pp. 1-9 y 83-94.

Resumen y comentario del código personal promulgado en el Líbano el 24-II-1948, destinado a la comunidad drusa, que contenía 172 leyes relativas, entre otros temas, al matrimonio, su disolución, custodia de los niños, sustento, tutela, la sucesión y los *awqāf*.

42. **ANDERSON, J.N.D.**, "The Family Law of Turkish Cypriots", *W.I.*, 5, 1957-58, pp. 161-187.

A pesar de la casi total substitución en 1926 en Turquía de la ley islámica por el Código Civil suizo, en algunas zonas del antiguo Imperio Otomano -ese es el caso de la comunidad musulmana de Chipre-, sigue aplicándose la *šarī'a*, por la que se rigen todas las relaciones familiares. El autor analiza el matrimonio y el divorcio en Chipre, atendiendo al predominio de circunstancias locales, y destaca los diferentes vacíos legales existentes: los bienes de cada cónyuge, la capacidad legal de la mujer, etc.

43. **ANDERSON, J.N.D.**, "Reforms in the law of divorce in the Muslim world", *S.I.*, 31, 1970, pp. 41-52.

Estudio de los aspectos en los que las leyes sobre el divorcio han sido modificadas y reformadas desde Irán hasta Marruecos. En general, se puede decir que lo que esencialmente ha cambiado con estas reformas es dar a la esposa el derecho de que su matrimonio se disuelva mediante un acto jurídico y de que su opinión se tenga en cuenta a la hora de concertar el contrato.

44. **AL-ANNĀBĪ, A.**, "Le rôle de la magistrature dans la réforme de la famille (en Tunisie) présentation, traduction, et note par M. Borrmans)", *O.M.*, 51, 1971, pp. 631-649.

Estudio de varios discursos de Aḥmad al-'Annābī, Consejero de la "Cour d'Appel" de Túnez, sobre el papel de los magistrados en la reforma de la familia en Túnez y más particularmente sobre el Código del Estatuto Personal, de agosto de 1956, y algunos problemas que su adopción trajo consigo.

45. **AL-ANNABI, H.**, "Réorganisation du notariat musulman de Tunisie et mouvement zitounien au sortir des années 1920", *C.T.*, 36, 1988, pp. 85-99.

La cuestión objeto de estudio en este artículo es que la nueva legislación concerniente al notariado musulmán de Túnez, aparecida en 1928, fue importante por dos razones: 1) la práctica notarial en Túnez le debe algunas reglas fundamentales que se han conservado invariables y 2) dicha legislación generó un movimiento contestatario de amplia repercusión entre los estudiantes de la Universidad de al-Zaytūna. Se llega a la conclusión de que ni la institución notarial ni la estructura de enseñanza en la Zaytūna resultaron modificadas, balance negativo para el cual el autor afirma no haber encontrado una explicación y termina su trabajo planteando nuevas preguntas.

46. **ANÓNIMO**, "Colección de códices árabes existentes en el Archivo Municipal de Córdoba", *Al-Mulk*, 1, 1959-1960, pp. 107-120.

La colección consta de 61 manuscritos entre los que hay algunos de derecho musulmán.

47. **ANSARI, Z.I.**, "Islamic juristic terminology before Šāfi'ī: a semantic analysis with special reference to Kūfa", *Arabica*, 19, 1972, pp. 255-300.

Estudio de la terminología jurídica empleada en los primeros tiempos del Islam en Kūfa, donde se precisó la definición de términos como *sunna*, *iŷmā'*, *ra'y*, *qiyās* e *istiḥsān*.

48. **ANSAY, T.**, "Die Eheschliessung der Türken in der Bundesrepublik Deutschland", *W.I.*, 15, 1974, pp. 26-38.

El autor estudia los matrimonios contraídos por turcos emigrantes en la República Federal Alemana. Presta especial atención al problema legal del matrimonio religioso tradicional turco que G. Jäschke había llamado en sus trabajos "matrimonio de imām" (*imam-ehe*).

49. **ANTES, P.**, "Los problemas actuales de la ética islámica", *Awrāq*, 14 (1993), pp. 11-46.

Tras la descripción de los ideales del comportamiento islámico para individuos, familias y comunidades según la doctrina clásica islámica, se analiza su adecuación o falta de ella a la vida moderna.

- **ANTUÑA, M. MARTÍNEZ**: v. **MARTÍNEZ ANTUÑA, M.**

50. **ARAZI, A.**, "*Al-Risāla al-Baybarsiyya* d'al-Suyūṭī. Un document sur les problèmes d'un *waqf* sultanien sous les derniers mamlūks", *I.O.S.*, 9, 1979, pp. 329-354.

Misiva escrita por el alfaquí al-Suyūṭī (s. IX/XV) en el que explica los problemas económicos que atraviesa al-Baybarsiyya, la fundación pía construida en el s. VIII/XIV para servir de retiro espiritual a eremitas y místicos. Se incluye el texto árabe y la traducción de la carta.

51. **ARBERRY, A.J.**, "The Repertory of Ibn al-Anṣārī", *I.S.*, 7, 1968, pp. 247-263.

Lista de obras estudiadas por el egipcio Zayn al-Dīn Abū Yaḥyà Zakariyā' b. Muḥammad b. Aḥmad b. Zakariyā' al-Sunaikī al-Šāfi'ī, conocido como Ibn al-Anṣārī, en la que un buen número de las mencionadas son sobre *fiqh*.

52. **ARCAS CAMPOY, M.**, "Ibn Abī Zamanīn y su obra jurídica",

C.H.I., 11, 1984, pp. 87-101.

Artículo dividido en cuatro partes que estudian la biografía de Ibn Abī Zamanīn (324/936-399/1008), sus obras jurídicas, el *Kitāb Muntajab al-aḥkām* y estudio del contenido de este manual de jurisprudencia mālikí, en el que se recoge parte de la doctrina de los juristas anteriores al autor.

53. **ARCAS CAMPOY, M.**, "Un resumen de la Historia de al-Andalus del alfaquí granadino Abū l-Qāsim b. Ŷuzayy (s. XIV)", *M.E.A.H.*, 36, 1987, pp. 157-163.

Dentro de la obra de *fiqh* titulada *Qawānīn al-aḥkām al-šar'iyya wa-masā'il al-furū' al-fiqhiyya* de este alfaquí granadino, se encuentra un pequeño resumen de la historia de al-Andalus. La autora destaca el interés y la rareza que supone la presencia de un texto histórico en un tratado de *fiqh*.

54. **ARCAS CAMPOY, M.**, "Un tratado de derecho comparado: el *Kitāb al-Qawānīn* de Ibn Ğuzayy", *Q.S.A.*, 5 y 6, 1987-1988, pp. 49-57.

Ibn Ŷuzayy (693/1294-741/1340) fue tradicionista, estudioso del Corán, asceta, *jaṭīb* de la mezquita mayor de Granada y muftí. El artículo es un estudio de su biografía y de la estructura y contenido de su obra *Kitāb al-Qawānīn*. Esta puede encuadrarse dentro del género *ijtilāf*, es decir, estudio de las divergencias de opinión entre las distintas doctrinas jurídicas y también entre los miembros de una misma escuela.

55. **ARCAS CAMPOY, M.**, "Algunas consideraciones sobre los tratados de jurisprudencia mālikī de al-Andalus", *M.E.A.H.*, 37, 1988, pp. 13-21.

De interés para el que se asome al estudio de la jurisprudencia mālikí en al-Andalus. Contiene una útil descripción de los distintos tipos de tratados, un análisis de su evolución y se señalan los aspectos que, a juicio de la autora, suscitan mayor interés para futuras investigaciones.

56. **ARCAS CAMPOY, M.**, "Los Banū Abī Zamanīn: una familia de juristas", *M.E.A.H.*, 40-41, 1991-1992, pp. 11-20.

Familia de juristas andalusíes de origen beréber de cuyos miembros se tienen noticias entre 298/910 y 602/1205.

57. **ARCAS CAMPOY, M.**, "Teoría jurídica de la guerra santa:

el *Kitāb qidwat al-gāzī* de Ibn Abī Zamanīn", *A.M.*, 1, 1993, pp. 51-66.

A través de la obra de este autor andalusí del s. IV/X se pasa revista a la teoría jurídica del *ŷihād* a partir de tres puntos fundamentales: 1) concepto y normativa; b) el combate; c) el botín.

58. **ARCAS CAMPOY, M.**, "La escatología de la guerra santa", *B.A.E.O.*, 29, 1993, pp. 167-176.

Gran parte del material está sacado de la obra de Ibn Abī Zamanīn (m. 399/1008), *Kitāb qidwat al-gazī*.

59. **ARCAS CAMPOY, M.**, "La penalización de las injurias en el derecho mālikí", *B.A.E.O.*, 30, 1994, pp. 209-218.

Las injurias son analizadas en sus diversas categorías: 1) injurias propiamente dichas (no aluden a sexualidad ilícita ni a filiación), con tres subgrupos: a) imputación de actos y conductas prohibidas; b) animalización; c) pertenencia a otra religión; 2) Injurias que aluden a sexualidad ilícita o filiación sin intención de calumnia, con dos subgrupos: a) sexualidad ilícita; b) filiación.

60. **ARCAS CAMPOY, M.**, "Las bebidas alcohólicas en el derecho mālikí", *B.A.E.O.*, 31, 1995, pp. 269-278.

De especial interés lo referente al castigo por beber vino.

61. **ARCAS CAMPOY, M.**, "Los alimentos en el derecho mālikí", *B.A.E.O.*, 32, 1996, pp. 111-120.

Detallado análisis del material sobre alimentos en fuentes jurídicas mālikíes. Entre las conclusiones cabe destacar lo referente a la relación entre los tratados jurídicos y los científicos.

62. **ARIOLI, A.**, "Il *Kitāb al-tadwīn*", *Annali di Ca' Foscari*, 8(3), 1978, pp. 39-80.

Obra de prosopografía dedicada a los alfaquíes šāfi'íes de Qazwīn.

63. **ARJOMAND, S.A.**, "The office of *Mulla-bashi* in shi'ite Iran", *S.I.*, 57, 1983, pp. 135-146.

Descripción del oficio de *mulla-bashi*, que era, entre los ulemas, el maestro de príncipes en el imperio safawí. Se destaca su importancia en la política y administración del Estado, al tiempo que se hace un repaso a las instituciones alrededor del poder político constituídas por los ulemas.

64. **ARKOUN, M.**, "Religion et société d'après l'exemple de l'Islam", *S.I.*, 55, 1982, pp. 5-59.

Ensayo sobre el papel histórico de la religión islámica y las reacciones provocadas por la modernidad. Se insiste en dos aspectos: la ligazón existente entre el Islam y un determinado ámbito geográfico, y la utilización del Islam desde distintas ópticas políticas.

65. **ARNALDEZ, R.**, "La place du Coran dans les *Uṣūl al-Fiqh* d'après le *Muḥallā* d'Ibn Ḥazm", *S.I.*, 32, 1970, pp. 21-30.

Análisis del lugar que ocupa el Corán en la doctrina de los *uṣūl al-fiqh* de Ibn Ḥazm y de las diferencias que existen según se trate de *'ibādāt* (prescripciones religiosas) o de *mu'āmalāt* (actos y hechos jurídicos). El autor trata más exahustivamente este último aspecto.

66. **ARNALDEZ, R.**, "Statut juridique et sociologique de la femme en Islam", *C.C.M.*, 20, 1977, pp. 131-143.

Estudio centrado en la doctrina del Corán sobre el estatuto jurídico de la mujer y en la recogida en los comentarios coránicos.

67. **ARO, J.**, "Die Arabischen, Persischen und Türkischen Handschriften der Universitätsbibliothek zu Helsinki", *S.O.*, 23, 4, 1958, pp. 5-84.

En las páginas 23-27 están enumerados los manuscritos escritos en árabe sobre teología, tradiciones y jurisprudencia conservados en la biblioteca de la Universidad de Helsinki.

68. **ARRIBAS PALAU, M.**, "La documentación del Archivo Histórico Nacional relativa al Norte de Africa", *R.I.E.E.I.*, 20, 1979-80, pp. 69-143.

Referencia a varios manuscritos de tema jurídico, entre ellos, dos comentarios a la *Tuḥfat al-ḥukkām* de Ibn 'Āṣim y un comentario al *Mujtaṣar* de Jalīl b. Isḥāq.

69. **ASÍN PALACIOS, M.**, "Una sinopsis de la ciencia de los

fundamentos jurídicos según Algazel (Análisis y extractos de la introducción de su *Mostasfa*)", *A.H.D.E.*, 2, 1925, pp. 13-26.

Es una traducción española de la introducción del *Kitāb al-Mustasfā min 'ilm al-uṣūl* de al-Gazālī, obra que tuvo difusión en al-Andalus entre jurisconsultos y filósofos.

70. **ASÍN PALACIOS, M.**, "Un códice inexplorado del cordobés Ibn Ḥazm", *A.A.*, 2, 1934, pp. 1-56.

Sobre un manuscrito de la biblioteca de la mezquita M. Fātiḥ de Estambul que contiene varias epístolas de Ibn Ḥazm, en algunas de las cuales se tocan cuestiones sobre derecho.

71. **(')ATHAMINA, K.**, "Taxation Reforms in early Islamic Khurasān: A Reassessment", *D.I.*, 65, 1988, pp. 272-281.

Estudio de la evolución en el pago de la *ŷizya* y otros impuestos en Jurasán, a medida que la población se convertía progresivamente al Islam. Se refleja la tensión entre los nuevos *mawālī* y el gobierno de Damasco, ante la necesidad de reformas fiscales.

72. **ATRAN, S.**, "La *masha'a* et la question foncière en Palestine, 1858-1948", *A.E.S.C.*, 42, 1987, pp. 1361-1390.

La *maš'a* es un sistema de régimen comunitario caracterizado por la posesión colectiva de la tierra con una redistribución periódica de parcelas entre los miembros de la comunidad. Esta regulación del régimen de propiedad en la época precolonial palestina se ha visto amenazada por la colonización inglesa y por el estado de Israel. Descripción de las características de este sistema.

73. **ATTYA, H.**, "L'Organisation de l'oasis", *C.T.*, 5, 1957, pp. 39-43.

Sobre una institución llamada *miyād*, nacida a partir de la desconfianza mutua y del interés común entre los habitantes de los oasis, consistente en una especie de consejo constituído para el mantenimiento y el desarrollo de este medio natural.

74. **AULIĀ'I, M.**, "Temas de la ciencia del Hadiz (traducido del inglés por 'Abdul 'Ali Bize)", *'Irfan*, 1, 1985, pp. 44-50.

Se publicó la versión inglesa de este artículo, titulada "Outlines of the Development of the science of Hadith" en la revista *at-Tawḥīd*.

75. **ÁVILA, Mª L.**, "La proclamación (*bay'a*) de Hišām II. Año 976 d.C.", *A.Q.*, 1980, pp. 79-114.

En este artículo se tratan, entre otros aspectos, los problemas legales de la proclamación de Hišām II, datos sobre el cadiazgo, medios de vida de los alfaquíes y diversas cuestiones jurídicas.

76. **ÁVILA, Mª L.**, "Nuevos datos para la biografía de Baqī b. Majlad", *A.Q.*, 6, 1985, pp. 321-367.

Este artículo proporciona nueva información sobre Baqī b. Majlad (m. 276/889), contenida en el repertorio biográfico de Ibn Ḥāriṯ al-Jušanī, *Ajbār al-fuqahā' wa-l-muḥaddiṯīn*. Se edita el texto árabe de esta biografía y se da una relación alfabética de los maestros de Baqī citados en ella.

77. **AYOUB, M.**, "Religious freedom and the Law of apostasy in Islam", *I.CH.* 20 (1994), pp. 75-91.

Tras pasar revista a la evolución del delito de *ridda* o apostasía según se refleja en las fuentes musulmanas, se concluye que la apostasía se transformó en un problema político tras la etapa colonial y la actividad misionera de los cristianos.

78. **AL-AZMEH, A.**, "Orthodoxy and Ḥanbalite Fideism", *Arabica*, 35, 1988, pp. 253-266.

La interpretación alegórica es ajena a la doctrina ḥanbalí, que se caracteriza por su fideísmo, es decir, por la afirmación de los dogmas sin ningún tipo de discusión. En este artículo se exploran las relaciones de la escuela ḥanbalí con el aš'arismo y las consecuencias que el fideísmo tiene en el concepto de autoridad.

79. **BACHROUCH, T.**, "Aux origines de l'Etat tunisien a l'epoque turque", *C.T.*, 33, 1985, pp. 49-71.

Artículo interesante para el estudio de la evolución del derecho público islámico en Túnez desde los tiempos de la dominación turca, pasando por el periodo de colonización y culminando en la independencia. El resultado constituiría la base del Estado de Derecho tunecino.

80. **BADAWĪ, 'A.R.**, "Autobibliografía de Ibn 'Arabī", *A.A.*, 20, 1955, pp. 107-128.

Sobre la *iŷāza* que Ibn 'Arabī concedió al sultán Muẓaffar, hijo del sultán al-'Ādil, en la que cita todas las obras que aprendió de sus maestros y las que él mismo escribió. El documento tiene fecha de 1234 (Ibn 'Arabī murió en 1240). Entre estas obras se encuentran algunas de derecho.

81. **BAER, G.**, "Popular Revolt in Ottoman Cairo", *D.I.*, 54, 1977, pp. 213-242.

Estudia el papel desempeñado por los *'ulamā'* en las revueltas acaecidas en El Cairo en tiempos del Imperio Otomano, a finales del s. XVIII y principios del XIX.

82. **BAER, G.**, "The transition from traditional to western Criminal Law in Turkey and Egypt", *S.I.*, 45, 1977, pp. 175-158.

Trata sobre los códigos de derecho penal de Egipto y Turquía de principios del siglo XIX que pueden considerarse como un nuevo enfoque de las leyes otomanas, pero manifiestan ciertos signos de transición de la ley tradicional a la ley penal moderna.

83. **BAJRAKTAREVIĆ, F.**, " Les études islamiques en Yugoslavie", *ArOr*, 3, 1931, pp. 492-507.

En la p. 503 están recogidos los estudios realizados por investigadores yugoslavos sobre derecho islámico, y especialmente sobre la aplicación de éste en Yugoslavia.

84. **BALAÑA i ABADIA, P.**, "Recull bàsic de terminologia juridica catalano-aràbiga", *Revista de Llengua i Dret*, 11, 1988, pp. 137-156.

En este glosario se recoge terminología jurídica moderna imprescindible para la traducción del catalán al árabe.

85. **BARCELÓ, C.**, "Nuevos fondos arábigo-valencianos: la colección Martínez-Aloy", *A.Q.*, 7, 1986, pp. 321-330.

Catálogo de la colección Martínez-Aloy de fondos arábigo-valencianos, entre los cuales se encuentran algunos apuntes de legislación, azoras del Corán, preceptos y prescripciones religiosos.

86. **BARCELÓ, M.**, "La primerença organització fiscal d'al-Andalus segons la *Cronica del 754* (95/713-4-138/755)", *Faventia*, 1, 1979, pp. 227-257.

Estudio de la *Crónica anónima de 754* en la que encontramos numerosa información sobre el proceso de organización fiscal en al-Andalus, los pactos a los que se llegó tras la conquista, división en *jums*, aumento y distribución de impuestos, formación de lazos de clientela tribales (*walā'*) y regímenes de concesiones territoriales (*iqṭā'āt*).

87. **BARDIN, P.**, "Le cadastre de la haute vallée de la Medjerda", *C.T.*, 1, 1953, pp. 261-285.

Estamos ante un ejemplo de la complejidad y las repercusiones sociales de los procesos de transición entre el sistema legal islámico y el europeo como consecuencia del colonialismo en el norte de Africa en el siglo XX. En Túnez el Protectorado dió al país un régimen inmobiliario moderno, el de los "livres foncières" o libros inmobiliarios, inspirado en el ACT TORRENS australiano, con un proceso de inscripción en el registro que permitía a todos los solicitantes que pudieran probar sus derechos sobre una propiedad hacerla pasar del sistema tradicional islámico al de los "livres foncières". Como la medida no era reversible, la cantidad de superficies sometidas al nuevo régimen aumentó cada vez más en detrimento del viejo sistema.

88. **BARIANI, L.**, "Intervista al Muftī d'Egitto, šayḫ Muḥammad Sayyid Ṭanṭawī", *O.M.*, 72, 1992, pp. 135-144.

Entre los temas tratados se cuentan el papel de los alfaquíes en las sociedades islámicas contemporáneas.

89. **BARRE, R.**, "De la réforme agraire à la politique de développement agricole", *C.T.*, 3, 1955, pp. 645-663.

Cuatro ejemplos de reforma agraria y de política de desarrollo agrícola a mediados del siglo XX: el caso italiano, egipcio, indio y chino. El caso egipcio ocupa las pp. 649-652 y 659-660. La reforma que tuvo lugar en este país tuvo lugar en 1952 y se implantó a través de un decreto ley. La razón por la que incluímos referencia a estos procesos de reforma agraria en países musulmanes es que muchos de ellos ilustran la transición del sistema legal islámico a otros modernos y basados en modelos occidentales.

90. **BASHEAR, S.**, "On the origins and development of the meaning of *zakāt* in early Islam", *Arabica*, 40, 1993, pp. 84-113.

El concepto de *zakāt*, según las fuentes lexicográficas árabes, conlleva el sentido de purificación de la propiedad para bendecirla y hacerla multiplicar. Se utilizó también para establecer quién es un musulmán contra el que no se puede combatir.

91. **BASRŪR, R.**, "Waṯīqat waqf al-sulṭān al-Nāṣir Muḥammad", *C.T.*, 38, 1989, pp. 5-55 de la parte árabe.

Al-Nāṣir Muḥammad fue un sultán otomano. El estudio enfatiza el valor de los documentos sobre habices para la investigación relativa a la arquitectura religiosa en Egipto. El documento, cuyo contenido no es transcrito en el artículo, se ha conservado en la colección de la Maḥkamat al-aḥwāl al-šajṣiyya de la Dār al-waṯā'iq al-qawmiyya bi Qalʿat al-Qāhira, nº ŷ 2., pp. 401-425 y 427-449. Existen dos copias de dicho documento que está fechado en 8 ŷumāda II de 725h./22 de mayo de 1325. Se habla de los requisitos para la validez de un acta de constitución de habiz o *waṯīqat taḥbīs*.

92. **BEAUMONT, M.D.**, "Hard-Boiled: Narrative Discourse in early Muslim Traditions", *S.I.*, 83, 1996, pp. 5-32.

Aplicación de la metodología de G. Gennette a la tradición profética.

93. **BECK, S.**, "Das Afghanische Strafgesetzbuch vom Jahre 1924 mit dem Zusatz vom Jahre 1925", *W.I.*[1], 11, 1928, pp. 67-157.

Traducción del persa del Código Penal afgano de 1924 y su continuación de 1925.

94. **BECKINGHAM, C. F.**, "A Cipriot *Wakfiya*", *J.S.S.*, 1, 1956, pp. 389-97.

Se trata de la edición y traducción de un *waqf* de la primera mitad del siglo XIX. El documento trata de una propiedad en un pequeño pueblo chipriota cuyos habitantes son musulmanes. La propietaria y fundadora del *waqf* reclama ser descendiente de una mujer cristiana casada con un oficial otomano que se convirtió al Islam. Es un claro ejemplo del poder de la Iglesia Ortodoxa en la isla de Chipre en la época inmediatamente anterior a la revolución griega. Menciona cómo los cristianos se habían apoderado de las tierras de los turcos, dando sus propiedades a la Iglesia.

95. **BEHRNAUER, W.**, "Mémoire sur les institutions de police chez les Arabes, les Persans et les Turcs", *J.A.*, 15, 1860, pp. 461-508; 16, 1860, pp. 114-190 y 347-392; 17, 1861, pp. 5-76.

Contiene información sobre las instituciones de policía en los países árabes y el cargo de *muḥtasib* durante la época medieval. Hay un interesante análisis de las fuentes utilizadas (manuscritos de *ḥisba* de la Biblioteca imperial de Viena y la *Nihāyat al-rutba* del *šayj* Annabrawī).

96. **BEL, A.**, "Mohammed ben Cheneb" (Nécrologie), *J.A.*, 114, 1929, pp. 359-365.

Algunos de sus estudios tienen interés jurídico.

97. **BELDICEANU, N.**, "A propos du code coutumier de Meḥmed II et de l'oeuvre juridique d'Aḥmed Hersekzāde", *R.E.I.*, 38, 1970, pp. 163-172.

Breve análisis del código de leyes consuetudinarias que Meḥmed II (1451-1481) promulgó con el fin de facilitar la administración del imperio otomano al englobar éste territorios de diferente tradición jurídica.

98. **BELDICEANU, N.**, "Un acte sur le statut de la communauté juive de Trikala", *R.E.I.*, 40, 1972, pp. 129-138.

Estudio de un acta, encontrada en los Archivos de la Presidencia del Consejo en Estambul, sobre la situación de la comunidad judía de Trikala y el impuesto que la administración otomana le exigía.

99. **BELIN, M.**, "Fetoua relatif à la condition des zimmis, et particulièrement des chrétiens, en pays musulmans, depuis l'établissement de l'islamisme, jusqu'au milieu du VIIIe siècle de l'hégire", *J.A.*, 18, 1851, pp. 417-516; 19, 1852, pp. 97-140.

El autor, Ibn Naqqāš, fue un muftí y *jaṭīb* egipcio (m. 763/1362). La fetua data de 759/1357-58 y trata de la condición de los ḏimmíes en zonas islámicas y las relaciones existentes entre ellos y los musulmanes. El trabajo se divide en dos partes. En la primera se describen los principales tratados relativos a los ḏimmíes y más particularmente a los cristianos. La segunda parte contiene las capitulaciones suscritas por los cristianos. Añade otros documentos que pueden completar el trabajo de Ibn Naqqāš.

100. **BELIN, M.**, "Extrait d'un mémoire sur l'origine et la constitution des biens de main-morte en pays musulman", *J.A.*, 2, 1853, pp. 377-427.

Traducción, edición y estudio de dos documentos jurídicos turcos sobre donaciones: el primero del tribunal de un cadí de Constantinopla y el segundo del *mehkème* de Galata (suburbio de Constantinopla).

101. **BELIN, M.**, "Idjāzè, ou diplôme de licence pour le professorat, délivré à Constantinople, à la fin du dernier

siècle de l'ère vulgaire; traduit de l'arabe", *J.A.*, 5, 1855, pp. 548-571.

Se hace una breve introducción sobre los métodos de enseñanza en el Islam, las *madrasa*-s y las materias en ellas impartidas. La *iŷāza* que se traduce y edita consta de tres partes, un panegírico del nuevo "licenciado", una lista de los sabios con los que estudió el maestro y una serie de consejos que el profesor da al alumno.

102. **BELIN, M.**, "Etude sur la proprieté foncière en pays musulmans, et spécialment en Turquie (rite hanefite)", *J.A.*, 18, 1861, pp. 380-431; 19, 1861, pp. 156-212.

Es un estudio del nuevo código sobre los bienes raíces elaborado a partir de la reforma legislativa de 1854 en Turquía. Se hace una comparación con la legislación europea.

103. **BELIN, M.**, "Bibliographie ottomane, ou notice des livres turcs imprimés à Constantinople durant les années 1281, 1282 et 1283 de l'hégire", *J.A.*, 11, 1868, pp. 465-491.

Véanse, en cada año, los apartados dedicados a Teología y Ciencias religiosas.

104. **BELIN, M.**, "Du régime des fiefs militaires dans l'islamisme, et principalement en Turquie", *J.A.*, 15, 1870, pp. 187-301.

Análisis histórico de las instituciones y el aparato del Estado en lo que respecta a la organización del ejército musulmán, estudiando la concesión de *iqṭā'āt*.

105. **BELKHODJA, M.H.**, "L'emigration andalouse vers l'Ifrīqiya au VIIe/XIIIe siècle", *C.T.*, 18, 1970, pp. 129-137.

Artículo redactado en árabe con un breve resumen en francés al final. Se habla de la contribución de los emigrantes andalusíes en la vida intelectual de Ifrīqiya bajo el gobierno de los primeros ḥafṣíes. El estudio se basa, esencialmente en la *Riḥla* de Ibn Rušayd (véanse pp. 133-134).

106. **BELKHODJA, H.**, "Le point de vue de l'Islam sur le travail", *C.T.*, 20, 1, 1972, pp. 135-149.

Traducido al francés por J.G. Magnin, se trata de un discurso pronunciado el 27 de Ramadán de 1390h./25 de noviembre de 1970 y cuyo trasfondo es la cuestión de hacer frente a la modernidad en los países musulmanes y más específicamente a los cambios que la era industrial introdujo en el trabajo humano, unida a la necesidad de desarrollar un código ético que regulara la nueva situación.

107. **BEN ᶜABD AL-ŶALĪL, M.**, "Kayfa qāwamat al-mālikiyya al-tašyīᶜ min awwal ᶜahd al-dawla al-zīriyya ilà ᶜahd al-Muᶜizz b. Bādīs al-Ṣinhāŷī", *C.T.*, 26, 2, 1978, pp. 5-16 de la parte árabe.

Sobre la imposición de la *šīᶜa* durante el gobierno de los zīríes en Ifrīqiya en los siglos X-XI y cómo los acontecimientos políticos no pudieron romper la unidad ideológica de la *sunna* en el Magreb y en Ifrīqiya dada, en opinión del autor, la reticencia de la gente a abandonar la doctrina mālikí.

108. **BENABOUD, M.**, "El papel político y social de los *'ulamā'* en al-Andalus durante el período de las Taifas", *C.H.I.*, 11, 1984, pp. 7-52. (Traducido del inglés por Yusef Afelat y Tumader Khatib).

El estudio se divide en dos partes. La primera explora el papel cultural e intelectual de los *'ulamā'* y su dinamismo social, criticando la postura de algunos historiadores y estableciendo una distinción entre los *'ulamā'* y los *fuqahā'*. La segunda parte estudia la evolución del papel político de los *'ulamā'* con ejemplos extraídos de la *Ḏajīra* de Ibn Bassām, y analiza la multiplicidad de sus posturas políticas.

109. **BENABOUD, M. y BENSBAA, M.**, "Privatisation and inheritance in Andalusian documents during the period of the Murābiṭūn", *A.Q.*, 14, 1993, pp. 259-274.

Estudio de seis casos legales extraídos de la compilación de fetuas de Ibn al-Ḥāŷŷ, alfaquí andalusí de época almorávide.

110. **BEN CHENEB, M.**, "Notice sur un manuscrit du Vᵉ siècle de l'hégire intitulé *Kitāb Ṭabaqāt 'ulamā'i Ifriqiyya* par Abū l-'Arab Muḥammad b. Aḥmad b. Tamīm at-Tamīmī al-Qayrawānī al-Ifrīqī", *J.A.*, 8, 1906, pp. 343-360.

El manuscrito contiene en realidad tres obras tituladas las tres *Kitāb Ṭabaqāt 'ulamā' Ifrīqiya*, bajo el título general *Ḏikr 'ulamā' ahl Tūnis*. El autor de una de ellas es Muḥammad b. al-Ḥāriṯ b. Asad al-Jušanī y las otras dos salen de la pluma de Abū l-'Arab Muḥammad b. Aḥmad b. Tamīm. Fue editado por el autor del artículo con una traducción al francés en 1920.

111. **BEN CHENEB, R.**, "Le séjour du *šayj* 'Abduh en Algérie (1903)",

S.I., 53, 1981, pp. 121-135.

Sobre la visita a Argelia de Muḥammad 'Abduh, teólogo, jurista, periodista y humanista egipcio, y sus conexiones con el nacimiento del movimiento reformista argelino a principios del siglo XX.

112. **BEN HAMIDA, A. y EL ANNABI, H.**, "Liste des Travaux de Bechir Tlili", *C.T.*, 36, 1988, pp. 5-11.

Muchas de las referencias bibliográficas recogidas en este artículo son de interés jurídico, especialmente para la historia de los movimientos políticos y de pensamiento islámicos en los siglos XIX y XX y para el impacto del colonialismo europeo.

113. **BENKEIRA, M. H.**, "Chairs illicites en Islam. Essai d'interprétation anthropologique de la notion de *mayta*", *S.I.*, 84, 1996, pp. 5-34.

Análisis del concepto de "carroña" (*mayta*), concluyendo que la configuración de la comida considerada lícita en el islam está determinada por tres oposiciones principales: entre especies prohibidas y especies permitidas; entre muerte ritual y muerte no ritual; entre gentes de la Escritura y gentes que no tienen Escritura.

114. **BEN SLIMANE, F.**, "Entre Ibn al-Imām le tudèlien (mort en 996) et Ibn al-Rāmī le tunisois (mort après 1333)", *Sh.A.*, 8, 1991, pp. 109-112.

Evaluación de las semejanzas existentes entre un tratado jurídico de Ibn al-Imām sobre construcciones y litigios entre propietarios de huertos y otro de Ibn al-Rāmī sobre construcción de muros, perjuicios, defectos en las viviendas, huertos y molinos.

115. **BEN SMAIL, M. y VALENSI, L.**, "Le régne de Hammouda Pacha dans la chronique d'Ibn Abī-Ḍ-Ḍiyaf", *C.T.*, 19, 1971, pp. 87-108.

Ibn Abī l-ḍiyāf nación en 1802. Su padre era un importante funcionario en época de Hammouda Pacha. Véase la p. 107 en relación con la vida jurídica durante su gobierno.

116. **BENZING, J.**, "Ein islamischer Rechtsfall in einem usbekischen historischen Roman", *W.I.*, 15, 1974, pp. 39-44.

Se analiza un caso de derecho islámico planteado en una novela del escritor de Uzbekistán Abdulla Qādirī (m. 1939), sobre la imposibilidad de un hombre de mantener relaciones sexuales con la esclava que ha heredado de su padre.

117. **BENZING, J.**, "Gotthard Jäschke (1894-1983)", *D.I.*, 62, 1985, pp. 1-2.

Breve necrológica del orientalista alemán G. Jäschke, especialista en Turquía, que dedicó numerosos estudios al derecho islámico.

118. **BERCHER, L.**, "*L'Islam et les bases du pouvoir*, par 'Alī 'Abdurraziq", *R.E.I.*, 7, 1933, pp. 353-390; 8, 1934, pp. 163-222.

Es la traducción de la obra titulada *Al-Islām wa-uṣūl al-ḥukm*, estudio sobre la institución califal y el gobierno en el Islam. Esta obra tiene una parte dedicada a la naturaleza jurídica de la institución califal.

119. **BERCHER, L.**, "Analyse de la brochure intitulée «Sentence des Grands Ulémas (d'Al-Azhar), sur le livre *L'Islam et les bases du pouvoir*»", *R.E.I.*, 9, 1935, pp. 75-86.

'Alī 'Abdurrazīq, autor de la obra titulada *Al-Islām wa-uṣūl al-ḥukm* (en francés, *L'Islam et les bases du pouvoir*), fue excluído del cuerpo de ulemas por el Tribunal de Grandes Ulemas de al-Azhar. Es un estudio de la sentencia que lo condenó en 1334/1925 por su doctrina favorable a la separación entre religión y estado.

120. **BERGAOUI, S.**, "Distribution des notaires dans la Régence de Tunis en 1874", *Arabica*, 43, 1996, pp. 422-436.

La distribución de los *'udūl* permite precisar la penetración de lo escrito y de la *šarī'a* en las distintas regiones de la Regencia de Túnez durante el s. XIX.

121. **BERNAND, M.**, "L'*iŷmā'* chez 'Abd al-Ŷabbār et l'objection d'an-Naẓẓām", *S.I.*, 30, 1969, pp. 27-38.

Estudio del capítulo sobre el *iŷmā'* o consenso en la obra del cadí mu'tazilí 'Abd al-Ŷabbār, titulada *al-Mugnī fī abwāb al-tawḥīd wa-l-'adl* y su relación con las doctrinas de al-Naẓẓām, es decir, la oposición a fundar racionalmente el *iŷmā'*.

122. **BERNAND, M.**, "Nouvelles remarques sur l'*iŷmā'* chez le *qāḍī* 'Abd al-Ŷabbār", *Arabica*, 19, 1972, pp. 78-85.

Continuación del artículo anterior (v. nº 61) en el que se intenta mostrar las consecuencias que tuvo la concepción de 'Abd al-Ŷabbār sobre el *iŷmā'*.

123. **BERNAND, M.**, "Manuscrits inédits d'*uṣūl al-dīn* et d'*uṣūl al-fiqh*", *Arabica*, 29, 1982, pp. 215-220.

Descripción de manuscritos sobre derecho ḥanafí encontrados en diferentes bibliotecas de Egipto e Israel.

124. **BERNAND, M.**, "Les *uṣūl al-fiqh* de l'époque classique. *Status Quaestionis*", *Arabica*, 39, 1992, pp. 273-286.

Termina con una llamada a seguir el camino emprendido por 'Alī 'A. al-Rāziq, M. Sa'īd 'Ašmawī, Farūki y F. Raḥmān para llevar a cabo una actualización del corpus canónico del islam y una mejor interpretación de los textos del periodo de elaboración del pensamiento islámico.

125. **BERNAND, M.**, "*Bayān* selon les *uṣūliyyūn*", *Arabica*, 42, 1995, pp. 145-160.

Sobre el concepto de *bayān* en el derecho y sus relaciones con la retórica. Se analizan especialmente la doctrinas de al-Šāfi'ī, al-Ŷaṣṣāṣ y al-Ŷuwaynī.

126. **BERQUE, J.**, "Problèmes initiaux de la sociologie juridique en Afrique du Nord", *S.I.*, 1, 1953, pp. 137-162.

Análisis histórico de las instituciones norteafricanas a través de la etnología jurídica. Aborda el derecho familiar y el papel de la ley en la sociedad magrebí.

127. **BERQUE, J.**, "Les Hilaliens repentis ou l'Algérie rurale au XVe siècle d'après un manuscrit jurisprudentiel", *A.E.S.C.*, 25, 1970, pp. 1325-1353.

El autor se propone destacar la importancia de las fuentes jurídicas para la historia del Magreb. La obra analizada es una colección de *nawāzil* de Abū Zakariyyā' Yaḥyà b. Mūsà b. 'Īsà al-Magīlī al-Mazūnī (m. 1478/9) también conocida como *Nawāzil Mazūna*. Encontramos algunas notas sobre la villa de Mazūna en Argelia y sobre la importancia de los *nawāzil* como documento, la responsabilidad del cadí en tiempos difíciles, la relación de los *nawāzil* con la vida agraria y con los campesinos en Argelia en el siglo XV, entre otras cuestiones.

128. **BERQUE, J.**, "En lisant les *Nawāzil Mazouna*", *S.I.*, 32, 1970, pp. 31-39.

Sobre el segundo tomo de la obra *al-Durar al-maknūna fī nawāzil Mazūna* (ms. de Argel, nº 133, 5/6) de al-Mazūnī (m. 1478). Sus *nawāzil* se refieren a la práctica de las escuelas de Tremecén y Bugía y constituyen una de las fuentes mayores para el *Mi'yār* de al-Wanšarīsī.

129. **BERQUE, J.**, "Retour à Mazouna", *A.E.S.C.*, 27, 1972, pp. 150-157.

Observaciones que vienen a completar los artículo del mismo autor "Les Hilaliens repentis..." en *A.E.S.C.*, 25, 1970, pp. 1325-1353, y "En lisant les *Nawāzil Mazouna*" en *S.I.*, 32, 1970, pp. 31-39, sobre todo en relación con la identificación geográfica de algunos lugares, la familia al-Magīlī y los hilālíes.

130. **BERQUE, J.**, "Ulemas tunisois de jadis et de noguere; Notes de lecture sur les *Musāmarāt al-Ẓarīf*", *C.T.*, 20, 1, 1972, pp. 87-124.

A través de las *Musāmarāt al-ẓarīf bi-ḥusni l-taʿarīf* del Šayj Muḥammad al-Sanūsī, el autor trata de analizar el papel del saber tradicional y de los ulemas en la evolución de la cultura magrebí, especialmente en Túnez, frente a la amenaza de la ocupación occidental.

131. **BERQUE, J.**, "Cadis de Kairouan, d'après un manuscrit tunisien", *R.O.M.M.*, 13-14, 1973, pp. 97-108.

Análisis del manuscrito de Muḥammad al-Ṣāliḥ al-Ŷawdī titulado *Ta'rīj quḍāt al-Qayrawān* (1932), obra que es una historia de los cadíes de Qayrawān desde el primero, nombrado por Mūsà ibn Nuṣayr, hasta los de la época del autor.

132. **BIANQUIS, Th.**, "Pour un réexamen de l'apport de Claude Cahen sur la fiscalité", *Arabica*, 43, 1996, pp. 135-145.

Análisis en especial de la postura de C. Cahen respecto al *iqṭā'*.

133. "Bibliographie des travaux de Claude Cahen", *Arabica*, 43, 1996, pp. 264-295.

V. especialmente pp. 271-4.

134. "Biens communs, patrimoines collectifs et gestion communautaire dans les sociétés musulmanes", *R.E.M.M.M.*, 79-80, 1996.

Todas las contribuciones al volumen tienen interés desde el punto de vista jurídico.

135. **BIERSCHENK, T.**, "Religion and political structure: remarks on Ibadism in Oman and the Mzab (Algeria)", *S.I.*, 68, 1988, pp. 107-127.

Descripción de las relaciones entre la política y la religión en dos puntos ibadíes como son Omán y la zona del Mzab en Argelia. El ibadismo es un factor esencial en la formación de las estructuras políticas de las dos zonas. Describe asimismo las instituciones que median entre el estado y la sociedad, como son los ulemas (*'azzāba*, los hombres instruídos del Mzab).

136. **BILICI, F.**, "Les *waqf*-s monétaires à l'époque ottomane: droit hanéfite et pratique", *R.E.M.M.M.*, 79-80, 1996, pp. 73-88.

Estudio de la formación de instrumentos jurídicos de legitimación de los *awqāf* monetarios en el derecho ḥanafí, así como de sus connotaciones bancarias.

137. **BIRRIEL SALCEDO, M. Mª**, "Propiedad y uso de la tierra en los lugares de moriscos de la jurisdicción de Almuñécar (1550-1570)", *M.E.A.H.*, 37, 1988, pp. 23-35.

Este trabajo se ocupa de la estructura agraria de la jurisdicción de Almuñécar en la segunda mitad del siglo XVI. Se basa en los libros de Apeo y Repartimiento de cada uno de los pueblos de la región. Explica la toma de posesión de los bienes moriscos y contiene una anotación pormenorizada de la distribución de estos bienes entre los repobladores del lugar.

138. **BLANC, F.-P. y LOURDE, A.**, "Les conditions juridiques de l'accès au statut de concubinemère en droit musulman malékite", *R.O.M.M.*, 36, 1983, pp. 163-175.

Descripción del estatuto jurídico de la concubina legal según el derecho islámico. En primer lugar, se trata la relación entre dueño y esclava, para luego describir las mejoras en la condición de la concubina al tener un hijo del amo, siempre que este último reconozca su paternidad.

139. **BLIGH-ABRAMSKI, I.**, "Evolution Versus Revolution: Umayyad Elements in the 'Abbāsid Regime 133/750-320/932", *D.I.*, 65, 1988, pp. 226-243.

La llegada al poder de la dinastía 'abbāsí no supuso una ruptura absoluta con las instituciones anteriores. En este artículo se estudia la continuidad de esos elementos omeyas en el ejército, la administración y el sistema judicial.

140. **BLISS, F.**, "Sitte und Recht in Siwa (Westliche Wüste Ägyptens), *D.I.*, 62, 1985, pp. 108-131.

Descripción de la sociedad tradicional del Oasis de Siwa, al E. de Egipto, con especial atención a los aspectos jurídicos, a través de tres géneros de fuentes: históricas, tradición oral y, por último, el llamado "manuscrito de Siwa" en posesión de una familia local, que colecciona las leyes por las que se gobierna el Oasis.

141. **BLOCKET, M.E.**, "Inventaire de la collection de manuscrits musulmans de M. Decourdemanche", *J.A.*, 8, 1916, pp. 305-370.

Colección de manuscritos turcos y persas, donados a la Biblioteca Nacional de París. Entre ellos tenemos un manuscrito citado en la p. 323 con el nº 6673 que contiene el tratado sobre jurisprudencia ḥanafí de al-Qudūrī.

142. **BONNER, M.**, "*Ja'ā'il* and Holy War in Early Islam", *D.I.*, 68, 1991, pp. 45-64.

En época omeya se empleaban mercenarios denominados *ŷa'ā'il*, que eran pagados para acudir al *ŷihād* cuando la necesidad lo requería. El autor recoge las diferentes opiniones a favor y en contra de estas tropas, expresadas, sobre todo, en textos de hadiz, pero también en escritos jurídicos.

143. **BONNER, M.**, "Some observations concerning the early development of *jihād* on the Arab-Byzantine frontier", *S.I.*, 75, 1992, pp. 5-32.

Las dos fuentes principales en las que se basa este estudio son el *Kitāb al-siyar* de al-Fazārī y el *Kitāb al-ŷihād* de Ibn al-Mubārak.

144. **BORRMANS, M.**, "Religion et succession en Tunisie (A propos de l'art. 88 du code de statut personnel)", *O.M.*, 49, 1969, pp. 204-212.

El artículo analiza un caso concreto que tuvo lugar en Túnez en materia de herencias, mostrando que los juristas tunecinos actuales deben hacer un esfuerzo personal de interpretación (*iŷtihād*) para conciliar la intención del legislador con la realidad tunecina de su tiempo.

145. **BORRMANS, M.**, "Effort et renouveau dans la législation musulmane", *O.M.*, 50, 1970, pp. 513-24.

El artículo tiene el mismo título que un libro publicado en Túnez en árabe (*Al-iŷtihād wa-l-taŷdīd fī-l-tašrī' al-islāmī*, Túnez, 1967), por un grupo de profesores de bachillerato con el fin de dar un programa de instrucción cívica y religiosa durante el segundo ciclo de enseñanza. El artículo reseña este libro de forma muy completa.

146. **BORRMANS, M.**, "A propos d'une récente fatwà relative au statut familial des émigrés algériens", *R.O.M.M.*, 13-14, 1973, pp. 131-140.

Análisis de una fetua dictada en 1971 a raíz de los problemas que creaba, tanto para la ley francesa como para la ley argelina, la situación matrimonial de la emigración argelina. El artículo describe la situación que propició la fetua, su contenido y las perspectivas que creó.

147. **BORRMANS, M.**, "Perspectives algériennes en matière de Droit Familial", *S.I.*, 37, 1973, pp. 129-153.

Análisis de la evolución que había afectado al derecho familiar en Argelia antes de 1962: proyectos de códigos, legislaciones parciales y jurisprudencia posteriores (piénsese que la *Maŷalla* tunecina fue promulgada en 1956 y la *Mudawwana* marroquí en 1957-58) y perspectivas de la sociedad argelina en 1973 en materia de derecho familiar.

148. **BORRMANS, M.**, "Documents sur la famille au Maghreb de 1940 à nos jours (avec les textes législatifs marocain, algérien, tunisien, et égyptien en matière de Statut Personnel Musulman)", *O.M.*, 59, 1979, pp. 1-438.

Recopilación de documentos relativos al estatuto personal en el Magreb. Borrmans es autor de una tesis doctoral sobre la evolución de la familia musulmana en el Magreb después de 1940. El artículo consta de un prefacio de H. Laoust, una introducción del propio autor y los textos que abordan la cuestión (feminismo, situación de la mujer, tutelas, matrimonio, etc).

149. **BORRMANS, M.**, "Les grandes lignes du nouveau Code algérien de la Famille", *Q.S.A.*, 2, 1984, pp. 63-80.

En Argelia se promulgó una nueva legislación sobre la familia (9 Junio de 1984). El artículo es una presentación, explicación y comentario de esta nueva reglamentación dentro del contexto de toda la legislación argelina, con rasgos de la *Maŷalla* tunecina y la *Mudawwana* marroquí.

150. **BORRMANS, M.**, "Les grandes lignes du nouveau Code de statut

personnel au Kuwayt", *Q.S.A.*, 3, 1985, pp. 73-88.

El artículo, en primer lugar, presenta de forma bastante amplia esta legislación inspirada sobre todo en el rito mālikí, y, en segundo lugar, detalla todos los capítulos de esta nueva ley: matrimonio (contrato, régimen matrimonial y disolución), paternidad (tutoría y tutela), herencias y disposiciones testamentarias. Se trata de una legislación fundamentalmente conservadora.

151. **BOSCH VILÁ, J.**, "Los documentos árabes del archivo de la catedral de Huesca", *R.I.E.E.I.*, 5, 1957, pp. 1-48.

Se dan a conocer doce documentos de derecho privado: siete de compraventa, tres de préstamos y dos de permuta, fechados entre los años 1145-1269. Se han agrupado por orden cronológico, reproduciendo íntegramente el texto árabe del que se da una traducción.

152. **BOSCH VILÁ, J.**, "Los Banū Simāk de Málaga y Granada: una familia de cadíes", *M.E.A.H.*, 11, 1962, pp. 21-37.

La familia estudiada desempeñó un importante papel en la vida cultural y social de Málaga y Granada, bajo los almorávides y los almohades. El autor nos ofrece una amplia información tomada de numerosas fuentes, a través de las cuales se analiza la ascendencia árabe de los Banū Simāk y la biografía de cuatro de sus miembros por su papel destacado en las ciencias jurídicas.

153. **BOSCH VILÁ, J.**, "Evocación del Dr. Salvador Vila Hernández, catedrático de «Cultura árabe: Instituciones musulmanas»", *C.H.I.*, 7, Serie Miscelánea (2), 1975-76, pp. 173-176.

El artículo consiste en un elogio a este catedrático de Granada (1904-1936), destacando sus estudios histórico-jurídicos y enumerando sus obras y reseñas sobre jurisprudencia islámica.

154. **BOSCH VILÁ, J.** y **JAMIL ABU HAZIM, S.**, "La Constitución Islámica de la República Islámica del Irán (versión castellana y árabe)", *C.H.I.*, 10, 1980-81, pp. 57-97.

El artículo responde a su título.

155. **BOSWORTH, C.E.**, "A propos de l'article de Mohamed Khadr: «Deux actes de *waqf* d'un qarahānide d'Asie Central»", *J.A.*, 256, 1968, pp. 449-453.

Este artículo hace algunas correcciones al artículo de Khadr con nuevos datos lingüísticos e históricos que pueden aclarar algunas palabras dudosas y nombres propios citados. La importancia de los textos, según el autor, justifica estas revisiones.

156. **BOSWORTH, C.E.**, "The Arabic Manuscripts in Chetham's Library, Manchester", *J.S.S.*, 21, 1976, pp. 99-108.

Varios manuscritos de esta biblioteca tratan cuestiones de *fiqh*.

157. **BOSWORTH, C.E.**, "Ǧihād in Afghanistan and Muslim India", *I.O.S.*, 10, 1980, pp. 149-157.

Desarrollo del concepto de *ŷihād* en la actual zona de Afganistán y la India desde la conquista musulmana hasta la actualidad.

158. **BOSWORTH, C.E.**, "Les etudes islamiques et historiques en Grande Bretagne, aux Etats Unis et au Canada", *C.T.*, 30, 2, 1982, pp. 235-250.

Redactado en formato de nota informativa.

159. **BOTIVEAU, B.**, "Le mouvement de rationalisation du droit en Syrie au cours de la première moitié du XXᵉ siècle", *B.E.O.*, 35, 1983, pp. 123-135.

Análisis de las renovaciones del derecho sirio, mostrando los factores que las causaron y que se manifiestan, en el caso de Siria, sobre tres planos: codificación de un nuevo *corpus* de derecho, reestructuración del aparato jurídico y formación de especialistas que deberán reemplazar a los funcionarios religiosos de la justicia tradicional.

160. **BOUSQUET, G.-H.**, "Les Musulmans à Surinam: Note sur la reconnaissance d'un statut", *R.E.I.*, 11, 1937, pp. 351-356.

Se ponen de relieve las tensiones entre la jurisdicción vigente en Surinam y la población musulmana, en su gran mayoría originaria de Java, y se pasa revista a las reformas planteadas con objeto de aliviar dichas tensiones.

161. **BOUSQUET, G.-H.**, "Introduction à l'étude de l'Islam indonésien", *R.E.I.*, 12, 1938, pp. 133-159.

El último capítulo está dedicado a las costumbres indonesias y al derecho musulmán, tocando los puntos específicos de las costumbres anteriores al Islam, la familia musulmana, el matrimonio, el régimen de sucesión, el sistema de *waqf* y la justicia en Java.

162. **BOUSQUET, G.-H.**, "Allāh et le Mikado. Une fetwā indonésienne", *W.I.*, 2, 1952-53, pp. 108-111.

Breve comentario de una *fatwà* de Abd ul-Karîm Amrullah (m. 1945), un reformista de la región indonesia de Menangkabau, en Sumatra, en la que se opone a la consideración de los japoneses de que el Mikado es el Todo-Unico, una especie de dios vivo, ya que ese adjetivo de único sólo puede calificar a Dios en el Islam.

163. **BOUSQUET, G.-H.**, "Les élites gouvernantes en Afrique du Nord depuis la conquête française", *W.I.*, 3, 1953-54, pp. 15-33.

Aunque no es un artículo dedicado específicamente al derecho islámico, el autor toca el tema de las barreras legales impuestas en las colonias francesas del N. de África para obtener la ciudadanía.

164. **BOUSQUET, G.-H.**, "Les Musulmans Indonésiens en Guyane Hollandaise", *W.I.*, 3, 1953-54, *Mitteilungen*, p. 46.

El autor expresa la falta de voluntad del gobierno holandés de dotar a los indonesios de Surinam, mano de obra procedente de Java, de un estatuto musulmán. Esa falta de iniciativa ha sido idéntica durante el gobierno semi-autónomo de esa Nación. Por último, se refiere a la fundación *Ke Tanah Air*, creada en 1951 con el fin de repatriar a los indonesios a su país de origen.

165. **BOUSQUET, G.-H.**, "Remarques sur quelques curieuses *bida'* observées chez les musulmans d'Algérie", *W.I.*, 3, 1953-54, pp. 34-45.

El artículo se basa en observaciones del autor de la vida cotidiana argelina. Recoge algunas innovaciones (*bida'*), de influencia francesa, referentes a los usos matrimoniales, funerarios, al vestido y a la filiación de los musulmanes a sindicatos católicos.

166. **BOUSQUET, G.-H.**, "Des animaux et de leur traitement selon le judaisme, le christianisme et l'Islam", *S.I.*, 9, 1958, pp. 31-48.

El artículo señala cómo debe tratarse a los animales en las tres religiones del Libro. En lo que respecta al Islam, el autor utiliza como fuentes el Corán, el *ḥadīṯ* y el *fiqh*.

167. **BOUSQUET, G.-H.**, "Etudes islamologiques d'Ignaz Goldziher. Traduction analytique de G.H. BOUSQUET, I, II et III", *Arabica*, 7, 1960, pp. 1-29, 113-139 y 237-272.

Traducción analítica de varios artículos de Ignaz Goldziher, con el objetivo de que el pensamiento de este gran islamólogo sea mejor conocido por las personas que no leen el alemán. En estos estudios encontramos temas como el *ḥadīṯ*, *qiyās*, *istiṣḥāb*, *iŷmā'*, *jaṭīb*, matrimonios secretos, derechos del agua, etc.

168. **BOUSQUET, G.-H.**, "Ibn Baṭṭūṭa et les institutions musulmanes", *S.I.*, 24, 1966, pp. 81-106.

Somera enumeración de lo que se puede encontrar en los viajes de Ibn Baṭṭūṭa relativo a las instituciones musulmanas bajo un doble punto de vista: el estudio de lo que el autor encuentra en sus viajes y el estudio del comportamiento de Ibn Baṭṭūṭa como juez en sus viajes.

169. **BOUSQUET, G.-H.**, "La *Mudawwana*: index", *Arabica*, 17, 1970, pp. 113-150.

Indice alfabético de los temas de los que se trata en la *Mudawwana* de Saḥnūn, basado en el análisis de la misma obra publicado por el autor entre 1958 y 1962. La edición de la *Mudawwana* consultada es la de El Cairo de 1323 h./1905 d.C. la cual comprende 16 partes reunidas en 8 volúmenes.

170. **BOUSTANI, A.**, "Catálogo de Códices Arabes de la Real Academia de Córdoba", *Al-Mulk*, 4, 1964-1965, pp. 103-115.

Son de interés jurídico los códices nº 3, 4, 8, 14 y 15 de la primera serie y de la segunda serie: 6, segunda obra del códice 7, segunda obra del códice 8 y códices 9, 11, 12, 14 y 19.

171. **BOUVAT, L.**, "Une collection de manuscrits arabes provenant des Touaregs Oullimindea (Niger)", *J.A.*, 109, 1926, pp. 119-125.

Algunos de los manuscritos encontrados en esta colección son de contenido jurídico y teológico.

172. **BOUVAT, L.**, "Les Ahmadīyya de Qadian", *J.A.*, 113, 1928, pp. 159-181.

En las pp. 165-168, se describe el derecho particular de esta comunidad, que presenta una casi completa similitud con el derecho musulmán clásico.

173. **BOUVAT, L.**, "Les Mozarabes de Tolède", *J.A.*, 222, 1932, pp. 309-325.

Historia de los mozárabes de Toledo según los documentos árabes de la catedral de esta ciudad, donados al Archivo Histórico de Madrid en 1870. La mayoría de ellos son contratos de venta, donaciones, procesos, tutelas, etc.

174. **BOUVAT, L.**, "Les études islamiques en Espagne", *J.A.*, 226, 1935, pp. 123-139.

Da noticia de la fundación de las "Escuelas de Estudios Árabes" de Madrid y Granada, así como de la revista *Al-Andalus*, una de cuyas partes estaba dedicada al derecho y las instituciones del Islam. Hace un extracto de los dos primeros números de *Al-Andalus* y da información sobre las publicaciones de las Escuelas.

175. **BOUYGES, P.M.**, **s.j.**, "Notes sur les Philosophes arabes connus des latins au Moyen Age. V. Inventaire des textes arabes d'Averroes", *M.U.S.J.*, 8, 1922, pp. 1-54.

En las pp. 37-45, el autor se ocupa de las obras jurídicas de Averroes el nieto. El padre Bouyges llama la atención sobre la gran confusión que existe entre ellas y las obras de su abuelo, el gran jurista cordobés Ibn Rušd el abuelo, especificando qué manuscritos han sido erróneamente atribuídos a uno u otro.

176. **BOZKURT, G.**, "An Overview on the Ottoman Empire-Jewish Relations", *D.I.*, 71, 1994, pp. 255-279.

Tras hacer una introducción a la situación legal, religiosa y social de los judíos en el Imperio Otomano, Bozkurt estudia una serie de cuestiones, principalmente legales, relativas a la relación entre los judíos y el Imperio Otomano durante el s. XIX, a través de algunos ejemplos basados en documentos británicos, americanos y alemanes.

177. **BOZZO, A.**, "Il modello costituzionale ṣaḥrāwī. Osservazioni a proposito del progetto di Costituzione del 1991", *O.M.*, 71, 1991, pp. 163-184.

Se analiza la Constitución de la República Saharaui, de carácter socialista islámico, en su contexto histórico. Se ofrece una traducción.

178. **BREDI, D.**, "Consideration about the promulgation of the

Pakistan ordinance on qisas and diya (No. VII of 1990", *A.C.F.*, 31, 1992, pp. 135-160.

Reflexiones sobre el proceso de islamización jurídica de Pakistán, tomando como ejemplo el derecho penal y poniendo de relieve la influencia decisiva que la coyuntura política, económica y social tiene en dicho proceso.

179. **BREDI, D.**, "I sistemi giuridici non sunniti: l'islamizzazione del diritto e l'alternativa ja'farita in Pakistan", *A.C.F.*, 35, 1996, pp. 313-334.

El caso al que se dedica más atención es el del derecho penal y las diferencias al respecto entre sunníes y šī'íes. Una conclusión es que el derecho šī'í, con el papel que otorga al *imām* y al *iŷtihād*, parece más adecuado para adaptarse a la modernidad sin los costes culturales de la occidentalización.

180. **BRESC, H.**, "Pantelleria entre l'Islam et la Chretiente", *C.T.*, 19, 2, 1971, pp. 105-127.

Sobre la población arabo-musulmana que permaneció, bajo dominio cristiano, en la Isla de Pantelleria desde 1221 hasta 1490. Conservaron su propia organización judicial liderada por un cadí. Véase la p. 107 sobre la administración de justicia. El artículo termina con la transcripción de cuatro documentos que recogen procesos entre musulmanes y entre éstos y cristianos.

181. **BRETT, M.**, "Mufti, murabit, marabout and Mahdi: four types in the Islamic history of North Africa", *R.O.M.M.*, 29, 1980, pp. 5-15.

La actitud de los hombres de religión con respecto al poder político se puede describir según las cuatro categorías citadas en el título y que tipifican una gama de posiciones que va desde la absoluta renuncia al poder hasta la aceptación total del papel de gobernante. El autor hace también un estudio del poder político en la actualidad y señala que la figura de Gaddafi encaja con la de *Mahdī*.

182. **BRETT, M.**, "Muslim justice under infidel rule. The Normans in Ifriqiya 517-555H/1123-1160 A.D.", *C.T.*, 43, 1991, pp. 325-368.

Sobre la dominación normanda de la Isla de Djerba y otras ciudades costeras de Ifrīqiya durante el reinado de Roger II, rey de Sicilia. La reacción de la población musulmana y de los juristas musulmanes ante la situación es analizada a través de dos fetuas de al-Qābisī transmitidas en el *Mi'yār* de al-Wanšarīsī.

183. **BRINNER, W.M.**, "Islam and Foreign Policy", *I.O.S.*, 10, 1980, pp. 158-164.

Trata directamente la cuestión del *ŷihād*. Aunque ésta subyace, ya que estudia las relaciones que se establecen entre el Islam y el Cristianismo.

184. **BRUNSCHVIG, R.**, "Urbanisme médiéval et droit musulman", *R.E.I.*, 15, 1947, pp. 127-155.

Estudio de las normas jurídicas que se deben aplicar en la vida urbana musulmana. Los problemas que suscitan las grandes aglomeraciones ciudadanas están contemplados en la legislación, no sólo en los tratados de *ḥisba*, sino en otros tratados jurídicos, que son detallados en este estudio.

185. **BRUNSCHVIG, R.**, "Polémiques médiévales autour du rite de Mālik", *A.A.*, 15, 1950, pp. 377-413.

Sobre la justificación del mālikismo por el argumento medinés y las críticas de al-Layṯ b. Sa'd y otros.

186. **BRUNSCHVIG, R.**, "Considérations sociologiques sur le droit musulman ancien", *S.I.*, 3, 1955, pp. 61-73.

Plantea el problema de hasta qué punto los textos que recogen el derecho islámico de los primeros tiempos reflejan la realidad social.

187. **BRUNSCHVIG, R.**, "De la filiation maternelle en Droit musulman", *S.I.*, 9, 1958, pp. 49-59.

El autor aporta una serie de precisiones a los estudios de G. H. Bousquet y L. Milliot sobre la filiación materna en el derecho musulmán, indicando que no es tan restrictivo como se había supuesto.

188. **BRUNSCHVIG, R.**, "Métiers vils en Islam", *S.I.*, 16, 1962, pp. 41-60.

Analiza cuál es la visión que tiene del trabajo cada una de las escuelas jurídicas y qué oficios son considerados viles o poco dignos.

189. **BRUNSCHVIG, R.**, "Justice religieuse et justice laique dans la Tunisie des Deys et des Beys, jusqu'au milieu du XIXe siècle", *S.I.*, 23, 1965, pp. 27-70.

En este interesante estudio se analizan, entre otros aspectos, los problemas derivados de la diferencia de adscripción jurídica entre los gobernantes otomanos (escuela ḥanafí) y la población tunecina (escuela mālikí).

190. **BRUNSCHVIG, R.**, "Conceptions monétaires chez les juristes musulmans (VIII-XIII siècles)", *Arabica*, 14, 1967, pp. 113-143; 15, 1968 (notas y documentos p. 316).

Estudios de la moneda y su valor según textos que tratan actos jurídicos donde la moneda cobra una importancia fundamental: impuestos religiosos (*zakāt*), la dote (*ṣadāq*), el robo (*sariqa*).

191. **BRUNSCHVIG, R.**, "Corps certain et chose de genre dans l'obligation en Droit musulman", *S.I.*, 29, 1969, pp. 83-102.

La noción de *'ayn* (*a'yān*), que se refiere al objeto individualizado sobre el que se ejerce una propiedad, y la de *ḏimma* o responsabilidad de la persona, son dos nociones recogidas en los derechos occidentales contemporáneos, y que encontramos también en el derecho musulmán.

192. **BRUNSCHVIG, R.**, "De la fiction légale dans l'Islam médiéval", *S.I.*, 32, 1970, pp. 41-51.

Partiendo de la obra del šāfi'í 'Izz ad-Dīn b. 'Abdassalām (m. 1262 d.C.), titulada *Qawā'id al-aḥkām fī maṣāliḥ al-anām*, se pone de manifiesto la existencia de la "ficción legal" en un gran número de operaciones jurídicas.

193. **BRUNSCHVIG, R.**, "Joseph Schacht (1902-1969)", *S.I.*, 31, 1970, pp. V-XVI

Los tomos 31 y 32 de *Studia Islamica* están dedicados a la memoria de J. Schacht, uno de los fundadores de la revista, tras su muerte en 1969. Se ofrece una biografía escrita por Brunschvig, acompañada de una lista de sus publicaciones, entre las que, naturalmente, encontramos gran número de artículos dedicados al derecho islámico.

194. **BRUNSCHVIG, R.**, "Los teólogos juristas del Islam en pro o en contra de la lógica griega: Ibn Ḥazm, al-Gazālī, Ibn Taymiyya", *A.A.*, 35, 1970, pp. 143-177.

Las tres posturas analizadas van desde la aceptación condicionada de la lógica griega por parte de Ibn Ḥazm y al-Gazālī hasta el rechazo absoluto preconizado por Ibn Taymiyya.

195. **BRUNSCHVIG, R.**, "Valeur et fondement du raisonnement juridique par analogie d'après al-Gazālī", *S.I.*, 34, 1971, pp. 57-88.

Al-Gazālī dedica dos obras al razonamiento jurídico por analogía. La primera de ellas es el voluminoso *Šifā' al-galīl fī bayān masālik al-ta'līl*, anterior al 1094 d.C., y otro más particularmente interesado en el *qiyās*, *Asās al-qiyās*. Este libro se presenta como una respuesta a la pregunta sobre cuál es el fundamento verdadero del *qiyās* y sobre la razón por la que las gentes difieren a la hora de su utilización. El artículo quiere dejar claros los aspectos más conflictivos del tema.

196. **BRUNSCHVIG, R.**, "Rationalité et tradition dans l'analogie juridico-religieuse chez le mu'tazilite 'Abd al-Ǧabbār", *Arabica*, 19, 1972, pp. 213-221.

Explicación de la oposición *'aql* (razonamiento natural)-*sam'* (tradición religiosa) a propósito del *qiyās šar'ī* (razonamiento jurídico-religioso por analogía), basada en el tratado teológico de 'Abd al-Ŷabbār (m. 1024 d.C.) titulado *al-Mugnī fī abwāb al-tawḥīd wa-l-'adl*.

197. **BRUNSCHVIG, R.**, "Propriétaire et locataire d'immeuble en Droit musulman médiéval (jusque vers l'an 1200)", *S.I.*, 52, 1980, pp. 5-40.

Estudio sobre el alquiler de inmuebles según los juristas musulmanes y repaso a las soluciones adoptadas por la ley en este sentido.

198. **BUCKLEY, J.J.**, "The *Nizārī Ismā'īlītes'* abolishment of the *sharī'a* during the Great Resurrection of 1164 A.C./559 A.H.", *S.I.*, 60, 1984, pp. 137-165.

Se trata de un profundo e interesante estudio sobre la Gran Resurrección (*qiyāma*) proclamada por los ismā'īlíes nizāríes en Alamut en 1116 d.C. en la que se abolió la *šarī'a* con la intención de revisarla, para ser reintroducida 47 años después. El autor analiza este suceso desde el punto de vista doctrinal e histórico, el desarrollo doctrinal que condujo a él, el significado de los deberes rituales en términos *ẓāhir/bāṭin*, y la aplicación de un método no dual para entender la ausencia de la *šarī'a* durante la *qiyāma*. Además intenta interpretar de nuevo el fenómeno de re-islamización que tuvo lugar bajo el gobierno de Ḥasan II, así como la intemporalidad de la ley islámica manejando las teorías de E. Leach y V. Turner.

199. **BUCKLEY, R.P.**, "The *muḥtasib*", *Arabica*, 39, 1992, pp. 59-117.

Panorama de la aparición de este cargo, sus relaciones con otros cargos (policía, cadíes, ...), asistentes, áreas de actuación, cualificaciones necesarias para el nombramiento.

200. **BULLIET, R.W.**, "The *Shaikh al-Islām* and the evolution of Islamic society", *S.I.*, 35, 1972, pp. 53-67.

Sobre la asimilación de la jerarquía religiosa en la burocracia del Estado y más concretamente la evolución histórica del cargo de *šayj al-islām*. Se trataba del puesto más alto en la burocracia religiosa del estado otomano; era el jefe de los jurisconsultos, Gran Muftí del imperio que además gobernaba y elaboraba la jerarquía de los cargos religiosos incluyendo a jueces, jurisconsultos y maestros de religión.

201. **BULLIET, R.W.**, "The age structure of medieval Islamic education", *S.I.*, 57, 1983, pp. 105-117.

Son datos extraídos del diccionario biográfico de 'Abd al-Gāfir al-Fārisī (m. 1135 d.C.) *Al-Siyāq li-ta'rīj Naisābūr* con los cuales Bulliet intenta llevar a cabo un estudio sobre la estructura de la edad en el sistema de educación islámico medieval antes de la *madrasa*, o antes de que ésta se convirtiera en la institución de enseñanza más importante. Para ello, el autor argumenta que no existe evidencia de que los datos relativos a las normas de la educación islámica difieran radicalmente de una ciudad a otra en los siglos X y XI. Se intenta dar respuesta a preguntas tales como cuál sería la edad en que un muchacho iniciaba sus estudios y qué edad tendrían sus maestros, aunque sólo en relación con el estudio del *ḥadīṯ*.

202. **BURTON, J.**, "The Meaning of «*iḥṣān*»", *J.S.S.*, 19, 1974, pp. 47-75.

La mayoría de los alfaquíes musulmanes están de acuerdo en afirmar que el castigo por fornicación (*zinā*) en ciertas circunstancias es la pena de muerte. Estas circunstancias están recogidas en el concepto de *iḥṣān*. Este artículo está dedicado a clarificar el significado de los términos *iḥṣān* y *muḥṣan* a través de varias fuentes jurídicas de época medieval.

203. **BUSSE, H.**, "The Arab Conquest in Revelation and Politics", *I.O.S.*, 10, 1980, pp. 14-20.

Según este artículo, el resultado último del desarrollo de la *šarī'a* en lo que concierne a los problemas de guerra, conquista y paz fue la aparición de la doctrina del *ŷihād*, y se puede situar cronológicamente en el período de los califas *rāšidūn*. Los juristas musulmanes crearon un sistema legal en el que se ocuparon de este tema y el mundo fue dividido en *dār al-islām* y *dār al-ḥarb*.

204. **BUSSI, E.**, "Alcune moderne *codificazioni* o *compilazioni* del diritto musulmano", *O.M.*, 20, 1940, pp. 251-61.

El artículo se divide en los siguientes apartados: I. Causas remotas del movimiento de "codificación"; II. Tipos de codificaciones en el derecho musulmán; III. La *Maŷalla*, el *Muršid al-ḥayrān* y el *Mulajjaṣ al-aḥkām*; IV. Distribución de la materia en cada una de estas compilaciones; V. Conclusiones.

205. **BUSSON DE JANSSENS, G.**, "Les Waqfs dans l'Islam contemporain", *R.E.I.*, 19, 1951, pp. 1-72; 21, 1953, pp. 43-76.

Examen de una institución tan característica del derecho musulmán como es el *waqf* en los diferentes estados musulmanes. Precede a este análisis una introducción breve que explica las características principales de la institución y las reglas fundamentales que la rigen.

206. **BUTHAND, E.**, "Introduction a l'étude des problèmes de l'immatriculation foncière en Tunisie", *C.T.*, 1, 1953, pp. 229-260.

Los problemas a los que se refiere el artículo son los que surgieron cuando el Decreto Beylical de 1 de julio de 1885, llamado "Loi Foncière" o "Ley inmobiliaria", impuso la conversión de los inmuebles del sistema islámico al sistema denominado de "livres foncières" o "libros inmobiliarios". Excelente ejemplo de la evolución sufrida por muchas instituciones tradicionales islámicas en los países musulmanes que fueron colonizados por potencias occidentales.

207. **CABANELAS, D.**, "Notas para la historia de Algazel en España", *A.A.*, 17, 1952, pp. 223-232.

Carta conservada en la Biblioteca de El Escorial en la que se proscriben por segunda vez los libros de Algazel. En ella el soberano Tāšufīn b. ʻAlī intenta prevenir al pueblo de Valencia de las consecuencias de una revolución a favor de los almohades, que reivindicaban la memoria de Algazel en el Occidente musulmán. Dicha carta contiene un breve prólogo en donde trata: la oración, la guerra santa, la equidad con los súbditos, la aceptación de la escuela mālikí, los libros heréticos, el uso del vino y una exhortación final.

208. **CABANELAS, D.**, "Luis Seco de Lucena y su obra", *M.E.A.H.*, 20, 1971, pp. 7-43.

Se citan como obras suyas sobre derecho musulmán las siguientes: *Documentos arábigo-granadinos, Escrituras árabes de la Universidad de Granada, Documentos árabes granadinos. I: Documentos del Colegio de Niñas Nobles, Documentos árabes granadinos. II: Documentos de las Comendadoras de Santiago, Actas notariales arábigo-andaluzas, Notas para el estudio del Derecho hispanomusulmán: dos "fatwas" de Ibn Manẓūr, Escrituras de donación arábigo-granadinas, La escuela de juristas granadinos del siglo XV* y *al-Waṯā'iq al-'arabiyya al-garnāṭiyya wa qimātu-hā al-ta'rījiyya.*

209. **CABANELAS, D.**, "Un documento de los mozárabes de Toledo (s.XIII)", *Awrāq*, 7-8, 1984-85, pp. 7-15.

Se trata de un acta de compraventa de los mozárabes de Toledo fechada en 1209 d.C. y encontrada en el Archivo de la Catedral de la misma ciudad. Ofrece (como un gran número de textos del mismo tipo) un interés tanto jurídico como histórico y no fue estudiada por A. González Palencia en su obra *Los mozárabes de Toledo en los siglos XII y XIII.*

210. **CABEZUDO ASTRAIN, J.**, "Noticias y documentos sobre moriscos aragoneses", *M.E.A.H.*, 5, 1956, pp. 105-117.

Contratos y actas de moriscos aragoneses de los siglos XV y XVI. Se incluyen nueve documentos de variada temática pertenecientes al Archivo Histórico de Protocolos de Zaragoza.

211. **ÇAĞATAY, N.**, "*Ribā* and interest concept and banking in the Ottoman empire", *S.I.*, 32, 1970, pp. 53-68.

Estudio de la *ribà* (usura) y el préstamo a interés entre las comunidades musulmanas que formaron el imperio otomano entre 1517 y 1924 según la siguiente estructura: 1. La *ribà* en su concepción general (prácticas conectadas con ella en la Arabia Preislámica), prohibiciones en los primeros tiempos del Islam. 2. La *ribà* y el préstamo a interés en el imperio otomano: A. La *ribà* y la tasa de interés tal y como son tratadas por el *fiqh*, B. La *ribà* y el préstamo a interés en los registros y firmanes, y D. El desarrollo bancario del imperio otomano.

212. **CAHEN, C.**, "Fiscalité, propriété, antagonismes sociaux en Haute-Mésopotamie au temps des premiers 'Abbāsides, d'après Denys de Tell-Mahré", *Arabica*, 1, 1954, pp. 136-152.

La última parte de la crónica siriaca del patriarca monofisita Denys de Tell-Mahré, escrita entre los años 772 y 775 d.C., contiene datos de interés sobre fiscalidad, propiedad y antagonismos sociales. Aparecen cuatro categorías de impuestos: en las ciudades, los que proceden de los *ṣawāfī* o propiedades del estados y el diezmo o *'ušr* que grava el comercio privado; en el campo la *ṣadaqāt al-māl* sobre las tropas y las tierras de los árabes y por fin la *ŷizya*, que el patriarca traduce por capitación. En relación a este último impuesto se hace referencia a la *muqāsama*, impuesto proporcional en especie que se impuso a finales del gobierno de al-Manṣūr y que sustituyó en algunos casos al sistema de la *mīsāḥa* o impuesto catastral en efectivo.

213. **CAHEN, C.**, "Réflexions sur le *Waqf* ancien", *S.I.*, 14, 1961, pp. 37-56.

El autor redacta su artículo atendiendo a la carencia de una historia sobre el *waqf* en los primeros tiempos del Islam, sin que en su opinión, la existencia de un número menor de fuentes para esta época justifique tal carencia. Son tratados los siguientes temas: fuentes para el estudio del *waqf* primitivo, características del mismo, diferencia entre la formación de la doctrina sobre el *waqf* y la evolución posterior de la práctica, formas bajo las que triunfó el *waqf* y por qué, expansión de la institución, y bienes susceptibles de ser constituídos en *waqf*. Finalmente, se destaca la importancia del estudio de esta institución para la historia económica y social del mundo musulmán, además del papel del *waqf* en la vida política y cultural.

214. **CAHEN, C.**, "A propos des *shuhūd*", *S.I.*, 31, 1970, pp. 71-79.

Algunas reflexiones sobre los testigos en la justicia musulmana clásica referidas, sobre todo, a sus categorías y evolución.

215. **CAHEN, C.** y **SERJEANT, R.B.**, "A Fiscal Survey of the Medieval Yemen (Notes preparatory to a critical edition of the *Mulahhaṣ al-fitan* of al-Ḥasan b. 'Alī al-Šarīf al-Ḥusaynī)", *Arabica*, 4, 1957, pp. 23-33.

La sección III del manuscrito contiene referencias a recibos de ingresos en metálico y en especie por el pago de impuestos y tasas de varias provincias; noticias sobre la llegada de hombres reclutados en varias provincias para el ejército; detalles sobre los gastos en dichas provincias y en las fortalezas. La parte a nuestro juicio más interesante consiste en una lista de impuestos que gravaban el comercio por mar y por tierra y de productos objeto del impuesto (p. 29).

216. **CALABRESE, M. C.**, "Materiali per un lessico dell'ideología politica di Mu'ammar al-Qaḏḏāfī", *S.M.*, 14, 1982, pp. 229-248.

Se analizan algunas palabras clave del léxico árabe utilizado por al-Qaḏḏāfī en su *Libro Verde*. Entre estas palabras encontramos: ley (*šarī'a*, ley revelada; *qānūn*, ley positiva; *qānūn ṭabī'ī*, ley natural), o el uso (*'urf*), la *sunna* y el *nāmūs*.

217. **CALDER, N.**, "*Ikhtilāf* and *ijmā'* in Shāfi'ī's *Risāla*", *S.I.*, 58, 1983, pp. 55-81.

Interesante estudio sobre la revisión que al-Šāfi'ī llevó a cabo de los términos *ijtilāf* e *iŷmā'*, a los que dotó de una relevancia nueva y que reinterpretó, partiendo de la diferenciación entre dos tipos de conocimiento: el que todo ser humano está obligado a tener y que es evidente de por sí (*'ilm al-'āmma*) y el conocimiento de aquello que está sujeto a interpretación y que sólo puede adquirir la élite (*'ilm al-jāṣṣa*). Se recogen y analizan gran cantidad de términos jurídicos y teológicos.

218. **CALDER, N.**, "Doubt and prerogative: the emergence of an Imāmī Shī'ī theory of *ijtihād*", *S.I.*, 70, 1989, pp. 57-78.

Sobre el rechazo del *iŷtihād*, el *qiyās* y el *jabar al-wāḥid* que tiene lugar en la obra *'Uddat al-uṣūl* de al-Ṭūsī, el tratado de metodología jurídica más significativo escrito por un ulema šī'í imāmí del periodo būyí. Concretamente su rechazo del *iŷtihād* está en relación con un deseo idealista de una definición clara y firme de la ley divina libre de duda y discrepancia.

219. **CALDER, N.**, "The *Ummī* in Early Islamic Juristic Literature", *D.I.*, 67, 1990, pp. 111-123.

El artículo se compone de tres apartados: en el primero, Calder revisa los diversos significados que se ha dado al término *ummī*; en el segundo, se traduce un pasaje del *kitāb al-ṣalāt* de la obra *K. al-aṣl* del jurista ḥanafí Muḥammad b. Ḥasan al-Šaybānī (m. 189/805), donde aparece el concepto de *ummī*; y en el tercero, se describe la forma y estructura de ese texto jurídico.

220. **CALDER, N.**, "Al-Nawawī's Typology of *muftī*s and its Significance for a General Theory of Islamic Law", *I.L.S.*, 3, 1996, pp. 137-64.

El autor concluye que el *taqlīd* puede valorarse como un principio de vitalidad en la tradición hermenéutica. Este trabajo ofrece la traducción al inglés de la presentación de al-Nawawī de las jerarquías de los muftíes. El contexto de este pasaje, así como su terminología y sus argumentos, están estudiados en los apartados siguientes.

221. **CALERO SECALL, Mª I.**, "Un amigo de Almanzor: el cadí de Málaga (Rayya), al-Ḥasan Ibn 'Abd Allāh al-Ŷuḏāmī", *C.H.I.*, 7, Serie Miscelánea (2), 1975-76, pp. 153-160.

Partiendo como fuente principal del *Kitāb al-marqaba al-'ulyà* de al-Nubāhī, se sigue el típico esquema biográfico del cadí: procedencia, formación y estudios, cadiazgo, cualidades y condiciones reunidas para desempeñar el cargo de cadí. El artículo ofrece asimismo información sobre la persona de Almanzor y su actuación militar.

222. **CALERO SECALL, Mª I.**, "Dinastías de cadíes en la Málaga nazarí", *Jábega*, 55, 1987, pp. 3-14.

Artículo en el que la autora, a través de datos recogidos en las fuentes árabes, pretende demostrar cómo en la época nazarí la fidelidad al soberano era condición *sine qua non* para ser nombrado cadí. La opinión popular recogida por los consejeros del sultán y la transmisión hereditaria podían según la autora inclinar la balanza a favor de un candidato al cargo.

223. **CAMERA D'AFFLITTO, I.**, "Traduzione e commento del comunicato emesso dagli *'ulamā'* di al-Azhar, relativo all'accordo di pace tra Egitto e Israele", *O.M.*, 60, 1980, pp. 79-84.

Con este trabajo el autor pretende mostrar una nueva manifestación del apoyo al régimen de Sadat prestado por al-Azhar. El comunicado analizado, publicado en el periódico *al-Ahrām*, respondía a otro emitido en Fez que condenaba el acuerdo de paz entre Egipto e Israel.

224. **CAMPANINI, M.**, "*Ǧihād* e societá in Sayyid Quṭb", *O.M.*, 75, 1995, pp. 251-266.

Se pone de relieve que el presupuesto central del que parten los fundamentalistas islámicos es la consideración del islam como *dīn wa-dawla*.

225. **CANARD, M.**, "Deux épisodes des relations diplomatiques arabo-byzantines du Xe siècle", *B.E.O.*, 13, 1949-50, pp. 51-69.

Véanse especialmente las pp. 52-54 en relación con la situación jurídica de los embajadores bizantinos en países musulmanes. En las pp. 62-63 encontramos referencias a respuestas de juristas sobre la ruptura de un pacto que había entre chipriotas y musulmanes desde la época de Mu'āwiya. El artículo puede ser interesante en conjunto para el estudio del "derecho internacional" musulmán.

226. **CANNON, B.D.**, "Perspectives politiques de l'enseignement du droit européen en Egypte avant 1900", *R.O.M.M.*, 20, 1975, pp. 35-48.

Este artículo examina los diferentes aspectos de los problemas producidos por la llegada de información sobre el derecho europeo a Egipto. Estudia las influencias que había podido tener la organización administrativa y la reforma de la escuela Jedivial de derecho sobre los jóvenes abogados egipcios de la generación de Muṣṭafà Kāmil y Sa'ad Zaglūl, intentando poner de relieve la manera en que las rivalidades políticas franco-británicas, antes de la "Entente Cordiale" (1904), orientaron los métodos y los objetivos de los estudios de derecho europeo en Egipto.

227. **CANO ÁVILA, P.**, "Contratos de compraventa en el reino nazarí de Granada, según el tratado notarial de Ibn Salmūn", *A.Q.*, 9, 1988, pp. 323-351.

Se analizan las características y elementos de los contratos de compraventa: contratantes, objeto del contrato, fórmula de voluntad contractual, fórmulas empleadas en este tipo de documentos y derechos y deberes de los contratantes. Se acompaña la traducción de los textos, muy útil por ser pocas las traducciones al castellano de documentos de este tipo publicadas hasta el momento.

228. **CANO ÁVILA, P.**, "Sobre algunos maestros y contemporáneos del granadino Abū l-Qāsim Ibn Salmūn. I", *M.E.A.H.*, 37, 1988, pp. 37-55.

En las pp. 38-39 se citan los maestros de Ibn Salmūn (que vivió a finales del VII/XIII y primera mitad del VIII/XIV) que le enseñaron a redactar actas notariales, así como la doctrina de las fuentes de derecho (*uṣūl al-fiqh*).

229. **CANO ÁVILA, P.**, "Sobre algunos maestros y contemporáneos del granadino Abū l-Qāsim Ibn Salmūn. II", *M.E.A.H.*, 38, 1989-1990, pp. 7-24.

Continuación del artículo anterior.

230. **CANO ÁVILA, P.**, "Dictámenes jurídicos del sevillano Ibn al-Makwī", *B.A.E.O*, 29, 1993, pp. 141-154.

Análisis de las fetuas de este alfaquí andalusí del s. IV/X recogidas en el *Mi'yār* de al-Wanšarīsī.

231. **CANO ÁVILA, P.**, "Sobre la transmisión del usufructo en el derecho mālikí andalusí", *B.A.E.O.*, 30, 1994, pp. 197-208.

La cuestión jurídica de la transmisión del usufructo se estudio a partir de los formularios de contratos andalusíes.

232. **CARMONA GONZÁLEZ, A.**, "Ibn Hišām al-Qurṭubī y su *Mufīd li-l-ḥukkām*", *Q.S.A.*, 5 y 6, 1987-88, pp. 120-130.

Biografía de Ibn Hišām, destacando su formación y sus ocupaciones; se explica la estructura y temática del *Mufīd* (libro de casos judiciales), junto con una crítica y valoración de la obra.

233. **CARMONA, A.**, "Acerca del influjo de la jurisprudencia andalusí en el Magreb", *R.I.E.E.I.M.*, 26, 1993-1994, pp. 137-148.

Se plantea y discute el problema de si existe una jurisprudencia propiamente andalusí.

234. **CARPENTER, D.**, "Alfonso el Sabio y los moros: algunas precisiones legales, históricas y textuales con respecto a Siete Partidas 7.25", *A.Q.*, 7, 1986, pp. 229-252.

Sobre el estatuto de judíos y musulmanes en territorio cristiano. Queda clara la intención de Alfonso el Sabio de eliminar las conversiones de cristianos al Islam.

235. **CARRIAZO, J. de Mata**, "Un alcalde entre los cristianos y los moros, en la frontera de Granada", *A.A.*, 13, 1948, pp. 35-96.

Estudio sobre el "alcalde entre cristianos y moros", autoridad erigida para dirimir las querellas entre castellanos y granadinos de la frontera.

236. **CARROLL, L.**, "Definition and Interpretation of Muslim Law in South Asia: The Case of Gifts to Minors", *I.L.S.*, 1, 1994, pp. 83-115.

Las leyes relativas al estatuto personal aplicable a los musulmanes en el Sur de Asia no han sido codificadas hasta ahora, de forma que sólo es posible conocerlas a través de las decisiones de los tribunales. Este trabajo está dedicado a las donaciones hechas a menores a través del estudio de las decisiones tomadas en los tribunales de lo Privado en la India británica en 1928.

237. **CARROLL, L.**, "Application of the Islamic Law of Succession: Was the Propositus a Sunnī or a Shī'ī?", *I.L.S.*, 2, 1995, pp. 24-42.

El reparto de la herencia de un musulmán es radicalmente diferente dependiendo de la afiliación sunní o šī'í del fallecido. Esta afiliación no es siempre fácil de probar y puede ser puesta en duda por los diferentes grupos de herederos. Este trabajo examina la forma en que los tribunales de Asia del Sur se acercan al problema de determinar la afiliación del difunto cuando esto es necesario para resolver conflictos en el reparto de la herencia. Después de examinar el litigio sobre la propiedad de Fatima Yinnah, que, en vida, se negó a ser ni sunní ni šī'í, se analiza la cuestión de cuándo los musulmanes de Asia del Sur pueden tener la opción de elegir entre las leyes sunníes y las šī'íes para poder entregar sus propiedades a determinados herederos.

238. **CARROLL, L.**, "Qur'ān 2:229: «A Charter Granted to the Wife»? Judicial *Khul'* in Pakistan", *I.L.S.*, 3, 1996, pp. 91-126.

Uno de los cambios más importantes sufridos en la aplicación de la ley islámica en la nueva República de Pakistán cuando empezó a ser aplicada por los propios jueces musulmanes fue la regulación de una nueva forma de divorcio a iniciativa de la esposa, llamada *jul'* "judicial". La autora de este trabajo entiende que, para comprender el funcionamiento del derecho islámico en el mundo moderno como un sistema legal, es necesario comprender este sistema dentro de un contexto de nación-estado.

239. **CASTAGNE, J.**, "Le droit coutumier familial des montagnards du Caucase et des Tcherkesses en particulier, d'après le rapport Ladijensky", *R.E.I.*, 3, 1929, pp. 245-275.

Estudio sociológico de las costumbres de los montañeses del norte del Cáucaso. Está basado en el de A.M. Ladijensky que cree en la necesidad de crear un nuevo código de derecho familiar, estrechamente ligado al problema de la emancipación de la mujer circasiana.

240. **CASTELLANI, V.**, "La riforma guirisdizionale a Tangeri", *O.M.*, 5, 1925, pp. 329-345 y 389-397.

El 18 de diciembre de 1923 quedó abolido el régimen de capitulaciones según las cuales se acordaba un estatuto especial a los residentes europeos en Tánger (régimen que arrancaba del s. XV) y fue sustituído por una jurisdicción mixta internacional. El artículo está estructurado en los siguientes puntos: las capitulaciones, la constitución del Tribunal Mixto, competencias del Tribunal Mixto y naturaleza jurídica del Tribunal Mixto.

241. **CASTILLO CASTILLO, C.**, "Manuscritos arábicos que se conservan en la Escuela de Estudios Árabes de Granada", *C.H.I.*, 11, 1984, pp. 213-238.

Catalogación y descripción de estos manuscritos, entre los que se encuentran algunos de contenido jurídico. Así, el volumen VII comprende obras de derecho de Ibn Abī Zayd al-Qayrawānī (mālikí), de 'Abd al-Raḥmān al-Raqa'i y de Abū Bakr b. 'Āṣim (mālikí).

242. **CASTRO, F.**, "Sulle componenti e le prospettive della nazionalità algerina come problema giuridico", *A.I.O.N.* (Nuova serie), 24, 1964, pp. 49-60.

Son interesantes las partes III y IV que hablan sobre la radical transformación sufrida por el derecho público musulmán con la entrada de ideas occidentales en los países islámicos y cómo la aplicación del derecho musulmán fue condicionada por la ley francesa.

243. **CASTRO, F.**, "Sulla genesi e la struttura dell'autogestione in Algeria (1962-1965)", *S.M.*, 1, 1966, pp. 103-132.

Sobre una serie de decretos promulgados entre 1962 y 1965 relativos a la reglamentación y definición de los bienes vacantes, la gestión de las empresas, la participación de los trabajadores en la vida política del país, los bienes inmuebles en general, atribuciones y limitaciones políticas y económicas del Jefe de Estado, etc.

244. **CASTRO, F.**, "Illicità della fecondazione artificiale in diritto musulmano secondo una recente pubblicazione dello *shayich* Muḥammad Ŷawād Mughniyyah", *O.M.*, 54, 1974, pp. 222-225.

Se presenta la traducción del texto del *šayj* Mughniyyah en el que se prohibe la fecundación artificial, afirmando que, en caso de embarazo según este sistema, el hijo que nazca no será considerado como legítimo. El texto ofrece un ejemplo del razonamiento "canónico" contemporáneo que por la vía deductiva se esfuerza en mostrar la ilicitud de una técnica médica moderna desconocida para los alfaquíes. Interesante artículo que refleja los problemas con los que ha de enfrentarse el derecho musulmán en la actualidad.

245. **CASTRO, F.**, "Su *gaṣb* e *ta'addī* nel *fiqh* fatimida", *Annali di Ca' Foscari*, 14(3), 1975, pp. 95-100.

Estudio de la analogía existente entre el *fiqh* fāṭimí y el mālikí en casos de delitos contra la propiedad ajena.

246. **CATAFAGO, J.**, "Lettre à M. Mohl sur la secte des *Ansariés*",

J.A., 12, 1848, 1ère lettre, pp. 72-78.

Sobre un tratado de las fiestas de los anṣāríes en el que se citan diversos tipos de oraciones que deben hecerse en estas celebraciones religiosas y cómo deben realizarse.

247. **CATAFAGO, J.**, "Catalogue des manuscrits arabes de Si Saīd ben Bachterzi, tâleb de Constantine, redigé et annoté par M. Cherbonneau", *J.A.*, 4, 1854, pp. 433-444.

V. en las pp. 441-443 los citados bajo el epígrafe "religión".

248. **CAURROY, A.J. du**, "Législation musulmane sunnite, rite Hanèfi", *J.A.*, 12, 1848, pp. 5-44.

Respecto a los derechos del hombre sobre las cosas (ensayo sobre la propiedad).

249. **CAURROY, A.J. du**, "Législation musulmane. Code civil. 2e article", *J.A.*, 13, 1849, pp. 120-163.

Sobre el empleo del agua (pp. 120-144) y sobre la adquisición de la propiedad por derecho del primer ocupante aplicado al caso de la caza y la pesca (pp. 144-163) según el rito ḥanafí.

250. **CAURROY, A.J. du**, "Législation musulmane sunnite, rite Hanèfi, 3e article", *J.A.*, 16, 1850, pp. 476-519.

Continuación del artículo anterior.

251. **CAURROY, A.J. du**, "Législation musulmane sunnite, rite Hanèfi. Code civil", *J.A.*, 2, 1853, pp. 471-528.

Sobre la inscripción de los *muŷāhidūn* en el ejército y aquello a lo que tienen derecho en las guerras: botín y propiedades territoriales.

252. **CERULLI, E.**, "Problèmes de l'Islam pakistanais", *S.I.*, 23, 1965, pp. 137-147.

Observaciones realizadas por el autor a raíz de un viaje de tres semanas por el Pakistán oriental y occidental durante los años sesenta sobre: 1) el control de nacimientos, 2) ¿puede una mujer ser elegida jefe de estado?, 3) las leyendas de los santos musulmanes, 4) la doctrina de los *Ahl al-Qur'ān* y 5) el sentimiento ecuménico en el Islam actual.

253. **CERULLI, E.**, "Questions actuelles de Droit musulman au Pakistan: les *Uṣūl al-fiqh*; la donation; le contrôle des naissances", *S.I.*, 29, 1969, pp. 103-117.

Sobre tres cuestiones: 1. La necesidad de que la solución al problema de la justificación en el derecho del Islam de la legislación actual de los estados islámicos se haga dentro del dominio de los *uṣūl al-fiqh* y el tratamiento que de esta cuestión se hizo en un juicio de la Corte Suprema de Pakistán del 5 de mayo de 1964. 2. La institución de la *hiba* tal como es tratada en dos sentencias, una de la Corte Suprema de Lahore y otra de la Corte de Apelación de Dacca y 3. El problema del control de los nacimientos analizado por el Dr. Faḍl al-Raḥmān, islamólogo pakistaní.

254. **CHALMETA, P.**, "El *Kitāb fī ādāb al-ḥisba (Libro del buen gobierno del zoco)* de al-Saqaṭī", *A.A.*, 32, 1967, pp. 125-162 y 359-397; 33, 1968, pp. 143-195 y 367-434.

Traducción al español del texto, precedida de un estudio sobre el autor y la obra que, como todas las de su género, aporta interesantísimos datos sociales y sobre todo económicos para la historia de al-Andalus.

255. **CHALMETA, P.**, "Le *Barnāmaǧ* d'Ibn Abī l-Rabī'", *Arabica*, 15, 1968, pp. 183-208.

Traducción de la obra del filólogo Ibn Abī l-Rabī', escrita por su discípulo Ibn al-Šāṭ, precedida de un breve estudio sobre el término *barnāmaŷ*. Entre los libros sobre *fiqh* mālikí (v. pp. 204-205) tenemos: el *Muwaṭṭa'*, la *Risāla* de Ibn Abī Zayd al-Qayrawānī, el *Tahḏīb* de Abū Sa'īd Jalaf b. Abī l-Qāsim al-Azdī al-Barāḏī'ī, las *Muqaddimāt* de Ibn Rušd, el *Tafrī'* de Abū l-Qāsim 'Ubayd Allāh b. al-Ḥusayn b. al-Ŷallāb, el *Talqīn* de Abū Muḥammad 'Abd al-Wahhāb b. 'Alī b. Naṣr al-Bagdādī, el *Mujtaṣar* de al-Ṭulayṭulī y el *Kāfī* de Abū 'Umar Yūsuf b. 'Abd Allāh b. 'Abd al-Barr.

256. **CHALMETA, P.**, "La *ḥisba* en Ifriqiya et al-Andalus; étude comparative", *C.T.*, 18, 1970, pp. 87-105.

Precedido por un análisis y definición del término *ḥisba* y seguida de unas conclusiones, aparece una sucinta descripción de varios tratados orientales y occidentales del género: *Kitāb aḥkām al-sūq* de Yaḥyà b. ʿUmar (andalusí), *Kitāb al-iḥtisāb* de al-Ūṭrūš (del sur de la ribera del Caspio), *Risāla fī adab al-ḥisba wa l-muḥtasib*, tratado andalusí de autor desconocido, *Risāla fī l-qaḍā' wa l-ḥisba* del sevillano Ibn ʿAbdūn, *Nihāyat al-rutba fī ṭalab al-ḥisba* del sirio al-Šayrāzī, *Kitāb fī ādāb al-ḥisba* del malagueño al-Saqaṭī, *Risāla fī l-ḥisba* de autor desconocido, probablemente magrebí según Chalmeta, *Maʿālim al-qurba fī aḥkām al-ḥisba* de Ibn al-Ujuwa (oriental) y *Tuḥfat al-nāẓir wa gunyat al-ḏākir fī ḥifẓ al-aša'ā'ir wa tagyīr al-manākir* de al-ᶜUqbānī, de Tremecén.

257. **CHALMETA, P.**, "Un formulaire notarial hispano-arabe du IVᵉ/Xᵉ siècles: glanes économiques", *R.I.E.E.I.*, 23, 1985-1986, pp. 181-202.

Se trata de los *Waṯā'iq* de Ibn al-'Aṭṭār editados por el autor del artículo junto con F. Corriente. V. en las pp. 182-185 la lista de los tipos de fuentes jurídicas de las que el historiador del Islam debe servirse, así como la de las obras de este tipo conservadas, al menos en parte, sobre al-Andalus.

258. **CHALMETA, P.**, "Formation, structure et contrôle du marché arabo-musulman", *S.S.*, 40, 1993, pp. 667-719.

De interés para las relaciones de las magistraturas del mercado con otras magistraturas.

259. **CHALMETA, P.**, "El matrimonio según el *Kitāb al-waṯā'iq* de Ibn al-'Aṭṭār (s. X). Análisis y observaciones", *A.E.A.*, 6, 1995, pp. 29-70.

El material del formulario de Ibn al-'Aṭṭār se completa con el de otras obras como Ibn Mugīṯ, al-Ŷazīrī e Ibn Salmūn, estableciéndose comparaciones para precisar cambios en las prácticas matrimoniales.

260. **CHAPOUTOT-REMADI, M.**, "Une institution mal connue: le khalifat abbaside du Caire (XIIIº-XIVº siècles), *C.T.*, 20, 1, 1972, pp. 11-24.

Estudio, basado en varias fuentes, en el cual se concluye que dicho califato nunca dejó de ser simbólico y no llegó a representar un poder real, a pesar del esfuerzo de los califas y de los ulemas.

261. **CHAPOUTOT-REMADI, M.**, "L'Agriculture dans l'empire mamluk au Moyen Âge d'après al-Nuwayrī", *C.T.*, 22, 1, 1974, pp. 23-45.

Al-Nuwayrī, nacido en 677/1278 y fallecido en Cairo en 732/1332, compuso un manual enciclopédico titulado *Nihāyat al-ᶜarab fī funūn al-adab*, en 30 volúmenes, parcialmente editado por A. Zākī Pacha. A partir de una serie de actas notariales (*šurūṭ*) sobre contratos de arrendamiento de la tierra y constituciones de habices, el autor de este artículo recopila datos acerca del sistema de imposición fiscal sobre la tierra, los contratos de arrendamiento, propiedad de la tierra, distribución del agua y otros aspectos de la actividad agrícola en el Egipto mameluco.

262. **CHARFI, M.**, "Islam et droits de l'homme", *I.CH.*, 9, 1983, pp. 13-24.

Punto de vista sobre la adaptacion de la ley coránica a las exigencias de la sociedad en proceso de evolución. Características del derecho musulmán clásico.

263. **CHARNAY, J.-P.**, "Pluralisme normatif et ambiguité dans le *fiqh*", *S.I.*, 19, 1963, pp. 65-82.

Se trata de un ensayo de carácter general y referido al Islam de todos los tiempos. El autor define dos tipos de ambigüedad en derecho: 1) coexistencia de varias normas con el mismo objetivo y que proponen soluciones diferentes y 2) existencia de una norma única pero susceptible de justificar soluciones divergentes. Partiendo de esta definición, el autor pretende averiguar si lo que ocurre es "la solidificación en normas contradictorias de diversas virtualidades contenidas en una norma anterior". Se pone como ejemplo la disolución del matrimonio para ver de qué forma actúa tal ambigüedad e incluso se compara el derecho musulmán con el francés para definir de manera más precisa el papel desempeñado por la ambigüedad en el razonamiento jurídico.

264. **CHARNAY, J.-P.**, "Dialectique entre droit musulman et juridisme industriel", *S.I.*, 32, 1970, pp. 77-87.

Reflexiones sobre la adaptación del derecho musulmán moderno a una sociedad industrializada.

265. **CHAUMONT, E.**, "Notes et remarques autour d'un texte de la *Muqaddima*, Ibn Khaldūn et al-Ghazālī: *Fiqh* et *Taṣawwuf*", *S.I.*, 64, 1986, pp. 151-157.

Sobre la visión y la crítica que Ibn Jaldūn hace del sufismo en al-Gazālī, en el capítulo de su *Muqaddima*: "*fī 'ilm al-taṣawwuf*". Con respecto a la posición del sufismo en relación con el *fiqh*, el autor elabora la siguiente hipótesis: analizando las relaciones que unen o deberían unir el *fiqh* con la mística, Ibn Jaldūn toma como interlocutor privilegiado a al-Gazālī, pero en vez de reconocerle el mérito de una síntesis cualquiera, le reprocha haber introducido una dualidad irreductible entre la comprensión de la ley que tiene el jurista y la del sufí, aislándoles el uno del otro.

266. **CHAUMONT, E.**, "Encore au sujet de l'Ash'arisme d'Abū Isḥāq

ash-Shīrāzī", *S.I.*, 74, 1991, pp. 167-177.

El aš'arismo de al-Šīrāzī es analizado a través de la cuestión de si hay un cambio del significado de las palabras en el discurso dirigido a los árabes por Dios y por el Profeta (*naql al-asmā' fī l-šar'*) y dentro del contexto de la existencia de dos métodos en la esfera de los *uṣūl al-fiqh*: el método de los juristas y el método de los teólogos.

267. **CHAUMONT, E.**, "La problématique classique de l'*ijtihād* et la question de l'*ijtihād* du prophète: *ijtihād*, *waḥy* et *'iṣma*", *S.I.*, 75, 1992, pp. 105-140.

Especialmente interesante por el análisis de la tensión entre la postura privilegiada del Profeta en cuanto al valor de su *iŷtihād* y la idea de que, por lo que respecta al *iŷtihād*, el Profeta y su comunidad son iguales.

268. **CHAUMONT, E.**, "Bāqillānī, théologien ash'arite et usūliste mālikite, contre les légistes à propos de l'*ijtihād* et de l'accord unanime de la communauté", *S.I.*, 79, 1994, pp. 79-102.

Se pone de relieve cómo al-Bāqillānī reclama la presencia de los teólogos entre quienes son generadores de *iŷmā'* (consenso).

269. **CHEHATA, Ch.**, "Logique juridique et droit musulman", *S.I.*, 23, 1965, pp. 5-25.

El artículo se clasifica entre los estudios sobre filosofía musulmana del derecho y trata más concretamente sobre la lógica utilizada por los doctores del Islam en el ámbito del derecho musulmán, desde el punto de vista general. Asimismo, se habla del lugar que ocupa el razonamiento en el *fiqh* sobre todo en relación al *qiyās* o analogía y al *iŷtihād*, además de la sorpresa que produce en muchos orientalistas el hecho de que el *qiyās* fuera aceptado como fuente del *fiqh* por los teóricos del derecho musulmán.

270. **CHEHATA, Ch.**, "L'évolution moderne du droit de la famille en pays d'Islam", *R.E.I.*, 37, 1969, pp. 103-114.

En los países musulmanes todo lo relativo al matrimonio, divorcio y filiación ha sido incluido en los Códigos Civiles con la denominación de "status personal". La conclusión de este artículo es que el derecho islámico está en un estado de mutación que refleja las necesidades de una sociedad árabe moderna.

271. **CHEHATA, Ch.**, "Les concepts de *qabḍ ḍamān* et de *qabḍ amāna* en

droit musulman Hanéfite", *S.I.*, 32, 1970, pp. 89-99.

Sobre los dos conceptos existentes en la ley islámica respecto a la responsabilidad o a la obligación: *qabḍ al-ḍamān* (o entregar en mano la cosa, engendrando en la persona que la recibe la obligación de reponerla en caso de pérdida total o parcial) y *qabḍ al-amāna* (entrega que no genera responsabilidad alguna más que en caso de transgresión y en condiciones que varían según diversas hipótesis). El autor aporta algunos datos aclaratorios sobre estas dos nociones e intenta situar ambas en su lugar exacto dentro del sistema de la responsabilidad, tal como ha sido estructurado en derecho ḥanafí.

272. **CHEJNE, A.G.**, "Intellectual Revival in the Arab World. An Introduction", *I.S.*, 2, 1963, pp. 413-437.

Panorama de los más importantes movimientos reformistas en los países musulmanes desde el siglo XVIII hasta el XX y de las posturas de sus líderes: -Muḥammad Ibn ᶜAbd al-Wahhāb, Ŷamāl al-Dīn al-Afgānī y Jayr al-Dīn al-Tūnisī- sobre el califato, la posición de la mujer y el papel de las instituciones sociales.

273. **CHELHOD, J.**, "Le Bédouin et le droit", *R.O.M.M.*, 11, 1972, pp. 151-159.

Este artículo trata sobre el "código de leyes" que regía a la sociedad beduina del Oriente Medio. Se pasa revista al estado de los estudios sobre el derecho beduino consuetudinario, sus características y los problemas que suscita.

274. **CHELHOD, J.**, "La place de la coutume dans le *fiqh* primitif et sa permanence dans les sociétés arabes à tradition orale", *S.I.*, 64, 1986, pp. 19-37.

A pesar de que el Corán condenó en bloque las viejas costumbres anteislámicas, sustituyéndolas por las enseñanzas de Dios y de la Sunna, el Islam primitivo no dejó de recurrir a ciertos usos anteislámicos. El Corán hizo suyas un gran número de reglas referentes a costumbres preislámicas, las cuales son numeradas en este trabajo: el talión, la repartición del botín, la explotación de las aguas y de los pastos, la esclavitud, el matrimonio temporal admitido luego por la *šīʿa*, etc. Queda reflejada asimismo la conveniencia de dos sistemas jurídicos en las sociedades árabes con tradición oral, y sobre todo en aquéllas de tradición beduina: uno de inspiración islámica y otro basado en la costumbre. De todo ello se citan ejemplos y anécdotas, poniéndose de manifiesto que el derecho consuetudinario también se adapta a los tiempos y las circunstancias.

275. **CHELHOD, J.**, "La foi jurée et l'environnement désertique", *Arabica*, 38, 1991, pp. 291-306.

El autor analiza los términos utilizados para designar el juramento entre los beduinos árabes, así como los ámbitos de aplicación de los juramentos.

276. **CHENOUFI, A.**, "Un Traité de *Ḥisba (Tuḥfat an-nāẓir)* de M. al-'Uqbānī al-Tilimsānī", *B.E.O.*, 19, 1965-66, pp. 133-343.

Excelente edición crítica de la *Tuḥfat al-nāẓir wa-gunyat al-ḏākir fī ḥifẓ al-šaʿāʾir wa-tagyīr al-manākir* de Muḥammad al-ʿUqbānī, muerto en Tremecén en 871/1467. Consta de un estudio introductorio sobre el autor, el manuscrito y las fuentes que maneja, seguido de la edición crítica de la obra que se compone de ocho capítulos, precedida por unas nociones generales sobre el género de la *ḥisba*. Finalmente incluye índices y bibliografía.

277. **CHENOUFI, M.**, "Les deux séjours de Muhammad Abduh en Tunisie", *C.T.*, 16, 1968, pp. 57-96.

Sobre dos visitas que el dirigente egipcio del movimiento reformista islámico Muḥammad ʿAbduh, fallecido en 1905, hizo a Túnez. La primera de dichas visitas se produjo entre el 6 de diciembre de 1884 y el 4 de enero de 1885, y la segunda del 9 al 24 de septiembre de 1903. Se analiza el impacto que tuvieron en el reformismo islámico tunecino. En opinión de Chenoufi, el balance fue muy positivo, especialmente para fijar los objetivos a cumplir con el fin de lograr la recuperación de la soberanía del país, de forma pacífica y a través de la educación de la población, y para preparar al país de forma que se aprovechara al máximo la occidentalización y se integraran al fundamentalismo islámico ideas nuevas y eficaces venidas de Occidente.

278. **CHENOUFI, ʿA.**, "Le *fiqh* malekite à Tozeur (1875)", *C.T.*, 26, 2, 1978, pp. 279-282.

Pequeña nota en árabe cuyas páginas aparecen desordenadas.

279. **CHERBONNEAU, M.A.**, "Documents inédits sur es-Senouci, son caractère et ses écrits", *J.A.*, 3, 1854, pp. 175-180.

Estudio sobre al-Sanūsī, ulema de Orán del s. XV. En las pp. 177-180 encontramos una lista de sus obras de entre las cuales, las de interés jurídico (números: 1, 2, 3, 4, 5, 6, 9, 21 y 30) son explicaciones de otras de difícil comprensión.

280. **CHERBONNEAU, M.A.**, "Documents inédits sur Obeïd Allah, fondateur de la dynastie fatimite", *J.A.*, 5, 1855, pp. 529-548.

V. especialmente las pp. 542-543 sobre algunas innovaciones que el fāṭimí 'Ubayd Allāh introdujo en las prácticas rituales.

281. **CHERBONNEAU, M.A.**, "Spécimen d'un acte de vente passé à Constantine l'an 1095", *J.A.*, 12, 1858, pp. 597-599.

Traducción del acta de venta de cinco lotes de tierra que Balkassen vendió al *Šayj al-Islām* de Constantinopla 'Abd el-Krim el-Kekoun en 1095.

282. **CHERBONNEAU, M.A.**, "Note bibliographique sur el-Karafi, auteur du *Zil ad-Dibādj*", *J.A.*, 13, 1859, pp. 94-95.

Entre las obras de al-Qarāfī, cadí mālikí egipcio m. 1600 d.C., se citan cuatro de interés jurídico: números 2, 3, 5 y 6.

283. **CHERBONNEAU, M.A.**, "Notice bibliographique sur Kalaçādi", *J.A.*, 14, 1859, pp. 437-448.

Al-Qalaṣādī fue un alfaquí y matemático andalusí del siglo IX/XV. V. la lista de sus obras en las pp. 444-448, de las cuales las numeradas 1-7, 26-35 y 37 son de tipo jurídico. A partir de la nº 26 se enumeran otras obras relativas al complicado derecho de sucesión islámico, tratado por un matemático como al-Qalaṣādī.

284. **CHERIF, M.H.**, "Temoignage au *Mufti* Qasim ᶜAzzum sur les rapports entre turcs et autochtones dans la Tunisie de la fin du XVIº s.", *C.T.*, 20, 1, 1972, pp. 39-50.

Entre las *aŷwiba* o fetuas en forma de respuesta del tunecino Qāsim b. ᶜAzzūm (s. XVI), colección de la que se conservan múltiples manuscritos en la Biblioteca Nacional de Túnez, hay un pasaje que revela la existencia de una conjura por parte de los ulemas tunecinos contra el cadí turco de la capital en 1591. El texto es transcrito, traducido y analizado y el autor de este artículo concluye que la actuación de los ulemas en la vida política es un rasgo original del régimen tunecino en el Magreb otomano desde el siglo XVI en adelante.

285. **CHERIF, M.H.**, "Hommes de religion et pouvoir dans la Tunisie de l'époque moderne", *A.E.S.C.*, 35, 1980, pp. 580-597.

Sobre el papel político de los ulemas o marabouts en Túnez en la época moderna (según la historiografía europea), y sus relaciones con el bey Ḥusayn b. 'Alī (1705-1735), quien inició un acercamiento a los ulemas por el cual éstos le prestaron su apoyo, siendo largamente recompensados por ello.

286. **CHODZKO, A.**, "Le déisme des Wahhabis expliqué par eux-mêmes", *J.A.*, 11, 1848, pp. 168-186.

Estudio de la doctrina de 'Abd al-Wahhāb a partir de un manuscrito sobre los viajes de Mirza-Mohammed-Ali-Khan, último embajador de Persia en Francia. Consideraba idólatras a todos aquellos musulmanes que adoran la tumba del Profeta y las tumbas de los imames y hombres píos muertos en olor de santidad.

287. **CILARDO, A.**, "Il *Corpus Juris* di Zayd Ibn 'Alī", *Alifbā'*, 3, 1984, pp. 35-44.

Estudio del *Maŷmū' al-fiqh* de Zayd Ibn 'Alī, editado por Eugenio Griffini. Se hace referencia al interés que suscitó esta edición.

288. **CILARDO, A.**, "The Evolution of Muslim Family Law in Egypt", *O.M.*, 75, 1985, pp. 67-124.

Se pretende seguir la evolución de los cambios acaecidos en la legislación egipcia y que culminaron en la ley nº 100 de 1985. Sigue la traducción al inglés de los artículos de dicha ley y comentario de los mismos. A través del análisis del conjunto de leyes egipcias sobre la familia musulmana pueden apreciarse ciertas tendencias que el autor considera que necesitan ser discutidas en detalle. Al final encontramos una traducción al inglés de la ley nº 25 del 12 de julio de 1920 relativa a las normas de mantenimiento de la esposa y los hijos en caso de divorcio y a otras cuestiones relacionadas con el estatuto personal.

289. **CILARDO, A.**, "Il problema dell'influsso dei diritti stranieri sul diritto musulmano", *Alifbā'*, 5, 1985, pp. 67-74.

Se estudian las influencias del derecho bizantino en el derecho musulmán, confrontando las diferentes teorías que ha suscitado el tema entre investigadores de la talla de Nallino, Schacht, Tyan y Goldziher.

290. **COHEN, A.**, "Communal Legal Entities in a Muslim Setting; Theory and Practice: The Jewish Community in Sixteenth-Century Jerusalem", *I.L.S.*, 3, 1996, pp. 75-90.

A pesar de que no hay en derecho islámico un término legal o concepto que signifique "entidad legal comunitaria", las sociedades tradicionales islámicas tienen varias entidades legales comunitarias como es la *ṭā'ifa*. En este artículo se estudia este tipo de entidad, tal y como aparece en varios documentos rescatados de los archivos de Jerusalén en el siglo XVI. Ofrecen importantes datos acerca de las relaciones entre la comunidad judía de Jerusalén y las autoridades musulmanas.

291. **COLOMBE, M.**, "Réflexions sur les origines et le fonctionnement du régime représentatif et parlementaire en Turquie et dans les états arabes du Moyen-Orient", *W.I.*, 2, 1952-53, pp. 251-259.

Ensayo sobre las constituciones y leyes orgánicas promulgadas en el s. XX en las naciones islámicas del Cercano Oriente y sus regímenes parlamentarios.

292. **COMMINS, D.**, "Social criticism and reformist ulama of Damascus", *S.I.*, 78, 1993, pp. 169-180.

Análisis del contexto social en el que se produce la aparición de ulemas reformistas en Siria en el s. XIX.

293. **COULSON, N.J.**, "Reform of Family Law in Pakistan", *S.I.*, 7, 1957, pp. 135-155.

Sobre la modificación del derecho matrimonial en Pakistán a partir de 1955, rompiendo de forma repentina con la tradición. Esta reforma tuvo por objeto dar a las mujeres el papel que les corresponde en la sociedad, de acuerdo con los fundamentos del Islam, anticipándose a los principios de la nueva Constitución, como resultado de la aplicación del *iŷtihād* y con vistas a: restringir el matrimonio de niños, que el niño huérfano de padre represente a éste en la herencia de su abuelo, limitar la poligamia a aquellos casos en que el marido pueda mantener a todas sus esposas y necesite una segunda mujer, restricción del derecho del marido a pronunciar el *ṭalāq* o repudio, etc. Todas estas modificaciones fueron sugeridas por una Comisión nombrada para examinar la necesidad de tales reformas.

294. **COULSON, N.J.**, "Muslim Custom and Case-Law", *W.I.*, 6, 1959-61, pp. 13-24.

El autor dedica la primera parte del artículo a analizar y resumir el papel jugado por la costumbre dentro de la ley islámica. Aunque la costumbre no fue admitida dentro de las fuentes de la *šarī'a*: Qur'ān, *sunna*, *iŷmā'* y *qiyās*, muchas contumbres - incluso aquellas en contradicción con una de las citadas fuentes- encontraron su camino dentro de la ley islámica. La *šarī'a* admite la costumbre (*'urf*) como un valioso elemento subsidiario y suplementario y su uso explica, además, las diferencias entre las escuelas jurídicas. La ley es, en opinión de Coulson, el resultado de un compromiso entre la especulación doctrinal y la necesidad de la práctica jurídica. En una segunda parte, explica que se halla la misma dicotomía entre teoría y práctica en la cuestión de la jurisprudencia. La *šarī'a* se opone, en principio, al uso de documentos escritos como prueba y de precedentes judiciales, ya que es el alfaquí y no el juez el que hace las leyes, éste sólo las aplica. A pesar de esto, se recurre a documentos escritos y en el caso de la escuela mālikí se crea, por evolución interna del propio derecho, el concepto de *'amal* (la práctica de los juzgados). Este elemento se convierte en un instrumento para modificar y adaptar la *šarī'a* a las necesidades de la sociedad marroquí. Ambos conceptos, *'urf* y *'amal* son fundamentales para explicar las diferencias entre la doctrina de la *šarī'a* y la práctica legal musulmana. Según Coulson, doctrina y práctica son parte de una misma entidad: la ley que gobierna la vida de los musulmanes.

295. **COULSON, N.J.**, "Representational succesion in contemporary Islamic law", *S.I.*, 32, 1970, pp. 101-108.

Sobre la única ley particular y fundamental de la ley tradicional sunní de sucesión, aceptada por el consenso durante siglos, y según la cual el pariente más cercano en grado al *praepositus* excluye al más lejano.

296. **CRONE, P.**, "The first-century concept of *hiǧra*", *Arabica*, 41, 1994, pp. 352-387.

Análisis del contexto en el que se formó la idea de que la obligación de emigrar concluyó tras la conquista de La Meca.

297. **CRUZ HERNÁNDEZ, M.**, "La persecución antimasarrí durante el reinado de 'Abd al-Raḥmān al-Nāṣir li-Dīn Allāh, según Ibn Ḥayyān", *A.Q.*, 2, 1981, pp. 51-67; *A.Q.*, 3, 1982, pp. 483-4.

Sobre ciertos datos contenidos en el tomo V del *Muqtabas* editado por P. Chalmeta que completan el conocimiento de la persecución antimasarrí, ya que incluyen el texto del edicto del califa 'Abd al-Raḥmān III, justificando la persecución y ordenando la busca, captura y condena de los masarríes. Este texto había sido ya editado por 'Inān en 1965, pero fuera de su contexto. En la p. 52 se habla de la dedicación de Ibn Masarra al derecho mālikí y a su producción en este sentido, señalándose (p. 64) que hasta sus más encarnizados enemigos reconocieron que tenía amplios conocimientos del *corpus* jurídico mālikí. El tema está tratado esencialmente desde un punto de vista religioso, aunque encontramos algunas precisiones interesantes sobre los temores de la ortodoxia mālikí en al-Andalus ante ciertas innovaciones y sobre el ambiente intelectual andalusí en época califal.

298. **CUNO, K.M.**, "Was the land of Ottoman Syria *Miri* or *Milk*? An examination of juridical differences within the Hanafi school", *S.I.*, 81, 1995, pp. 121-152.

A partir de la obra de B. Johansen, *The Islamic Law on Land Tax and Rent* (Londres, 1988), estudio de la recepción de la tesis de "la muerte de los propietarios" por parte de los juristas ḥanafíes más importantes en las provincias otomanas sirias.

299. **DACHRAOUI, F.**, "Tentative d'infiltration šī'ite en Espagne musulmane sous le règne d'al-Ḥakam II", *A.A.*, 23, 1958, pp. 97-106.

Se trata de un proceso por herejía (*zandaqa*), en época de al-Ḥakam II, contra un misionero šī'í llamado Abū l-Jayr. Es interesante porque ilustra cómo se castigaba a aquellos que contradecían la doctrina mālikí en al-Andalus, pues hacerlo suponía contradecir al estado. Ha de tenerse en cuenta la rivalidad entre los fāṭimíes de Ifrīqiya y los Omeyas de al-Andalus.

300. **DAGA PORTILLO, R.**, "Aproximación a la obra *al-Aḥkām al-Kubrà* del cadí 'Īsà Ibn Sahl", *M.E.A.H.*, 36, 1987, pp. 237-249.

El artículo incluye datos biográficos sobre el autor, manuscritos existentes de la obra, noticias sobre otros no encontrados, ediciones, valor histórico, toponímico, léxico y v. especialmente las pp. 242-244 sobre su valor jurídico.

301. **DAGA PORTILLO, R.**, "Los *nawāzil* y géneros relacionados en la literatura jurídica: fetuas y *masā'il*", *M.E.A.H.*, 40-41, 1991-1992, pp. 79-85.

Estudio basado fundamentalmente en la obra del s. V/XI, *al-Aḥkām al-kubrà* de Ibn Sahl.

302. **DAGA PORTILLO, R.**, "Crítica y política en los *Ahkam al-Kubra* de Ibn Sahl", *B.A.E.O.*, 28, 1992, pp. 159-166.

Intento de análisis de la obra de Ibn Sahl en su contexto social y político.

303. **DAGÓRN, R., LOSADA, T. y VILLUENDAS, Mª V.**, "Un nuevo fondo de manuscritos árabes fragmentarios de la Biblioteca Nacional de Madrid", *A.A.*, 42, 1977, pp. 123-166.

Inventario a modo de primer sondeo de un grupo de manuscritos árabes de la Biblioteca Nacional contenidos en diecinueve cajas. Son casi todos magrebíes de entre los siglos XIV a XVI y entre ellos se encuentran tratados generales de jurisprudencia, documentos sueltos, actas, contratos, etc.

304. **DAMMANN, E.**, "Ein schafiitischer Traktat in Suaheli", *D.I.*, 23, 1936, pp. 189-191.

Noticia sobre la publicación en 1934 en Tanga de un tratado de doce páginas sobre la religión islámica escrito por el šayj šāfi'í Ali bin Hemed el Buhriy (*sic*).

305. **DANIEL, O. y POPOVIC, A.**, "Les statuts de la communauté musulmane albanaise (sunnites et bektachis) de 1945", *J.A.*, 265, 1977, pp. 273-306.

Artículo centrado en dos textos: 1) el estatuto de la comunidad musulmana sunní elaborada en 1945, y 2) el estatuto de la comunidad de Bektachis también de 1945. Los textos se presentan sin ser analizados, trabajo que los autores prometen llevar a cabo en una próxima publicación. Su interés radica especialmente en que hay pocos documentos que sirvan de fuente para la historia de la comunidad musulmana albanesa durante el periodo post-otomano (1912-1967).

306. **DANON, M.A.**, "Un interrogatoire d'hérétiques musulmans (1619)", *J.A.*, 17, 1921, pp. 281-293.

Aporta datos sobre la doctrina legal y religiosa de un grupo de šī'íes persas que son el origen de los baktachis-*hurūfī*-s. El artículo puede servir paraexplicar cómo era la organización interna de estos últimos y sus lazos con el Shah de Persia.

307. **DECROUX, P.**, "Le souverain du Maroc, législateur", *R.O.M.M.*, 3, 1967, pp. 31-63.

Trata del *ẓahīr*, firmán o decreto del sultán, y de las formas de intervención del soberano en la justicia. Relaciones entre los decretos del soberano y la jurisprudencia y cuál era la aplicación de estos decretos.

308. **DEFREMERY, M.C.**, "Essai sur l'histoire des Ismaéliens ou Batiniens de la Perse, plus connus sous le nom d'Assassins", *J.A.*, 8, 1856, pp. 253-387 y *J.A.*, 15, 1860, pp. 130-210.

Sobre la relación de las conquistas de Gengis Khan y sus sucesores más inmediatos, escrita por el autor persa Ala Eddīn Djouéïny. En ella dedicó un apartado a la historia de los ismā'ilíes, que es analizado y traducido en parte por Defrémery. Es interesante para el estudio de las doctrinas jurídicas y religiosas de los bāṭiníes.

309. **DEGUILHEM, R.**, "Le café à Damas et le traité du Šayḫ Ǧamāl al-dīn al-Qāsimī al-Dimašqī", *B.E.O.*, 45, 1993, pp. 21-32.

Se trata entre otros aspectos el de la licitud del café.

310. **DELCAMBRE, A.M.**, "Les auxiliares de justice chez al-Šāfiʿī",

M.U.S.J., 50, 1984, PP. 131-146.

La autora trata de perfilar el papel de los auxiliares del cadí en el sistema de administración de justicia islámico, a través del análisis del *Kitāb al-Umm* y no de la *Risāla*, porque el primero es considerado el gran tratado sobre *fiqh* de al-Šāfi'ī, quien aborda en esta obra el tema de los auxiliares al hablar de derecho judicial. Tras la cuestión de los auxiliares de justicia está la de la prueba judicial; en ella se basa el carácter eminentemente social del proceso, siendo su principal motor.

311. **D'EMILIA, A.**, "Influssi di diritto musulmano nel capitolo XVIII, 2 del nomo-canone arabo cristiano di Ibn al-'Assāl", *R.S.O.*, 19, 1941, pp. 1-15.

La obra de Ibn al-'Assāl, un monofisita copto, fue compilada en Egipto en 1238. Estudia la parte relativa al *waqf*.

312. **D'EMILIA, A.**, "La struttura della vendita sottoposta a *khiyār* secondo la *jedes materiae* dell'*al-Mudawwanah*. Nota preliminare", *O.M.*, 21, 1941, pp. 86-98.

Intento de delimitar la doctrina sobre la venta optativa contenida en la *Mudawwana*, ya que con respecto a este tipo de venta existe bastante discrepancia entre las diferentes escuelas jurídicas. Asimismo se resumen los elementos estructurales del *bay' al-jiyār*.

313. **D'EMILIA, A.**, "La giurisprudenza del Tribunale Superiore sciaraitico della Libia in materia di fidanzamento, matrimonio e divorzio (1929-41)", *R.S.O.*, 21, 1946, pp. 15-50.

Examen de las sentencias pronunciadas por el Tribunal Superior de la *šarī'a* en Trípoli en cuestiones de matrimonio.

314. **D'EMILIA, A.**, "Il trattato di diritto musulmano malikita di David Santillana", *R.S.O.*, 22, 1947, pp. 36-45.

Extensa recensión de las *Istituzioni* de Santillana, cuyo segundo volumen apareció tras la muerte del autor en 1931. Se pone de relieve que el método seguido por Santillana fue entremezclar el sistema occidental con el musulmán (por ejemplo, comienza con las obligaciones, cuando en el derecho musulmán falta el concepto y el término correspondiente a la *obligatio* romana).

315. **D'EMILIA, A.**, "Il *bai' al-ḫiyār* nella *Mudawwanah*", *R.S.O.*, 24, 1949, pp. 45-58.

Estudio sobre la compraventa con pacto de opción en la *Mudawwana*, a través del análisis de la terminología empleada (*aŷâza*, *raḍiya*, *aqbala*, *ajaḏa*, *masaza*, etc.).

316. **D'EMILIA, A.**, "Intorno al *Codi di Commercio* dell'Arabia Saudiana", *O.M.*, 32, 1952, pp. 316-325.

Código promulgado en 31 de muḥarram de 1350/1 de Junio de 1931 que está hecho a la manera occidental y es el único de tipo modernizante de la Arabia Saudí, país, junto con Yemen y Afganistán, en donde actualmente rige el más puro derecho musulmán. Se describe y analiza el contenido de este código.

317. **D'EMILIA, A.**, "Intorno alla moderna attivitá legislativa di alcuni paesi musulmani nel campo del diritto privato", *O.M.*, 33, 1953, pp. 301-321.

Se hace referencia en primer lugar a algunos textos legales referidos a la posición del derecho musulmán como fuente formal del derecho estatutario en algunos países musulmanes modernos. Sigue un breve repaso del derecho personal, el matrimonio, la sucesión legítima y testamentaria, el *waqf*, los derechos reales y las obligaciones en algunos de estos países. Al final vienen unas conclusiones al respecto.

318. **D'EMILIA, A.**, "Il Diritto musulmano comparato con il bizantino dal punto di vista della tipologia del diritto", *S.I.*, 4, 1955, pp. 57-76.

Se tratan puntos como la concepción monista o pluralista del derecho, su estatuto o confesión, su personalidad o territorialidad, su carácter imperativo o consensual, su rigidez o su elasticidad, las relaciones entre derecho y equidad, la doctrina como fuente de producción del derecho, el formalismo o antiformalismo jurídico, etc. Es un ensayo interesante de carácter general y teórico.

319. **D'EMILIA, A.**, "Diplomi arabi siciliani di compravendita del secolo VI Egira e loro raffronto con documenti egiziani dei secoli III-V Egira", *A.I.O.N.* (Nuova Serie), 14, 1964, pp. 83-109.

Examina nueve documentos sicilianos y dieciocho egipcios en árabe. Cuenta con un gran número de notas a pie de página, cuyo interés sobrepasa en ocasiones al texto básico del artículo.

320. **D'ESZLARY, Ch.**, "Le *Khatti Humayoun* turc de 1856 et les lois hongroises de 1848", *S.I.*, 18, 1963, pp. 115-139.

Sobre ciertas similitudes entre las reglas del derecho turcas y las húngaras en el siglo XIX, que se manifiestan en el terreno del derecho público y más en concreto en el derecho constitucional y en el administrativo. Las más importantes en el derecho constitucional se presentan en el ejercicio del poder público, en el estatuto jurídico de la población y en las relaciones territoriales. En el administrativo encontramos parecido en cuanto a las unidades administrativas, en el carácter de los funcionarios de la administración pública local, en la delimitación de sus competencias, etc. No hay que olvidar que Hungría y Turquía poseyeron una frontera común durante 500 años.

321. **DENIEL, R.**, "L'*ijtihād* chez Muwaffaq al-Dīn b. Qudāma", *R.E.I.*, 31, 1963, pp. 33-47.

Es un estudio de la concepción que Ibn Qudāma tiene del *iŷtihād*, o elaboración jurídica de un dictamen por medio del estudio de las fuentes y del status que atribuye al *muŷtahid* en su obra *Rawḍat al-nāẓir wa-ŷannat al-munāẓir*.

322. **DESTAING, M.E.**, "Un saint musulman au XVe siècle", *J.A.*, 8, 1906, pp. 295-342 y 385-438.

Se trata de Sīdī Muḥammad al-Hawwārī. El artículo contiene datos interesantes para el estudio de la formación intelectual de los ulemas en el siglo XV en el Occidente islámico, pues este santo decía saber de memoria la *Risāla* de Ibn Abī Zayd al-Qayrawānī y el comentario que de ésta redactó 'Abd al-Wahhāb. Además compuso en 776/1374-5 una obra titulada *Es-sehou w-et-tenbīh* que trata de las reglas relativas a la purificación y a la oración. La segunda parte del artículo no tiene interés jurídico.

323. **DEVEREUX, R.**, "Turkey's Judicial Security Mechanism", *W.I.*, 10, 1965-67, pp. 33-40.

Durante la década de 1950 a 1960 la justicia turca, que había gozado de gran independencia desde la proclamación de la Primera República por Kemal Atatürk, se vio transgredida por la intervención desmedida e imparcial del Ministerio de Justicia. En algunos artículos de la Constitución de la Segunda República, promulgada en 9 de julio de 1961, se observa un intento de preservar la independencia del poder judicial mediante la creación de un órgano supremo de jueces, cuyas normas de funcionamiento son descritas en este artículo por R. Devereux.

324. **DÍAZ BORRAS, A.**, "La casa de contratación de Orán y el cambio en la filosofía de las transacciones entre Berbería y Valencia, 1510-14", *Sh.A.*, 9, 1992, pp. 19-28.

De interés para cuestiones de derecho marítimo y comercial.

325. **DÍAZ DE RABAGO, C.**, "La propiedad de tierras en la morería de Castellón, 1462-1527", *Sh.A.*, 9, 1992, pp. 157-164.

Utilización de documentación cristiana para analizar la propiedad de la tierra entre población mudéjar.

326. **DIEM, W.**, "Vier arabische Rechtsurkunden aus dem Ägypten des 14. und 15. Jahrhunderts", *D.I.*, 72, 1995, pp. 193-257.

Edición, traducción y estudio de cuatro documentos legales egipcios de los siglos XIV y XV, procedentes de la Biblioteca Nacional de Viena: 1) un contrato de arrendamiento de una casa en El Cairo; 2) registro de un acuerdo entre cónyuges; 3) protocolo de la devolución de una deuda; y 4) reconocimiento legal de la deuda de un préstamo.

327. **DILGER, K.**, "Ziviltrauung und religiöse Eheschließung in der Türkei. Zum Problem der Rezeption frenden Rechts", *W.I.*, 17, 1976-77, pp. 194-206.

Se analizan algunos problemas legales ocasionados en Turquía por la adopción en 1926 del Código de Derecho Civil suizo, y se describen cuáles han sido sus consecuencias en la institución del matrimonio, tanto civil como religioso (véase el artículo de J.N.D. Anderson sobre este tema en *W.I.*, 5, 1957-58; así como las noticias de G. Jäschke sobre el "matrimonio de imam" en *W.I.*, 4, 1955-56; y 10, 1965-67").

328. **DILGER, K.**, "Die Stärkung des islamischen Rechts in Afrika als Folge der Emanzipation afrikanischer Mitgliedsstaaten der arabischen Liga", *W.I.*, 18, 1977-78, pp. 153-177.

Fortalecimiento del derecho islámico en África como consecuencia de la independencia de algunos Estados africanos, miembros de la Liga Árabe. Estudio comparativo del desarrollo legal del Derecho Civil en Argelia y en Sudán, tras su independencia de Francia y Gran Bretaña respectivamente.

329. **DILGER, K.**, "Das osmanische Urkundenwesen in der neueren Forschung", *D.I.*, 57, 1980, pp. 120-129.

Miscelánea referente al uso reciente, por parte de los historiadores, de los documentos diplomáticos otomanos. Entre otros temas, critica la utilización que se ha hecho de los *qānūnnāme* (libros de leyes) como fuente historiográfica.

330. **DJAÏT, H.**, "La *Wilāya* d'Ifrīqiya au IIe/VIIIe siècle; étude

institutionnelle", *S.I.*, 27, 1967, pp. 77-121; 28, 1968, pp. 79-107.

Véanse especialmente las pp. 99-100 de la primera parte, donde se habla de la función judicial como atributo del gobernador por medio de la *šurṭa* o del cadí. En la segunda parte son sobre todo interesantes las pp. 80-93, porque, al tratarse el sistema de organización administrativa, se habla de instituciones como la *dār al-jarāŷ*, desde la que se controlaba la recaudación de impuestos, y el *bayt al-māl*. En las pp. 99-107 se estudia la organización judicial en la *wilāya* de Ifrīqiya.

331. **DJAÏT, H.**, "Islam et capitalisme", *C.T.*, 16, 1968, pp. 13-25.

Análisis en extenso del libro de M. Rodinson *Islam et Capitalisme*, París, Seuil, 1966, muy completo y de sólidos objetivos, en opinión de Djait, que viene a clarificar los problemas que ha suscitado el capitalismo en las sociedades islámicas. Se presenta un buen repaso de los precedentes bibliográficos sobre el tema. La mayoría de las cuestiones que se plantean tienen que ver con la prohibición islámica de la práctica de la usura (*ribā*).

332. **DJAÏT, H.**, "L'Afrique arabe au VIIIe siècle (86-184h./705-800)", *A.E.S.C.*, 28, 1973, pp. 601-621.

V. especialmente las pp. 606-607: la organización judicial, y las p. 620-621: la vida intelectual y espiritual.

333. **DJAÏT, H.**, "L'Islam ancien récuperé à l'histoire", *A.E.S.C.*, 30, 1975, pp. 900-913.

Análisis de la obra científica de varios orientalistas como Lombard (m. 1965), Udovitch y Shaban. En las pp. 904-905 el autor apunta que Udovitch, ante la escasez de documentos de archivo en el mundo islámico, opinaba que esta carencia podía ser sustituída con un estudio sistemático de las fuentes jurídicas, en concreto para conocer mejor la actividad comercial en el Islam y ver la relación existente entre la doctrina jurídica y la práctica real.

334. **DOĞRAMACI, E.**, "Ziya Gökalp and Women's Rights", *W.I.*, 18, 1977-78, pp. 212-220.

En la segunda mitad del s. XIX los escritores turcos se interesaron especialmente por el tema de los derechos de la mujer, que también estaban en boga en aquella época en Occidente. Se ocupó, entre otros, de esta cuestión el pensador Ziya Gökalp. Defensor a ultranza de la educación de las mujeres, investigó acerca de la situación de la mujer antes del Islam, en una sociedad que él considera democrática y feminista; y estudió cuál fue la contribución femenina al desarrollo de la sociedad. Este autor sostenía ideas que hoy pueden resultar contradictorias. Por un lado, la mujer era para él, sobre todo, el elemento primordial para construir un hogar y una familia y su papel dentro de ellos era el mejor que podía desempeñar en la sociedad. Por otro lado, propugna su educación como medio de obtener su independencia económica del hombre y para que pueda ayudar al Estado. Según él, para obtener la igualdad legal y social es necesario que el derecho familiar no sea tratado por tribunales religiosos. E. Doğramaci, aunque alaba las ideas de Gökalp y le considera un precursor de las medidas adoptadas después por Mustafa Kemal, justifica el papel que la religión musulmana concede a la mujer.

335. **DUCLOS, L.-J.**, "Note sur l'organisation judiciaire des Aït 'Atta dans la vallée de l'oued Dra'", *R.O.M.M.*, 4, 1967, pp. 23-29.

Este artículo es, en cierto modo, una continuación del de D.H. Hart sobre el derecho consuetudinario de los Aït 'Atta, quien se dedicaba a presentar y a comentar un documento jurídico a partir del que se "presentía" la organización socio-política de esta confederación tribal beréber. En este artículo, en cambio, se analiza la práctica del derecho consuetudinario aún en vigor. Se intenta hacer un complemento útil a las reflexiones de Hart.

336. **DURAND, B.**, "La justice en Islam de Muhammad a Harun-al-rachid (622-809): innovations et tradition", *S.S.*, 42, 1995, pp. 373-422.

Util visión de conjunto.

337. **DŪRĪ, 'Abd al-'Azīz**, "Landlord and Peasant in Early Islam", *D.I.*, 56, 1979, pp. 97-105.

Explica la cuestión de la *muzāra'a* (aparcería) y de la posesión de tierras en el Islam temprano.

338. **DUTTON, Y.**, "The Introduction to Ibn Rushd's *Bidāyat al-Mujtahid*", *I.L.S.*, 1, 1994, pp. 188-205.

Se trata de una traducción al inglés de la introducción de la *Bidāyat al-Mujtahid* de Ibn Rušd. Esta traducción está precedida de una breve reseña sobre la vida y obra del autor.

339. **DUTTON, Y.**, "*ᶜAmal* v. *Hadīth* in Islamic Law: The Case of *Sadl al-Yadayn* (Holding One's Hands by One's Sides) When Doing

the Prayer", *I.L.S.*, 3, 1996, pp. 13-40.

A causa de la aparición relativamente tardía de las colecciones canónicas de hadiz y las frecuentes discrepancias que existen entre su contenido y el de los tratados tempranos de *fiqh*, muchos estudiosos occidentales han concluido que el concepto de "*sunna* del Profeta" fue un desarrollo secundario que no había sido fruto de los esfuerzos de los primeros juristas musulmanes, anteriores a la sistematización de las colecciones canónicas. La cuestión del *sadl al-yadayn* constituye un claro ejemplo en este sentido, puesto que se basa en un conjunto de opiniones tomadas del *'amal* y que difieren abiertamente del contenido de numerosos hadices. De esta forma, el autor concluye que la idea tradicional de lo que se ha llamado sunna del Profeta debe acercarse más al concepto de *'amal* que al de *hadīṯ*.

340. **EBIED, R. Y.** y **YOUNG, M. J. L.**, "Some Maghribi Manuscripts in the Leeds University Collection", *J.S.S.*, 21, 1976, pp. 109-19.

Se presentan seis manuscritos magrebíes dedicados especialmente a temas religiosos y legales. Entre los legales se pueden destacar varios fragmentos de los números 303 y 304 dedicados a las leyes de sucesión en la escuela mālikí.

341. **EICHNER, W.**, "Die Nachrichten über den Islam bei den Byzantinern", *D.I.*, 23, 1936, pp. 133-162 y 197-244.

Extenso estudio de los textos escritos en griego por teólogos ortodoxos de Bizancio o de Siria sobre el Islam. Entre los diversos temas abordados por el autor, en su mayoría teológicos, en la segunda parte se tocan algunos de derecho islámico, v. gr. el juramento, el *ŷihād*, así como relativos al cumplimiento de los preceptos religiosos.

342. **EL ALAMI, D.**, "Law no. 100 of 1985 Amending Certain Provisions of Egypt's Personal Status Laws", *I.L.S.*, 1, 1994, pp. 116-36.

A principios de este siglo, algunas leyes egipcias relativas al Código del Estatuto Personal fueron reformadas con intención de adaptarlas a los cambios en la sociedad. Después de varios problemas, se promulgó la ley nº100 de 1985, por la cual el divorcio pedido por la esposa en el caso de que éste tome una segunda esposa deja de ser automático. Este artículo es una edición y traducción al inglés de esta ley que, a la vez, es comparada con las anteriormente promulgadas y rechazadas.

343. **ELDBLOM, L.**, "Structure foncière d'une communauté musulmane. Une Étude des possibilités du Devélopement economique et social. (Le cas de l'Oasis de Ghadamès. Libye)", *C.T.*, 20,

2, 1972, pp. 179-203.

Aunque el artículo tiene interés basicamente para la historia económica, el autor trata el tema de la propiedad desde dos puntos de vista que tienen que ver con el derecho: *mulk* y *hubus*; el carácter particular de los derechos sucesorios en los habices de Chadames, la propiedad y la distribución del agua, y la relación entre propiedad del agua, propiedad de la tierra y propiedad de palmerales.

344. **ELIASH, J.**, "The *Ithnä 'ash'arī-shi'ī* juristic theory of political and legal authority", *S.I.*, 29, 1969, pp. 17-30.

Breve discusión sobre las doctrinas que tratan directamente la cuestión de la autoridad del *imām* y la cuestión de su delegación o su no-delegación.

345. **EL-KALIOUBI, S.**, "Effets du système légal sur la économie de marché", *Alifbâ'*, 17, 1995, pp. 29-36.

- **EMILIA, A. D'**: v. **D'EMILIA, A.**

346. **ENDE, W.**, "Ehe auf Zeit (*mut'a*) in der innerislamischen Diskussion der Gegenwart", *W.I.*, 20, 1980, pp. 1-43.

Estudio sobre los argumentos en favor o en contra del matrimonio temporal (*mut'a*), permitido por los *šī'*íes duodecimanos.

347. **ENNAMI, A. K.**, "A Description of new 'Ibāḍī Manuscripts from North Africa", *J.S.S.*, 15, 1970, pp. 63-87.

Varios de los manuscritos presentados en este artículo tratan cuestiones de *fiqh*.

348. **EPALZA, M. de**, "Falta de obispos y conversión al Islam de los cristianos de al-Andalus", *A.Q.*, 15, 1994, pp. 385-400.

La permanencia de los cristianos en tanto que ḏimmíes en la sociedad islámica de al-Andalus se vincula a la permanencia de sus obispos.

349. **ESPERONNIER, M.**, "La *sunna* du sacrifice. Les recommandations d'Ibn al-Ḥāǧǧ al-'Abdarī", *R.E.I.*, 50, 1982, pp. 251-255.

Basándose en el libro *Madjal al-šar' al-šarīf 'alà l-maḏāhib al-arba'a*, de Ibn al-Ḥāŷŷ al-'Abdarī (n. 737/1336) y sobre todo en el capítulo titulado *'īd al-aḍḥā*, el autor hace un análisis de las fiestas musulmanas y recoge la crítica de Ibn al-Ḥāŷŷ contra los ulemas que contribuyen al deterioro de las costumbres cuando debían ser los garantes de las prácticas de todo buen musulmán.

350. **ESPINAR MORENO, M.**, "Hernando Abenedeuz. Un alfaquí alpujarreño (1500)", *Awrāq*, 4, 1981, pp. 185-189.

Este alfaquí alpujarreño tenía a su cargo una rábita que poseía una serie de bienes habices, los cuales le fueron concedidos por los reyes cristianos cuando se convirtió al cristianismo, con la condición de que sus hijos no los heredarían. En la carta de concesión de los habices al alfaquí consta que éste, antes de convertirse, percibía un salario por dirigir la rábita y que se mantenía con lo que producían los habices. De aquí quizá pueda sacarse alguna conclusión interesante respecto a cómo eran remunerados los alfaquíes.

351. **ESPINAR MORENO, M.**, "Escrituras árabes romanceadas sobre la acequia de Ainadamar (siglos XIV-XVI)", *Sh.A.*, 9, 1992, pp. 347-371.

Aportación a los derechos al agua.

352. **ESPINAR MORENO, M. y QUESADA GOMEZ, J.J.**, "Las aguas de la Acequia Alta o de Mecina (Cogollos de Guadix). Los pleitos desde los siglos XII al XVIII. Algunas notas para su estudio", *M.E.A.H.*, 42-43, 1993-1994, pp. 81-96.

Utilización de documentación jurídica cristiana para reconstruir prácticas de época musulmana.

353. **ESSNER, C.**, "Cholera der Mekkapilger und internationale Sanitätspolitik in Ägypten (1866-1938)", *W.I.*, 32, 1992, pp. 41-82.

Se estudian las epidemias de cólera y la contribución a su expansión de los peregrinos a La Meca, así como la política sanitaria adoptada. (Véase un artículo de A. Pistor-Hatam sobre el mismo tema en *W.I.*, 31, 1991).

354. **ETIENNE, B.**, "Les dispositions islamiques du droit public maghrébin", *R.O.M.M.*, 1, 1966, pp. 51-80.

Este artículo versa sobre las constituciones de los países del Magreb, aunque centrándose más en el caso de Argelia, y sobre los problemas que plantean las disposiciones que se incluyen en tales constituciones. En la introducción se habla del derecho público musulmán y de cómo veían los musulmanes del Magreb la autoridad de la época colonial. El autor concluye que, examinando la vida cívica y social, se percibe que más allá del derecho está la realidad que es, ante todo, musulmana.

355. **ETIENNE, B.**, "De la nouvelle fonction normative du droit public dans la société maghrébine", *R.O.M.M.*, 1970, (suplemento), pp. 239-262 (IIe Congrès international d'études nord-africaines. Actes du congrès).

El derecho público está muy poco reflejado en la ley musulmana. Es un estudio de los nuevos estados norteafricanos y la formación de sus derechos públicos, muy influídos por el derecho constitucional de los países que los colonizaron.

356. **FADEL, M.**, "The Social Logic of *Taqlīd* and the Rise of the *Mukhtaṣar*", *I.L.S.*, 3, 1996, pp. 193-233.

A través del análisis de las actividades de muftíes y cadíes mālikíes de la época posterior al siglo XII, el autor concluye que el *taqlīd* no fue otra cosa que el deseo de los juristas por tener unas reglas uniformes y que no se trata, por tanto, del resultado de un anquilosamiento del derecho. En este sentido, el autor concluye que este deseo de tener unas reglas comunes y uniformes encuentra su resultado lógico en el género de los *mujtaṣars* (que emergen en el siglo XIII), puesto que funcionan como un sumario de la doctrina legal mālikí, de forma que el derecho islámico se entendería mejor, en época de los *mujtaṣars*, como un derecho codificado.

357. **FÄHNDRICH, H.**, "Die Tischgespräche des mesopotamischen Richters- Untersuchungen zu al-Muḥassin at-Tanūḫīs *Nišwār al-Muḥāḍara*", *D.I.*, 65, 1988, pp. 81-115.

Estudio de las estructuras sociales de Iraq a través de la obra de al-Tanūjī, *Nišwār al-muḥāḍara*.

358. **FARHAT, H.**, "Le role de la minorite andalouse dans l'intervention hafside a Sabta", *C.T.*, 43, 1991, pp. 387-407.

La mayoría de los andalusíes emigrados a Ceuta en el primer cuarto del siglo XIII eran ulemas pertenecientes a familias relevantes que controlaban la vida intelectual, económica e institucional de los lugares donde vivía y que, como se demuestra en el artículo, también intervenían, aprovechando su privilegiada posición social, en asuntos políticos.

359. **FARHAT, H.**, "Souverains, saints et *fuqahā'*: le pouvoir en question", A.Q., 17, 1996, pp. 375-390.

El poder en Marruecos fue visto siempre como algo pernicioso, sujeto a la oposición de los círculos religiosos tanto de alfaquíes como de santos, oposición que se resuelve en el rechazo de contacto con el sultán o en las críticas a la fiscalidad.

360. **FĀRISĪ, M.**, "Kriegsurkunden", *W.I.*[1], 4, 1917, pp. 217-225.

Estos partes de la Primera Guerra Mundial incluyen la traducción de una *fatwà* por H. Ritter, *vide*.

361. **FARUKI, K.**, "Orphaned grandchildren in Islamic Succesion Law. A comparison of Modern Muslim Solutions", *I.S.*, 4, 1965, pp. 253-274.

Sobre el mismo tema que el artículo de A.B.M. Sultanul Alam Chowdhury. La interpretación clásica de la *šarī'a* de todas las escuelas jurídicas es que en presencia de un hijo vivo del *propositus*, el hijo de otro hijo o hija premuerto es excluído, por ley, de la herencia del abuelo. Una serie de países islámicos han realizado reformas sobre esta ley para permitir que los nietos huérfanos reciban una determinada parte de las propiedades del abuelo a su muerte por medio de dos métodos diferentes: el "legado obligatorio" y la "herencia por derechos". Los países que han llevado a cabo tales reformas son: Egipto (1943 y 1946), Sudán (1945), Siria (1953), Túnez (1956 y 1959), Marruecos (1958), Iraq (1959) y Pakistán (1961).

362. **FARUKI, K.**, "*Al-Aḥkām al-Khamsah*: the five values", I.S., 5, 1966, pp. 43-98.

La denominación "los cinco valores" se refiere al sistema de clasificación de los actos humanos y sus relaciones de acuerdo con su valor ético para evaluar su grado de corrección o de incorrección a la luz de las normas islámicas. Los cinco valores son: obligatorio, recomendado, permitido, reprobable y prohibido. Tras examinar la denominación y su base islámica, el autor se ocupa del concepto de los cinco valores en el Corán y en la *sunna* y traza el desarrollo histórico del término desde los primeros tiempos del Islam hasta el periodo clásico, analizando el sentido moral y jurídico de estos cinco valores o categorías.

363. **AL-FARUQĪ, I.R.**, "On the raison d'etre of the ummah", *I.S.*, 2, 1963, pp. 159-203.

El concepto de *umma* es tratado aquí esencialmente como un concepto teológico y filosófico más que desde un punto de vista estrictamente jurídico.

364. **FEDER, E.**, "Islamisches Scheidungsrecht. Ein systematischer Versuch", *W.I.*[1], 1, 1913, pp. 7-17.

Una descripción del divorcio en el derecho islámico, en la que E. Feder compara éste con el derecho europeo de esa época y emite juicios anacrónicos de valor. No se hace ninguna distinción en el análisis entre las diversas escuelas jurídicas. El autor concluye que el derecho islámico respecto al matrimonio y, en especial, respecto al divorcio no es una creación islámica, sino que es una especie de codificación y modificación de las costumbres legales de la Arabia preislámica. El matrimonio es un contrato civil desigual, en el que la mujer sale seriamente perjudicada.

365. **FEDER, E.**, "Das österreichische Reichsgesetz vom 15. Juli 1892", *W.I.*[1], 1, 1913, pp. 18-20.

Se cita completo el artículo 1° de esta ley, firmada por el emperador Franz Joseph I, ya que reconoce a los musulmanes ḥanafíes como comunidad religiosa. La ley, tal y como se especifica, afectaba a los musulmanes de Bosnia Herzegovina. Con ella se permite crear fundaciones religiosas islámicas, cuyos miembros gozan de los mismos derechos de libertad de credo y protección estatal legal que las otras comunidades religiosas. Para todo lo concerniente al matrimonio, así como a los registros de nacimiento y muerte, sigue en vigor la ley de 9 de abril de 1870.

- **FERHAT, H.**: v. **FARHAT, H.**

366. **FEROZE, M.R.**, "Family Laws in the Turkish Republic", *I.S.*, 1, 2, 1962, pp. 131-147.

En 1926 la República de Turquía, bajo el liderato de su presidente, Muṣṭafā Kemal Atatürk, adoptó enteramente el Código Civil Suizo para regular la leyes de Familia. De esta manera, Turquía puso final a la mezcolanza de leyes islámicas y occidentales relativas a la familia que había heredado del imperio otomano; con ello el gobierno turco daba un paso más para occidentalizar todo el sistema legal del país.

367. **FEROZE, M.R.**, "The Reform in Family Laws in the Muslim World", *I.S.*, 1, 1962, pp. 109-133.

Las reformas a las que se refiere el artículo tuvieron lugar en Pakistán, Egipto y Túnez, fueron introducidas poco antes de 1962 y llevadas a cabo de dos maneras: 1) con la abolición del estatuto personal islámico y 2) adoptando leyes occidentales tal cual, como en el caso de Turquía y Albania, o enmendando el estatuto personal islámico pre-existente como en el caso de los países mencionados al principio.

368. **FERRANDO FRUTOS, I.**, "Los romancismos de los documentos

mozárabes de Toledo", *A.E.A.*, 6, 1995, pp. 71-86.

Parte de la terminología es de contenido jurídico.

369. **FIEDLER, M.**, "The Agrarian Reform in Algeria", *ArOr*, 44, 1976, pp. 126-148.

Análisis de lo que oficialmente se denominó en Argelia "Revolución Agraria", campaña promulgada en 1971, que trataba de realizar una redistribución de la propiedad de la tierra mediante la expropiación de tierras pertenecientes a tribus (*'arš*) y a donaciones de *waqf*. Estas campaña suponía un choque respecto a la aplicación del derecho islámico y la costumbre en los derechos de herencia.

- **FIERRO, Mª I.**: v. **FIERRO, M.**

370. **FIERRO, M.**, "El principio mālikī *sadd al-ḏarā'i'* en el *Kitāb al-ḥawādiṯ wa-l-bida'* de al-Ṭurṭūšī", *A.Q.*, 2, 1981, pp. 69-87.

Estudio, a partir de un caso concreto, sobre el principio formulado por la escuela mālikí, consistente en evitar actos aparentemente legales que pueden conducir a resultados ilegales. Precede una introducción sobre el autor y la obra.

371. **FIERRO, M.**, "Los mālikíes de Al-Andalus y los dos árbitros (*al-ḥakamān*")*, A.Q.*, 6, 1985, pp. 79-102.

Sobre una cuestión de controversia entre Yaḥyà b. Yaḥyà y Mālik en la que Yaḥyà siguió a al-Layṯ b. Sa'd respecto al envío de dos árbitros cuando los esposos se pelean. Doctrina mālikí al respecto y sustitución de ambos árbitros por un *amīn* o *amīna*. Pervivencia en al-Andalus de tal innovación.

372. **FIERRO, M.**, "La polémique à propos de *raf' al-yadayn fī l-ṣalāt* dans al-Andalus", *S.I.*, 65, 1987, pp. 69-90.

Polémica que se encuadra dentro de otra más general entre los ẓāhiríes, representados por Ibn Ḥazm, y los mālikíes. Los primeros acusaban a los discipulos de Mālik y sobre todo a Ibn al-Qāsim de haber introducido variaciones en la doctrina de su maestro, refiriéndose en concreto a la postura de Ibn al-Qāsim contra que se eleven las manos en la oración, salvo en la *tabkira*. Tal postura parece tener influencias ḥanafíes. En el siglo IX se oponen en la polémica los *ahl al-ra'y* y los *ahl al-ḥadīṯ*. En el siglo XI la controversia enfrenta a ẓāhiríes y mālikíes, aunque estos últimos no forman un bloque unido. Los uṣūlíes se aproximan a la posición šāfi'í y aceptan que se levanten las manos. Los mālikíes "tradicionales" limitan ese gesto a la *tabkira* siguiendo a Ibn al-Qāsim y a la *Mudawwana*.

373. **FIERRO, M.**, "Accusations of *zandaqa* in al-Andalus", *Q.S.A.*, 5-6, 1987-88, pp. 251-58.

Entre otros aspectos se analiza la doctrina jurídica esgrimida en los procesos por *zandaqa* que tuvieron lugar en al-Andalus en época omeya.

374. **FIERRO, M.**, "Manuscritos de obras andalusíes en las bibliotecas de Estanbul", *A.Q.*, 9, 1988, pp. 199-207.

V. los manuscritos números 1, 3, 9 y 14, dos de ellos de al-Bāŷī y al-Ḥumaydī.

375. **FIERRO, M.**, "Una refutación contra Ibn Masarra", *A.Q.*, 10, 1989, pp. 273-5.

La reprobación de *ittibā' āṯār al-nabī* realizada por Muḥammad b. Waḍḍāḥ al-Qurṭubī (m. 287/900) parece ir dirigida contra una práctica del místico Ibn Masarra.

376. **FIERRO, M.**, "The Introduction of *ḥadīth* in al-Andalus (2nd/8th-3rd/9th centuries", *D.I.*, 66, 1989, pp. 68-93.

Se estudia cuándo fueron introducidas en al-Andalus la literatura de hadiz y la ciencia que se ocupa de su estudio (*'ilm al-ḥadīṯ*), quiénes fueron los responsables de su difusión en la Península y, finalmente, cómo fue la relación entre *ahl al-ra'y* y *ahl al-ḥadīṯ* de al-Andalus.

377. **FIERRO, M.**, "El derecho mālikí en al-Andalus: siglos II/VIII-V/XI", *A.Q.*, 12, 1991, pp. 119-132.

Primeramente, se hace una revisión de la situación en que se encuentran actualmente los estudios sobre el derecho islámico en al-Andalus. A continuación se propone una periodización del desarrollo del *fiqh*, y se ejemplifica el conflicto entre los *ahl al-ra'y* y los *ahl al-ḥadīṯ*.

378. **FIERRO, M.**, "La emigración en el Islam: conceptos antiguos, nuevos problemas", *Awrāq*, 12, 1991, pp. 11-42.

Panorámica de la relevancia del concepto de *hiŷra* (emigración) en el Islam moderno y contemporáneo, con una parte dedicado a los precedentes clásicos, y prestando especial atención a las implicaciones jurídicas.

379. **FIERRO, M.**, "El proceso contra Abū 'Umar al-Ṭalamankī a través de su vida y de su obra", *Sh.A.*, 9, 1992, pp. 93-128.
Proceso por herejía contra un andalusí del s. V/XI.

380. **FIERRO, M.**, "Prácticas y creencias religiosas en al-Andalus", *A.Q.*, 13, 1992, pp. 463-74.
Se pone de manifiesto el interés de las compilaciones de fetuas para el estudio de las prácticas rituales o *'ibādāt*.

381. **FIERRO, M.**, "Religious beliefs and practices in al-Andalus in the Third/Ninth century", *R.S.O.*, 66, 1992, pp. 15-33.
Una de las prácticas analizadas es la de rezar llevando calzado.

382. **FIERRO, M.**, "The Treatises against Innovations (*kutub al-bida'*)", *D.I.*, 69, 1992, pp. 204-246.
Se definen los tratados sobre innovaciones (*kutub al-bida'*) y se recogen sus títulos; además, se describe el material coleccionado en los dos tratados mālikíes más antiguos que se conservan -los de Ibn Waḍḍāḥ y al-Ṭurṭūšī-. Finalmente, la autora juzga el valor de estos tratados para el conocimiento del ritual islámico.

383. **FIERRO, M.**, "Spanish Scholarship on Islamic Law", *I.L.S.*, 2, 1995, pp. 43-70.
Estudio de la escuela de arabistas españoles que se han dedicado al derecho islámico desde un punto de vista histórico. Asimismo se describe la situación actual de estos estudios en España. Una bastante completa bibliografía sobre la producción española sobre derecho islámico acompaña al trabajo.

384. **FLORY, M.**, "'Agonie' et 'résistance' de l'Etat dans l'ordre juridique international", *R.E.M.M.M.*, 68-69, 1993, pp. 75-9.
Se concluye que el rol del estado en la actualidad es el de organizar una sociedad internacional pacífica.

385. **FÓRNEAS, J. Mª**, "El *Barnāmaŷ* de Muḥammad b. Ŷābir al-Wādī Āšī", *A.A.*, 38, 1973, pp. 1-67; 39, 1974, pp. 301-363.
Este repertorio bibliográfico incluye naturalmente obras de contenido jurídico.

386. **FÓRNEAS, J. Mª**, "*Al-Tamhīd* de al-Bāqillānī y su transmisión en al-Andalus", *M.E.A.H.*, 26-28, 1977-79, pp. 433-440.

Aunque presenta un interés más teológico que jurídico, es interesante para el estudio de la difusión en al-Andalus de las doctrinas teológicas del jurista mālikí y teólogo 'aš'arí al-Bāqillānī.

387. **FRANCESCA, E.**, "L'elemosina rituale secondo gli Ibāḍiti", *Studi Magrebini*, 19, 1987, pp. 1-64.

La doctrina ibāḍí sobre la limosna se compara con la de las otras escuelas jurídicas y se traduce el *bāb al-zakāt* de la obra *Kitāb al-waḍ' fī l-furū'* de al-Ŷannāwunī (s. VI/XII).

388. **FRESNEL, F.**, "L'Arabie vue en 1837-1838", *J.A.*, 17, 1871, pp. 5-164.

Encontramos algunas consideraciones, en las pp. 13-17, sobre los wahhābíes y su postura frente a determinadas tradiciones y costumbres populares en Arabia.

389. **FYZEE, A.A.A.**, "The fatimid Law of Inheritance", *S.I.*, 9, 1958, pp. 61-69.

Estudio basado principalmente en la obra del jurista y legislador de los fāṭimíes Nu'mān b. Muḥammad, *Da'ā'im al-islām*, vol. II, al final de la cual encontramos el *kitāb al-farā'iḍ* o capítulo sobre las herencias. Contiene nueve apartados sobre: hijos y descendientes, padres e hijos, cónyuges, parientes colaterales y abuelos, exclusión de la herencia en casos especiales, dificultades y dudas.

390. **FYZEE, A.A.A.**, "Aspects of fatimid Law", *S.I.*, 31, 1970, pp. 81-91.

Los puntos tratados son: matrimonio, divorcio, regalos, *waqf*, legados y herencias, comparándolos con el tratamiento que reciben en la escuela ḥanafí y la doctrina *iṯnā 'aš'arī*.

391. **GABORIEAU, M.**, "Les oulémas-soufis dans l'Inde moghole: anthropologie historique de religieux musulmans", *A.E.S.C.*, 44, 1989, pp. 1185-1204.

Contiene referencias sueltas al derecho, ya que se habla de ulemas, muftíes, de su formación jurídica y de eventos históricos relacionados con lo jurídico, por ejemplo el apartado dedicado a la introducción del wahhabismo en la India mogola (pp. 1191-

1192). Aunque el interés es principalmente religioso, se pueden extraer conclusiones interesantes sobre la proyección social y política de los ulemas.

392. **GABRIELI, F.**, "Qualche nota sul *Kitāb al-quḍāt bi-Qurṭuba* di al-Jušanī", *A.A.*, 8, 1943, pp. 275-280.

En las pp. 275-276 el autor del artículo señala la utilidad de este texto para el análisis de la dimensión social y política del cargo de cadí de Córdoba. Siguen algunas notas a la edición que del texto árabe hizo Julián Ribera.

393. **GABRIELI, F.**, "Morte dell'islamista J. Schacht", *O.M.*, 49, 1969, p. 486.

Breve nota necrológica en la que se destaca la labor de J. Schacht como especialista en derecho musulmán, así como en otros campos de los estudios islámicos como teología, historia, ciencias y arte.

394. **GARCÍA-ARENAL, M.**, "Algunos manuscritos de *fiqh* andalusíes y norteafricanos pertenecientes a la Real Biblioteca de El Escorial", *A.Q.*, 1, 1980, pp. 9-26.

Se trata de una revisión que completa la catalogación que de los mismos manuscritos hicieron Casiri y Derenbourg. Entre ellos encontramos compendios de fetuas y tratados de derecho mālikí de autores andalusíes y norteafricanos.

395. **GARCÍA-ARENAL, M.**, "Documentos árabes de Tudela y Tarazona", *A.Q.*, 3, 1982, pp. 27-72.

Transcripción y traducción al castellano de tres escrituras de permuta de propiedades rústicas y seis de compraventa. Se conservan en el Archivo de la Catedral de Tudela, datan de los siglos XII y XIII y son bilingües arábigo-latinas. Además, se incluye un documento árabe también de compraventa de finales del XIV junto a otra escritura árabe de compraventa del XII, encontrada en el Monasterio de Veruela perteneciente a la diócesis de Tarazona. Presentan un elevado interés tanto jurídico como histórico por sus referencias a los mudéjares de Navarra y Aragón.

396. **GARCÍA-ARENAL, M.**, "Un nuevo documento árabe de Tudela, año de 1509", *A.Q.*, 5, 1984, pp. 455-462.

Sobre un nuevo documento aparecido también en Tudela con posterioridad a los presentados en el artículo anterior. Se trata de una escritura de compraventa de tierras fechada en 1509 y es el documento árabe mudéjar más moderno de los fechados hasta 1984.

397. **GARCÍA-ARENAL, M.**, "Sainteté et pouvoir dynastique au Maroc: la résistance de Fès aux Sa'diens", *A.E.S.C.*, 45, 1990, pp. 1019-1042.

Puede ser interesante para el estudio de la dimensión política de algunos alfaquíes y ulemas en general. V. especialmente en las pp. 1029-1031 el apartado dedicado a la actividad política de los notables y de los ulemas.

398. **GARCÍA-ARENAL, M.**, "Pouvoir sacré et mahdisme: Aḥmad al-Manṣūr al-Dhahabī", *A.Q.*, 17, 1996, pp. 453-471.

Uno de los temas tratados es el de la oposición manifestada por algunos alfaquíes marroquíes a la conquista del Sudán.

399. **GARCÍA GÓMEZ, E.**, "*Unas ordenanzas del zoco* del siglo IX: Traducción del más antiguo antecedente de los tratados andaluces de *ḥisba* por un autor andaluz", *A.A.*, 22, 1957, pp. 253-316.

Traducción de un texto extraído del *Mi'yār* de al-Wanšarīsī y editado por M. 'Alī Makki en la *R.I.E.E.I.*, obra de Abū Zakariyā' Yaḥyà ibn 'Umar ibn Yūsuf ibn 'Āmir al-Kinānī. García Gómez emite algún juicio sobre el mālikismo en el occidente musulmán. Al final del artículo se incluyen unos útiles índices de personas, materias y vocablos citados en el texto.

400. **GARCÍA PEDRAZA, A.**, "El otro morisco: algunas reflexiones sobre el estudio de su religiosidad a través de fuentes notariales", *Sh.A.*, 12, 1995, pp. 223-34.

Las fuentes utilizadas son los testamentos.

401. **GARCÍA PEDRAZA, A.**, "La asimilación del morisco don Gonzalo Fernández el Zegrí: edición y análisis de su testamento", *A.Q.*, 16, 1995, pp. 41-58.

Ejemplo del proceso de asimilación de la nobleza nazarí a la sociedad cristiana, a través del testamento de uno de sus miembros.

402. **GARCIN, F.**, "Un notable français du Caire à la fin du XIXe siècle", *R.O.M.M.*, 30, 1980, pp. 71-99.

En el marco de los años 80 del siglo pasado, al comienzo de la ocupación británica en Egipto, se pone de relieve la figura de Octave Borelli Bey. A través de este jurista y alto funcionario de origen marsellés, se ejemplifica el papel que jugaron los notables de la colonia francesa en Egipto.

403. **GARCIN, J.-C.**, "Milieux urbaines et mouvements populaires", *Arabica*, 43, 1996, pp. 146-151

Sobre la aportación de Cl. Cahen respecto a la organización de las ciudades.

404. **GARCIN DE TASSY, M.**, "Principes de sagesse touchant l'art de gouverner traduit du turk", *J.A.*, 4, 1824, pp. 213-226 y 283-290.

Hay interesantes párrafos sobre cuál debe ser el tratamiento que el soberano debe dar a los ulemas y a los jueces.

405. **GARCIN DE TASSY, M.**, "Chapitre inconnu du Coran", *J.A.*, 13, 1842, pp. 431-457.

Acerca de una colección de sentencias del Profeta encontradas por el autor en una obra india de mediados del XVII titulada *Dābistān-i-mazāhib* o *Escuela de las sectas* escrita por Muhcin Fānī. En tales sentencias se apoyan los šī'íes para defender la candidatura de 'Alī y de sus descendientes al califato frente a los omeyas.

406. **GARDET, L.**, "L'importance historique du ḥanbalisme d'après un livre récent", *Arabica*, 6, 1959, pp. 225-232.

Estudio, basado en los trabajos de H. Laoust sobre Ibn Taymiyya, de las *'aqīdāt* ḥanbalíes y de la influencia que el pensamiento ḥanbalí ha ejercido a través de los siglos.

407. **GARDET, L.**, "Towards a renewal of Islamic Humanism", *I.S.*, 1, 4, 1962, pp. 25-39.

Véanse las pp. 28-29 sobre el papel de los alfaquíes en la interrupción, en opinión del autor, del brillante humanismo islámico arabe e iraní en el periodo clásico del Islam y pp. 31-33 sobre la "apertura de la puerta del *iŷtihād*".

408. **GARDET, L.**, "Un préalable aux questions soulevées par les droits de l'homme: l'actualisation de la Loi religieuse musulmane dans le monde d'aujourd'hui", *I.Ch.*, 9, 1983, pp.

1-12.

Consideraciones sobre el derecho coránico y sobre el papel del *iŷtihād*, *istinbāṭ* y del *iŷmā'*. Es otro artículo más sobre el problema de la adaptación de la ley islámica a la realidad moderna.

409. **GARRAD, K.**, "La renta de los habices «de los mezquinos» de las Alpujarras y Valle de Lecrín. Algunos datos sobre su administración a mediados del siglo XVI", *M.E.A.H.*, 2, 1953, pp. 41-48.

Sobre los valores de las rentas de estos habices y sobre los arrendatarios de los mismos. Estudio de los factores que contribuyeron a la decadencia de las rentas. De interés para el estudio del *waqf* en al-Andalus.

410. **GAUDEFROY-DEMOMBYNES, M.**, "Max Van Berchem" (Nécrologie), *J.A.*, 17, 1921, pp. 333-335.

Necrológica de Max Van Berchem, autor de importantes estudios sobre las instituciones musulmanas y la propiedad en el Islam.

411. **GAUDEFROY-DEMOMBYNES, M.**, "Sur quelques ouvrages de *Ḥisba*", *J.A.*, 230, 1938, pp. 449-457.

Estudio de las funciones del *muḥtasib*, a través de diferentes tratados de *ḥisba* orientales y occidentales, cuya lista aparece esquematizada en la p. 456. El autor pretende poner un poco de orden en la enumeración que de estas obras dio Reuben Lévy en el tratado de *ḥisba* publicado por él.

412. **GAUDEFROY-DEMONBYNES, M.**, "Notes sur l'histoire de l'organisation judiciaire en pays d'Islam", *R.E.I.*, 13, 1939, pp. 109-147.

Gaudefroy-Demombines y H. Bruno publicaron, algunos meses antes de apareciese la traducción de Tyan "Le Livre des Magistratures" de al-Wanšarīsī, un trabajo sobre los orígenes y el desarrollo de la organización judicial musulmana. Puesto que en ese trabajo no se había utilizado esta fuente tan importante, el autor ahora se propone hacer una extensa reseña, enumerando los errores de su antiguo trabajo, y teniendo en cuenta la nueva fuente publicada por Tyan.

413. **GELLNER, E.**, "Pouvoir politique et fonction religieuse dans l'Islam Marocain", *A.E.S.C.*, 25, 1970, pp. 699-713.

El artículo es interesante para el estudio del papel político de los ulemas, en este caso entre las tribus beréberes del Gran Atlas.

414. **GENTZ, J.**, "Tunesische Fatwās über das Fasten im Ramaḍān", *W.I.*, 7, 1961, pp. 39-66.

El autor quiere complementar el artículo de F. Hours en *Orient*, 13, 1960, pp. 43-52, en el que se analizaba un discurso de Habib Bourguiba sobre el ayuno de ramadán y estudiaba una *fatwà* relativa al tema. J. Gentz traduce esa sentencia y añade tres *fatwà*-s más sobre el cumplimiento este pilar del Islam, que afectaban a la ideología reformista de Habib Bourguiba.

415. **GEOFFROY, E.**, "Le voile des apparences, ou la double vie du grand cadi Zakariyya al-Anṣārī (m. 926/1520)", *J.A.*, 282, 1994, pp. 271-280.

Ejemplo de un sufí *malāmatī*, del tipo de los que escogen esconder su santidad tras la banalidad de las apariencias, en este caso, dedicarse a la jurisprudencia y ejercer el cargo de cadí šāfi'í.

416. **GERBER, H.**, "The Muslim law of partnerships in Ottoman court records", *S.I.*, 53, 1981, pp. 109-119.

Se argumenta la supervivencia de una necesidad social de la ley musulmana, después del periodo clásico islámico.

417. **GHERSETTI, A.**, "Il *qāḍī* al-Tanūḫī e il *Kitāb al-faraǧ ba'd al-šidda*", *A.I.O.N.*, 51, 1991, pp. 33-51.

Relación entre la obra y la profesión del autor.

418. **GHORBAL, Sh.**, "Ideas y movimientos en la historia musulmana", *R.I.E.E.I.*, 6, 1958, pp. 1-40.

En las pp. 17 y 18 se habla, de forma muy general, sobre el derecho islámico.

419. **GHRAB, S.**, "L'*iǧtihād* ou l'effort de rénovation continue en Islam", *I.Ch.*, 11, 1985, pp. 135-154.

Justificación del *iŷtihād* a través de sus etapas de evolución.

420. **GHRAB, S.**, "Reflexions a propos de la querelle Ibn ʿArafa

(716/1316-803/1401) - Ibn Haldun (732/1332-808/1406)", *C.T.*, 35, 1987, pp. 49-70.

Aunque la polémica que ambos personajes mantuvieron no tuvo una base jurídica, el autor concluye que la victoria del famoso jurista Ibn ʿArafa sobre Ibn Jaldūn no fue producto del azar sino que, en su opinión, se trató de la victoria del alfaquí sobre el historiador-sociólogo, con lo que ello supone de rechazo de un verdadero renacimiento intelectual y de mantenimiento de un rigor conservador que pronto llevaría al estancamiento de la vida cultural en el Islam.

421. **GIBB, H.A.R.**, "The fiscal rescript of 'Umar II", *Arabica*, 2, 1955, pp. 1-16.

Traducción y comentario de un texto del califa omeya 'Umar b. 'Abd al-'Azīz sobre legislación fiscal.

422. **GIBERT, S.**, "Abū-l-Barakāt al-Balafīqī, *qāḍī*, historiador y poeta", *A.A.*, 28, 1963, pp. 381-424.

Biografía de este personaje almeriense con una enumeración de sus maestros y obras. Formación y actividad jurídica destacadas en las pp. 394-401.

423. **GIBERT, S.**, "Almería à l'époque musulmane", *C.T.*, 18, 1979, pp. 61-72.

En la p. 68, S. Gibert hace referencia al grupo de místicos que se instalaron en la ciudad durante el periodo almorávid y menciona que los alfaquíes de Almería enviaron una fetua a Córdoba expresando su desacuerdo con la quema del *Iḥyā' ʿulūm al-dīn* de al-Gazālī.

424. **GIL, M.**, "The constitution of Medina: a reconsideration", *I.O.S.*, 4, 1974, pp. 44-65.

Análisis del documento de la constitución de Medina, la primera formulación de principios que guiaron a los primeros creyentes del Islam y un estudio de su significado, en especial en relación con los judíos.

425. **GIL, M.**, "Religion and Realities in Islamic Taxation", *I.O.S.*, 10, 1980, pp. 21-33.

Algunos apuntes respecto a la recaudación de impuestos, por parte de las autoridades musulmanas, sobre los *dimmíes* en distintas zonas bajo dominación musulmana, como Iraq o Jerusalén. Se concluye que los *dimmíes* eran la principal fuente de ingresos para las autoridades, que se veían obligados a no incrementar los impuestos a los musulmanes.

426. **GIL GRIMAU, R.**, "Algunas notas en torno a la institución del Almotacenazgo en Tetuán", *M.E.A.H.*, 37, 1988, pp. 111-122.
Aproximación a la práctica y jurisdicción del almotacenazgo en Tetuán, durante los siglos XVIII y XIX.

- **GIL'ADI, A.**: v. **GILADI, A.**

427. **GILADI, A.**, "On the origin of two key-terms in al-Gazzālī's *Iḥyā' 'ulūm al-dīn*", *Arabica*, 36, 1989, pp. 81-92.
Este artículo estudia la influencia de la terminología aristotélica en la clasificación de las ciencias propuesta por al-Gazālī, y en concreto analiza dos términos clave, *'ilm al-mu'āmala* e *'ilm al-mukāšafa*. Dentro de esta clasificación, el *fiqh* se sitúa dentro de las ciencias prácticas (p. 89).

428. **GILADI, A.**, "Gender differences in child rearing and education: some preliminary observations with reference to Medieval Muslim thought", *A.Q.*, 16, 1995, pp. 291-308.
Entre las fuentes utilizadas se cuentan obras de derecho con objeto de identificar diferencias en las actitudes hacia los niños en función de su sexo.

429. **GILBERT, J.E.**, "Institutionalization of Muslim scholarship and professionalization of the *'ulamā'* in Medieval Damascus", *S.I.*, 52, 1980, pp. 105-134.
Estudio de la evolución de los ulemas, desde la época de su institucionalización en la comunidad musulmana y su posterior profesionalización, tomando como ejemplo básico el Damasco de los siglos XII y XIII.

430. **GILLIOT, C.**, "Deux professions de foi du juriste-théologien Abū Isḥāq al-Šīrāzī", *S.I.*, 68, 1988, pp. 170-186.
Estudio de dos obras de derecho del jurista šāfi'í, Abū Isḥāq al-Šīrāzī, editadas por A.M. Turki y tituladas: *Šarḥ al-Luma'* y *Kitāb al-Ma'ūna fī l-ŷadal*.

431. **GILLIOT, C.**, "La formation intellectuelle de Tabari (224/5-310/839-923)", *J.A.*, 276, 1988, pp. 203-244.

Versión modificada del primer capítulo de la tesis de C. Gilliot, en que se presentan las etapas de formación de Abū Ŷa'far al-Ṭabarī, el famoso historiador y comentarista del Corán, fundador de una escuela jurídica que acabó por desaparecer.

432. **GILLIOT, C.**, "Le traitement du *ḥadīṯ* dans le *Tahḏīb al-āṯār* de Tabari", *Arabica*, 41, 1994, pp. 309-351.

Intento de reconstrucción de la escuela jurídica de al-Ṭabarī en el campo específico de su doctrina relativa al *ḥadīṯ*.

433. **GILSENAN, M.**, "L'Islam dans l'Egypte contemporaine: religion d'état, religion populaire", *A.E.S.C.*, 35, 1980, pp. 598-614.

Interesante artículo en el que se trata, entre otros temas, el papel de los ulemas de al-Azhar, los problemas y contradicciones que plantea la coexistencia de la *šarī'a* con leyes inspiradas en modelos occidentales, y el movimiento de los Hermanos Musulmanes y su represión.

434. **GLICK, Th.F.**, "New perspectives on the *ḥisba* and its Hispanic derivatives", *A.Q.*, 13, 1992, pp. 475-490.

Un nuevo análisis sobre los precedentes no islámicos del *muḥtasib* y sobre la posible influencia de la institución musulmana en la España cristiana.

435. **GOITEIN, S.D.**, "The Cairo Geniza as a source for the History of Muslim Civilization", *S.I.*, 3, 1955, pp. 75-91.

Entre el considerable número de documentos encontrados en la Genizá de El Cairo y distribuídos en diferentes bibliotecas del mundo, se encontraron muchos en caracteres árabes, algunos de los cuales son escritos jurídicos.

436. **GOITEIN, S.D.**, "Commercial and Family Partnerships in the countries of Medieval Islam", *I.S.*, 3, 1964, pp. 315-337.

Se resume el contenido de una serie de documentos procedentes de la Geniza del Cairo, entre ellos cartas sobre operaciones comerciales en asociación, documentos legales como contratos, declaraciones hechas ante un tribunal, registros de tribunales, etc. De entre ellos, se analizan contratos de asociación y de comandita llevados a cabo entre los miembros de una misma familia.

437. **GOITEIN, S.D.**, "Minority selfrule and government control in

Islam", *S.I.*, 31, 1970, pp. 101-116.
De interés para la situación jurídica de los dimmíes.

438. **GÓMEZ CAMARERO, C.**, "Algunas cuestiones en torno a la reforma de la *Mudawwana*", *M.E.A.H.*, 45, 1996, pp. 49-73.
Análisis del contexto en el que se produjo la reforma de la *Mudawwana* marroquí de 1958 en 1993 y la intervención de organizaciones feministas y de la monarquía.

439. **GÓMEZ-MORENO, M.**, "Carta de dote que se dió en tiempo que eran moros en Hornachos", *A.A.*, 9, 1944, pp. 503-505.
Edición de un manuscrito de la Biblioteca de la Academia de la Historia sobre un contrato de matrimonio.

440. **GONZÁLEZ PALENCIA, A.**, "Venta por deudas en Toledo a fines del siglo XII", *A.A.*, 3, 1935, pp. 43-62.
Texto árabe, traducción al castellano y estudio de un documento mozárabe toledano, consistente en un contrato de venta por deudas.

441. **GONZÁLEZ PALENCIA, A.**, "Documentos árabes del Cenete (Siglos XII-XV)", *A.A.*, 5, 1940, pp. 301-382.
Esta colección de documentos tiene un gran valor para la toponimia. Son títulos de propiedad de fincas, montes y aguas en el territorio del marquesado del Cenete en la provincia de Granada. Hay un apartado dedicado a notas de interés jurídico (pp. 315-20), donde se ilustran los procedimientos que se seguían en algunos casos. Muy útil por la terminología y por citar cargos jurídicos menores.

442. **GONZÁLEZ PALENCIA, A.**, "Adición a los comentarios árabes del Cenete", *A.A.*, 6, 1941, pp. 477-480.
Continuación del artículo anterior que incluye la transcripción de los nombres de lugar.

443. **GOTTSCHALK, H.**, "Gotthelf Bergsträsser", *D.I.*, 24, 1937, pp. 185-191.
Necrológica del orientalista alemán G. Bergsträsser, donde se destaca su labor intelectual en tres campos: en el estudio del Corán, de la pervivencia de la antigüedad en el Islam y, sobre todo, del derecho islámico.

444. **GRÄF, E.**, "Religöse und rechtliche Vorstellungen über Kriegsgefangene in Islam und Christentum", *W.I.*, 8, 1962-63, pp. 89-139.

Estudio del tema de los prisioneros de guerra en el Islam y el Cristianismo, en el que se establece una comparación entre la manera de afrontar el problema del derecho romano y del derecho islámico y se argumenta sobre la posible influencia de uno en otro. El artículo comienza con una bibliografía sobre este vasto tema.

445. **GRÄF, E.**, "Die Übertragbarkeit abendländischer Staatsordnungen auf islamische Länder", *W.I.*, 10, 1965-67, pp. 131-163.

Estudio sobre la imposición en países islámicos de cógigos estatales occidentales. Tal y como acostumbra este autor, el artículo comienza con una larga bibliografía sobre el tema. A continuación, se analizan posibles conflictos, en diferentes campos legales, que se han producido al introducir leyes extrañas a la *šarī'a* y los compromisos a los que se ha llegado en diferentes países islámicos entre los sistemas legales laico y religioso.

446. **GRANDCHAMP, P.**, "Le Fondouk des français", *C.T.*, 13, 1965, pp. 37-49.

Cronológicamente localizado en el siglo XVII. Puede tener interés para el estudio del derecho internacional islámico y para la evolución del *funduq* -lugar donde se alojaban los comerciantes extranjeros en los países musulmanes- en embajadas y consulados.

447. **GRANDGUILLAUME, G.**, "Le droit de l'eau dans le foggara du Touat au XVIIe siècle", *R.E.I.*, 43, 1975, pp. 287-322.

Estudio del capítulo "de los inmuebles, muebles y lo análogo a ellos" de una recopilación de fetuas hecha por dos cadíes de Mellouka, región de Tuat, del siglo XVIII, y titulada *Ġuniyat al-muqtaṣir*. El autor hace constar que hay un enfrentamiento claro entre la costumbre local y la ley islámica. Contiene una introducción, la reproducción del texto, la traducción y finalmente un comentario.

448. **GRANJA, F. de la**, "La Carta de felicitación de Ibn al-Jaṭīb a un almotacén malagueño", *A.A.*, 26, 1961, pp. 471-475.

El destinatario de la carta es Muḥammad b. Qāsim b. Aḥmad b. Ibrāhīm al-Anṣārī. La carta pasa revista a una serie de ordenanzas que el almotacén estaba obligado a hacer cumplir.

449. **GRANJA, F. de la**, "Ibn García, cadí de los califas Ḥammūdíes (nuevos datos para el estudio de la *šu'ūbiyya* en al-Andalus)", *A.A.*, 30, 1965, pp. 63-78.

Datos interesantes sobre los cadíes y su papel político y social en al-Andalus a finales del siglo X y principios del XI. No hay que confundir a este Ibn Garsiyya con el autor de la famosa *Risāla fī-l-šu'ūbiyya*.

450. **GRANJA, F. de la**, "Fiestas cristianas en al-Andalus (Materiales para su estudio). I: *al-Durr al-munaẓẓam* de al-'Azafī", *A.A.*, 34, 1969, pp. 1-53; "Fiestas cristianas en al-Andalus (Materiales para su estudio). II: Textos de Ṭurṭūšī, el cadí 'Iyāḍ y Wanšarīšī", *A.A.*, 35, 1970, pp. 119-142.

Análisis de la opinión de destacados alfaquíes respecto a la celebración de fiestas cristianas por parte de los musulmanes de al-Andalus, a través del estudio y la traducción de diversos textos.

451. **GRANJA, F. de la**, "Condena de Boabdil por los alfaquíes de Granada", *A.A.*, 36, 1971, pp. 145-176.

Texto árabe y traducción al castellano de una fetua de al-Wanšarīsī, incluída en el *Mi'yār*. Contiene la consulta hecha a los alfaquíes sobre la conducta de Boabdil cuando se alzó contra su padre Abū l-Ḥasan. Estudio de los alfaquíes mencionados en la fetua.

452. **GREEN, A.H.**, "A comparative historical analysis of the *ulama* and the state in Egypt and Tunisia", *R.O.M.M.*, 29, 1980, pp. 31-54.

Trata esencialmente de los nacionalismos, teniendo en cuenta la posición de los ulemas al respecto.

453. **GRIBETZ, A.**, "The *samā'* controversy: sufi vs. legalist", *S.I.*, 74, 1991, pp. 43-62.

Amplia panorámica de las distintas posturas existentes en el seno de la comunidad islámica respecto a la "audición" de música. La postura de los juristas ha tendido a la reprobación, si no a la prohibición.

454. **GRIFFINI, E.**, "Lista dei manoscritti arabi nuovo fondo della Biblioteca Ambrosiana di Milano", *R.S.O.*, 3 (1910-1911), pp. 253-278, 571-594, 901-921, 4 (1911-1912), pp. 87-106, 1021-1048, 6 (1914-1915), pp. 1283-1316, 7 (1917-1918), pp. 51-130, 565-628, 8 (1919-1920), pp. 241-367.

Hay un índice final en el que se indican los mss. de derecho. Se puede destacar una obra sobre la prohibición del uso del tabaco (6, 1914-15), p. 1313).

455. **GRIGNASCHI, M.**, "La condanna dell'apostasia (*irtidād*) sciita nella *risālah* di Ibn Kemāl a Selim I", *O.M.*, 64, 1984, pp. 57-63.

Edición de la carta, de interés para los procedimientos legales relativos a la apostasía, va acompañada de un corto estudio.

456. **GROHMANN, A.**, "Arabische Papyri aus den Staatlichen Museen zu Berlin", *D.I.*, 22, 1935, pp. 1-68.

Catalogación, edición y traducción de los manuscritos árabes de los Museos Nacionales de Berlín. El apartado II (pp. 19-68), el más extenso, está dedicado a los textos jurídicos.

457. **GROHMANN, A.**, "Einige Bemerkenswerte Urkunde aus der Sammlung der Papyrus Erzherzog Rainer and der Nationalbibliothek zu Wien", *ArOr*, 18, 2, 1950, pp. 80-119.

De la p. 82 a la p. 97 están recogidos varios documentos de contenido jurídico de los ss. IV-V/X-XI.

458. **GRONKE, M.**, "Zur Diplomatik von Kaufverträgen des 12. und 13. Jahrhunderts aus Ardabīl", *D.I.*, 59, 1982, pp. 64-79.

Estudio de la estructura y contenido de las actas notariales de compraventa contenidas en el Archivo del Santuario del Šaiḫ Ṣafī (1252-1334) en Ardabīl.

459. **GRONKE, M.**, "La rédaction des actes privés dans le monde musulman médiéval: théorie et pratique", *S.I.*, 59, 1984, pp. 159-174.

Definición jurídica de los documentos privados en el Islam y características de su redacción y contenido. Es especialmente interesante la parte dedicada a comparar la "teoría" de los formularios notariales con la realidad de los documentos privados conservados.

460. **GRUNEBAUM, G.E. von**, "Observations on the Muslim concept of Evil", *S.I.*, 31, 1970, pp. 117-134.

Trata entre otros los aspectos jurídicos del "mal".

461. **GUYARD, M. St.**, "Le fetwa d'Ibn Taymiyyah sur les *Nosairis*, publié pour la première fois avec une traduction nouvelle", *J.A.*, 18, 1871, pp. 158-198.

Edición y traducción al francés del texto árabe de la fetua, precedidas por una pequeña biografía del autor y algunas referencias a su actividad como jurista y a su obra. La fetua recoge la opinión de Ibn Taymiyya sobre la secta de los nuṣayríes, a los que tacha de ser más infieles que los judíos y los cristianos, criticando duramente sus innovaciones con respecto a las normas de la ley islámica.

462. **HAARMANN, U.**, "Konferenz über "Land-Holding and social Transformation in the Near East", Amerikanische Universität von Beirut 14-18. Februar 1983", *W.I.*, 22, 1982, *Mitteilungen*, pp. 137-139.

Resumen y crítica del contenido de un congreso sobre propiedad territorial que se celebró en la Universidad Americana de Beirut en febrero de 1983.

463. **HAARMANN, U.**, "The Library of a fourteenth Century Jerusalem Scholar", *D.I.*, 61, 1984, pp. 327-333.

Descripción del contenido de la biblioteca privada del juez ḥanafí Burhān al-dīn Ibrāhīm al-Nāṣirī (*vide infra* los artículos de D.P. Little).

464. **HAARMAN, U.**, "Rather the injustice of the Turcs than the righteousness of the Arabs-Changing *'ulamā'* attitudes towards Mamluk rule in the late fifteenth century", *S.I.*, 68, 1988, pp. 61-77.

A través de las obras de Abū Ḥāmid Muḥammad b. Jalīl, se muestra el papel político de los ulemas en el gobierno mameluco y la inestabilidad de relaciones entre ambos.

465. **HACHICHO, M. A.**, "Die Verfassungsentwicklung der Volksdemokratischen Republik Jemen", *W.I.*, 17, 1976-77, pp. 78-103.

Acerca del desarrollo constitucional y político de la República Democrática Popular del Yemen desde la conquista de los ingleses de Adén en 1839 hasta tres años después de su independencia, el 30 de noviembre de 1967. El autor resume en la primera parte la historia de la ocupación colonial británica de aquel país. A continuación detalla los cambios habidos en la Constitución.

466. **HADDAD, T. El**, "Notre femme dans la loi et dans la société", *R.E.I.*, 9, 1935, pp. 201-230.

Introducción y traducción analítica por M. Mutafarrij del libro titulado *Imrā'tu-nā fī l-šarī'a wa-l-muŷtama'* y editado en Túnez en el año 1930. Está dividida en tres partes: teórica, práctica y sociológica.

467. **HAIM, S.G.**, "Šī'ite Clerics and Politics: Some Recent Tendencies", *I.O.S.*, 10, 1980, pp. 165-172.

Relaciones entre los ulemas *šī'íes* y distintos gobiernos de países islámicos a lo largo de este siglo.

468. **HAIRI, A.-H.**, "Why did the '*Ulamā'* participate in the Persian Constitutional Revolution of 1905-1909?", *W.I.*, 17, 1976-77, pp. 127-154.

Se exponen las razones del enfrentamiento ideológico secular entre los '*ulamā'* persas y la política de la dinastía Qāŷar, gobernante en aquella nación, que explican los motivos por los que estos intelectuales se vieron involucrados en la Revolución constitucional de 1905-1909.

469. **HALÉN, H.**, "A bibliographical survey of the publishing activities of the Turkic minority in Finland", *S.O.*, 51, 11, 1979, pp. 3-26.

En las publicaciones de la minoría turca existente en Finlandia se pueden encontrar algunas de tema jurídico, especialmente aquellas que especifican las normas que deben regir a ese grupo.

470. **HALLAQ, W.B.**, "On the origins of the controversy about the existence of *mujtahids* and the gate of *ijtihād*", *S.I.*, 63,

1986, pp. 129-141.

Estudio de las teorías legales sobre la práctica y la continuidad del *iŷtihād*.

471. **HALLAQ, W.B.**, "The Development of Logical Structure in Sunni Legal Theory", *D.I.*, 64, 1987, pp. 42-67.

Evolución del concepto de *'illa*. En primer lugar, se estudia cuál fue su significado entre los juristas šāfi'íes, a continuación el cambio experimentado en su interpretación en el s. III/IX. Finalmente, las teorías de Baṣrī (m. 436/1044) y de al-Gazālī al respecto.

472. **HALLAQ, W.B.**, "Non-analogical arguments in Sunni juridical *qiyās*", *Arabica*, 36, 1989, pp. 286-306.

Análisis de las teorías de al-Gazālī e Ibn Taymiyya sobre los métodos y argumentos del razonamiento por analogía. Se exponen los desacuerdos en torno al *qiyās* dentro de la concepción jurídica sunní.

473. **HALLAQ, W.B.**, "Logic, formal and formalization of arguments in Sunnī jurisprudence", *Arabica*, 37, 1990, pp. 315-358.

Estudio del intento de al-Gazālī por dar cabida a la lógica en la jurisprudencia islámica y de la persistencia de las tesis gazālianas entre los alfaquíes uṣūlíes posteriores.

474. **HALLAQ, W.B.**, "The primacy of the Qur'ān in Shāṭibī's legal theory", *Islamic Studies Presented to Charles J. Adams*, ed. W. Hallaq and D.P. Little, Leiden, 1991.

475. **HALLAQ, W.B.**, "From *Fatwās* to *Furū'*: Growth and Change in Islamic Substantive Law", *I.L.S.*, 1, 1994, pp. 29-65.

Se argumenta que las fetuas no sólo fueron incorporadas en los tratados de la ley sustantiva islámica sino que además fueron el instrumento mediante el cual se ponía al día ese corpus legislativo. En primer lugar, el autor muestra la evidente conexión entre las fetuas y los problemas sociales, posteriormente define los métodos a través de los cuales se produce esa incorporación y, finalmente, analiza la selección que han debido sufrir las fetuas a la hora de ser incluidas en el corpus. Las conclusiones mencionan la posibilidad de adelantar la fecha, relativamente tardía, en la que Schacht entendía que se habían producido los orígenes de la jurisprudencia islámica.

476. **HALLAQ, W.B.**, "Model *Shurūṭ* Works and the Dialectic of Doctrine and Practice", *I.L.S.*, 2, 1995, pp. 109-34.

La relación existente entre los formularios notariales y los documentos originados en la práctica es meramente dialéctico, comprendiendo procesos complejos de edición, interpolación y selección, dentro de la dinámica legal de una escuela determinada. Este hecho, según el autor, hace que deba dudarse respecto a la separación que se ha dicho que existe entre la doctrina legal y la práctica jurídica.

477. **HAMID, M.**, "Das Fremdenrecht in der Türkei. Mit einer geschichtlichen Darstellung über das türkische Recht und die Kapitulationen", *W.I.*[1], 7, 1919, pp. 1-96.

El artículo se compone de cuatro apartados: 1) un estudio diacrónico sobre el Derecho en Turquía desde el Derecho Islámico, donde se hace especial mención a los derechos comercial, civil y penal; 2) un estudio diacrónico del derecho de extranjeros (*Fremdenrecht*); 3) la situación actual (1918) del derecho de extranjeros en Turquía; y 4) un estudio sobre el derecho de extranjeros, según el derecho privado del país.

478. **HAMIDULLAH, M.**, "Haidarabad's Contribution to Islamic Economic Thought and Practice", *W.I.*, 4, 1955-56, pp. 73-78.

Estudio de las instituciones económicas en Haidarābād desde la Primera Guerra Mundial y la influencia en ellas de la ley islámica.

479. **HAMIDULLAH, M.**, "La loi constitutionnelle du Pakistan", *R.E.I.*, 32, 1964, pp. 87-108.

Se señalan los obstáculos, tanto interiores como exteriores, que encontró la segunda constitución de Pakistán. Estudia la evolución constitucional del país.

480. **HAMMER-PURGSTALL**, "Sur les kourdes, sectateurs du cheikh Aadi", *J.A.*, 6, 1855, pp. 468-470.

Se describen algunas de las innovaciones introducidas en las prácticas rituales por los kurdos seguidores del *šayj* Aadi.

481. **HAMMOUDI, 'A. A.**, "Sainteté, pouvoir et société: Tamgrout aux XVIIe et XVIIIe siècles", *A.E.S.C.*, 35, 1980, pp. 615-641.

La *zāwiya* como centro de saber jurídico-religioso desde el que se lleva a cabo la oposición al poder político establecido.

482. **AL-HANIYA, ᶜA. al-Ḥ.**, "Al-Mulkiyya wa-l-usra ᶜinda baᶜḍ al-qabā'il al-tūnusīyya fī bidāyat al-qarn al-ṯāmin ᶜašara", *C.T.*, 30, 2, 1982, pp. 171-185 de la parte árabe.

Sobre las propiedades comunitarias y el sistema de reparto de sus beneficios basado en las relaciones familiares entre varias tribus, entre ellas los Awlād bū Sālem. Se hace referencia también a las particularidades de la institución familiar en dichas tribus. La fuente en la que se basa el estudio es un documento de la época del Bey Ḥusayn b. ᶜAlī (1726-1727) conservado en la Ḥazaniyya al-ᶜāmma li-waṯā'iq al-ḥukūmiyya de Túnez, nº 620.

483. **HANKI, A.**, "Effet de la divergence de pays sur le droit à la succession dans la loi islamique ou "*l'ikhtilaf el-dar*"", *R.E.I.*, 9, 1935, pp. 179-186.

Interesante estudio de las diferencias de aplicación de la ley islámica en materia de herencia en los países árabes contemporáneos.

484. **HANUM, N.**, "La législation ouvrière de la Turquie contemporaine", *R.E.I.*, 2, 1928, pp. 231-254.

Artículo traducido del ruso por J. Castagné. Aun admitiendo las carencias del proyecto de ley sobre legislación obrera del 26 de junio de 1927, señala que no representa ningún anacronismo si se tiene en cuenta que la industria local acababa de nacer y que la burguesía acababa de alcanzar el poder.

485. **HART, D.M.**, "A customary law document from the Aït 'Atta of the Jbil Saghru", *R.O.M.M.*, 1, 1966, pp. 91-112.

Estudio de un documento sin datar y sin autor que describe de una manera muy precisa la vida social y el derecho consuetudinario de los Aït 'Atta. Su antigüedad se deduce de las palabras beréberes arcaicas empleadas.

486. **HART, D. M.**, "Murder in the Market: Penal Aspects of Berber Customary Law in the Precolonial Moroccan Rif", *I.L.S.*, 3, 1996, pp. 343-71.

Se estudian varios aspectos del derecho penal consuetudinario entre la tribu de los Ait Waryagar del Rīf, en el periodo precolonial. Se discuten los resultados del trabajo de campo realizado por el autor entre los años 1953-1965, en los aspectos de alianza y venganza, mostrando una especial atención a las enormes multas que eran recaudadas por los Ait Waryagar y las tribus adyacentes como castigo ante los delitos de asesinato cometido durante el mercado tribal semanal. Estos datos son comparados con los contenidos en los cinco *qānūn* de los Ait Yaryagar, documentos de la ley consuetudinaria editados en árabe y originalmente publicados por el coronel Emilio Blanco Izaga, en traducción al castellano, en 1939.

487. **HARTERT, S.**, "Ein ägyptisches *Fatwā* zu Camp David", *W.I.*, 22, 1982, *Mitteilungen*, pp. 139-142.

Comentario a una *fatwà* aparecida en el periódico *Al-Ahrām* (25-X-81), que ratificaba el tratado de paz entre Egipto e Israel firmado en Camp David. Este diario atribuyó - en opinión de la autora de este comentario, infundadamente- la sentencia a al-Azhar. Al final de esta variedad se incluye la traducción completa de la *fatwà*.

488. **HARTMANN, M.**, "Madina und Schari'a", *W.I.*[1], 2, 1914, *Mitteilungen*, p. 328.

Noticia sobre un borracho al que, tras ser detenido por la policía en Medina, el cadí le aplicó el castigo de cuarenta latigazos.

489. **HARTMANN, M.**, "Das neue Verfassungsgesetz in Egypten", *W.I.*[1], 2, 1914, *Mitteilungen*.

Reproducción de la ley orgánica de 1 de mayo de 1883.

490. **HARTMANN, M.**, "Kriegsurkunden", *W.I.*[1], 3, 1916, pp. 121-133, 205-213

Partes de guerra escritos en colaboración con G. Kampffmeyer, véanse los de éste en este volumen de la revista, pp. 1-23.

491. **HARTMANN, M.**, "16. Sammlung schi'itischer Fetwas", *W.I.*[1], 3, 1916, pp. 211-213.

Colección de treinta y siete *fatwà*-s *šī'ίes* sobre la "Guerra Santa", ninguna procedente de Persia, seguidas de un comentario de M. Hartmann.

492. **HARTMANN, M.**, "Das erste Jahrbuch der geistlichen Behörden des osmanischen Reiches", *W.I.*[1], 4, 1917, pp. 26-32.

493. **HARTMANN, M.**, "Denkschrift des Komitees zum Schutze der Rechte der Mohammedanischen türkisch-tartarischen Völker

Russlands", *W.I.*[1], 4, 1917, pp. 33-43.

494. **HARTMANN, R.**, "Zur heutigen Lage des Beduinentums", *W.I.*[1], 20, 1938, pp. 51-73.

495. **HARVEY, L.P.**, "Un manuscrito aljamiado en la Biblioteca de la Universidad de Cambrigde", *A.A.*, 23, 1958, pp. 49-74.

Es un tratado sobre el ritual musulmán y el derecho, procedente de Aragón. Su autor es Baray de Remiño. Data de 1533-1534. Su importancia radica en su relación con otros manuscritos aljamiados y por los datos históricos que contiene.

496. **HARVEY, L.P.**, "A morisco prayer book in the British Museum", *A.A.*, 29, 1964, pp. 373-376.

Descripción de un manuscrito del siglo XVII, mitad en árabe, mitad en aljamía, que contiene un resumen del Corán y un breve manual sobre el ritual musulmán.

497. **HARVEY, L.P.**, "Una referencia explícita a la legalidad de la práctica de la *taqīya* por los moriscos, *Sh.A.*, 12, 1995, pp. 561-4.

La referencia está tomada de una obra del Mancebo de Arévalo.

498. **HASAN, A.**, "The theory of Nas<u>kh</u>", *I.S.*, 4, 1965, pp. 181-200.

Sobre las tres dimensiones del significado del término *nasj* en el *fiqh* clásico y los problemas que ello plantea: 1) significa que el Corán vino a cancelar las leyes enunciadas en las escrituras sagradas anteriores como el Viejo y el Nuevo testamentos, 2) se aplica a la abrogación de algunas aleyas coránicas cuyos textos se dice han sido eliminados y 3) se refiere a la abrogación de algunos de los primeros mandatos del Corán por revelaciones posteriores, mientras que los textos que contienen dichos mandatos siguen formando parte del Corán.

499. **HASAN, A.**, "Al-<u>Sh</u>āfiʿī's Role in the Development of Islamic Jurisprudence", *I.S.*, 5, 1966, pp. 239-273.

Estudio sobre la nueva fase en el desarrollo de la teoría legal islámica que empezó con Šāfiʿī y su desacuerdo con las escuelas de derecho, basado en su extenso conocimiento del derecho y en los debates que mantuvo con juristas de diferentes regiones, todo lo cual le condujo a formular una serie de principios de derecho nuevos, que él siguio estrictamente. Estos principios se encuentran enunciados aquí y allá en sus obras, especialmente en la *Risāla*, y se refieren a cuestiones tales como la *sunna*, la posición del Corán en el derecho, la cadena de transmisión de los hadices y el rechazo del *ra'y* y del *istiḥsān*.

500. **HASAN, A.**, "Early Modes of *Ijtihād: Ra'y, Qiyās* and *Istiḥsān*", *I.S.*, 6, 1967, pp. 47-79.

El autor analiza la relación entre *iŷtihād* y *ra'y*, *qiyās* e *istiḥsān*. En los primeros tiempos, el *ra'y* fue el instrumento básico del *iŷtihād*. Se trata de un término genérico que precedió al desarrollo del derecho bajo principios más sistemáticos: *qiyās* e *istiḥsān*. Sin embargo, A. Hasan observa que la denominación *ra'y* siguió aplicándose a *qiyās* por los juristas más conservadores.

501. **HASAN, A.**, "*Ijmāᶜ*, an integrating force in the Muslim community", *I.S.*, 6, 1967, pp. 389-406.

Análisis del término *iŷmāᶜ* desde diversos puntos de vista, siendo el legal el más importante de ellos. Se describe el uso que los juristas más relevantes de los primeros siglos del Islam y los fundadores de escuelas jurídicas han hecho de este concepto: al-Šāfiᶜī, ᶜAbd al-Qāhir al-Bagdādī, al-Ašᶜarī, Abū l-Ḥasan al-Karjī, al-Šahrastānī, al-Gazālī, etc.

502. **HASAN, A.**, "*Ijmāᶜ* in the Early Schools", *I.S.*, 6, 1967, pp. 121-140.

Se trata de una crítica de la teoría clásica del *iŷmāᶜ*, previa exposición de la misma, basada en las distinciones desarrolladas por al-Šāfiᶜī, con un análisis detallado del significado del concepto de *iŷmāᶜ* en cada una de las primeras escuelas jurídicas.

503. **HASAN, A.**, "The Sources of Islamic Law", *I.S.*, 7, 1968, pp. 165-184.

Exposición sobre la evolución histórica de las cinco categorías legales basada en las cuatro fuentes fundamentales del derecho (*uṣūl*): Corán, *sunna*, *iŷmāᶜ* y *qiyās*, con una breve discusión sobre cada una y su evolución.

504. **HASAN, A.**, "The *Sunnah*. Its early concept and development", *I.S.*, 7, 1968, pp. 47-69.

A través de un estudio crítico del término, el autor trata de establecer la diferencia entre *sunna* y hadiz en los primeros tiempos del Islam y analizando el concepto de *sunna* en el Profeta y con posterioridad, en las primeras autoridades; a saber: al-Awzāᶜī, Mālik b. Anas, Abū Yūsuf y Šaybānī.

505. **HASAN, M.**, "Resistance and acquiscence in North India: Muslim Responses to the West", *R.S.O.*, 67, 1993, pp. 83-105.

Panorámica de las distintas posturas adoptadas por los ulemas frente a la penetración occidental.

506. **HASAN, M.**, "Traditional rites and contested meanings: sectarian strife in colonial Lucknow", *R.S.O.*, 69, 1996, pp. 150-171.

Sobre la oposición sunní a los rituales šī'íes de muḥarram.

507. **ḤASAN, M.**, "Malāmiḥ min al-Rī f al-Magribī min jilāl kutub al-nawāzil", *C.T.*, 33, 1985, pp. 5-34 de la parte árabe.

Estamos ante un nuevo ejemplo del valor de las colecciones de fetuas como fuentes para la historia. El artículo estudia textos del *Mi'yār* de al-Wanšarīsī relacionados con la propiedad de la tierra, medios de producción y contratos de explotación agrícola.

508. **HAYKEL, B.**, "Al-Shawkānī and the Jurisprudential unity of Yemen", *R.E.M.M.M.*, 67, 1993, pp. 53-66.

El prestigio y la autoridad del jurista y cadí al-Šawkānī (m. 1834) se debieron a su habilidad para superar la separación entre las dos sectas musulmanas más importantes del Yemen. Sobre su influencia en el derecho yemení, v. p. 62.

509. **HEFFENING, W.**, "Zum Leben und zu den Schriften an-Nawawī's.", *D.I.*, 22, 1935, pp. 165-190.

Estudio monográfico sobre la vida y obra del jurista šāfi'í al-Nawāwī, donde se recogen en tres apartados sus maestros, su bibliografía y sus discípulos. Este artículo prosigue, con un cuarto apartado, en *D.I.*, 24, 1937.

510. **HEFFENING, W.**, "Zum Leben und zu den Schriften an-Nawawī's. (4. Ein neues Schreiben an-Nawawī's über die Beschlagnahme der Gärten der Damaszener durch Sultan Baibars vom Jahre 666)", *D.I.*, 24, 1937, pp. 131-150.

Continuación de un artículo del mismo autor en *D.I.*, 22, 1935. W. Heffening edita y traduce una carta de al-Nawawī dirigida al sultán Baybars en el año 666/1267-8, oponiéndose a la confiscación de un jardín, que incluía aldeas y campos pertenecientes a los damascenos, que el sultán reclamaba con el argumento de que se lo había conquistado a los tátaros. Heffening estudia como se justificó legalmente esa confiscación por medio de las *fatwā*-s de algunos cadíes, así como las voces de los otros juristas que se alzaron en su contra.

511. **HEINRICHS, W.**, "On the genesis of the *ḥaqīqa-majāz* dichotomy", *S.I.*, 59, 1984, pp. 111-140.

Sobre los términos *ḥaqīqa* y *maŷāz*. El segundo, en su sentido de "lenguaje figurado", aparece con mucha frecuencia en las obras de *uṣūl al-fiqh*.

512. **HERMOSILLA, Mª J.**, "En torno al cadí ʿIyāḍ. I: Datos biográficos", *M.E.A.H.*, 27-28, 1978-79, pp. 149-164.

Biografía del cadí a través de cinco apartados: linaje, formación intelectual (detallando su *riḥla*), vida pública (especificando sus nombramientos de cadí), años finales y muerte. Organiza por orden cronológico las fuentes y bibliografía que se ocupan del cadí y agrupa a los autores geográficamente.

513. **HERMOSILLA, Mª J.**, "Dos obras de materia religiosa en poder de moriscos valencianos", *A.Q.*, 4, 1983, pp. 23-56.

Análisis de dos documentos conservados en el Archivo Histórico Nacional de Madrid. El primero contiene fragmentos del *Ikmāl* de al-ʿUtbī. El segundo, sin identificar, contiene material de reprobación contra innovaciones introducidas en el rito. V. M. Fierro, "Acerca de una obra de materia religiosa en poder de moriscos valencianos", *A.Q.*, 5, 1984, pp. 463-67.

514. **AL-HIBRI, T**, "The Regicide of the Caliph al-Amīn and the Challenge of Representation in Medieval Islamic Historiography", *Arabica*, 42, 1995, pp. 334-364.

Se recogen las distintas posturas respecto a la ejecución del califa al-Amīn.

515. **HIYARI, M.**, "Qudāma b. Ǧaʿfars Behandlung der Politik: Das Kapitel *As-siyāsa* aus seinem Vademecum für Sekretäre *Kitāb al-ḫarāǧ wa-ṣanāʿat al-kitāba*", *D.I.*, 60, 1984, pp. 91-103.

Este artículo es un resumen de la introducción del autor a su edición (Ammán, 1982) del capítulo sobre política de la obra *Kitāb al-jarāg*... de Qudāma b. Ŷaʿfar, un tratado de finales del s.III/IX y principios del IV/X sobre las normas por las que debe guiarse un secretario palatino. Este género de obras incluyen, entre otras muchas cosas, unas nociones básicas de hadiz y de *fiqh* que se consideran imprescindibles para la completa y correcta formación del funcionario.

516. **HOENERBACH, W.**, "Das Zunft- und Marktwesen und seine Verwaltung im heutigen Tetuan", *W.I.*, 4, 1955-56, pp. 79-123.

El autor comienza este artículo acerca de los gremios y la administración del mercado de Tetuán durante el Protectorado Español, con una introducción a la literatura secundaria relativa a los tratados de *ḥisba*. A continuación trata detenidamente los siguientes aspectos: 1) topografía del mercado, que incluye un plano; 2) estudio de los gremios desde diferentes puntos de vista; 3) la organización y administración de los gremios y de los mercados; 4) y 5) las atribuciones del *muḥtasib*. El autor como un nuevo sistema administrativo del mercado se impuso paulatinamente al heredado de la tradición andalusí.
A pesar de que el artículo se publica en 1955, el año de la independencia del Protectorado, el trabajo se llevó a cabo en 1950 cuando todavía Tetuán era la capital del mismo.

517. **HOENERBACH, W.**, "El notario islámico y el cristiano: estudio comparativo", *C.H.I.*, 11, 1984, pp. 103-108.

Para realizar este artículo el autor se basa en los materiales reunidos en su libro *Spanische Islamische Urkunden* y en una serie de documentos islámicos y cristianos. Función y clasificación del notario cristiano y del musulmán, estableciendo paralelos y diferencias con ejemplos de formularios cristianos y de documentos jurídicos islámicos. Traducción de unas capitulaciones matrimoniales tomadas de un formulario árabe-islámico y estudio comparativo.

518. **HOEXTER, M.**, "La *shurṭa* ou la répression des crimes à Alger à l'époque turque", *S.I.*, 56, 1982, pp. 117-146.

Estudio de la evolución y atribuciones de la *šurṭa*, así como de las modalidades del ejercicio de la justicia en Argel, bajo el gobierno turco. Se centra en los siglos XVIII y XIX, hasta la ocupación francesa.

519. **HOFHEINZ, A.**, "A Yemeni Library in Eritrea. Arabic Manuscripts in the Italian Foreign Ministry", *D.I.*, 72, 1995, pp. 99-136.

El archivo histórico del Ministerio de Asuntos Exteriores de Italia, en Roma, posee una colección de sesenta y dos manuscritos, pertenecientes a la biblioteca que este país tenía en Eritrea. Entre estos manuscritos, catalogados en este artículo, muchos son textos de derecho islámico de la escuela ḥanafí.

520. **HOLLANDER, I.**, "*Ibrā'* in Highland Yemen: Two Jewish Divorce Settlements", *I.L.S.*, 2, 1995, pp. 1-23.

Traducción y análisis de dos sentencias de divorcio pronunciadas en el medio rural del Yemen en la primera mitad de este siglo. Este análisis ofrece importantes datos respecto al comportamiento cultural y legal de las comunidades judías y musulmanas en lo que al matrimonio se refiere.

521. **HOMERIN, TH.E.**, "Ibn Taimīya's *al-Sūfiyah wa-l-Fuqarā'*", *Arabica*, 32, 1985, pp. 219-244.

Análisis del sufismo por parte de Ibn Taymiyya a través de su epístola *al-Ṣūfiyya wa-l-fuqarā'*, en la cual aplica las cinco calificaciones legales al comportamiento de los místicos.

522. **HOURANI, G.F.**, "The basis of authority of consensus in *sunnite* Islam", *S.I.*, 21, 1964, pp. 13-60.

Estudio de las distintas opiniones formuladas a lo largo de la historia sobre la *ḥuŷŷiyyat al-iŷmā'*.

523. **HOWARD, I.K.A.**, "*Mut'a* Marriage Reconsidered in the Context of the Formal Procedures for Islamic Marriage", *J.S.S.*, 20, 1975, pp. 82-92.

La prohibición del matrimonio *mut'a* puede remontarse a una época anterior a al-Zuhrī y parece razonable suponer que la obligatoriedad de la presencia del *walī* y de la firma de los dos testigos podría remontarse a esa misma época. En el periodo formativo del derecho islámico, los imames šī'íes adoptaron las mismas posiciones que tomaron los juristas mālikíes de La Meca, oponiendose a la abolición del matrimonio temporal y a la introducción de la obligatoriedad de la presencia del *walī* en el matrimonio de una mujer no virgen (*ṯayyib*). Sin embargo, los šī'íes no apoyaron con el mismo vigor la doctrina mālikí respecto a la presencia de los testigos.

524. **HOWARD, I.K.A.**, "The development of the *adhān* and *iqāma* of the *ṣalāt* in Early Islam", *J.S.S.*, 26, 1981, pp. 219-28.

Estudio de los capítulos sobre el ritual, especialmente la oración (*ṣalāt*), en las fuentes jurídicas tempranas para el conocimiento de la introducción en el ritual islámico de la llamada a la oración. Se discuten las teorías existentes respecto al origen judío o cristiano de la llamada a la oración, así como las diferencias existentes entre los ritos sunníes y el šī'í.

525. **HRBEK, I.**, "The Russians in Baghdād in the 9th Century", *ArOr*, 36, 1968, pp. 563-566.

Análisis de un texto del s. IX escrito por un alto funcionario del califato 'abbasī referido al cobro de los impuestos. Se centra especialmente en un pasaje de este texto según el cual los rusos se hacían pasar por cristianos para pagar la *ŷizya* y no otro tipo de impuesto.

526. **HRBEK, I.**, "A Fighting Marabout- The Beginnings of Mahmadu Lamin's Struggle in Senegal", *ArOr*, 44, 1976, pp. 1-27.

Mahmadu Lamin es uno de los ejemplos de las diversas revueltas acaecidas y encabezadas a lo largo del s. XIX en el Sudán occidental por parte de líderes que preconizaban la instauración de un estado islámico mediante el *ŷihād*.

527. **HUART, Cl.**, "Bibliographie ottomane. Notice des livres turcs, arabes et persans, imprimés à Constantinople durant la période 1294-1296 de l'hégire (1877-1879)", *J.A.*, 16, 1880, pp. 411-439.

En las pp. 414-420 encontramos la lista de obras sobre teología, ciencias religiosas y derecho.

528. **HUART, Cl.**, "Bibliographie ottomane. Notice des livres turcs, arabes et persans imprimés à Constantinople durant la période 1299-1301 de l'hégire (1882-1884)", *J.A.*, 5, 1885, pp. 229-268.

En las pp. 232-248 encontramos la lista de obras sobre teología, ciencias religiosas y derecho.

529. **HUART, Cl.**, "La prière coranique musulmane, poème didactique en langue kurde, publié et traduit par...", *J.A.*, 5, 1895, pp. 86-109.

Poema didáctico en lengua kurda consagrado a la exposición de la doctrina musulmana relativa a los ritos de la oración y compuesto de 63 dísticos. No lleva nombre de autor, indicación de procedencia ni cronológica, pero Huart piensa que puede ser de hacia 1783. Importante porque se trata del texto kurdo más antiguo del que el autor tenía conocimiento hasta el año de redacción de este artículo.

530. **HUART, Cl.**, "Une nouvelle source du *Qorān*", *J.A.*, 4, 1904,

pp. 125-167.

Sobre influencias del Nuevo Testamento en el Corán y por tanto en algunas normas de la ley islámica como la prohibición del consumo de vino, las abluciones, etc.

531. **HUART, Cl.**, "Documents de l'Asie centrale (Mission Pelliot). Trois actes notariés arabes de Yārkend", *J.A.*, 4, 1914, pp. 607-627.

Los documentos estudiados (de los que se incluye su transcripción y traducción) pueden ser fechados en el s. V/XI y son de escritura egipcia. Estas actas de compraventa de propiedades inmobiliarias demuestran hasta qué punto la ley musulmana dominaba en aquella época en la cuenca del Tarim.

532. **HUART, Cl.**, "Un formulaire anonyme du XIe siècle", *J.A.*, 10, 1917, pp. 289-311.

Se trata del *Kitāb al-Madhzoūn*. Contiene 59 capítulos, en los que se recogen fórmulas para la redacción de actas, contratos y documentos de tipo jurídico.

533. **HUICI MIRANDA, A.**, "El cadí de Valencia Ibn Ŷaḥḥāf", *R.I.E.E.I.*, 11 y 12, 1963-1964, pp. 149-167.

Ibn Ŷaḥḥāf constituye un interesante ejemplo de cadí involucrado intensamente en la política de su tiempo y de su ciudad (Valencia durante el gobierno del Cid y época almorávide).

534. **HUNWICK, J. O.**, "The rights of dhimmīs to maintain a place of worship: 15th century fatwà from Tlemcen", *A.Q.*, 12, 1991, pp. 133-155.

Discrepancias sobre los derechos de los d̠immíes, a través de la fetua del ulema de Tremecén al-Tanasī. Para ello se parte del conflicto que suscitó, en el oasis sahariano de Twat hacia 1490 d.C., el hecho de que los judíos que allí vivían quisieran mantener una sinagoga.

535. **HUQ, M.**, "Some reflections on Islam and Constitution-making in Pakistan: 1947-56", *I.S.*, 5, 1966, pp. 209-220.

Reflexiones acerca de los tres intentos de redactar una Constitución en Pakistán para formular los principios de un Estado Islámico: 1) El Consejo de Taᶜlīmāt-i-Islāmīyah designado por el Gobierno de Pakistán para asesorar en materias islámicas, 2) La convención celebrada a iniciativa de los ulemas en Karachi entre el 21 y el 24 de enero de 1951 para llevar a cabo una serie de recomendaciones unánimes sobre los principios fundamentales de un Estado Islámico y 3) la Ŷamāʿat-i-islāmī cuyas recomendaciones estaban en acuerdo general con las de los ulemas del Consejo de Taʿlīmāt-i-Islāmīyah, y sobre los problemas que dichas recomendaciones crearon entre los líderes de la Liga educados en Occidente.

536. **HUSAIN, M.**, "¿Qué es la Shari'at?", *'Irfan*, 1, 1985, pp. 51-60.

Análisis terminológico de la *šarīʿa* y de sus connotaciones.

537. **HUSAIN, M.**, "Lecciones de Shari'at", *'Irfan*, 2, 1985, pp. 63-72.

Fuentes y aplicaciones de la *šarīʿa*. Metodología pobre y escaso interés.

538. **IDRIS, H.R.**, "Manuscrits arabes", *J.A.* (table alphabétique), 1829, p. 151.

Se cita, entre los fondos bibliográficos de la Biblioteca de la Societé Asiatique, un manuscrito (nº 20) titulado "*Traité des Actes et des Décisions judiciaires* par le kadi Abou'l Casem Salamoun, fils d'Aly". Otra referencia al mismo manuscrito, algo más completa, se da en el nº 6 de esta misma revista, año 1825, pp. 126.

539. **IDRIS, H.R.**, "Contribution à l'histoire de l'Ifriḳiya (d'après le *Riyāḍ en Nufūs* d'Abū Bakr El Māliki)", *R.E.I.*, 9, 1935, pp. 105-178; 9, 1935, pp. 273-305; 10, 1936, pp. 45-104.

Amplia investigación histórica centrada en la vida intelectual y administrativa de Qayrawān, bajo los aglabíes y los fāṭimíes según el *Riyāḍ al-nufūs* de Abū Bakr al-Mālikī. La parte dedicada al aspecto administrativo es de gran interés jurídico (pp. 152-73). La segunda parte está dedicada al aspecto religioso y social, y a la actividad económica. La última parte está centrada en la función social del santo. Al final incluye un cuadro de biografías y una explicación de datos topográficos.

540. **IDRIS, H.R.**, "Essai sur la diffusion de l'ašʿarisme en Ifrīqiya", *C.T.*, 1, 1953, pp. 126-140.

El autor se plantea los siguientes interrogantes: cuándo y cómo se introdujo el ašʿarismo en Ifrīqiya y cómo fue recibido en Qayrawān y trata de encontrar una respuesta a través del análisis de la influencia de aquella doctrina en ulemas de la talla de Saḥnūn, Ibn Abī Zayd al-Qayrawānī, Abū l-Ḥasan al-Qābisī, Abū ʿImrān al-

Fāsī, etc. Idris apunta la posibilidad de que el ašᶜarismo se encuentre detrás de la simpatía con que los mālikíes ifrīqíes recibieron a los almohades, quienes desde 555/1160 fueron los señores de Ifrīqiya y cuyas doctrinas eran claramente pro-ašᶜaríes.

541. **IDRIS, H.R.**, "Note sur l'identification du dédicataire de la *Risāla* d'Ibn Abī Zayd al-Qayrawānī", *C.T.*, 1, 1953, pp. 63-68.

A través del estudio de la biografía de la persona a la que Ibn Abī Zayd dedicó su *Risāla*, Idris trata de establecer la fecha en que fue compuesto este famoso tratado de derecho islámico y apunta el año 375h. como la más lejana posible.

542. **IDRIS, H.R.**, "Le crépuscule de l'école malīkite kairouanaise", *C.T.*, 4, 1956, pp. 494-507.

Bajo este título, el autor recoge las biografías de los cuatro principales doctores mālikíes que ilustran el periodo de decadencia de su escuela en Ifrīqiya (finales del siglo XI d.C.): al-Suyūrī, al-Lajmī, Ibn al-Ṣā'ig y al-Māzarī al-Ḏakī.

543. **IDRIS, H.R.**, "Une des phases de la lutte du malikisme contre le šiᶜisme sous les zirides", *C.T.*, 4, 1956, pp. 508-517.

Sobre el papel jugado por los juristas qayrawāníes en el retorno a la ortodoxia del rey zirí al-Muᶜizz b. Badīs, quien suspendió su reconocimiento del califa fāṭimí del Cairo, cambiándolo por el del califa ᶜabbāsí de Bagdad en 439-440/1047-1048.

544. **IDRIS, H.R.**, "Réflexions sur Ibn Isḥāq", *S.I.*, 17, 1962, pp. 23-35.

Biografía del famoso tradicionista y jurista Ibn Isḥāq, que nació alrededor del año 85/704 en Medina.

545. **IDRIS, H.R.**, "Le mariage en Occident musulman d'après un choix de fatwās médiévales extraites du *Mi'yār* d'al-Wanšarīšī", *S.I.*, 32, 1970, pp. 157-167; *R.O.M.M.*, 12, 1972, pp. 45-62; 17, 1974, pp. 71-105; 25, 1978, pp. 119-138.

El primero de estos artículos es una introducción, pues hace un pequeño análisis del género de las fetuas, luego de las fetuas del *Mi'yār* más concretamente, y más tarde examina los datos que se pueden extraer del estudio de las 245 fetuas que en los sucesivos artículos va a resumir. En el segundo artículo, empieza a resumir las fetuas de Ifrīqiya, agrupadas por autores, siguiendo el mismo sistema con las del Magreb central, extremo y al-Andalus. En el último de los artículos se recogen aquellas fetuas que aparecen en los tomos no dedicados específicamente al matrimonio y divorcio (t. III y t. IV).

546. **IDRIS, H.R.**, "L'aube du *mālikisme ifrīqiyen*", *S.I.*, 33, 1971, pp. 19-40.

Es un trabajo sobre los orígenes del mālikismo en Ifrīqiya, uno de los más importantes aspectos de la historia del Occidente musulmán medieval. El trabajo hace un estudio sobre en qué condiciones se implantó la doctrina de Mālik en esta zona, tomando como base los datos que aparecen en las *ṭabaqāt* mālikíes, tales como las de Abū l-ʿArab (m.945), *Kitāb ṭabaqāt ʿulamāʾ Ifrīqiya* y *Kitāb Ṭabaqāt ʿulamāʾ Tūnis*, y al-Jušanī (m.981) *Kitāb Ṭabaqāt ʿulamāʾ Ifrīqiya*.

547. **IDRIS, H.R.**, "D'al-Dabbāġ, hagiographe et chroniqueur kairouanais du XIIIe siècle et de son jugement sur les fāṭimides", *B.E.O.*, 29, 1977, pp. 243-249.

Sobre las opiniones acerca de la etapa šīʿí en el Norte de África vertidas por este alfaquí mālikí, autor de un diccionario biográfico de ulemas.

548. **AL-IMAD, L.S.**, "The Importance of the Will in the Druze Faith: The Case of Imārah Arslān", *D.I.*, 71, 1994, pp. 121-131.

Una de las características principales de la ley religiosa drusa es la capacidad, tanto masculina como femenina, para hacer libre testamento. Sólo en el caso de que un druso muera sin testamento, sus bienes son repartidos según la ley islámica. La autora toma como ejemplo el testamento de una princesa, Imārah Arslān, que dictó su última voluntad en 1282/1865.

549. **IMBER, C.**, "Why you should poison your husband: A note on liability in Ḥanafī law in the Ottoman period", *I.L.S.*, 1, 1994, pp. 206-16.

En general, la ley ḥanafí no entiende como culpable de asesinato a la persona que envenena a otra, ya que existe la posibilidad de entender que no se ha obligado a la persona a beber el veneno, sino que lo podría beber por su propia voluntad, sin saber que se trataba de veneno sin ser coaccionado. Los juristas ḥanafíes entienden que la mujer divorciada puede evitar que su marido siga manteniendo relaciones sexuales con ella sencillamente envenenándole.

550. **INTARTAGLIA, C.**, "Il *Sirāǧ al-iḫwān* del *Muǧaddid* nigeriano 'Uṯmān Dan Fodio (1754-1817 a.d.)", *O.M.*, 65, 1985, pp. 129-176.

Traducción al italiano de la obra, precedida de un estudio sobre la misma y sobre su autor. En el *Sirāŷ* se presenta el *ŷihād* como la respuesta con la que reaccionan los musulmanes que tienen que vivir en países donde forman una minoría subordinada a un estado pagano o sólo nominalmente islamizado.

551. **INTARTAGLIA, C.**, "La Raccolta delle Leggi del Sudan dal 1901 al 1981", *O.M.*, 69, 1989, pp. 127-143.

Sobre la quinta edición de las leyes sudanesas de 1901 a 1981, revisadas hasta diciembre de 1981 en 22 volúmenes más 2 de índices. Al final encontramos un índice alfabético y cronológico de los artículos, precedido de algunas notas sobre la situación jurídica de Sudán en nuestros días y los casos que estas leyes intentan regular.

552. **ISHAK, M.O.**, "*'Urf* and customs as being practised among the Malay community", *Arabica*, 33, 1986, pp. 352-368.

Tras pasar revista a la actitud de los juristas musulmanes frente al *'urf*, analiza algunos aspectos de *'urf* y *'ādāt* practicados en la comunidad Malay en la península de Malasia.

553. **ISHAQUE, K.M.**, "*Al-Aḥkām al-sulṭānīyah*: Laws of Government in Islām", *I.S.*, 4, 1965, pp. 275-314.

"Las leyes de la autoridad" es una frase usada por los juristas musulmanes para referirse a los aspectos judiciales, constitucionales y administrativos de la ordenación política de una sociedad de acuerdo con la tradición islámica. El artículo pasa revista a las discusiones sobre algunos problemas como los conflictos constitucionales, la disyuntiva entre califato o imamato y la función judicial, ejecutiva y legislativa, llevada a cabo por los juristas musulmanes en los últimos dos siglos.

554. **ITZKOWITZ, N.**, "Eighteenth century Ottoman realities", *S.I.*, 16, 1962, pp. 73-94.

Sobre algunos cargos políticos y administrativos del imperio otomano en el siglo XVIII. Se habla de familias de ulemas en la sociedad otomana.

555. **JABBOUR, G.**, "L'Assamblea costituente siriana: la discussione sull'art. 3 del Progetto costituzionale sulla religione di

Stato (luglio 1950)", *Alifbâ'*, 16, 1994, pp. 19-35 (en árabe).

556. **JACKSON, S.A.**, "Ibn Taymiyyah on Trial in Damascus", *J.S.S.*, 39, 1994, pp. 41-85.

Traducción y estudio de una memoria escrita por Taqī al-Dīn Ibn Taymiyyah (661-728/1263-1328) sobre los juicios a los que fue sometido en Damasco y en los que se discutió sobre el tradicionalismo y el racionalismo en el Islam. Hasta la publicación de este artículo, las opiniones de Ibn Taymiyya al respecto, únicamente se conocían a través de las referencias incompletas que proveían al-Birzālī (m. 1339) y al-Dhahabī (m. 1347).

557. **JACKSON, S.A.**, "*Taqlīd*, Legal Scaffolding and the Scope of Legal Injuctions in Post-Formative Theory: *Muṭlaq* and *'Āmm* in the Jurisprudence of Shihāb al-Dīn al-Qarāfī", *I.L.S.*, 3, 1996, pp. 165-92.

El autor ofrece una interpretación alternativa a los puntos de vista más conocidos entre los investigadores occidentales respecto a la controversia surgida alrededor del *iŷtihād* y el *taqlīd*, a través del estudio de la obra de Šihāb al-Dīn al-Qarāfī (m. 684/1285), en la que se refleja la forma y la dirección en la que la tradición legal islámica se desarrolló en un periodo posterior al establecimiento de las cuatro escuelas de derecho.

558. **JALLĀF 'ABD AL-WAHHĀB, M.**, "Ṣāḥib al-Šurṭa fī-l-Andalus", *Awrāq*, 3, 1980, pp. 72-83.

Funciones y cargos en las ciudades de al-Andalus del *ṣāḥib al-šurṭa*.

559. **JANSEN, J.J.G.**, "The Creed of Sadat's Assassins. The contents of 'The Forgotten Duty' analysed", *W.I.*, 25, 1985, pp. 1-32.

El 15 de abril de 1982 fue ejecutado, junto con los cuatro asesinos del presidente egipcio Sadat, Muḥammad 'Abd al-Salām Faraŷ (1954-82), autor de un panfleto sobre el *ŷihād* titulado *al-Farīḍa al-gā'iba*, y que fue considerado como el instigador ideológico del atentado. J. Jansen analiza este texto y las refutaciones escritas en contra.

560. **JÄSCHKE, G.**, "Die Form der Eheschließung nach türkischem Recht", *W.I.*[1], 22, 1940, pp. 1-66.

Profundo estudio sobre el matrimonio según el derecho turco. Véase los artículos del mismo autor en *W.I.*, 2, 1952-53.

561. **JÄSCHKE, G.**, "Der Islam in der neuen Türkei. Eine rechtgeschichtliche Untersuchung", *W.I.*, 1, 1951, pp. 1-174.

Extenso trabajo sobre la reforma política, legal, social y cultural llevada a cabo en Turquía por Kemal Atatürk. Se trata minuciosamente en la Introducción el tema del retroceso de la *šarī'a* en el Imperio Otomano. El capítulo primero, sobre la modernización de Turquía, dedica el segundo apartado a la "secularización del Derecho y la adopción de la civilización occidental", donde se describe la exclusión de la religión de la constitución y se puntualizan las reformas llevadas a cabo en derecho penal, civil y personal (pp. 33-63).

562. **JÄSCHKE, G.**, "Das osmanische Scheinkalifat von 1922", *W.I.*, 1, 1951, 195-217 (+ "Anhang: Aus den Beratungen der Grossen Nationalversammlung über die Abschaffung des Kalifats"), pp. 218-228.

Artículo sobre el verdadero valor legal y "moral" que tenía el título de califa antes de la abolición del califato por Mustafa Kemal. El autor hace una larga introducción sobre la historia de esta institución, desde que es adoptada por el sultán Selim I. Se añade un apéndice donde se coleccionan las actas de la Asamblea Nacional relativas a la abolición del califato en 1924.

563. **JÄSCHKE, G.**, "Zur Form der Eheschließung in der Türkei. Eine rechtsvergleichende Untersuchung", *W.I.*, 2, 1952-53, pp. 143-214.

Vasto estudio sobre el contrato matrimonial en Turquía. El artículo se divide en dos grandes apartados: el primero (pp. 145-186) se ocupa de las diferentes formas religiosas del matrimonio (musulmana, greco-ortodoxa, derecho canónico católico y, por último, protestante); el segundo apartado trata de las diferentes formas civiles laicas (pp. 187 y ss.). Se añade un apéndice sobre un Proyecto de Ley de 1923/24 relativo al matrimonio, en el que, entre otras cosas, se restringía el derecho a la poligamia (pp. 211-214).
El autor cita una observación a este artículo que le hizo A. Tietze en Estambul, en *W.I.*, 3, 1953-54, *Mitteilungen*, pp. 276-277. Véase también el artículo de G. Jäschke en *W.I.*^{1}, 22, 1940.

564. **JÄSCHKE, G.**, "Der Islam in der neuen Türkei, Berichtigungen und Nachträge", *W.I.*, 2, 1952-53, pp. 278-287.

Rectificaciones y apostillas a sus artículos sobre Turquía publicados en *W.I.*, 1, pp. 1-174; y 2, 25-61, 126-135, 143-214.

565. **JÄSCHKE, G.**, "Ein osmanisches Verbot des Tscharschaf", *W.I.*, 3, 1953-54, *Mitteilungen*, pp. 46-48.

Noticias sobre la indumentaria obligada a las mujeres en el Imperio Otomano, según una ley de 1881 que prohibía el uso del *tscharschaf* y regulaba el modo en que los hombres debían comportarse con ellas. Algunas faltas en ese trato estaban tipificadas en el Código Penal.

566. **JÄSCHKE, G.**, "Survivance de formulaires turcs en Tunisie", *W.I.*, 3, 1953-54, *Mitteilungen*, pp. 275-276.

Resumen de un artículo de G.-H. Bousquet (*Revue Africaine*,1, 1952, p. 220 y ss.), en el que se recogen tres casos de supervivencia de fórmulas turcas en Túnez, entre ellas una costumbre relativa a los entierros ḥanafíes.

567. **JÄSCHKE, G.**, "Türkische Gesetzsammlungen", *W.I.*, 3, 1953-54, pp. 225-234.

El autor propone el estudio de las colecciones de leyes realizadas por cadíes, con el fin de no recurrir continuamente a la opinión de los muftíes, en el Imperio Otomano, cuya tradición prosigue sin interrupción en la República de Turquía. Se analiza el contenido de tres series de códigos, públicos y privados: 1839-1908, 1908-1922 y desde 1920.

568. **JÄSCHKE, G.**, "Türkiye Cumhuriyeti und Kemal Atatürk", *W.I.*, 3, 1953-54, *Mitteilungen*, pp. 278-279.

Comentario sobre el nombre legal de la República de Turquía y de su presidente Kemal Atatürk. G. Jäschke insiste en la oscilación del nombre del país en documentos oficiales en "Türkiya oder Türkiye?", *W.I.*, 4, 1955-56, *Mitteilungen*, p. 61.

569. **JÄSCHKE, G.**, "Zur Entwaffung des osmanischen Heeres im Jahre 1919", *W.I.*, 3, 1953-54, *Mitteilungen*, pp. 48-49.

Documento sobre las dificultades en el cumplimiento de la orden de la Marina Británica de 1919, en la que se obligaba al ejército turco a desarmarse, salvo en las tropas situadas en las fronteras cuyo fin era la defensa del país.

570. **JÄSCHKE, G.**, "Die "Imam-Ehe" in der Türkei", *W.I.*, 4, 1955-

56, pp. 164-201.

Complemento y resumen de dos artículos del mismo autor sobre el matrimonio en Turquía, publicados en la misma revista (*W.I.*[1] 22, 1940 y *W.I.*, 2, 1952-53). En esta ocasión se presta especial atención al procedimiento legal y a las partes obligatorias del contrato matrimonial en el matrimonio llevado a cabo por un *imām*. Véase una noticia referente al registro legal de los hijos habidos con la segunda, tercera y cuarta esposa en los matrimonios efectuados por el *imām*, a pesar haber sido establecida oficialmente la monogamia (*W.I.*, 6, 1959-61, *Mitteilungen*, p. 139).

571. **JÄSCHKE, G.**, "Kampf gegen die religiöse Reaktion", *W.I.*, 4, 1955-56, *Mitteilungen*, p. 60.

Noticia sobre la orden de quemar los trajes, libros y pertenencias de la orden Ticani en Ankara. Además se refiere a la insistencia en la prohibición a las mujeres turcas de llevar velo.

572. **JÄSCHKE, G.**, "Die Reformdekrete von 1839 und 1856", *W.I.*, 4, 1955-56, *Mitteilungen*, p. 51.

Cuestión filológica relativa a la denominación de los decretos, que fue tratada extensamente por J. Deny en *Journal Asiatique* CCXXII, 1933, p. 357 y ss.

573. **JÄSCHKE, G.**, "Vollzug der Todesstrafe in der Türke", *W.I.*, 4, 1955-56, *Mitteilungen*, p. 61.

Brevísima noticia sobre la ejecución de dos sentencias a muerte en Turquía.

574. **JÄSCHKE, G.**, "Auf dem Wege zur türkischen Republik. Ein Beitrag zur Verfassungsgeschichte der Türkei", *W.I.*, 5, 1957-58, pp. 206-218.

Historia de la Constitución turca. El autor remite a otro artículo suyo en *M.S.O.S.* XLII (1939), pp. 57-80 y a uno de E. Pritsch en *M.S.O.S.* XXVI/XXVII (1924), pp. 164-201, sobre el mismo tema.

575. **JÄSCHKE, G.**, "Intramuranhinrichtung in der Türkei", *W.I.*, 7, 1961, *Mittleilungen*, p. 188.

Noticia sobre ejecuciones de penas de muerte llevadas a cabo en el interior de la cárcel en Turquía (véase G. Jäschke, *W.I.*, 8, 1962-63, p. 204).

576. **JÄSCHKE, G.**, "Der Eid in der türkischen Verfassung", *W.I.*, 8,

1962-63, pp. 16-24.

Acerca del juramento de los diputados y senadores turcos al soberano y a la Constitución, según las sucesivas leyes orgánicas desde la Constitución de Midhat Pascha (13-XII-1876) hasta la Segunda República.

577. **JÄSCHKE, G.**, "Die Rezeption des schweizerischen Zivilrechts und die Türkische Verfassung vom 9. Juli 1961", *W.I.*, 8, 1962-63, *Mitteilungen*, pp. 257-259.

Adopción del Código Civil suizo en la Constitución turca del 9 de julio de 1961, en especial en las leyes relativas al derecho familiar.

578. **JÄSCHKE, G.**, "Ein Fetwa gegen den Bolschewismus von 1920", *W.I.*, 10, 1965-67, *Mitteilungen*, p. 70.

En un telegrama Mustafa Kemal, con fecha de 4 de marzo de 1920, se menciona una fetua contra el bolchevismo que fue emitida con el acuerdo de los ingleses.

579. **JÄSCHKE, G.**, "Neue Registrierung von "Imam-Ehe"", *W.I.*, 10, 1965-67, *Mitteilungen*, p. 206.

Noticia acerca de nuevos registros legales de parejas de hecho, cuya relación se denomina matrimonio de imam, y, consecuentemente, legalización de los hijos habidos de esas relaciones (véase G. Jäscheke, *W.I.*, 4, 1955-56, pp. 164-201).

580. **JÄSCHKE, G.**, "Neuordnung der geistlichen Verwaltung in der Türkei", *W.I.*, 10, 1965-67, pp. 181-192.

Descripción del nuevo orden en la Asamblea religiosa en Turquía. Se traduce la ley nº 633 del 22 de junio de 1965.

581. **JÄSCHKE, G.**, "Vollstreckung der Todesstrafe in der Türkei", *W.I.*, 10, 1965-67, *Mitteilungen*, p. 204.

Breve noticia sobre una nueva ley de 13 de julio de 1965 que imponía algunas limitaciones en la ejecución de la pena de muerte en Turquía (véase G. Jäschke, *W.I.*, 7, 188).

582. **JÄSCHKE, G.**, "I. Die deutsch-türkischen Verträge vom 27. November 1917" y "II. Die deutsch-georgischen Abkommen vom 28. Mai 1918", *W.I.*, 12, 1969, *Urkunden*, pp. 90-96.

El primer apartado incluye una alianza política entre Alemania y Turquía de 1917 y una Alianza secreta firmada entre ambas naciones dos años antes. El segundo apartado incluye el texto de un acuerdo entre Alemania y la República independiente de Georgia, de 1918.

583. **JÄSCHKE, G.**, "Mustafa Kemal und England in neuer Sicht", *W.I.*, 16, 1975, pp. 166-228.

Nueva documentación sobre las relaciones entre Turquía y Gran Bretaña en tiempos de Kemal Atatürk, que aporta una nueva visión de los conflictos entre ambas naciones. Un trabajo interesante para los estudiosos de derecho internacional.

584. **JENNINGS, R.C.**, "The office of *vekil (wakil)* in the 17th century Ottoman *sharia* courts", *S.I.*, 42, 1975, pp. 147-169.

Práctica legal de Kayseri, vista a través del cargo de *vekil* (*wakīl*). Se incluyen tablas estadísticas del número de casos en Kayseri en los que los litigantes fueron representados por *vekil*-s.

585. **JENNINGS, R.C.**, "Kadi, court and legal procedure in 17th c. Ottoman Kayseri", *S.I.*, 48, 1978, pp. 133-172.

Práctica de los tribunales otomanos en Kayseri, con un análisis de diferentes cargos legales como: *qāḍī*, *muḥtasib*, etc.

586. **JENNINGS, R.C.**, "Limitations of the judicial powers of the kadi in 17th century Ottoman Kayseri", *S.I.*, 50, 1979, pp. 151-184.

Estudio de la jerarquía judicial y sus relaciones con las autoridades imperial, provincial y local.

587. **JENNINGS, R.C.**, "Divorce in the Ottoman Sharia Court of Cyprus, 1580-1640", *S.I.*, 78, 1993, pp. 155-168.

Se estudian especialmente casos de *julʻ*, es decir, divorcio a instancias de la mujer.

588. **JERMAKOFF, D.**, "Catalogue of the Arabic manuscripts in the Library of Tartu University", *S.O.*, 67, 1991, pp. 37-49.

Varios manuscritos de contenido jurídico están enumerados y descritos en este catálogo de manuscritos conservados en la Universidad de Tartu (Estonia).

589. **JIMÉNEZ JURADO, M.I. y LÓPEZ ANDRÉS, J.**, "Dos documentos sobre moriscos de Almería: los especieros y una carta de dote", *A.E.A.*, 2, 1991, pp. 227-236.

Documentación procedente del Archivo Histórico Provincial de Almería.

590. **JOHANSEN, B.**, "Eigentum, Familie und Obrigkeit im hanafitischen Strafrecht. Das Verhältnis der privaten Rechte zu den Forderungen der Allgemeinheit in hanafitischen Rechtskommentaren", *W.I.*, 19, 1979, pp. 1-73.

Artículo extenso, rico en documentación y en ideas, sobre propiedad, familia y autoridad en el Derecho Penal *ḥanafī* (B. Johansen cita dos trabajos previos sobre Derecho Penal: J. Krcsmärek en *Z.D.M.G.* 58 (1904), 69-113, 316-60, 539-79; y el libro É. Tyan (Beirut, 1926), que sirven de punto de partida para los estudios de Derecho Penal islámico). El autor se propone investigar los límites entre derecho público y derecho privado, a través de la evolución del concepto de "igualdad" (*mitl/ mitlī*), y analizar los diversos términos usados en derecho *ḥanafī* para la generalidad.

591. **JOHANSEN, B.**, "Die sündige, gesunde Amme. Moral und gesetzliche Bestimmung (*ḥukm*) im islamischen Recht", *W.I.*, 28, 1988, pp. 264-282.

El autor se plantea si la relación existente entre la norma moral y la ley en el derecho islámico es tan estrecha como habían pretendido sus historiadores desde J. Schacht. A través de las discusiones de los juristas ḥanafíes puede verse como la construcción sistemática de normas legales puede llegar a ignorar principios morales o religiosos y, consecuentemente que la "fijación legal" (*ḥukm*) no es siempre idéntica a ética o religión. Toma como ejemplo las discusiones sobre la nodriza adecuada para la educación del niño.

592. **JOHANSEN, B.**, "Le jugement comme preuve religieuse et vérité religieuse dans le Droit Islamique Hanéfite", *S.I.*, 72, 1990, pp. 5-17.

Interesante estudio de las consecuencias que trae consigo la distinción establecida por los juristas ḥanafíes entre lo que está sujeto a la justicia legal (*qaḍā'*) y lo que está sujeto a la ética religiosa (*diyāna*).

593. **JOHANSEN, B.**, "Casuistry: Between Legal Concept and Social Praxis", *I.L.S.*, 2, 1995, pp. 135-56.

La casuística es uno de los más importantes métodos de razonamiento que utilizan los juristas musulmanes. En contra de lo que se ha dicho hasta ahora, el autor piensa que la casuística es un proceso por el cual los juristas intentan responder a los problemas prácticos que surgen a través de los cambios producidos en el seno de la sociedad, de forma que no se trata simplemente de un método teórico de razonamiento.

594. **JUSTEL CALABOZO, B.**, "Legajos árabes de El Escorial: reagrupaciones y varias restituciones a los códices de origen", *C.D.*, 192, 1979, pp. 437-455.

Entre estos legajos hay algunos de interés jurídico.

595. **JUSTEL CALABOZO, B.**, "Nuevo fondo de manuscritos árabes de la Biblioteca Nacional", *R.I.E.E.I.*, 20, 1979-80, pp. 97-143.

Encontramos varios manuscritos de tema jurídico, entre ellos dos comentarios a la *Tuḥfat al-ḥukkām* de Ibn ʿĀṣim y un comentario al *Mujtaṣar* de Jalīl b. Isḥāq. Asimismo, varios libros de *nawāzil*. Se trata de un fondo muy rico en obras de tipo jurídico.

596. **JUSTEL CALABOZO, B.**, "Otro nuevo fondo de manuscritos árabes de la Biblioteca Nacional de Madrid", *Awrāq*, 3, 1980, pp. 52-59.

Los manuscritos 21506 y 21508 son sobre *nawāzil*.

597. **JUSTEL CALABOZO, B.**, "Catalogación del fondo complementario de códices árabes de la Real Biblioteca de El Escorial", *A.Q.*, 2, 1981, pp. 5-49.

Algunos de los manuscritos descritos en este artículo son de derecho.

598. **JUSTEL CALABOZO, B.**, "Los manuscritos árabes cedidos por Tubino a la Universidad de Sevilla", *Awrāq*, 4, 1981, pp. 37-50.

Son de tema jurídico los códices: 332/114 2º y 6º; 332/117 8º; 332/140 1º y 2º.

599. **JUSTEL CALABOZO, B.**, "Catalogación del fondo complementario de códices-legajos árabes de la Real Biblioteca de El

Escorial", *R.I.E.E.I.*, 22, 1983-1984, pp. 259-400.
Contiene catalogados, entre otros, manuscritos de interés jurídico.

600. **JUSTEL CALABOZO, B.**, "Los manuscritos árabes de la Biblioteca de Palacio", *A.Q.*, 11, 1990, pp. 193-225.
Entre ellos hay varios sobre derecho.

601. **JUYNBOLL, G.H.A.**, "The Position of *Qur'ān* Recitation in Early Islam", *J.S.S.*, 19, 1974, pp. 240-51.
Este artículo es la segunda parte del publicado en *J.E.S.H.O.*, 16, 1973, pp. 113-29. Este segundo capítulo trata sobre la situación y reputación social y cultural de los recitadores del Corán en la primera época del Islam.

602. **JUYNBOLL, G.H.A.**, "The 'Ulamā' and Western Scholarship", *I.O.S.*, 10, 1980, pp. 173-181.
Los investigadores occidentales pueden contribuir con sus trabajos a un conocimiento más profundo del mundo islámico. Sin embargo, deben ser tener en cuenta para sus trabajos a los ulemas actuales, por su importancia política y social dentro de los países islámicos. Se analiza, por ejemplo, el impacto de los trabajos de I. Goldziher y J. Schacht en la interpretación de la tradición islámica.

603. **JUYNBOLL, G.H.A.**., "Some notes on Islam's first *fuqahā'* distilled from early *ḥadīṯ* literature", *Arabica*, 39, 1992, pp. 287-314.
De interés, entre otros aspectos, para la polémica sobre los orígenes del *isnād*.

604. **KABRDA, J.**, "Les documents turcs relatifs aux impôts ecclésiastiques prélevés sur la population bulgare au XVIIe siècle", *ArOr*, 23, 1955, pp. 136-137.
Son estudiados los impuestos sobre la población búlgara en el s. XVII a través de documentos turcos, editados y traducidos al francés en el artículo. Se reflejan las relaciones entre la iglesia ortodoxa y el imperio otomano en esta época.

605. **KABRDA, J.**, "Les sources turques relatives a l'histoire de la domination ottomane en Slovaquie", *ArOr*, 24, 1956, pp. 568-580.

Estudio sobre los *kānūn* elaborados por la administración otomana para su aplicación en una zona concreta de Eslovaquia durante el s. XVII. La mayor parte se refieren al pago de la renta feudal y el resto trata de derechos de tránsito y aduana.

606. **KABRDA, J.**, "Les études orientales en Yugoslavie (l'activité de l'Institut Oriental a Sarajevo)", *ArOr*, 25, 1957, pp. 146-155.

En 1950 se fundó el Instituto Oriental en Sarajevo, con el propósito de estudiar la historia de los pueblos yugoslavos bajo la dominación turca. En este artículo se reseñan los orientalistas y artículos más importantes publicados hasta la fecha, entre los que se incluyen las ediciones y traducciones de documentos legales turcos.

607. **KABRDA, J.**, "Les documents turcs relatifs aux droits fiscaux des métropolites orthodoxes en Bulgarie au XVIIIe siècle", *ArOr*, 26, 1958, pp. 59-80.

Edición facsímil y traducción de documentos turcos referidos a los impuestos que gravaban a la población búlgara y recaudada por los metropolitanos de la iglesia ortodoxa en el s. XVIII, durante la aministración otomana.

608. **KADI, W. al-**, "An early *Fāṭimid* political document", *S.I.*, 48, 1978, pp. 71-108.

El cadí al-Nu'mān incluye en su famoso compendio de derecho isma'īlí titulado *Da'ā'im al-Islām*, en el libro dedicado al *ŷihād*, un "testamento político" (*'ahd*), cuyo principal tema es cómo debe comportarse el gobernante durante su gobierno. La autora concluye que se trata de un documento político fāṭimí escrito probablemente por instigación del Mahdī 'Abd Allāh en el Magreb hacia el final del s. III/IX y que constituye la constitución más antigua de los fāṭimíes tras su transformación de movimiento secreto en estado establecido.

609. **KAMPFFMEYER, G.**, "Dokumente des heutigen Islams", *W.I.*[1], 2, 1914, pp. 1-5.

El primer documento expuesto es un sermón pronunciado en Fez el 18 de julio de 1907. El segundo, de carácter jurídico (pp. 4-5), "Das Fatwa über die Absetzung des Sultans Abdulhamid", es una *fatwà* sobre la "destronación" del sultán 'Abd al-Ḥamīd emitida en abril de 1909 por el *šayj* Ülislām Mehmed Zijāeddīn. Se destaca como característica de las *fatwà*-s turcas que no se personalizan, sino que se adscriben a un individuo hipotético, en este caso llamado Zaid. La respuesta es sólo "sí" (*olur*) o "no" (*olmaz*). Véase una *fatwà* marroquí sobre el mismo tema en *D.I.*, 3, p. 68 y ss.

610. **KAMPFFMEYER, G.**, "Kriegsurkunden", *W.I.*[1], 3, 1916, pp. 1-23 [v. la continuación en M. Hartmann].

Entre los partes de guerra se incluyen cinco *fatwà*-s (pp. 1-6), que legitiman la intervención del gobierno turco en la Primera Guerra Mundial. Véase el comentario de M. Hartmann en ese mismo volumen, entre las notificaciones (*Mitteilungen*): "Verlesung der Heiligen Fetwas in den Provinzen" (p. 36).
El apartado número 13, titulado "Fetwas des Schaichul'islam gegen Zaid den Rebellen [Husain Kāmil]", donde se expone la sentencia de este *šayj* en la que condena a la pena máxima a los musulmanes que no combaten por el califato.

611. **KARAHAN, A.**, "Aperçu général sur les *Quarante Hadiths* dans la litterature islamique", *S.I.*, 4, 1955, pp. 39-55.

Panorama sobre los orígenes y evolución de las obras de *arbā'ūn ḥadīṯan*.

612. **KASSIM, A.M.**, "Comparaison du code civil turc avec le code civil suisse", *R.E.I.*, 3, 1929, pp. 457-458.

Comparación de ambos códigos, en lo referente a las deudas y a las obligaciones. Está dentro del apartado CHRONIQUE de esta revista.

613. **KASSIS, H.E.**, "Muslim Revival in Spain in the fifth/eleventh Century", *D.I.*, 67, 1990, pp. 78-110.

El autor considera que los acontecimientos que tuvieron lugar en al-Andalus durante el s. XI y las primeras décadas del XII, especialmente la victoria almorávide, fueron un momento crucial en el cambio de las relaciones entre musulmanes y cristianos en la Península. Esa crisis está marcada por el deseo consciente de los alfaquíes mālikíes de volver a la *sunna*.

614. **KEDDIE, N.R.**, "The roots of the *ulama's* power in modern Iran", *S.I.*, 29, 1969, pp. 31-53.

Se formulan las cuestiones de por qué los ulemas del Irán moderno tienen mucho más poder que los ulemas de otros países del Oriente Medio y de por qué los líderes de una religión oficial y tradicional apoyaron una revolución popular moderna y constitucional en los años 1905 y 1911. El artículo estudia las bases del poder de los ulemas, en especial en el período anterior a la revolución constitucional.

615. **KEPEL, G.**, "L'Egypte aujourd'hui: mouvement islamiste et tradition savante", *A.E.S.C.*, 39, 1984, pp. 667-680.

Sobre el manifiesto titulado *al-Farīḍa al-gā'iba* del grupo islamista que perpetró el asesinato de Sadat. Este movimiento reivindica la supresión por la violencia del régimen establecido y la edificación de un estado musulmán. Es interesante el apoyo doctrinal que buscan en las fetuas de Ibn Taymiyya o *Kitāb al-fatāwà al-kubrà*. Véase también la definición que hacen del *ŷihād* en la p. 669.

616. **KHADR, M.**, "Deux actes de *Waqf* d'un *Qaraḫānide* d'Asie centrale", *J.A.*, 255, 1967, pp. 305-334.

Edición y traducción al francés de dos actas, una de ellas sobre la fundación de una *madrasa* y la otra de fundación de un hospital a mediados del siglo V/XI por Abū Isḥāq b. Ibrāhīm b. Naṣr Tamgāc Bugrā Jān, que es el más famoso de los príncipes de la rama occidental de la dinastía qarahānī. Se pone de relieve la variedad y cantidad de datos que pueden aportar este tipo de documentos, cuyo valor es más alto aún si tenemos en cuenta la escasez de documentos de archivo conservados en determinadas regiones del Islam. Cf. nº 155, art. de C.E. Bosworth.

617. **KHAN, M.D.A.**, "Tarīqah-i-Muhammadīyah movement: an analytical study", *I.S.*, 6, 1967, pp. 375-388.

El movimiento, promovido por Sayyid Aḥmad Šahīd en 1818 desde Delhi, empezó como una campaña de reforma religiosa y pronto asumió la forma de un movimiento socio-político y después apareció como un *ŷihād* contra los Sijs de Panjab, y con muchas semejanzas con el wahhābismo árabe.

- **KHALLĀF**: v. **JALLĀF**

618. **KIEL, M.**, "La diffusion de l'Islam dans les campagnes bulgares à l'époque ottomane (XVe-XIXe s.): colonisation et conversion", *R.E.M.M.M.*, 66, 1992, pp. 39-54.

Utilización de documentación jurídico-administrativa (pago de la capitación) para analizar el proceso de conversión en Bulgaria.

619. **KISTER, M.J.**, ""Rajab is the month of God". A Study in the Persistence of an Early Tradition", *I.O.S.*, 1, 1971, pp. 191-223.

Análisis sobre la licitud y pervivencia de prácticas preislámicas asociadas al mes de raŷab.

620. **KISTER, M.J.**, "*Ḥaddithū 'an banī isrā'īla wa-lā ḥaraŷa.* A

Study of an Early Tradition", *I.O.S.*, 2, 1972, pp. 215-239.

Sobre el problema de la influencia del judaísmo y el cristianismo en el Islam.

621. **KONINGSVELD, P.S. van**, "Andalusian-Arabic Manuscripts from Christian Spain: A Comparative Intercultural Approach", *I.O.S.*, 12, 1992, pp. 75-110.

La expresión "manuscrito andalusí-árabe" se refiere a aquellos *codices* escritos completamente o en parte en lengua árabe y copiados con una variedad de escritura: "andalusí". Estudio exhaustivo, así como enumeración de los manuscritos andalusí-árabes que se crearon o circularon en cualquiera de los reinos de la Península Ibérica bajo dominio cristiano. Entre estos manuscritos los hay de derecho islámico

622. **KONINGSVELD, P.S. van y WIEGERS, G.A.**, "The Islamic statute of the Mudejars in the light of a new source", *A.Q.*, 17, 1996, pp. 19-58.

Análisis de nuevas fetuas relativas a la cuestión de si los musulmanes pueden vivir bajo dominio no musulmán. Se concluye que, a partir del s. XII, existían dos posturas respecto a la permanencia de los musulmanes en la España cristiana: a) una postura pragmática de aceptación de esa permanencia; b) una postura de rechazo que consideraba obligatoria la emigración.

623. **KRAEMER, J.L.**, "Apostates, Rebels and Brigands", *I.O.S.*, 10, 1980, pp. 34-73.

Sobre los medios utilizados por las autoridades musulmanas para combatir a sus enemigos internos: apóstatas, rebeldes y bandidos. Estudio exhaustivo del significado de cada uno de estos casos en las distintas escuelas jurídicas.

624. **KRAEMER, J.L.**, "The Andalusian Mystic Ibn Hūd and the Conversion of the Jews", *I.O.S.*, 12, 1992, pp. 59-73.

Sobre la conversión de judíos al Islam a través del sufismo y centrándose en el círculo de Damasco del maestro sufí de origen andalusí Abū ʻAlī b. Hūd (m. 699/1300).

625. **KRAWIETZ, B.**, "Zum Verhältnis von Sprache, Recht und Theologie in der islamischen Rechtstheorie von Sayf al-Din al-Āmidi", *D.I.*, 72, 1995, pp. 137-147.

Larga y minuciosa reseña de la obra de B.G. Weiss, *The Search for God's Law. Islamic Jurisprudence in the Writings of Sayf al-Dīn al-Āmidi* (Salt Lake City, 1992), un estudio acerca del contenido jurídico de la obra del teólogo aš'arī Sayf al-Dīn al-Āmidi, muerto en 631/1233.

626. **KRÜGER, H.**, "Some Questions of the Law of Arab Countries in German Courts", *W.I.*, 18, 1977-78, pp. 41-48.

Sobre el Derecho Internacional Privado en Alemania y los conflictos producidos por la aplicación de leyes de países árabes en los tribunales alemanes. En la primera parte, el autor ofrece algunas causas de la aplicación de estas leyes, entre otras, que las cuestiones de Derecho Privado y Familiar el Derecho alemán tiene en cuenta, al contrario que en otros países, el Derecho de la nacionalidad de la persona afectada. En la segunda parte, Krüger muestra algunos ejemplos de estos conflictos legales: dos casos relativos al derecho matrimonial y dos casos acerca del reconocimiento legal de un parentesco y de la custodia de un menor.

627. **LABARTA, A.**, "Inventario de los documentos árabes contenidos en procesos inquisitoriales contra moriscos valencianos conservados en el Archivo Histórico Nacional de Madrid (Legajos 548-556)", *A.Q.*, 1, 1980, pp. 115-164.

Los documentos estudiados son de contenido religioso, supersticioso, comercial, cartas de dote, recetas médicas, documentos literarios, abecedarios, etc.

628. **LABARTA, A.**, "Contratos matrimoniales entre moriscos valencianos", *A.Q.*, 4, 1983, pp. 57-87.

La autora estudia la estructura de cuatro documentos, analizando su contenido y su lengua. Se incluye la transcripción y traducción de cada uno de los contratos que son de interés para la historia jurídica, y para conocer mejor la comunidad morisca valenciana.

629. **LACINA, K.**, "The Influence of the 1973 October War on the Oil Policy of the Arab Countries", *ArOr*, 46, 1978, pp. 1-17

La Guerra de 1973 contra Israel supuso la adopción de una serie de medidas políticas y económicas por parte de los países árabes productores de petróleo, especialmente la nacionalización de la producción del petróleo que, hasta ese momento, había estado en manos extranjeras.

630. **LAGARDE, M.**, "Position de Faḫr al-Dīn sur le mariage et la vie consacrée", *I.Ch.*, 15, 1989, pp. 11-23.

Fajr al-dīn al-Razī sostiene en su comentario coránico, contrariamente a la opinión del Islam sunní, que la virginidad consagrada es mejor que el matrimonio, opinión que atribuye a al-Šāfi'ī.

631. **LAGARDÈRE, V.**, "Abū-l-Walīd b. Rušd *qāḍī al-quḍāt* de Cordoue", *R.E.I.*, 54, 1986, pp. 203-226.

Estudio de la vida y obra de este cadí, el abuelo de Averroes. Numerosas referencias al *Mi'yār* de al-Wanšarīsī, en el que han quedado recogidas numerosas sentencias y fetuas suyas.

632. **LAGARDÈRE, V.**, "La haute judicature à l'époque almoravide en al-Andalus", *A.Q.*, 7, 1986, pp. 135-228.

Estudio sobre las atribuciones y funciones del cadí en época almorávide, y análisis del carácter religioso y político de esas funciones. Todo ello ejemplificado a través de fetuas y de la trayectoria de determinados cadíes, como Abū Bakr b. al-'Arabī.

633. **LAGARDÈRE, V.**, "Communautés mozarabes et pouvoir almoravide en 519H/1125 en Andalus", *S.I.*, 67, 1988, pp. 99-119.

Interesante para el estudio del estatus jurídico de los ḏimmíes en al-Andalus en época almorávide.

634. **LAGARDÈRE, V.**, "Droits des eaux et des installations hydrauliques au Maghreb et en al-Andalus au XIe et XIIème siècles dans le *Mi'yār* d'Al-Wanšarīsī", *C.T.*, 37, 1988, pp. 83-124.

V. Lagardère se propone completar la información teórica contenida en la obra de al-Māwardī, con un análisis de fetuas, en las que varios juristas medievales tratan casos prácticos y reales. Se tienen en cuenta obras de otro tipo como las crónicas históricas, geográficas y los tratados de agronomía. Se describen las técnicas hidraúlicas y métodos y contratos de irrigación de cultivos, tal como aparecen en el *Mi'yār*.

635. **LAGARDÈRE, V.**, "Murier et culture de la soie en Andalus au Moyen Age (Xe-XIVe siècles)", *M.C.V.*, 1990, 26(1), pp. 97-111.

El autor utiliza como siempre material del *Mi'yār* de al-Wanšarīsī.

636. **LAGARDÈRE, V.**, "La vie sociale et économique de l'Espagne

musulmane aux XI-XIIe siècles à travers les *fatwā*/s du *Mi'yār* d'al-Wanšarīšī", *M.C.V.*, 1990, 26(1), pp. 197-236.

Pierre Guichard hace una introducción a este artículo (pp. 197-202). Consiste en la traducción-resumen de una serie de fetuas del *Mi'yār* tocando los temas de poder y sociedad tributaria, vida familiar, estructuras de poblamiento y organización territorial de los campos y de la ciudad y sus alrededores.

637. **LAGARDÈRE, V.**, "Moulins d'Occident musulman au Moyen Age (IXe au XVe siècles): al-Andalus", *A.Q.*, 12, 1991, pp. 59-118.

Estudio del desarrollo y la localización geográfica de los molinos en al-Andalus, así como un análisis jurídico de cuestiones relacionadas con ellos: contratos, derecho de propiedad, derecho a la utilización de agua, etc. El material está sacado de las fetuas de Abū l-Walīd b. Rušd y de al-Wanšarīsī.

638. **LAGARDÈRE, V.**, "Culture et industrie du lin en al-Andalus au Moyen Age (VIIIe-XVe s.)", *S.I.*, 74, 1991, pp. 143-166.

Gran parte del material utilizado proviene de colecciones de fetuas, especialmente el *Mi'yār* de al-Wanšarīsī.

639. **LAGARDÈRE, V.**, "Structures étatiques et communautés rurales: les impositions légales et illégales en al-Andalus et au Maghreb (XIe-XVe)", *S.I.*, 80, 1994, pp. 57-96.

Análisis de fetuas del *Mi'yār* de al-Wanšarīsī relativas a los impuestos.

640. **LAGARDÈRE, V.**, "Une théologie dogmatique de la frontière en al-Andalus aux XIe et XIIe siècles: l'aš'arisme", *A.E.A.*, 5, 1994, pp. 71-98.

Se analiza una fetua de Ibn Rušd sobre la licitud del aš'arismo.

641. **LAGARDÈRE, V.**, "Agriculture et irrigation dans le district (*iqlīm*) de Vélez-Málaga. Droit des eaux et appareils hydrauliques", *C.C.M.*, 35, 1995, pp. 213-225.

El material está extraído de las compilaciones de fetuas de Ibn Rušd y al-Wanšarīsī.

642. **LAGARDÈRE, V.**, "Terres comunes et droits d'usage en al-Analus

(Xe-XVe siècles)", *R.E.M.M.M.*, 79-80, 1996, pp. 43-54.
Análisis de fetuas andalusíes sobre las tierras comunes (*mušāraka*).

643. **LAMBTON, A.K.S.**, "Justice in the medieval Persian theory of kingship", *S.I.*, 17, 1962, pp. 91-119.
Artículo muy relacionado con el de *S.I.*, 68, 1988.

644. **LAMBTON, A.K.S.**, "A reconsideration of the position of the *Marja' al-taqlīd* and the religious institution", *S.I.*, 20, 1964, pp. 115-135.
Papel político de los ulemas en Irán a lo largo de su historia.

645. **LAMBTON, A.K.S.**, "Mongol fiscal administration in Persia", *S.I.*, 64, 1986, pp. 79-99; 65, 1987, pp. 97-123.
La conquista mongol produjo una nueva relación entre la población sedentaria y la nómada. El estudio de las regiones de Kirmān y Fārs ilustra las dificultades a las que tuvieron que hacer frente los iljānes para establecer una administración fiscal efectiva.

646. **LAMBTON, A.K.S.**, "Changing concepts of justice and injustice from the 5th/11th century to the 8th/14th century in Persia: the *Saljuq* empire and the ilkhanate", *S.I.*, 68, 1988, pp. 27-60.
Se estudian los significados del concepto de justicia desde el punto de vista religioso, jurídico y político.

647. **LAMMENS, P.H.**, "ᶜAbderraḥman Ibn Halid et les Chrétiens de Ḥoms", *M.U.S.J.*, 1, 1906, pp. 3-14.
Se trata el tema del respeto por parte de los musulmanes del estatuto de los cristianos que viven en su territorio y el problema de la sucesión al poder en los primeros tiempos del Islam.

648. **LAMMENS, P.H.**, "Le parti des *ᶜOṯmaniyya* et des *Moᶜtazila*", *M.U.S.J.*, 2, 1907, PP. 1-17.
Artículo que resulta ilustrativo para la historia del nacimiento y formación de la *šīᶜa*. Se habla asimismo de cuestiones como la actitud de igualdad ante Dios de todos los

musulmanes dentro de la mezquita, la resistencia a la construcción en ellas de maqṣūras como quiebra de aquel principio, la elaboración en tiempos de Muᶜāwiya de un sistema de derecho inmobiliario y del papel jugado por el *ᶜurf* en dicho proceso, la organización militar llevada a cabo en época del mismo califa y el ejército como instrumento para llevar a cabo el *ŷihād* o guerra santa.

649. **LAMMENS, P.H.**, "La Jeunesse du Calife Yazid Ier", *M.U.S.J.*, 3, 1908-1909, PP. 19-189.

Contiene datos interesantes sobre la situación y los derechos de la mujer en el primer siglo del Islam, la actitud de los juristas musulmanes ante la música, el matrimonio en la Meca y el consumo de vino durante su celebración y el estatus jurídico de la minoría cristiana.

650. **LAMMENS, P.H.**, "La Mecque a la veille de l'Hégire", *M.U.S.J.*, 9, 1923-1924, pp 97-439.

En las pp. 212-230 y 231-249 se aborda el tema del sistema financiero y de crédito en los primeros tiempos del Islam. Resulta muy interesante respecto a la posición del Islam frente a la usura o *riba* y su relación con el desarrollo económico en territorio musulmán.

651. **LAMMENS, P.H.**, "Les sanctuaires préislamites dans l'Arabie occidental", *M.U.S.J.*, 11, 1926, pp. 37-173.

Sobre las primeras mezquitas, la regulación de las oraciones en ellas, el establecimiento de la peregrinación y algunas celebraciones religiosas, según Lammens, de origen pagano, como raŷab.

652. "Le père Henri Lammens, S.J. (1862-1937). Notice et bibliographie", *M.U.S.J.*, 21, 1937-1938, pp. 335-355.

H. Lammens dedicó muchas de sus numerosas publicaciones a la *sīra* o biografía del Profeta como fuente. En la bibliografía podemos encontrar títulos relacionados con el Islam como religión y como sistema de gobierno. De especial interés son *L'Islam, croyances et institutions*, Beirut, 1926 y "Les 'ḥial' échappatoires, dans le droit musulman", artículo publicado en *Al-Mašriq*, 29, 1931, pp. 641-646.

653. **LAMOURETTE, Ch.**, "Polémique autour du statut de la femme musulmane en Tunisie en 1930", *B.E.O.*, 30, 1978, pp. 11-31.

Este artículo, favorable a la emancipación de la mujer tunecina, se basa en el estudio sobre la mujer musulmana en Túnez de Ṭāhir al-Ḥaddād.

654. **LANDAU, J.M.**, "Hebrew Sources for the Socio Economic History of the Ottoman Empire", *D.I.*, 54, 1977, pp. 205-212.

Hace hincapié en el interés de las fuentes procedentes de las minorías étnicas, en este caso los judíos, para el estudio del Imperio Otomano. El autor toma como ejemplo del interés histórico de estos textos, cuyo contenido es muy variado, las numerosas colecciones conservadas de respuestas de los rabinos a diversas cuestiones legales (*teshubot*).

655. **LAOUST, H.**, "Une *Risâla* de Ibn Taimīya sur le serment de répudiation", *B.E.O.*, 7-8, 1937-38, pp. 215-236.

Traducción y estudio de la *Risālat al-iŷtimā' wa-l-iftirāq fī l-ḥilf bi-l-ṭalāq*. Importancia en la vida de Ibn Taymiyya de la crítica a la doctrina del repudio y de las soluciones que eran tradicionalmente propuestas por la escuela šāfi'í. En la *Risāla* se ofrece un cierto número de opiniones divergentes sobre el repudio, entre ellas las de Ibn Ḥazm.

656. **LAOUST, H.**, "Le hanbalisme sous le califat de Bagdad (241/855-656/1258)", *R.E.I.*, 27, 1959, pp. 67-128.

Se trata de un estudio pionero que traza las etapas principales de la historia de la escuela jurídica ḥanbalí desde sus orígenes hasta el siglo VII/XIII.

657. **LAOUST, H.**, "Le hanbalisme sous les Mamlouks Bahrides (658-784/1260-1382)", *R.E.I.*, 28, 1960, pp. 1-71.

Continuación del estudio de *R.E.I.*, 27, 1959, que trata un periodo en el que sobresale la figura de Ibn Taymiyya.

658. **LAOUST, H.**,. "Le reformisme d'Ibn Taymiya", *I.S.*, 1, 3, 1962, pp. 27-27

Estudio del movimiento reformista de Ibn Taymiyya -que condujo a una ética comunitaria y solidaria, preocupada por la cohesión de la comunidad de creyentes y por la garantía de los derechos de los individuos pertenecientes a ella- y de su influencia en el wahhabismo y en los reformadores conservadores que surgieron alrededor de las figuras de Ŷamāl al-Dīn al-Afgānī y de M. ʿAbduh.

659. **LAOUST, H.**, "Gazālī politique et juriste", *M.U.S.J.*, 46, 1970-71, pp. 427-449.

Estudio sobre las dimensiones políticas de la vida de al-Gazālī a partir del análisis de su autobiografía *al-Munqid* y de la definición y de los comentarios que el propio Gazālī hace del concepto de política (*siyāsa*) en el *Iḥyā' ᶜulūm al-dīn*. Su faceta como jurista es examinada a través de sus fetuas y otras composiciones de tipo jurídico como su recensión del *Mujtaṣar al-Muzanī* (m. 264/877), el *Basīṭ*, el *Wasīṭ* y el *Mustaṣfā*, obra esta última sobre *uṣūl al-fiqh* en la que al-Gazalī se ocupa de conceptos como *iŷmāᶜ*, *istiṣḥāb*, *istiḥsān*, *istiṣlāḥ*, *qiyās*, *iŷtihād*, etc.

660. **LAOUST, H.**, "Comment définir le sunnisme et le chiisme", *R.E.I.*, 47, 1979, pp. 3-17.

El artículo es el texto de una conferencia dada en la Fundación para el Desarrollo de la Cultura Arabe (FONDECA), en el que se define el sunnismo, el šiʿīsmo y las características de cada uno, intentando ver cuáles son los parecidos, las diferencias y sus relaciones, y estudiando naturalmente lo relativo al derecho.

661. **LAOUST, H.**, "Ibn Taymiyya. Traité sur la *Ḥisba*", *R.E.I.*, 52, 1984, pp. 17-114. (edición del texto árabe, pp. 1-93)

Es la edición, traducción e índice del tratado de *ḥisba* de Ibn Taymiyya titulado *al-Ḥisba fī l-Islām aw waẓīfa al-ḥukamā' al-islāmiyya*. Una introducción de D. Sourdel acompaña la publicación póstuma de este trabajo de Laoust.

662. **LAPIDUS, I.M.**, "The Conversion of Egypt to Islam", *I.O.S.*, 2, 1972, pp. 248-262.

Análisis del proceso de conversión al Islam en Egipto y las consecuencias de esta nueva situación social en la iglesia copta.

663. **LAPIEDRA GUTIÉRREZ, E.**, "Los mártires de Córdoba y la política anticristiana contemporánea en Oriente", **A.Q.**, 15, 1994, pp. 453-464.

Política de al-Mutawakkil en Bagdad hacia los cristianos en el s. III/IX y sus relaciones con el movimiento de los mártires cordobeses.

664. **LASSNER, J.**, "Provincial administration under the early ʿAbbāsids: Abū Jaʿfar al-Manṣūr and the governors of the *Ḥaramayn*", *S.I.*, 49, 1979, pp. 39-54.

Estudio de la administración provincial bajo Abū Ŷaʿfar al-Manṣūr, dentro de la formación del temprano gobierno ʿabbāsí.

665. **LASSNER, J.**, "Provincial administration under the early 'Abbāsids. The ruling family and the *amṣār* of Iraq", *S.I.*, 50, 1979, pp. 21-35.

Siguiendo la línea de su artículo anterior, analiza la estructura militar del gobierno 'abbāsí.

666. **LATHAM, J.D.**, "Observations on the text and translation of al-Jarsīfī's treatise on «*ḥisba*»", *J.S.S.*, 5, 1960, pp. 124-43.

Crítica de ciertas inexactitudes de la traducción anotada del tratado de *ḥisba* de al-Garsīfī realizada por G. M. Wickens (titulada "Al-Jarsīfī on the *ḥisba*", *Islamic Quarterly*, 3, 1956, 176-87).

667. **LATHAM, J.D.**, "The interpretation of a passage on scales (*mawāzin*) in an Andalusian *ḥisba* manual", *J.S.S.*, 23, 1978, pp. 283-90.

Revisión de uno de los capítulos de la traducción de P. Chalmeta del tratado de *ḥisba* de al-Saqaṭī ("El *Kitāb fī ādāb al-ḥisba* (Libro del buen gobierno del zoco)", *Al-Andalus*, 32, 1967, pp. 125-62, 359-97 y 33, 1968, pp. 143-95, 367-434), prestando especial atención a algunos términos técnicos con los que el traductor no parecía estar demasiado familiarizado.

668. **LAYISH, A.**, "The Druze testamentary Waqf", *S.I.*, 71, 1990, pp. 127-154.

Repaso de las fuentes de la ley religiosa drusa y del funcionamiento de la administración del *waqf*. Se hacen comparaciones con la institución musulmana.

669. **LAYISH, A.**, "Bequests as an Instrument for Accommodating Inheritance Rules: Israel as a Case Study", *I.L.S.*, 2, 1995, pp. 282-319.

Desde 1965, los musulmanes israelíes tienen la posibilidad legal de testar en uno solo de sus descendientes, lo que ha reemplazado a los *waqfs* familiares, que hasta entonces constituían el instrumento fundamental por el cual se evitaba la aplicación de las leyes islámicas hereditarias. Esta nueva legislación, según el autor, es en cierto modo, una victoria de las costumbres locales sobre la propia *šarī'a*. Analizando los casos presentados en los tribunales islámicos en Israel, el autor concluye que estos legados efectivamente tienen la intención de evitar la fragmentación del patrimonio. Además, se trata de preservar las propiedades del difunto tan completas como sea posible de forma que sean económicamente suficientes. Asimismo, se evita el traspasar la propiedad a las mujeres de la familia, aunque se les entregan concesiones que aseguren su bienestar económico.

670. **LAYISH, A.**, "*Sharī'a* and Tribal Custom in Libya: Was Tajdīda Married to Two Husbands?", *ArOr*, 63, 1995, pp. 488-503.

Análisis de un caso acaecido en los años '50 en Ajdābiya (Libia) en el que una mujer fue acusada de casarse con otro hombre estando comprometida con un tercero. Se incluye el texto árabe y la traducción del documento del caso, llevado a la corte de *šarī'a* local. Se atestigua la prevalencia de prácticas consuetudinarias en temas de matrimonio y dote y la determinación del cadí de imponer las normas de la *šarī'a*

671. **LAZARUS-YAFEH, H.**, "Some notes on the term "taqlīd" in the writings of al-Ghazzālī", *I.O.S.*, 1, 1971, pp. 249-256.

Aunque la utilización del término *taqlīd* por parte de al-Gazālī lo encontramos en textos de tipo teológico, en algunos casos, tiene relación con el ámbito jurídico.

672. **LAZARUS-YAFEH, H.**, "Three Remarks on Islam and Western Political Values: An Attempt to Re-evaluate the Modernist Movement in Islam", *I.O.S.*, 10, 1980, pp. 187-194.

¿Es posible adaptar los valores occidentales actuales al mundo islámico?, ¿cuál es la realidad del movimiento modernista existente en los países islámicos?

673. **LAZCANO, J.**, "La oración y el ayuno de los moros", *C.D.*, 34, 1894, pp. 506-516.

Tras un intento, bastante poco afortunado, de introducir al lector en el conocimiento de las escuelas ortodoxas y heterodoxas islámicas, y con unos comentarios llenos de prejuicios, describe el proceso ritual de la oración y, en la misma línea, opina sobre el ayuno.

674. **LECKER, M.**, "Biographical Notes on Ibn Shihāb al-Zuhrī", *J.S.S.*, 41, 1, 1996, pp. 21-63.

Ibn Šihāb al-Zuhrī (m.124/742) fue una de las más importantes figuras de la Tradición islámica. En las tres primeras partes de este artículo se discuten algunos detalles de la biografía de al-Zuhrī, mientras que las otras tres tratan cuestiones relativas a sus propiedades desde el punto de vista geográfico.

675. **LECOMTE, G.**, "Le livre des *Règles de conduite de Maïtres d'Ecole* par Ibn Saḥnūn", *R.E.I.*, 21, 1953, pp. 77-105.

El artículo consiste en un comentario y una traducción de esta obra del hijo del autor de la *Mudawwana*. Relata los métodos de enseñanza de los *kuttāb* del Norte de África que casi no han variado después de once siglos.

676. **LECOMTE, G.**, "Le problème d'Abū 'Ubayd. Réflexions sur les "erreurs" que lui attribue Ibn Qutayba", *Arabica*, 12, 1965, pp. 140-174.

Análisis de la obra *Iṣlāḥ galaṭ Abī 'Ubayd fī Garīb al-ḥadīṯ* y su relación con problemas jurídicos y teológicos.

677. **LECOMTE, G.**, "Un exemple d'évolution de la controverse en Islam: de l'*Iḫtilāf al-ḥadīṯ* d'al-Šāfi'ī au *Muḫtalif al-ḥadīṯ* d'Ibn Qutayba", *S.I.*, 27, 1967, pp. 5-40.

A pesar de la analogía de contenido que parecen tener ambas obras y a pesar de que ambos autores vivan en la misma época, la óptica desde la que abordan el estudio de las discrepancias en la tradición profética es radicalmente distinta.

678. **LECOMTE, G.**, "Le *Kitāb Iṣlāḥ al-Galaṭ* d'Ibn Qutayba", *M.U.S.J.*, 44, 1968, pp. 155-236.

Edición con índice onomástico, de versos y de términos del texto árabe relativo a la ciencia coránica y al hadiz titulado *Kitāb iṣlāḥ al-galaṭ li Abī ᶜUbayd fī garīb al-ḥadīṯ*; en él, su autor, Abū Muḥammad ᶜAbd Allāh b. Muslim Ibn Qutayba al-Dīnawarī (m. 276/889), intenta resolver algunos errores que cometió Abū ᶜUbayd en su obra *Kitāb garīb al-ḥadīṯ*, para facilitar la lectura de este último libro. La edición está basada en dos manuscritos; uno que data de 601/1205, conservado en La Biblioteca Aya Sofia en Estambul, nº 457, folios 22a-54b y otro posterior, de 639/1241, y descubierto en la Biblioteca Ẓāhiriyya, nº 7899, folios 51a-58a.

679. **LEEMHUIS, F.**, "Epouser un djinn? Passé et présent", *Q.S.A.*, 11, 1993, pp. 179-192.

Análisis de cuestiones jurídicas relativas a los *ŷinn*-s, a partir del material contenido en la obra de Badr al-dīn al-Šiblī, *Kitāb ākām al-marŷān fī aḥkām al-ŷānn*.

680. **LEISER, G.**, "*Ḥanbalism* in Egypt before the Mamlūks", *S.I.*, 54, 1981, pp. 155-181.

Este estudio sobre la escuela ḥanbalí en Egipto antes de los mamelucos intenta colmar la laguna al respecto existente en los estudios de H. Laoust sobre ḥanbalismo en el mundo islámico.

681. **LEV, Y.**, "The Fāṭimid conquest of Egypt -military, political and social aspects", *I.O.S.*, 9, 1979, pp. 315-328.

Tras hacer un análisis de la historiografía de la época, examina el impacto de la conquista fāṭimí de Egipto (s. X) sobre dos grupos sociales: *ašrāf* (descendientes de Ḥasan y Ḥusayn) y *ḏimmíes*.

682. **LEV, Y.**, "The Faṭimid vizier Ya'qūb ibn Killis and the Beginning of the Fāṭimid Administration in Egypt", *D.I.*, 58, 1981, pp. 237-249.

La historia de la administración fāṭimí bajo los gobiernos de al-Mu'izz y al-'Azīz esta estrechamente relacionada con las vicisitudes personales del visir Ibn Killis. Este ministro tomó parte activa en la vida religiosa y, entre otras cosas, redactó una obra que coleccionaba los dictados de los dos califas. Algunos de sus biógrafos afirman que esa obra fue muy utilizada por los alfaquíes como una fuente de opiniones legales; otros, que fue despreciada por ellos.

683. **LEVI DELLA VIDA, G.**, "Eugenio Griffini", *R.S.O.*, 10, 1923-25, pp. 726-30.

Necrológica.

684. **LEVI DELLA VIDA, G.**, "Necrologica David Santillana", *R.S.O.*, 12, 1929-30, pp. 453-461.

D. Santillana es el autor del importante estudio *Istituzioni di Diritto Musulmano Malichita*.

685. **LEVI-PROVENÇAL, E.**, "Le malikisme andalou et les apports doctrinaux de l'Orient", *R.I.E.E.I.*, 1, 1953, pp. 156-171.

Estudio del proceso de recepción y formación de la escuela mālikí en al-Andalus, la introducción de las escuelas šāfi'í y ẓāhirí y los ensayos de propaganda mu'tazilí.

686. "E. Lévi-Provençal 1894-1956", *C.T.*, 4, 1956, pp. 7-15.

Nota necrológica con una lista completa de sus publicaciones, muchas de las cuales, como es bien conocido, tienen interés para el estudio del derecho islámico.

687. **LEWIS, B.**, "Some observations on the significance of heresy in the history of Islam", *S.I.*, 1, 1953, pp. 43-63.

Análisis de los diversos términos utilizados para designar en el Islam conceptos similares al de herejía en el Cristianismo.

688. **LEWIS, B.**, "Ottoman land tenure and taxation in Syria", *S.I.*, 50, 1979, pp. 109-124.

Este estudio acerca de la posesión de la tierra y los impuestos en Siria en época otomana, va acompañado de una introducción general sobre el tema.

689. **LEWIS, B.**, "L'Islam et les non musulmans", *A.E.S.C.*, 35, 1980, pp. 784-800.

Panorámica sobre el estatuto jurídico de los ḏimmíes y su situación en los países musulmanes.

690. **LIBRANDE, L.T.**, "The need to know: al-Ājurrī's *Kitāb farḍ ṭalab al-'ilm*", *B.E.O.*, 45, 1993, pp. 89-158.

De interés, entre otros aspectos, para la relación entre conocimiento religioso y acción.

691. **LIBSON, G.**, "Islamic influence on Medieval Jewish Law? *Sefer Ha'arevuth* («Book of Surety») of Rav Shmuel Ben Hofni Gaon and its relationship to Islamic Law", *S.I.*, 73, 1991, pp. 5-23.

El autor concluye que la obra jurídica judía estudiada muestra paralelismos con los escritos legales islámicos en estructura, lenguaje y contenido. Sin embargo, señala la necesidad de nuevos estudios antes de alcanzar conclusiones definitivas respecto de la influencia islámica en la literatura jurídica judía medieval.

692. **LINANT de BELLEFONDS, Y.**, "Un problème de sociologie juridique. Les terres "communes" en pays d'Islam", *S.I.*, 10, 1959, pp. 111-136.

Las tierras que carecen de propietario y sobre las que se ejerce el derecho de uso por parte de los habitantes de una localidad próxima, suelen ser denominadas por los alfaquíes *muštaraka*. El autor intenta descubrir las características de esta institución en el Islam.

693. **LINANT de BELLEFONDS, Y.**, "Le code du statut personnel irakien du 30 décembre 1959", *S.I.*, 13, 1960, pp. 79-135.

Descripción del estatuto comparándolo con el de Siria, Túnez, Marruecos y con las opiniones de las diferentes escuelas, incluyendo la ẓāhirí de Ibn Ḥazm.

694. **LINANT de BELLEFONDS, Y.**, "Le *ḫul'* sans compensation en droit ḥanafite", *S.I.*, 31, 1970, pp. 185-195.

El *jul'*, separación definitiva mediante una compensación pagada por la mujer, es una de las cuestiones más controvertidas en derecho ḥanafí. Se nos ofrecen las diversas opiniones al respecto.

695. **LIROLA DELGADO, J.**, "Modalidades del contrato de fletamiento de embarcaciones en al-Andalus", *M.E.A.H.*, 38, 1989-1990, pp. 87-100.

Se analizan diversos contratos extraídos de formularios notariales andalusíes, editándose y traduciéndose los correspondientes al tratado de al-Buntī (m. 462/1070).

696. **LITTLE. D.P.**, "The Significance of the Ḥaram Documents for the Study of Medieval Islamic History", *D.I.*, 57, 1980, pp. 189-219.

Descripción del contenido de la colección de documentos hallados en el Museo Islámico de la Mezquita de la Roca de Jerusalén en 1978. La mayoría de los manuscritos son textos de carácter jurídico.

697. **LITTLE, D.P.**, "*Ḥaram* Documents Related to the Jews of Late Fourteenth Century Jerusalem", *J.S.S.*, 30, 1985, pp. 227-64.

Se presentan unos documentos del tribunal šāfi'ī en Jerusalén en la última década del siglo XIV descubiertos en al-Ḥaram al-Šarīf. Estos documentos tienen una gran importancia, ya que existía un vacío de fuentes árabes relativas a la comunidad judía de Jerusalén en esta época, vacío que se ve salvado gracias a este *corpus* documental. El autor edita, traduce y comenta tres de esos documentos.

698. **LITTLE. D.P. y TURGAY, A.Ü.**, "Documents from the Ottoman Period in the Khālidī Library in Jerusalem", *W.I.*, 20, 1980, pp. 44-72.

Los autores hacen una valoración de la biblioteca Khālidī de Jerusalén y llevan a cabo una lista descriptiva de su contenido. Entre los seis documentos que contiene hay muchos de *fiqh* (véase U. Haarmann, *D.I.*, 61, 1984).

699. **LIVINGSTON, J.W.**, "Shaykh Bakrī and Bonaparte", *S.I.*, 80, 1994, pp. 125-144.

La colaboración de los ulemas egipcios con Bonaparte a través de la figura de Jalīl al-Bakrī.

700. **LÓPEZ ORTIZ, J.**, "Formularios notariales de la España musulmana", *C.D.*, 145, 1926, pp. 260-272.

Es un estudio pionero, que ha sido continuado por S. Vila, P. Chalmeta, F.J. Aguirre Sádaba y P. Cano entre otros. Tras una introducción al derecho islámico, describe las disciplinas en las que se debe formar el notario y enumera los formularios notariales escritos en al-Andalus.

701. **LÓPEZ ORTIZ, J.**, "Algunos capítulos del Formulario Notarial de Abensalmūn de Granada", *A.H.D.E.*, 4, 1927, pp. 319-375.

Comienza el artículo con una introducción a los formularios notariales, su origen y su contenido. Los capítulos traducidos están tomados de la obra de Abū Muḥammad Ibn Salmūn al-Kinānī, titulada *Kitāb al-'aqd al-munaẓẓam li-l-ḥukkām*, de la edición de El Cairo (1885) y traduce las partes dedicadas al matrimonio.

702. **LÓPEZ ORTIZ, J.**, "La curia hispano-musulmana", *R.C.*, 6, 1929, pp. 66-81.

Apunta brevemente las semejanzas entre juristas musulmanes, judíos, romanos y persas. Se centra en la figura del alfaquí, en las cualidades que debe reunir, en las diferentes categorías y en las condiciones exigidas para actuar como jurisconsulto. Cf. el artículo de López Riocerezo.

703. **LÓPEZ ORTIZ, J.**, "El clero musulmán", *R.C.*, 6, 1929, pp. 198-206.

Estudio relacionado con el anterior y posterior.

704. **LÓPEZ ORTIZ, J.**, "Los jurisconsultos en la curia musulmana", *R.C.*, 6, 1929, pp. 399-408.

Estudio del alfaquí "en acción" a partir del material suministrado por los diccionarios bibliográficos.

705. **LÓPEZ ORTIZ, J.**, "El derecho musulmán en la investigación alemana de la postguerra", *R.C.*, 10, 1930, pp. 412-424.

Es un estudio crítico bibliográfico de la producción científica alemana en el campo del derecho musulmán, escogiendo a diversos autores y señalando cuál era su especialidad. Francia, Italia, Holanda y España están incluídas, pero sin profundizar.

706. **LÓPEZ ORTIZ, J.**, "La recepción de la escuela malequí en España", *A.H.D.E.*, 7, 1930, pp. 1-167.

Estudio no superado hasta el momento sobre el proceso de introducción de las doctrinas de Mālik b. Anas y sus discípulos en al-Andalus. A pesar de ser una obra valiosa que muestra el alto nivel alcanzado en España antes de la guerra civil en los estudios sobre derecho islámico, hay que tener en cuenta que desde la fecha de su publicación han aparecido nuevas fuentes y se han llevado a cabo nuevos estudios que completan, matizan y corrigen lo expuesto por López Ortiz.

707. **LÓPEZ ORTIZ, J.**, "Figuras de jurisconsultos hispano-musulmanes: Yaḥyà b. Yaḥyà", *R.C.*, 16, 1931, pp. 94-104.

La relevancia de este personaje es debida a que fue el transmisor de la recensión más difundida del *Muwaṭṭa'* de Mālik b. Anas. El estudio de su biografía muestra la importancia de su figura no sólo desde el punto de vista intelectual, sino también en la vida política y social de la primera mitad del s. III/IX.

708. **LÓPEZ ORTIZ, J.**, "Figuras de jurisconsultos hispano-musulmanes: Abenhabib", *R.C.*, 17, 1932, pp. 186-198.

Estudio biobibliográfico del personaje, haciendo hincapié en su calidad de polígrafo, en el renombre científico que adquirió y la frecuencia con que son citadas sus obras jurídicas, destacando su comentario al *Muwaṭṭa'* y su *Wāḍiḥa*. Existe sobre este personaje un estudio reciente y, por tanto, más completo que el de López Ortiz, de J. Aguadé en su edición de la obra de Ibn Ḥabīb *al-Ta'rīj*, Madrid, (1991), pp. 15-75.

709. **LÓPEZ ORTIZ, J.**, "La jurisprudencia y el estilo de los tribunales de España", *A.H.D.E.*, 9, 1932, pp. 213-248.

Se plantea si el uso, la jurisprudencia y las fetuas pueden considerarse como una fuente jurídica distinta de las clásicamente reconocidas como tales.

710. **LÓPEZ ORTIZ, J.**, "*Fatwas* granadinas de los siglos XIV y XV", *A.A.*, 6, 1941, pp. 73-127.

El manuscrito escurialense 1096 consta de 2 obras: una colección de fetuas de Ibn Lubb (m. 782/1380), y otra de ocho juristas, cuyos nombres identifica, sobre los siguientes temas: baja de la moneda, tributos, complicación de la vida comercial, régimen agrario y el sostenimiento del culto.

711. **LÓPEZ RIOCEREZO, J.M.**, "El matiz jurídico-cultural en la revista *La Ciudad de Dios* a través de su primera centuria de vida", *C.D.*, 194, 1981, pp. 269-310.

Es una relación de juristas españoles y de sus publicaciones, principalmente en *Ciudad de Dios*. Es de interés el apartado dedicado a López Ortiz.

712. **LORENZ, C.**, "Die Frauenfrage im Osmanischen Reiche mit besonderer Berücksichtigung der arbeitenden Klasse", *W.I.*[1], 6, 1918, pp. 72-214.

Aunque este trabajo se refiere a la condición general de la mujer trabajadora en el Imperio Otomano, se tocan puntualmente algunos temas de carácter jurídico: su condición según la constitución, condiciones laborales, matrimonio, las mujeres como funcionarias del Estado, etc.

713. **LOSA, A.**, "Les *Mourarias* Portugaises au XVe siècle. Un code de droit successoral", *Q.S.A.*, 5 y 6, 1987-88, pp. 457-478.

Historia de las vicisitudes de las morerías portuguesas, basándose en la Declaración solicitada por Alfonso V al Alcalde de la comunidad de Lisboa. Incluye un apéndice de 61 disposiciones reales sobre la herencia.

714. **MACKAY, P.A.**, "Patronage and power in 6th/12th century Baghdad. The life of the vizier 'Aḍūd al-dīn Ibn al-Muẓaffar", *S.I.*, 34, 1971, pp. 27-56.

La carrera de este miembro de la aristocracia (514/1120-573/1177), nos permite conocer mejor la sociedad de Bagdad. Un aspecto interesante es la asociación entre intereses gubernamentales y las escuelas legales.

715. **MADELUNG, W.**, "Early *Sunnī* doctrine concerning faith as reflected in the *Kitāb al-Īmān* of Abū 'Ubayd al-Qāsim b. Sallām (d. 224/839)", *S.I.*, 32, 1970, pp. 233-254.

El estudio de la obra sobre la fe de este tradicionista viene a complementar el artículo de J. Schacht sobre una obra temprana ḥanafí murŷí sobre el mismo tema, publicado en *Oriens*, 17, 1964.

716. **MADELUNG, W.**, "Some notes on non-Ismā'īlī Shiism in the Maghrib", *S.I.*, 44, 1976, pp. 87-97.

Estudio del *madhab* šī'í fundado por Abū l-Ḥasan (o Abū l-Ḥusayn) 'Alī b. al-Ḥusayn b. Warsand al-Bajalī en el Magreb.

717. **MADONOUGH, S.**, "Some leading ideas constitutive of Pakistan's Nationhood", *I.S.*, 7, 1968, pp. 9-31.

A pesar de las contradicciones de pensamiento que Iqbāl expresó tanto en su poesía como en su prosa y que contribuyeron a la formación del nacionalismo pakistaní del siglo XX, hay, en opinión de la autora, 4 ideas principales que constituyen el núcleo del acuerdo entre los pakistaníes: 1) los musulmanes se presentan, abandonado el medievalismo, como un pueblo dinámico, 2) los verdaderos valores islámicos garantizarán el éxito, 3) el Corán es el código que regula toda la vida y 4) el consenso de los musulmanes determinará lo que es correcto.

718. **MAHFOUDH, F.**, "Les relations entre l'Ifriqiya et le Califat fatimide a la fin du Xe s. ap. J.C. d'après les documents epigraphiques", *C.T.*, 43, 1991, pp. 313-324.

Los textos epigráficos objeto de este estudio son los más antiguos del periodo zīrí (s. X) y permiten conocer el nombre y el título que se daba al segundo wālī zīrí, completando así la información proporcionada por las crónicas. Muestran también el nombre la asociación entre el nombre del califa y el del wālī en una misma inscripción, algo desconocido en tiempos de los aglabíes y que puede tener implicaciones políticas.

719. **MAJER, H.G.**, "Hans Joachim Kißling (1912-1985)", *D.I.*, 65, 1988, pp. 191-199.

Necrológica del turcólogo alemán H.J. Kißling. Se incluye una bibliografía de sus estudios.

720. **MAKDISI, G.**, "Ash'arī and the *ash'arites* in Islamic religious history", *S.I.*, 17, 1962, pp. 37-80; 18, 1963, pp. 19-39.

Encontramos en el artículo referencias a las posiciones jurídicas de los aš'aríes, así como sus relaciones con las escuelas legales.

721. **MAKDISI, G.**, "L'Islam hanbalisant", *R.E.I.*, 42, 1974, pp. 211-244; 43, 1975, pp. 45-76.

En la primera parte hay una interesante reflexión sobre la historia de los estudios sobre la escuela ḥanbalí realizados en Occidente hasta la época de H. Laoust, el investigador que mayor impulso ha dado a nuestros conocimientos sobre esta escuela. Interesante aproximación a la historia del ḥanbalismo con una parte en la que se tratan las relaciones entre dicha escuela y el sufismo.

722. **MAKDISI, G.**, "The juridical theology of Shāfi'ī. Origins and significance of *Uṣūl al-fiqh*", *S.I.*, 59, 1984, pp. 5-47.

El propósito de Makdisi en este artículo es mostrar que el objetivo de al-Šāfi'ī al escribir su *Risāla* fue crear para los tradicionistas una ciencia que sirviese de antídoto al *kalām*. Tiene un interesante *addendum* sobre la diferencia entre *kalām* y *uṣūl al-dīn*.

723. **MAKKĪ, M.'A.**, "El šī'ismo en al-Andalus", *R.I.E.E.I.*, 2, 1954, pp. 93-149 (parte árabe).

Es el único estudio de conjunto de que disponemos sobre la presencia del šī'ismo en la Península Ibérica, recogiendo datos de muy diverso tipo: históricos (p. ej. la rebelión de Šaqyā b. 'Abd al-Wāḥid), literarios, diplomáticos, etc.

724. **MAKKĪ, M.'A.**, "El libro *Aḥkām al-sūq (Leyes del Mercado)* de Yaḥyà ibn 'Umar al-Andalusī (m. 289/901)", *R.I.E.E.I.*, 4, 1956, pp. 59-151 (parte árabe).

Consta de una introducción donde nos ofrece un estudio sobre la vida de Yaḥyà b. 'Umar al-Andalusī, su influencia en el derecho mālikí y una lista de sus obras. V. la traducción que hace de esta obra E. García Gómez.

725. **MAKKĪ, M.'A.**, "Ensayo sobre las aportaciones orientales en la España musulmana y su influencia en la formación de la cultura hispano-árabe", *R.I.E.E.I.*, 9-10, 1961-1962, pp. 65-231; 11-2, 1963-1964, pp. 7-140.

Entre dichas aportaciones, encontramos las que, venidas de Oriente, influyeron en la escuela mālikí de al-Andalus, así como las aportaciones de las otras escuelas jurídicas. Este estudio ha sido publicado como obra aparte en Madrid, 1968.

726. **MALIK, H.**, "Sir Sayyid Ahmad Khan's Role in the Development

of Muslim Nationalism in the Indo-Pakistan Subcontinent", *I.S.*, 5, 1966, pp. 385-410.

El personaje citado en el título, en las áreas de religión, educación, costumbres y propiedad, que afectal al estatuto legal, ofreció reformar los rituales, descartar dogmas irracionales y codificar las creencias definitivas para armonizar la formación secular con la religiosa y la tradicional recibida en el propio hogar, enseñanza de economía para las mujeres, eliminación de la poligamia, abandono de las influencias hindúes en las ceremonias de matrimonio y en los funerales, emancipación de la mujer, introducción de nuevas técnicas de cultivo entre los agricultores musulmanes, promoción del comercio entre los musulmanes y utilización de la tecnología moderna y cortar lazos con la institución religioso-legal del califato.

727. **MALIK, S.D.**, "*Mutiny* and the Muslim World: A British viewpoint", *I.S.*, 5, 1966, pp. 283-304.

Sobre un caso moderno de *ŷihād*. Así entendió el público británico el levantamiento de 1857 en el Subcontinente indo-pakistaní, como un levantamiento contra la cristiandad. Esta visión por parte de los ingleses parece, en opinión del autor, haber nacido de su propia interpretación del Islam a partir del descubrimiento de un documento en Khurramshahr en Persia, del tratamiento dado por los aliados a Turquía después de la Guerra de Crimea y sus posibles repercusiones en el mundo islámico, de incidentes aislados en el Imperio Turco y de la brutal masacre de 21 cristianos en Jedda en 1858.

728. **MALIK, S.J.**, "*Waqf* in Pakistan: Change in Traditional Institutions", *W.I.*, 30, 1990, pp. 63-97.

Profundo y meticuloso estudio sobre fundaciones pías (*awqāf*) en Pakistán en la segunda mitad del s. XX, donde se refleja la transformación que han sufrido a causa de las nacionalizaciones y del aumento del control estatal sobre las donaciones.

729. **MALLAT, C.**, "Three Recent Decisions of the Yemeni Supreme Court", *I.L.S.*, 2, 1995, pp. 71-91.

Se editan tres decisiones tomadas por la Corte Suprema (*al-maḥkama al-'ulyā*) en el Yemen. La primera de ellas es una revisión del texto de la Constitución yemení, el segundo es una decisión concerniente a las elecciones que tuvieron lugar en el Yemen en Abril de 1993 y la tercera trata de un profesor universitario que es acusado de apostasía.

730. **MANTRAN, R.**, "Réglements fiscaux ottomans. La police des marchés de Stamboul au début du XVIe siècle", *C.T.*, 4, 1956,

pp. 213-241.

Estudio basado en documentos de archivo del imperio otomano, de una riqueza incomparable y conservados gracias a la organización de sus servicios administrativos. A pesar de ello, estos documentos han sido escasamente utilizados antes de los 50. A partir de entonces, y afortunadamente, la tendencia parece haberse roto y de ello es buen ejemplo el presente trabajo. El autor traduce al francés un texto en turco publicado por Omar Lufth Barhan en 1942, quien lo había encontrado en los archivos del Palacio Topkapi. Es, que se sepa hasta el momento (1955), el texto más antiguo concerniente a la policía del mercado de Estambul. Data de 1501, durante el gobierno de Bayezid II.

731. **MARÇAIS, W.**, "Le *Taqrīb* de an-Nāwawī, traduit et annoté par ...", *J.A.*, 17, 1901, pp. 193-232 y pp. 524-540; 18, 1901, pp. 61-146.

Traducción de un texto básico sobre la ciencia del *ḥadīṯ*.

732. **MARE, A.**, "Extrait d'un ouvrage Malay sur la condition des sujets infidèles en pays musulmans", *J.A.*, 8, 1876, pp. 532-536.

Es la traducción de un conjunto de veinte artículos incluídos en el capítulo XXI del *Makôta segala radja-rādja* de Bujārī de Ŷôhor tomados del *A'had-nāmeh* de Omar, es decir, el famoso "pacto" de 'Umar con los cristianos.

733. **MARÍN, M.**, "Baqī b. Majlad y la introducción del estudio del *ḥadīṯ* en al-Andalus", *A.Q.*, 1, 1980, pp. 165-208.

Estudio de su vida y sus descendientes. Asimismo, se estudian la introducción del *'ilm al-ḥadīṯ* en al-Andalus y las tensiones que despertó en el mālikismo.

734. **MARÍN, M.**, "*Ṣaḥāba* et *Tābi'ūn* dans al-Andalus: Histoire et légende", *S.I.*, 54, 1981, pp. 5-49.

Es el estudio más completo con el que contamos sobre los compañeros y sucesores del Profeta que supuestamente vinieron a la Península Ibérica.

735. **MARÍN, M.**, "Una familia de ulemas cordobeses: los Banū Abī 'Īsā", *A.Q.*, 6, 1985, pp. 291-320.

Familia descendiente del famoso Yaḥyà b. Yaḥyà, transmisor del *Muwaṭṭa'* de Mālik b. Anas, familia que desempeñó un importante papel tanto en la esfera política como social.

736. **MARÍN, M.**, "*Šūrà* et *ahl al-šūrà* dans al-Andalus", *S.I.*, 62, 1985, pp. 25-51.

Tras una breve introducción sobre la *šūrà* en el Islam, se estudia su aparición en al-Andalus durante la época omeya y se recoge información sobre los alfaquíes *mušāwarūn*, sus actividades y sus relaciones con los cadíes y los gobernantes.

737. **MARÍN, M.**, "La transmisión del saber en al-Andalus (hasta 300/912)", *A.Q.*, 8, 1987, pp. 87-97.

Datos sobre las relaciones entre maestros y discípulos y la difusión de las enseñanzas y conocimientos en la primera época del Islam en al-Andalus. La autora se ha basado en su "Nómina de sabios de al-Andalus (93-350/711-961)", *E.O.B.A. I*, 1988, pp. 23-182.

738. **MARÍN, M.**, "Un toledano desconocido", *A.Q.*, 12, 1991, pp. 583-86.

Una fetua de al-Wanšarīsī sobre una cuestión de divorcio ha permitido a la autora identificar a un toledano cuyo nombre aparece en uno de los epitafios citados por Lévi-Provençal.

739. **MARÍN PADILLA, E.**, "Investigación sobre la conducta del *alamin* de Aranda, Mahoma de Ovecar, en 1489", *A.Q.*, 14, 1993, pp. 275-292.

Noticias documentales, procedentes de los Archivos de Protocolos Notariales de Zaragoza y otras ciudadesVarios, sobre el *alamin* Mahoma de Ovecar que residió en Calatorao.

740. **MARKOVÁ, D.**, "Various Responses of the Indian Muslim Community to Contemporary Civilization", *ArOr*, 62, 1994, pp. 123-139.

Tres procesos completamente diferentes están ocurriendo simultáneamente en la comunidad musulmana de la India en la actualidad: islamización (neo-tradicionalismo), modernización y occidentalización. La adaptación de la *šarī'a* a estos procesos está provocando distintos conflictos dentro de la propia comunidad y, especialmente, con el Estado Hindú.

741. **MARKOVÁ, D.**, "Some Specifics of the Position of Muslim Women in India", *ArOr*, 63, 1995, pp. 80-93.

Las mujeres musulmanas de la India no están, a diferencia de las mujeres musulmanas de otros países, sometidas a unas leyes islámicas implantadas por el Estado. Sin embargo, es la propia comunidad musulmana la que ejerce sobre ellas los valores islámicos tradicionales, existiendo un Derecho Personal Musulmán. El artículo analiza cómo la mujer musulmana en la India se encuentra en una doble posición minoritaria: como mujer y como musulmana. Dos procesos, acaecidos en 1993, muestran que las musulmanas fueron favorecidas en detrimento de la *šarī'a*.

742. **MARKOVÁ, D.**, "Commercialization of Marriage: Another Cause of Communal Malevolence in India", *ArOr*, 63, 1995, pp. 334-340.

Entre los años 1993-4, la prensa india se hacía eco de un fenómeno que escandalizó a la sociedad: varias mujeres musulmanas, algunas de ellas menores de edad, habían sido entregadas a hombres árabes a cambio de una cantidad de dinero entregada a su padre. Se analiza en profundidad su repercusión en la relación de la sociedad mayoritaria hindú con la musulmana.

743. **MARLOW, L.**, "Kings, Prophets and the *'Ulamā'* in Medieval Islamic Advice Literature", *S.I.*, 81, 1995, pp. 101-120.

Análisis del intento por parte de los ulemas de presentarse como exponentes de un equilibrio entre el poder y la sociedad en la literatura de "espejos de príncipes".

744. **MARQUET, Y.**, "La pensée d'Abū Ya'qūb as-Sijistānī à travers l'*Iṯbāt an-Nubuwwāt* et la *Tuḥfat al-Mustajībīn*", *S.I.*, 54, 1981, pp. 95-128.

En el apartado titulado "Les législateurs" se discute la cuestión de la profecía como portadora de una ley reveladora.

745. **MARTEL, A.**, "Le Makhzen du Sud Tunisien (1881-1910)", *C.T.*, 8, 1960, nº 32, pp. 7-31.

Sobre una institución surgida a partir de las campañas coloniales del siglo XIX, los Bureaux Arabes u Oficinas Arabes de Argelia, que mostraron una adaptación original a las condiciones locales. Suponiendo la lengua y la civilización una barrera entre colonizadores y colonizados, abocados a convivir, los funcionarios de estas oficinas recibieron la misión de gobernar a las tribus reunidas, de negociar con las poblaciones vecinas y de preparar la lucha contra los rebeldes. Para esta tarea los oficiales contaban con muy pocos medios por lo que adoptaron una institución turca: la de los caballeros del Makhzen, quienes, reclutados entre los elementos locales, fueron los agentes ejecutivos de los bureaux arabes, al igual que lo habían sido para los jefes otomanos. Al igual que en el pasado, este servicio de Estado fue pagado con privilegios sociales y fiscales.

746. **MARTEL, A.**, "Le Makhzen du Sud Tunisien (1881-1910). Documents", *C.T.*, 14, 1966, pp. 89-142.

Continuación del artículo anterior. En éste se abordan los inconvenientes surgidos en el sistema de tribus makhzens -encargadas de supervisar la frontera entre Túnez y la zona de Trípoli a cambio de privilegios fiscales-, poco tiempo después de ser impulsadas por las autoridades francesas en 1884. Encontramos aquí un preciso análisis de la institución del Makhzen a través de documentos escritos de su organización general, de su sistema de reclutamiento, de sus atribuciones, de su remuneración y de su espíritu.

747. **MARTÍNEZ ANTUÑA M.**, "La jura en el califato de Córdoba", *A.H.D.E.*, 6, 1929, pp. 108-144.

Es un estudio del juramento de investidura (*bay'a*) de los califas o imames, a partir, sobre todo, de la información que brindan los textos históricos. No se limita al califato omeya sino que trata también el periodo almohade. Tiene interés tanto por la discusión de la doctrina jurídica como por la participación de los alfaquíes en dicho acto. Cf. el artículo de Ávila.

748. **MARTÍNEZ ANTUÑA M.**, "Ordenanza de un cadí granadino para los habitantes del valle de Lecrín", *A.H.D.E.*, 10, 1933, pp. 116-137.

La ordenanza tiene que ver con los derechos y deberes entre cónyuges separados por el *libellum repudii*, la prole legítima, la manutención de ésta, vestido y alojamiento de dicha prole y de la madre repudiada. Se incluye la traducción del texto.

749. **MARTINEZ-GROS, G.**, "Classification des nations et classification des sciences. Trois exemples andalous du Ve-XIe siécle", *M.C.V.*, 20, 1984, pp. 83-114.

Interesante por el análisis del lugar que ocupa el *fiqh* en la clasificación de las ciencias que hacen Ṣā'id al-Andalusī, Ibn 'Abd al-Barr al-Numayrī e Ibn Ḥazm.

750. **MARTINEZ-GROS, G.**, "L'écriture et *umma*. La *Risāla fī faḍl al-Andalus* d'Ibn Ḥazm", *M.C.V.*, 21, 1985, pp. 99-113.

Ibn Ḥazm en su *Risāla* hace un recuento de la producción bibliográfica andalusí, con una clasificación implícita de las ciencias, a la que se une una dimensión temporal con una enumeración de los ulemas andalusíes desde ʿĪsà b. Dīnār (m. 827 d.C.) hasta él mismo.

751. **MARTÍNEZ VALLS, J.**, "Los alfaquíes del obispado de Orihuela en 1587", *Sh.A.*, 3, 1986, pp. 95-101.

Breve estudio sobre los moriscos "sospechosos" de ser alfaquíes. Se dan datos sobre: nombre, edad, número de hijos, hacienda y si habla o escribe en árabe.

752. **MARTOS QUESADA, J.**, "Características del muftī en al-Andalus: contribución al estudio de una institución jurídica hispanomusulmana", *A.E.A.*, 7, 1996, pp. 127-144.

Presentación de los resultados principales de una Tesis Doctoral presentada en la Universidad de Granada en el año 1987.

753. **MARTY, P.**, "Droit coutumier berbère. L'orf des Beni M'tir", *R.E.I.*, 2, 1928, pp. 481-511.

El famoso dahir (*ẓahīr*) del 11 de septiembre de 1914 decidió que los pueblos beréberes se rigiesen por su derecho consuetudinario (*ʿurf*). Para evitar las imprecisiones, la autoridad francesa decidió que las djemaas fijasen el corpus de costumbres locales. Las djemaas de los Beni M'tir así lo hicieron en abril de 1918, redactando el documento resultante en francés. Es el texto de este documento el que se recoge aquí.

754. **MARTY, P.**, "Les institutions israélites au Maroc", *R.E.I.* 4, 1930, pp. 297-332.

En este artículo se estudian tanto las instituciones religiosas como las jurídicas: los comités de las comunidades israelíes, los tribunales rabínicos, el Alto Tribunal, el notariado, la inspección, las sinagogas y cementerios, incluyendo apartados dedicados al sionismo y a la conversión. En los apéndices se recogen textos relativos a la organización y funcionamiento de las instituciones, así como el presupuesto de uno de los comités.

755. **MARTY, P.**, "La justice civile musulmane au Maroc", *R.E.I.*, 5, 1931, pp. 341-538; 7, 1933, pp. 185-294.

Esta memoria jurídica constituye un ensayo de coordinación doctrinal a partir de una documentación jurisprudencial, recogida durante quince años por los servicios judiciales de Chrā (*šarī'a*), en la "Direction des Affaires chérifiennes" (Rabat). Fue iniciada por R. Marc con vistas a suministrar a los agentes franceses y magistrados marroquíes una especie de "vade-mecum" o corpus de la doctrina de la "Direction" mencionada. Los apartados en que se subdivide son: "organisation, compétence, le chra et l'immatriculation foncière, les rapports du chra et du statut coutumier berbère, le chra et la justice et les justiciables français, le chra et les israélites, les marocains hors de Maroc, procédure, voies de recours, voies d'exécution, les droits de la défense, le controle, varia".

756. **MASCITELLI, D.**, "L'identitá di Šams ad-Dīn Šahrazūrī filosofo *išrāqī*: un caso aperto", *R.S.O.* 69 (1996), pp. 219-227.
Sobre la identificación del famoso sufí con un cadí šāfi'í.

757. **MAᶜṢŪMĪ, M.S.H.**, "Ibn Ḥazm's allegation against the leading imāmis", *I.S.*, 7, 1968, pp. 113-128.
Estudio sobre la crítica llevada a cabo por Ibn Ḥazm contra los cuatro imames fundadores de escuelas jurídicas: Abū Ḥanīfa, Mālik, Šāfiᶜī e Ibn Hanbal, en su *Risāla al-bāhira fī l-radd ᶜalà ahl al-aqwāl al-fāsida*, después de su adopción de la doctrina ẓāhirí, precedido de algunos datos biográficos sobre la vida, la obra y las actividades de Ibn Ḥazm. Su crítica se dirigió especialmente al nivel de conocimientos y de fe de los cuatro imames, rechazando el *qiyās* y el *ra'y* y mostrándose partidario de seguir el sentido literal del Corán.

758. **MCDERMOTT, M.J.**, "Al-Shaikh al-Mufīd answers the Ḥājib. A Shīᶜite theologian interprets Quran and traditions", *M.U.S.J.*, 51, 1990, pp. 90-164.
Edición del texto árabe del tratado *Aŷwibat al-Masā'il al-Ḥāŷibiyya* consistente en una colección de respuestas a 51 cuestiones enviadas al Šayj al-Mufīd, Abū ᶜAbd Allāh Muḥammad b. Muḥammad b. al-Nuᶜmān al-Ḥāriṯī al-ᶜUkbarī al-Bagdādī -también conocido como al-Muᶜallim (ᶜUkbara 337/949 - Bagdad 413/1020)- por un funcionario desconocido, un chambelán de la corte o general llamado al-Ḥāŷib Abū l-Layṯ b. Sirāŷ al-ᶜAwānī. La mayoría de las cuestiones se refieren a aleyas coránicas que parecen ir en contra de la doctrina šīᶜí imāmí. Al-Mufīd, que jugó un importante papel en la formación de la teología imāmí tal como hoy se conoce, es preguntado para que defienda de una forma razonada la doctrina imāmí. La edición del texto aparece precedida por una introducción sobre el autor y la obra y se basa en dos manuscritos conservados en Maktabat al-Imām al-Ḥākimī de Naŷaf, nº 436 y 1087.

759. **MEIER, F.**, "Über die umstrittene Pflicht des Muslims, bei nichtmuslimischer Besetzung seines Landes auszuwandern",

D.I., 68, 1991, pp. 65-86.

Trabajo sobre el controvertido deber de los musulmanes a emigrar a tierras de los no-musulmanes.

760. **MELCHERT, C.**, "Religious Policies of the Caliphs from Mutawakkil to al-Muqtadir, A.H. 232-295/A.D. 847-908", *I.L.S.*, 3, 1996, pp. 316-42.

El estudio de los nombramientos de cargos jurídicos en época 'abbāsí ofrece importantes datos relativos a su política religiosa, datos que en algunos casos deben contrastarse con los proporcionados por las crónicas. Por ejemplo, al-Mutawakkil ha sido caracterizado como restaurador del tradicionalismo, aunque a través del estudio de los personajes que él nombró para cargos judiciales no se puede deducir tal cosa.

761. **MENDEL, M.**, "The Concept of *at-takfir wa'l-hidjra* in Islamic Fundamentalism (illustrated on the Example of Egypt in the 1970s)", *ArOr*, 61, 1993, pp. 131-146.

Ahmad Sukri Mustafa se erigió, en la década de los '70, como representante de un movimiento fundamentalista que predicaba el aislamiento y éxodo de todo aquello que se desviaba del Corán y la Sunna, para constituir una auténtica "Comunidad de creyentes".

762. **MENDEL, M.**, "The Concept of *ad-Da'wa al-Islamiyya*. Towards a Discussion of the Islamic Reformist Religio-Politic Terminology", *ArOr*, 63, 1995, pp. 287-304.

Concepto de *da'wa* según los grupos reformistas islámicos, su relación con la *šarī'a* y la utilización política de los términos religiosos.

763. **MERCIER, E.**, "La propriété en Maghreb, selon la doctrine de Malek", *J.A.*, 4, 1894, pp. 73-93.

Cita pasajes del capítulo del *ŷihād*, sección dedicada al botín, del *Mujtaṣar* de Jalīl b. Isḥāq.

764. **MERCIER, L.**, "Réorganisation égyptienne de la justice du chraa", *R.E.I.*, 5, 1931, pp. 125-137.

Estudia la reorganización de los tribunales de justicia basados en la *šarī'a* que tuvo lugar en Egipto a raíz del decreto-ley nº 78 del año 1931, poniendo de relieve la importancia de ciertas disposiciones innovadoras.

765. **MERON, Y.**, "The development of legal thought in Hanafi texts", *S.I.*, 30, 1969, pp. 73-118.

Descripción de las características de esta escuela en tres períodos: antiguo (acabaría al final del s. X con Abū l-Layṯ al-Samarqandī), clásico (comienza con Qudūrī, m. 428/1037) y postclásico (comenzaría con al-Marġīnānī, m.593/1197). Se basa en las doctrinas de Schacht y discute la cuestión relativa al final del *iŷtihād*.

766. **MERON, Y.**, "Points de contact des droits juif et musulman", *S.I.*, 60, 1984, pp. 83-117.

Análisis de los puntos de contacto entre el derecho musulmán y el judío por lo que respecta a la terminología, instituciones, jurisprudencia, legislación y la forma de codificación.

767. **MERVIN, S.**, "La quête du savoir a Naǧaf. Les études religieuses chez les chi'ites imāmites de la fin du XIXe siècle à 1960", *S.I.*, 81, 1995, pp. 165-186.

Frente a centros de enseñanza sunníes como al-Azhar o Qarawiyyīn, el aquí estudiado se caracteriza por su carácter informal.

768. **METRAL, F.**, "Biens tribaux dans la steppe syrienne entre Coutume et droit écrit", *R.E.M.M.M.* 79-80, 1996, pp. 89-113.

Del análisis llevado a cabo se concluye la flexibilidad y la capacidad de adaptación del orden tribal.

769. **MEYER, M.S.**, "Economic Thought in the Ottoman Empire in the 14th-Early 19th Centuries", *ArOr*, 57, 1989, pp. 305-318.

A principios del s. XIX, el estado otomano se vio en la necesidad de adaptar su política económica a la nueva economía mundial. Algunos principios de esta regulación se enfrentaban a los principios del Islam.

770. **MILLÁS VALLICROSA, J.Mª.**, "Contratos de judíos y moriscos del Reino de Navarra", *A.H.D.E.*, 10, 1933, pp. 273-286. (cuatro láminas).

Son contratos de arriendo de inmuebles o de préstamo, suscritos por judíos de Navarra y recogidos en el archivo de la Catedral de Pamplona. Los tres primeros documentos están en hebreo, los dos últimos en árabe (contratos de préstamo entre los moriscos de Borja y dos personajes judíos).

771. **MILLIOT, L.**, "Recueil de délibérations des *djema'a* du Mzāb", *R.E.I.*, 4, 1930, pp. 171-230.

Las deliberaciones tomadas por las djemā'a del Mzāb (zona jāriŷí) son denominadas *tifāqāt* (del ár. *ittifāq*), ya sea porque son decisiones tomadas por acuerdo de los "imokranen" (notables), ya sea porque exigen el acuerdo entre los notable y los ulemas. Tras una recopilación de textos pertenecientes a diferentes siglos y localidades, el artículo termina con un estudio del material recogido.

772. **MILLIOT, L.**, "Les institutions kabyles", *R.E.I.*, 6, 1932, pp. 127-174.

Además de describir las instituciones, estudia las relaciones entre el derecho musulmán y el consuetudinario en la Kabilia.

773. **MINGANTI, P.**, "Ricezione di pene *ḥadd* nella legislazione della Republica di Libia", *O.M.*, 54, 1974, pp. 265-274.

Acerca de una comisión formada para revisar la Constitución y ajustarla a los principios fundamentales de la ley islámica. Menciona los delitos para los que se aplica las penas *ḥadd*.

774. **MINGANTI, P.**, "Islam e propietà agraria in una recente *fetwà*", *O.M.*, 55, 1975, pp. 273-81.

Fetua emitida por el *šayj* Hasanein Mohammed Majluf. Se recogen sus fuentes y se hace la traducción integral de la misma.

775. **MIRZA, K.B.**, "Notices sur la marche et le progrès de la jurisprudence parmi les sectes orthodoxes musulmanes", *J.A.*, 15, 1850, pp. 158-214.

Es una introducción sobre el origen y la evolución de la jurisprudencia después de Muḥammad hasta el establecimiento de las cuatro escuelas jurídicas principales, su formación y estado actual y los otros sistemas jurídicos y su legislación. Presta especial atención a los conceptos de *iŷtihād* y *taqlīd*.

776. **MODARRESSI, H.**, "Rationalism and traditionalism in Shī'ī jurisprudence: a preliminary survey", *S.I.*, 59, 1984, pp. 141-158.

Se divide en los siguientes apartados: las fuentes del derecho *šī'í* (Corán, Sunna, *iŷmā'* y *'aql*); principales obras sobre los *uṣūl al-fiqh*; análisis del conflicto entre las dos tendencias de jurisprudencia *šī'í* (racionalismo y tradicionalismo).

777. **MONES, H.**, "Sab' waṯā'iq ŷadīda 'an dawlat al-murābiṭīn wa-ayyāmi-him fī l-Andalus (Siete documentos sobre almorávides y su dominación en España)", *R.I.E.E.I.*, 2, 1954, pp. 55-84 (parte árabe).

Uno de los documentos es una orden oficial de nombramiento de un juez secundario o *ṣāḥib al-aḥkām*.

778. **MONES, H.**, "Nuṣūṣ siyāsiyya 'an fatrat al-intiqāl min al-murābiṭīn ilà l-muwaḥḥidīn (Textos políticos sobre el período de transición de los almorávides a los almohades. 520/1126-540/1145)", *R.I.E.E.I.*, 3, 1955, pp. 97-140 (parte árabe).

Algunos documentos recogen la correspondencia que se mantiene con los cadíes y que nos muestra sus actividades políticas.

779. **MONES, H.**, "*Asnà l-matāŷir fī bayān aḥkām man galaba 'alà waṭani-hi l-naṣārà wa lam yuhāŷir* por Abū-l-'Abbās Aḥmad b. Yaḥyà al-Wanšarīsī", *R.I.E.E.I.*, 5, 1957, pp. 129-191 (parte árabe).

Edición íntegra del texto, que versa sobre la situación jurídica de los musulmanes cuyas tierras han caído en poder de los cristianos y que no han huído a territorio musulmán.

780. **MONES, H.**, "Le rôle des hommes de religion dans l'histoire de l'Espagne musulmane jusqu'à la fin du Califat", *S.I.*, 20, 1964, pp. 47-88.

Para Monès los alfaquíes de al-Andalus, durante la época omeya, participaron de manera manifiesta en las tareas de gobierno y contribuyeron decisivamente a la legitimación del poder político. El artículo pretende explicar las razones de este hecho que diferenciaría, en su opinión, a al-Andalus del resto del mundo islámico.

781. **MOORS, A.**, "Women and Dower Property in Twentieth-Century Palestine: The Case of Jabal Nablus", *I.L.S.*, 1, 1994, pp.

301-31.

Se trata de un análisis de los textos legales, contratos matrimoniales, registros de divorcio, actas de los tribunales y relatos de mujeres en los que se refleje la manera en que la mujer accede a la propiedad que le corresponde en concepto de acidaque en Nablus (Palestina) entre los años 1930 y 1980.

782. **MORABIA, A.**, "Ibn Taymiyya, les juifs et la Torá", *S.I.*, 49, 1979, pp. 91-122; 50, 1979, pp. 77-107.

Detallado estudio de las doctrinas de Ibn Taymiyya sobre los judíos a partir de su obra *al-Ŷawāb al-ṣaḥīḥ li-man baddala dīn al-masīḥ*.

783. **MORAL MOLINA, C. del y VELAZQUEZ BASANTA, F.N.**, "Los Banū Ŷuzayy. Una familia de juristas e intelectuales granadinos del siglo XIV. I: Abū l-Qāsim Muḥammad ben Ŷuzayy", *M.E.A.H.*, 45, 1996, pp. 161-201.

Traducción de biografías dedicadas al jurista mālikí Ibn Ŷuzayy (693/1294-741/1340).

784. **MORAND, M.**, "Le statut de la femme kabyle et la réforme des coutumes berbères", *R.E.I.*, 1, 1927, pp. 47-94.

Recoge lo acordado en dos reuniones de la comisión que se instituyó para investigar las medidas susceptibles de mejora de la condición de la mujer dentro de la sociedad tribal de la Kabilia. La primera reunión tuvo lugar el 12 de mayo de 1925 y la última el 19 de enero de 1926.

785. **MORATA, N.**, "Un catálogo de los fondos árabes primitivos de El Escorial", *A.A.*, 2, 1934, pp. 87-181.

Se citan, entre otros, algunos manuscritos sin autor sobre derecho musulmán.

786. **MORAVIA, A.**, "La propagande *comuniste* vilipendée par un Docteur d'Al-Azhar", *C.T.*, 14, 1966, pp. 151-169.

Traducción de las pp. 369-388 de la segunda edición del trabajo del Dr. egipcio Muḥammad al-Bahī -una destacada personalidad en la vida cultural egipcia cuya actividad se desarrolló principalmente en la Universidad de al-Azhar- titulado: *al-Fikr al-Islāmī al-ḥadīṯ wa ṣilatu-hu bi-l istiʿmār al-garbī*. En las páginas antes citadas, el autor presentaba una serie de argumentos contra lo que él calificaba de "innovaciones marxistas importadas de Europa", tratando cuestiones tales como los valores morales, la emancipación de la mujer, la interpretación de la historia según el materialismo económico y la fe en la existencia del alma en el cuerpo humano.

787. **MORRIS, J.W.**, "Ibn 'Arabi's «esotericism»: the problem of spiritual authority", *S.I.*, 71, 1990, pp. 37-64.

Las *Futūḥāt al-makkiyya* de Ibn al-'Arabī están dirigidas no solamente a los sufíes, sino también a los ulemas y alfaquíes. Su objetivo no es apologético, sino el de hacer que los estudiosos de las ciencias religiosas alcancen una comprensión mayor de sus verdaderos fundamentos e intenciones espirituales. La discusión subyacente es, en suma, la de la autoridad espiritual en el Islam.

788. **MOTZKI, H.**, "*Wal-muḥṣanātu mina n-nisā'i illā mā malakat aimānukum* (Koran 4:24) und die koranische Sexualethik", *D.I.*, 63, 1986, pp. 192-218.

Interpretación del término *muḥṣana* -mujer honesta, casada-, tal y como aparece en la azora 4, aleya 24, en oposición a *mā malakat aimānukum* -esclava, concubina-. Motzki revisa los diferentes significados que se les ha dado a estas expresiones por los diferentes comentaristas coránicos y hace referencia al valor de la voz *muḥṣana* en la literatura jurídica.

789. **MOTZKI, H.**, "Muslimische Kinderehen in Palästina während des 17. Jahrhunderts. *Fatāwā* als Quellen żur Sozialgeschichte", *W.I.*, 27, 1987, pp. 82-90.

Trabajo acerca del matrimonio de impúberes en Palestina durante el s. XVII. Se cuestiona el problema más amplio de la utilidad de las colecciones de *fatwà*-s para llevar a cabo estudios históricos o sociológicos de un determinado período.

790. **MOTZKI, H.**, "Der *Fiqh* des -Zuhrī: die Quellenproblematik", *D.I.*, 68, 1991, pp. 1-44.

El autor demuestra que las transmisiones del alfaquí de Medina al-Zuhrī (m. 124/742) se conservan en otras obras, aparte del *Muwaṭṭa'* de Mālik b. Anas.

791. **MOUTON, J.-M.**, "Yūsuf al-Fandalāwī, Cheikh des Malékites de Damas sous les Bouyides", *R.E.I.*, 51, 1983, pp. 63-76.

El artículo trata de la vida del alfaquí al-Fandalāwī, un magrebí que vivió en Damasco y que llegó a ser el jefe de la comunidad mālikí de esta ciudad.

792. **MÜHL, J.**, "Moeurs et coutumes d'un village du Sud tunisien:

El Golaa", *C.T.*, 2, 1954.

Un buen número de dichas costumbres afectan a la aplicación de la ley (matrimonio y vida familiar, pp. 78-79 y 81-83) y a la vida religiosa (pp. 90-91) en esta parte de Túnez.

793. **MURANYI, M.**, "Bemerkungen zu einem Ḥadīṯ des Yaḥyà b. Sa'īd al-Anṣārī. Die Problematik des *tayammum* in der frühislamischen Überlieferung", *I.O.S.*, 5, 1975, pp. 129-141.

Comentario sobre un *ḥadīṯ* transmitido por Yaḥyà b. Sa'īd al-Anṣārī (m. 143/760) y recopilado por el egipcio al-Layṯ b. Sa'd (94/713-175/791). Este texto versa sobre el *tayammum* (purificación ritual con arena) y fue recogido por N. Abbott en *Studies in Arabic Literary Papyri*, vol. II, Chicago, 1967.

794. **MURANYI, M.**, "Untersuchungen zu šarī'a-Rechtlichen Entwicklungen der Gegenwart", *Arabica*, 27, 1980, pp. 223-256.

Fetua sobre la prohibición de la quinina.

795. **MURANYI, M.**, "Notas sobre la transmisión escrita de la *Mudawwana* en Ifrīqiya según algunos manuscritos recientemente descubiertos (*Qairawāner Miszellaneen III*)", *A.Q.*, 10, 1989, pp. 215-231.

Acerca de la transmisión oral de la *Mudawwana* de Saḥnūn sólo existen informaciones escasas en los libros de *fahāris* (relativamente tardíos) estudiados hace algunos años por Fórneas. Este trabajo pretende presentar las primeras etapas de la transmisión escrita de la *Mudawwana* en Qayrawān a partir de algunos colofones en varios mss. recientemente identificados en la Biblioteca de la Gran Mezquita de Qayrawān. Es interesante que los certificados de *samā'* de estos antiguos fragmentos tengan que considerarse también como certificados de *muqābala*, puesto que el *samā'* se basa en copias anteriores de la misma obra.

796. **MUTAHHARI, M.**, "Los derechos de la mujer en el Islam", *'Irfan*, 2, 1985, pp. 42-53.

Se trata de parte del prefacio del libro de M. Mutahhari titulado *Los derechos de la mujer en el Islam* (1985).

797. **MUZIKÁŘ, J.**, "Arab Nationalism and Islam (Djamāl 'Abd-an Nāṣir and His Attitude to Islam)", *ArOr*, 43, 1975, pp. 193-208, 302-322.

Estudio exhaustivo sobre las ideas políticas y religiosas del presidente egipcio Nasser. En las páginas 310-317 (7. The Relationship of Islam and Politics in Nasser's Views), el autor analiza el rechazo de Nasser a la inclusión del Islam en la esfera política, así como sus tensas relaciones con los países islámicos cercanos.

798. **MUZIKÁŘ, J.**, "Islam and Socio-economic Development in the Arab Countries", *ArOr*, 53, 1985, pp. 125-154.

Tras el establecimiento del capitalismo en los países de Oriente Medio, surge el problema de su adecuación al Islam. En el artículo se analiza la relación entre los valores éticos del Islam y el cambio social producido por el desarrollo socio-económico.

799. **NAGEL, T.**, "Die "*Urǧūza al-muḫtāra*" des Qāḍī an-Nu'mān", *W.I.*, 15, 1974, pp. 96-128.

Estudio del contenido político e ideológico del poema en metro *raŷaz*, titulado "*Urŷūza al-mujtāra*, del cadí ismā'īlí al-Nu'mān.

800. **AL-NA'ĪM, 'A.A.A.**, "Les droits de l'homme en Islam", *I.Ch.*, 9, 1983, pp. 243-248.

El autor es un seguidor de las doctrinas del sudanés Maḥmūd Ṭāhā que fue ejecutado durante el gobierno de Numeyri. Siguiendo el pensamiento progresista de su maestro, afirma que la legislación islámica no reconoce algunos de los derechos del hombre pues discrimina a las mujeres y a los no musulmanes. Esto se debe al hecho de que la "primera legislación" derivada del Corán en los primeros siglos del Islam se adecuaba a las necesidades de dicho período, pero una nueva legislación debe ser extraída del Corán adecuada a las nuevas necesidades de la época actual.

801. **NAJJAR, F.M.**, "Democracy in Islamic political philosophy", *S.I.*, 51, 1980, pp. 107-122.

El autor pone de manifiesto que el deseo de mostrar el Islam como una ideología moderna y un sistema progresista de gobierno ha llevado a los politólogos musulmanes modernos a reinterpretar la teoría jurídica y política islámica en términos democráticos. Sin embargo, señala que es inconcebible para la comunidad musulmana admitir cualquier legislación que vaya en contra de la ley divina. También señala que esos politólogos no han prestado atención a los puntos de vista de los *falāsifa*, a cuyas doctrinas está dedicado este artículo.

802. **NAKASH, Y.**, "The visitation of the shrines of the Imams and the Shi'i Mujtahids in the early twentieth century", *S.I.*, 81, 1995, pp. 153-164.

Análisis de los argumentos dados por los *muŷtahid*-es šī'íes en favor de la visita a las tumbas.

803. **NALLINO, C.A.**, "Gli studi di E. Carusi sui diritti orientali", *R.S.O.*, 9, 1921-23, pp. 55-182.

Detallada crítica de la producción de E. Carusi sobre derecho musulmán. V. además pp. 436-47.

804. **NALLINO, C.A.**, "I. Goldziher", *R.S.O.*, 9, 1921-23, pp. 232-6.

Necrológica.

805. **NALLINO, C.A.**, "Il diritto musulmano nel Nomocanone siriaco cristiano di Barhebreo", *R.S.O.*, 9, 1921-23, pp. 512-80.

Sobre la influencia del derecho musulmán en la obra siríaca del obispo cristiano jacobita (monofisita) Barhebreus (s. XIII d.C.).

806. **NALLINO, C.A.**, "Ancora il libro siro-romano di diritto e Barhebreo", *R.S.O.*, 10, 1923-25, pp. 78-86.

807. **NALLINO, C.A.**, "Delle assicurazioni in diritto musulmano hanafita", *O.M.*, 7, 1987, pp. 446-461.

El contrato de seguros no es admisible en la ley islámica, pero encontramos alguno dentro de la escuela ḥanafí que basa sus decisiones en la división de los territorios en *dār al-ḥarb* y *dār al-islām*. Al no existir compañías aseguradoras en países musulmanes, los contratos se hacen en Europa o América.

808. **NAQVI, A.R.**, "The Family Protection Act of Iran", *I.S.*, 6, 1967, pp. 241-265.

El acta es un suplemento a las secciones relativas a asuntos de familia contenidas en el Código Civil iraní y a las Actas de Matrimonio de Irán, que fueron aprobadas por el parlamento entre los años 1310/1931 y 1316/1937, para cubrir las deficiencias de las estipulaciones de ambas Actas de cara a la sociedad actual (1967) iraní, en áreas tales como el divorcio, la dote y la compensación, la custodia de los hijos, la poligamia y las restricciones a la ocupación laboral de las mujeres. El artículo incluye el texto iraní del Acta de Protección Familiar y su traducción al inglés.

809. **NAQVI, A.R.**, "The Family Laws of Iran (II)", *I.S.*, 7, 1968, pp. 129-163.

Transcripción y traducción inglesa del texto del Acta de Matrimonio del Código Civil aprobada por el parlamento iraní en 1931 y 1937. Antecede un comentario de su historia, fuentes, jurisdicción y contenido del Código Civil y del Acta de Matrimonio que son comparados con la Ley Pakistaní de Familia: I. Petición de mano, II. Requisitos de salud y edad de matrimonio, III. Impedimentos para el matrimonio, IV. Condiciones para la validez del matrimonio, V. La delegación, VI. El matrimonio temporal, VII. La dote, VIII. Derechos y obligaciones recíprocos de los esposos, IX. El Acta de Matrimonio de Irán, C. La ley para la presentación de un certificado médico antes de matrimonio y D. La ley relativa al permiso para observar las leyes personales de los iraníes no šīʿíes.

810. **NAQVI, A.R.**, "The Family Laws of Iran (III)", *I.S.*, 7, 1968, pp. 265-303.

Las secciones de la Ley Familiar iraní transcritas y traducidas aquí se refieren a materias concernientes a los hijos, la paternidad ejercida sobre ellos, su guarda y custodia, mantenimiento de la interdicción familiar, el nombramiento o destitución de administradores y el levantamiento de la interdicción. Dichas secciones han sido extractadas del Código Civil y del Acta de la Jurisdicción de lo no contencioso, y también son comparadas con las Leyes de Familia pakistaníes.

811. **NATALONI, M.C.**, "Sulla modificazione del diritto di famiglia nel mondo arabo islamico: il caso siriaco", *Alifbā'*, 1, 1983, pp. 19-24.

Siria, siguiendo el ejemplo de Egipto de unificación del ordenamiento jurídico en materia de estatuto personal, elabora un código de estatuto personal, basándose en cinco fuentes: la Ley del Derecho de Familia otomana; las leyes egipcias con algunas modificaciones; *al-Aḥkām al-šarʿiyya fī l-aḥwāl al-šajṣiyya* del jurista egipcio M. Qadrī Pachá; normas extraídas de otras escuelas como la ḥanafí; el proyecto del código del estatuto personal redactado por ʿAlī al-Ṭanṭāwī. Hay una descripción del Código, dividido en seis libros, y 308 artículos dedicados al matrimonio, filiación, capacidad y representación legal, testamento y sucesión.

812. **NEUMANN, C.K.**, "Arm und Reich in Qaraferye", *D.I.*, 73, 1996, pp. 259-312.

Este artículo resulta de especial interés para quienes se interesan por la aplicación del derecho hereditario en el Imperio Otomano. Se estudia el caso de la repartición llevada a cabo por el *qāḍī siğilli*, de la herencia de Ḥüseyin b. Ismā'īl, que al morir en 1771 en al aldea macedonia de Qaraferye -hoy Véroia- dejó bienes por valor de 74.951 aqče.

813. **NEUMANN, O.**, "Gesetzgebung Verwaltung/ Türkei", *W.I.*[1], 3, 1916, *Mitteilungen*, p. 72; pp. 74-89; "Gesetzgebung Verwaltung/ Türkei", *W.I.*[1], 4, 1917, *Mitteilungen*, p. 230-266.

814. **NIELSEN, J.S.**, "Sultan al-ẓāhir Baybars and the appointment of four Chief *Qāḍīs* (663/1265)", *S.I.*, 60, 1984, pp. 167-176.

Sobre las reformas adoptadas por Baybars en la escala superior de la administración judicial.

815. **NOJA, S.**, "La recente evoluzione del diritto nei paesi musulmani del Vicino Oriente", *O.M.*, 48, 1968, pp. 689-708.

Un estudio de la evolución del *fiqh* en los dos últimos siglos, dividido en cinco etapas.

816. **NOTH, A.**, "Otto Spies (1901-1981)", *D.I.*, 59, 1982, pp. 185-188.

Necrológica del orientalista alemán O. Spies, una autoridad en Derecho Islámico.

817. **NOUREDDINE, A.**, "Le phénomène de l'usure et la recrudescence des pratiques usuraires du Sahel au début des années 1930", *C.T.*, 32, 2, 1984, pp. 73-108.

Sobre la usura como uno de los peores problemas a los que debían enfrentarse los campesinos tunecinos, de forma directamente proporcional al recrudecimiento de la crisis económica y a pesar de la prohibición islámica. El autor toma como principal argumento de su articulo otro anónimo, de 25 páginas, aparecido a principios de los años 30, y que evidenciaba el interés que había despertado la cuestión en medios oficiales.

818. **NOUSCHI, A.**, "Archives du l'ex-Gouvernement Géneral de

l'Algerie", *C.T.*, 9, 1961, nº 36, pp. 1-79.

Muchos de los documentos clasificados aquí tienen un interés jurídico directo, por ejemplo, los mencionados en las pp. 52-57 están relacionados con el *bayt al-māl*, con la organización de la justicia islámica, con la percepción del *zakāt*, etc. Los documentos pertenecen a una serie H.H. (Asuntos musulmanes). Dicha serie tiene 49 registros de diferentes tamaños y representa parte de la actividad epistolar de la Direction Centrale des Affairs Arabes, desde 1832 a 1911.

819. **NUNE, E.**, "Il parere giuridico (*fatwà*) del *Muftī* nel diritto musulmano", *O.M.*, 24, 1944, pp. 27-35.

Este estudio sobre la forma y el contenido de la fetua y la figura del muftí es de obligada consulta, pues constituye uno de los pocos trabajos de conjunto dedicados al tema.

820. **NWYIA, P.**, "Abū al-Ḥasan ᶜAlī al-Ḥarrālī (m. 638/1241)", *M.U.S.J.*, 51, 1990, pp. 165-195.

Extensa biografía con una nota bibliográfica de este filósofo y exégeta que también fue un experto en *fiqh* (p. 165), actividad en la que se dedicó al estudio del *Kitāb al-Tahḏīb*, la famosa recensión de la *Mudawwana* compuesta por Ibn al-Barādīᶜī (m. 372/983 o 400/1010). Escribió también un tratado sobre el derecho hereditario (*ᶜilm al-farā'iḍ*) y un opúsculo titulado *Kitāb futyā ṣalāḥ al-ᶜamal li-intiẓār al-aŷal*, sobre prácticas rituales (pp.174-175).

821. **O'KEEFE, B.**, "Aḥmad ibn Taymiyya, *Mas'alat al-kanā'is (The question of the churches)*", *I.Ch.*, 22, 1996, pp. 53-78.

Traducción y presentación del texto de Ibn Taymiyya sobre la situación jurídica de las iglesias de los cristianos.

822. **OLESEN, N.H.**, "Etude comparée des idées d'Ibn Taymiyya (1263-1328) et de Martin Luther (1483-1546) sur le culte des saints", *R.E.I.*, 50, 1982, pp. 176-206.

El autor, tras haber estudiado en su tesis la cuestión del culto de los santos según Ibn Taymiyya, cree que existen importantes similitudes entre la doctrina de este ulema y la del gran reformador protestante Martín Lutero. Los dos se erigen como reformadores de su época, intentando remontarse a los fundamentos de la fe original y de la palabra divina revelada. Su protesta no va en contra de los santos directamente, sino contra los sabios y autoridades religiosas que aceptan integrar el culto de los santos en la vida religiosa y en los dogmas de la religión.

823. **OLIVIERO, M.**, "Osservazioni sul sistema costituzionale algerino", *O.M.*, 71, 1991, pp. 463-502.

Se recoge el texto de la Constitución de la República Argelina Democrática y Popular (23-2-1989).

824. **PANETTA, E.**, "Una *waqfiyyah* ḥanafita del secolo XVIII", *A.I.O.N.* (Nuova Serie), 3, 1949, pp. 315-330.

El documento estudiado se refiere a la *madrasa* de Otmán Pachá de Trípoli. Los comentarios del autor sirven para introducirnos en los documentos sobre bienes habices, aportando, además, una bibliografía fundamental sobre el tema.

825. **PANETTA, E.**, "Un contrato tripolitano di permuta del XIII secolo", *A.I.O.N.* (Nuova Serie), 5, 1953, pp. 141-144.

Se refiere a la cesión de una tienda y sigue el ejemplo del documento anterior.

826. **PARET, R.**, "Signification coranique de *ḫalīfa* et d'autres dérivés de la racine *ḫalafa*", *S.I.*, 31, 1970, pp. 211-217.

Interpretación y aparición del término, tanto en singular como en plural, a través de versículos coránicos.

827. **PARFENTIEFF, B.**, "Etude de droit public malikite. Du droit du souverain musulman de disposer des biens appartenant au Trésor (*bayt māl al-muslimīn*)", *R.O.M.M.*, 1, 1966, pp. 161-204.

Traducción de algunas consultas hechas a sabios marroquíes acerca de los derechos del soberano musulmán sobre el tesoro público o *bayt al-māl*.

828. **PASCON, P.**, "Le commerce de la maison d'Ilīgh d'après le registre comptable de Husayn b. Hachem (Tazerwalt 1850-1875)", *A.E.S.C.*, 35, 1980, pp. 700-729.

Análisis de los datos que aporta el *kunnāš* de Ḥusayn b. Hāšim al-Ilīgī para la historia económica y social del Suroeste de Marruecos a mediados del siglo XIX. Dicha obra contiene en su mayoría actas notariales de reconocimiento de deudas, las cuales reflejan diferentes operaciones comerciales como inscripciones de cotizaciones, tasas, impuestos, multas y rescates debidos por un tercero; recibos de pago; donaciones, ofrendas y depósitos sin propósito comercial; recibos de deudas;

declaraciones de pago; actas de préstamo; comanditas comerciales, etc.

829. **PAUPHILET, D.**, "La disposition des terres collectives chez les Ouled Chehida", *C.T.*, 1, 1953, pp. 207-228.

Se ocupa de los conflictos surgidos por el tratamiento dado por las autoridades coloniales francesas a las tierras poseídas de forma comunitaria por grupos humanos - en este caso concreto se trata de una tribu tunecina- y la ulterior descomposición del sistema inmobiliario colectivista en Túnez.

830. **PELLAT, Ch.**, "L'Imamat dans la doctrine de Ǧāḥiẓ", *S.I.*, 15, 1961, pp. 23-52.

Análisis de su doctrina en los siguientes puntos: necesidad de la existencia de un *imām*, unidad de la función califal, obligación de la comunidad de tener un *imām*, condiciones y modalidades de ascensión al califato y destitución y sucesión del *imām*.

831. **PÉREZ BELTRÁN, C.**, "El matrimonio y el divorcio en la Argelia colonial (1830-1962): un intento de promoción femenina", *M.E.A.H.*, 38, 1989-1990, pp. 235-254.

Se analizan las reformas jurídicas francesas hasta 1962, una de cuyas características fue el intento por reducir y regular el poder ilimitado del esposo para romper el vínculo matrimonial.

832. **PERHO, I.**, "The use of the Koran and the Sunna in the medicine of the Prophet", *S.O.*, 64, 1988, pp. 131-143.

Breve estudio sobre el significado de la denominada "medicina del Profeta" en tres autores de finales del s. XV y su utilización de las tradiciones y el Corán.

833. **PERHO, I.**, "The Prophet's Medicine. A Creation of the Muslim Traditionalist Scholars", *S.O.*, 74, 1995, pp. 5-158.

Estudio de tres textos del siglo VIII/XIV en los que se recopilan y comentan hadices cuyo contenido versa sobre normas dietéticas y tratamiento de enfermedades (medical hadiths).

834. **PERLMANN, M.**, "Notes on the position of Jewish physicians in Medieval Muslim countries", *I.O.S.*, 2, 1972, pp. 315-319.

Análisis de algunos textos islámicos medievales que atacan la actividad realizada por los médicos judíos dentro de la sociedad islámica.

835. **PERLMANN, M.**, "A seventeenth century exhortation concerning al-Aqṣā", *I.O.S.*, 3, 1973, pp. 261-292.

Edición y estudio de un texto del s. XVII sobre el estatus de la mezquita en general y de la de Jerusalén en particular, tratándose en concreto aquellas prácticas que se consideran una desviación de la ortodoxia.

836. **PETERS, R.**, "*Ijtihād* and *Taqlīd* in 18th and 19th Century Islam", *W.I.*, 20, 1980, pp. 131-145.

Estudio de los argumentos empleados en los ss. XVIII y XIX en la secular discusión entre los reformistas, partidarios de la interpretación individual de los textos sagrados (*iŷtihād*) con independencia de la interpretación tradicional de las cuatro escuelas jurídicas, y los tradicionalistas, ulemas de esas escuelas, defensores del *taqlīd* como fundamento legal.

837. **PETERS, R.**, "Religious Attitudes towards Modernization in the Ottoman Empire. A nineteenth Century pious Text on Stemship, Factories and the Telegraph", *W.I.*, 26, 1986, pp. 76-105.

Traducción y estudio de un texto de finales del s. XIX como ejemplo del rechazo de algunos ulemas en el Imperio Otomano a las innovaciones tecnológicas procedentes de Occidente que, con frecuencia, fueron calificadas de *bida'*. Esta oposición fue especialmente acusada contra las reformas llevadas a cabo en educación o en la ley, donde ellos ejercían su poder.

838. **PETERS, R.**, "Murder on the Nile: Homicide Trials in 19th Century Egyptian Shari'a Courts", *W.I.*, 30, 1990, pp. 98-116.

El autor se plantea la cuestión de cómo se aplicaba la *šarī'a* en Egipto durante el s. XIX en casos de asesinato, antes de que entrase en vigor en el Código Penal francés en 1883. Con este fin, analiza la colección de *fatwà*-s titulada *Fatāwā al-mahdiyya fī l-waqā'i' al-miṣriyya* del muftí ḥanafí Muḥammad al-'Abbāsī al-Mahdī (m. 1315/1897).

839. **PETERS, R.**, "The Islamization of Criminal Law: A Comparative Analysis", *W.I.*, 34, 1994, pp. 246-274.

Estudio del derecho penal aplicado en las dos últimas décadas en países donde gobiernan partidos islámicos que han querido aplicar por ley de nuevo la *šarī'a*. En primer lugar, Peters hace una introducción al derecho penal dentro de la Ley Islámica. En un segundo apartado se estudia y compara la legislación penal islámica promulgada en Libia, Pakistán, Irán y Sudán, así como los diversos grados de aplicación de la misma.

840. **PETERS, R.**, "Muḥammad al-'Abbāsī al-Mahdī (d.1897), Grand Muftī of Egypt, and his *al-Fatāwà al-Mahdiyya*", *I.L.S.*, 1, 1994, pp. 66-82.

Análisis de las fetuas del Gran Muftí de Egipto Muḥammad al-'Abbāsī al-Mahdī (m.1897), del cual se concluye que durante la segunda mitad del siglo XIX el muftí jugaba un papel cada vez más importante en la administración de la justicia, ya que aseguraba la correcta y uniforme aplicación de la ley, intentando, en general, evitar que hubiera cambios decisivos en el derecho.

841. **PETERS, R. y VRIES, G.J.J. DE**, "Apostasy in Islam", *W.I.*, 17, 1976-77, pp. 1-25.

Durante el primer siglo del Islam se elaboraron una serie de leyes relativas a los apóstatas, que han permanecido vigentes hasta el s. XIX. La primera parte del artículo expone cuáles son estas normas de acuerdo con las cuatro escuelas jurídicas y con la *šī'a*. En la segunda parte se examina el *status* legal del apóstata en el Islam moderno desde los puntos de vista teórico y práctico y su relación con el concepto de libertad de credo.

842. **PETRÁČEK, K.**, "Die Chronologie der Werke von Ḥasan al-Kāfī al-Aqḥiṣārī", *ArOr*, 27, 1959, pp. 407-412.

Ordenación cronológica de las obras compuestas por Ḥasan al-Kāfī (m. 1025/1617), que vivió en los Balcanes. Dentro de esas obras se encuentran algunas de *fiqh*.

843. **PHILIPP, T.**, "The Idea of Islamic Economics", *W.I.*, 30, 1990, pp. 117-139.

Según el autor, Pakistán es la primera nación islámica donde grupos fundamentalistas intentaron implantar un sistema económico meramente islámico de acuerdo con la *šarī'a*. Estudia cuáles fueron las medidas adoptados por ellos con ese propósito y analiza cuál es su idea de la "economía islámica".

844. **PICINELLI, G.M.**, "Pasquale Stanislao Mancini e la codificazione egiziana (1875-1883)", *O.M.*, 70, 1990, pp. 59-

79.

Artículo estructurado en los siguientes puntos: 1) características generales introductorias sobre la codificación del Derecho Público, 2) la reforma de la jurisdicción consular en Egipto, 3) la primera relación de Mancini sobre la reforma (1875), 4) la segunda relación de Mancini sobre la reforma (1882), 5) la obra de Mancini en los códigos italianos y su influencia sobre la codificación nacional egipcia.

845. **PISTOR-HATAM, A.**, "Pilger, Pest und Cholera. Die Wallfahrt zu den Heiligen Stätten im Irak als gesundheitspolitisches Problem im 19. Jahrhundert", *W.I.*, 31, 1991, pp. 228-245.

Las peregrinaciones a La Meca han sido, desde el punto de vista médico, un factor de propagación de enfermedades y epidemias. El autor estudia cuáles fueron las más dañinas en el s. XIX y cuáles las medidas oficiales adoptadas para evitar su expansión. En un segundo apartado presta atención a la cuestión del transporte de cadáveres y a sus entierros. Al final del artículo se incluye el texto íntegro de un decreto real iraqí de 1924 sobre el tráfico de cadáveres. (Véase un artículo de C. Essner sobre el mismo tema en *W.I.*, 32, 1992).

846. **POLÍVKOVÁ, Z.**, "Un petite remarque sur l'origine du terme aval", *ArOr*, 20, 1952, pp. 446-448.

Breve estudio sobre el origen de la palabra "aval" y su significado dentro del contexto legal islámico. Se propone como posible origen la palabra *awwal*, en lugar de *ḥawāla*.

847. **PONCET, J.**, "Un problème d'histoire rurale: le habous Aziza Othmana, au Sahel", *C.T.*, 8, 1960, nº 31, pp. 137-156.

Sobre el anacronismo en el que vino a caer la institución del *waqf* y los bienes habices en Túnez en el siglo XX, a consecuencia de la colonización francesa. El estatuto jurídico del *ḥubus* suponía, o al menos así era visto, como una barrera para el desarrollo social y económico del país, desde el punto de vista occidental. La propiedad en la que se centra este artículo estaba situada en las antiguas *qā'idat* de Mahdiyya y Djebeniana, y tenía una extensión de 65.000 hectáreas plantadas de olivos.

848. **POUZET, L.**, "Les 'madrasa-s' de Damas et leurs professeurs au VII/XIIIème siècle", *M.U.S.J.*, 52, 1991-1992, pp. 121-196.

La lista de escuelas coránicas y profesores está conectada directamente con la actividad de cada *maḏhab*. Se da la localización y fecha de fundación de todas las escuelas, y cuando es posible, las fechas entre las cuales los profesores enseñaron en ellas. Al final del artículo encontramos un mapa con la situación de cada *madrasa* con puntos de diferentes colores dependiendo de la escuela jurídica a la que pertenecían.

849. **POWERS, D.S.**, "On the abrogation of the bequest verses", *Arabica*, 29, 1982, pp. 246-295.

Estudio de la controversia existente en los primeros siglos del Islam respecto a las aleyas 2:180 y 2:240 que habían sido abrogadas por 4:11-12. Estas aleyas versan sobre cuestiones de derecho sucesorio.

850. **POWERS, D.S.**, "The Islamic law of inheritance reconsidered: a new reading of *Q.* 4:12b", *S.I.*, 55, 1982, pp. 61-94.

En este estudio se sugiere que el versículo coránico 4:12b puede ser interpretado de tal manera que explícitamente se refiera al derecho de un hombre a designar a su esposa legal como su único heredero.

851. **POWERS, D.S.**, "The will of Sa'd b. Abī Waqqāṣ: a reassessment", *S.I.*, 58, 1983, pp. 33-53.

La legislación islámica estipula que la donación hecha en un testamento sea tan sólo de un tercio de los bienes cuando a la persona que ha hecho dicho testamento le sobrevive al menos un heredero legal. Esta restricción no tiene fundamento coránico, derivando de una tradición del Profeta. Powers pasa revista a los estudios de tres investigadores occidentales (J. Schacht, N.J. Coulson y R. Marston Speight) en los que se ha intentado fechar la introducción de dicha restricción y sus causas, y concluye, a diferencia de sus antecesores, que la restricción pudo ser introducida por el Profeta mismo.

852. **POWERS, D.S.**, "*Kadijustiz* or *Qāḍī*-Justice? A Paternity Dispute from Fourteenth-Century Morocco", *I.L.S.*, 1, 1994, pp. 332-66.

A través del estudio de un escrito mandado a un muftí de Fez en el que se transcribe la decisión tomada por un juez respecto a un caso de paternidad, el autor analiza la forma de actuar del juez islámico, su "familiaridad" con la doctrina legal y su habilidad para manipular el discurso legal.

853. **PRINS, J.**, "Adatlaw and Muslim Religious Law in Modern Indonesia. An Introduction", *W.I.*, 1, 1951, 283-300.

Los intelectuales holandeses dedicados al estudio de la justicia en culturas no-occidentales, introdujeron un neologismo para Indonesia, "adatrecht" -en inglés, adatlaw-, que denominaba las costumbres jurídicas, casi siempre no-escritas, halladas en aquella nación. Muchas de esas costumbres fueron adoptadas por la mayoría musulmana. El autor analiza la incidencia que tuvo ese "adatlaw" en la ley relativa a las relaciones: matrimonio, divorcio, herencia y fundaciones pías, según los diversos grados de islamización de las islas.

854. **PRITSCH, E.**, "Zum Recht der südpalästinensischen Beduinen", *W.I.*[1], 20, 1938, pp. 1-50.

855. **PRITSCH, E.**, "Die frommen Stiftungen im heutigen Islam", *W.I.*, 3, 1953-54, *Mittelilungen*, pp. 277-278.
Resumen del artículo de G. Busson de Janssens (*Revue des Études Islamiques*, 1951, pp. 1-72) titulado "Les waqfs dans l'Islam contemporain".

856. **PRITSCH, E.**, "Das Tunesische Personenstandsgesetz", *W.I.*, 5, 1957-58, pp. 188-205.
El autor estudia el nuevo *Code du Statut Personnel* (*Mağallat al-aḥkām aš-šajṣīya*), que entró en vigor en Túnez el día 1 de enero de 1957.

857. **PRÖBSTER, E.**, "Marokkanische Stimmen zum Berber-Dahir", *W.I.*[1], 15, 1933, pp. 65-73.

858. **PROST, G.**, "Utilisation de la terre et production dans le Sud tunisien: Matmata et Ouderna", *C.T.*, 2, 1954, pp. 28-66.
Las pp. 35-42 se refieren al sistema inmobiliario y a estructuras agrarias específicas de esta zona, en concreto la de "cheikhats".

859. **PUENTE, C. de la**, "Esclavitud y matrimonio en *al-Mudawwana al-kubrā* de Saḥnūn", *A.Q.*, 16, 1995, pp. 309-333.
La doctrina legal recogida en la *Mudawwana* equipara al esclavo con un menor de edad libre, pero le concede unas capacidades (poseer bienes, acordar su propia boda o pagar la dote) que no se le reconocen a otras escuelas jurídicas.

- **AL-QĀḌĪ, W.**: v. **KADI, W. al-**

860. **RADDATZ, H.-P.**, "Frühislamisches Erbrecht, nach dem *Kitāb al-Farā'iḍ* des Sufyān aṯ-Ṯaurī", *W.I.*, 13, 1971, pp. 26-78.

Edición crítica y estudio del libro de derecho hereditario, *Kitāb al-farā'id* de Sufyān al-Ṯawrī. Extenso estudio que incluye los siguientes apartados: 1) Introducción: biografía de Sufyān al-Ṯawrī, desarrollo del género de *farā'id* entre los ss. I y II de la hégira y descripción del ms.; 2) edición de la obra; 3) notas al texto árabe; 4) descripción de su contenido; 5) análisis crítico de las fuentes (*asānīd*) y de los hadices (*mutun*); 6) valoración del *K. al-farā'id*, donde se cuestiona la posible influencia del derecho preislámico hereditario; y 7) bibliografía sobre el tema.

861. **RĀĠIB, Y.**, "Structure de la tombe d'après le droit musulman", *Arabica*, 39, 1992, pp. 393-403.

El estudio más completo hasta la fecha sobre la estructura de la tumba según el derecho islámico.

862. **RĀĠIB, Y.**, "Les marchés aux esclaves en terre d'Islam", *S.S.*, 40, 1993, pp. 721-766.

Abundante información sobre la jurisprudencia relativa a los esclavos.

863. **RĀĠIB, Y.**, "Papyrologue malgré moi", *Arabica*, 43, 1996, pp. 206-210.

Sobre la influencia de C. Cahen en la especialización del autor en los papiros árabes, de gran interés desde el punto de vista jurídico.

864. **RAFEQ, A.K.**, "Les registres des Tribunaux de Damas comme source pour l'histoire de la Syrie", *B.E.O.*, 26, 1973, pp. 219-235 (5 láminas).

Descripción de los diversos tipos de registros (que abarcan desde el año 1583 hasta 1886-7), de los temas que tratan y de la organización de los tribunales.

865. **RAFIULLAH, A.S.**, "A note on Political Influence on the Practice of Divorce", *I.S.*, 5, 1966, pp. 99-104.

Por influencia de la política, muchas innovaciones en la práctica del divorcio que eran unánimemente consideradas inmorales y perniciosas en los primeros tiempos del Islam, han sido aceptadas como puramente islámicas en el siglo XX. La causa no es la ignorancia del derecho islámico, sino ulteriores y deliberados motivos políticos por parte de algunos gobernantes que eventualmente intervinieron en los asuntos de los musulmanes. Tal es el caso de la práctica de pronunciar el triple repudio en una sola expresión, práctica que los ulemas siempre fueron reacios a considerar islámica. Reformadores de todos los tiempos, a pesar de lo fuertemente enraizada que estaba dicha forma de divorcio triple, han intentado que volviera a hacerse como se había estipulado desde un principio, entre ellos Ibn Taymiyya e Ibn Qayyim. Finalmente, se promulgó una ley en Egipto en 1929 según la cual el triple repudio expresado de una sola vez equivalía a un divorcio revocable. En 1961, la Ley de Familia de Pakistán estableció que el *ṭalāq al-sunna* era la única forma de repudio para los musulmanes pakistaníes.

866. **RAḤĪM, M.A.**, "Syed Ameer ᶜAlī and Muslim Politics and Renaissance", *I.S.*, 7, 1968, pp. 93-112.

Syed Ameer, nacido en 1849, fue un eminente jurista, el primer musulmán al frente del Alto tribunal de Calcuta; es también recordado por sus trabajos en historia del derecho islámico. El autor quiere llamar la atención sobre su olvidado papel en la vida política entre los musulmanes indo-pakistaníes y su trabajo constructivo en este campo con vistas a preparar el camino de la regeneración social y política de la comunidad musulmana. Asimismo, tuvo mucho que ver en la reanimación cultural de los musulmanes y en la promoción del movimiento de renacimiento en el Subcontinente.

867. **RAHMAN, F.**, "Concepts of *Sunnah*, *ijtihād* and *ijmāᶜ* in the early period", *I.S.*, 1, 1962, pp. 5-21.

Estudio del significado de cada uno de los conceptos, de su interrelación y de su evolución o estancamiento en los siglos posteriores.

868. **RAHMAN, F.**, "*Sunnah* and *Ḥadīth*", *I.S.*, 1, 2, 1962, pp. 1-36.

Continuación del artículo anterior y en la misma línea que aquél, sobre la aparición de la *ahl al-sunna wa l-ŷamāᶜa*. El autor advierte de la necesidad de leer ambos como un todo.

869. **RAHMAN, F.**, "The post-formative developments in Islam", *I.S.*, 1, 4, 1962, pp. 1-23 y 2, 1963, pp. 297-316.

Sobre la evolución política, ética y espiritual del Islam en el periodo post-clásico y sobre la contribución del sufismo al desarrollo de la civilización islámica.

870. **RAHMAN, F.**, "Social change and early Sunnah", *I.S.*, 2, 1963, pp. 205-216.

La cuestión de la adaptabilidad del derecho islámico a la realidad social no se limita a una época determinada. Desde muy pronto los legisladores tuvieron que decidir en contradicción con la *sunna* para responder a los imperativos de la vida diaria. El estudio se centra en la época del califa ortodoxo ᶜUmar y se presentan varios ejemplos ilustrativos concernientes al derecho de guerra, a la justicia represiva, a los medios de prueba y a cuestiones de tipo social.

871. **RAHMAN, F.**, "Ribā and Interest", *I.S.*, 3, 1964, pp. 1-43.

El artículo incluye cuatro secciones: 1) sobre la naturaleza de la usura prohibida por el Corán, 2) materiales legales del hadiz concernientes a la extensión del término coránico *ribā* a diferentes formas de intercambio y de transacciones comerciales, 3) el papel del interés bancario en la economía de nuestros días y 4) conclusiones.

872. **RAHMAN, F.**, "The concept of *Ḥadd* in Islamic Law", *I.S.*, 4, 1965, pp. 237-251.

Análisis de la manera en que aparece definido el término *ḥadd* en el Corán sin tener en cuenta el hadiz, como base sobre la que elaborar una estructura islámica del castigo adecuada, tomando como ejemplo la forma de proceder de los alfaquíes con respecto a los principios de la disuasión y de la reformación.

873. **RAHMAN, F.**, "The Impact of Modernity on Islam", *I.S.*, 5, 1966, pp. 113-128.

Análisis de las dificultades que la modernización ha supuesto para el Islam y sobre la necesidad y la manera de hacer frente a su impacto en beneficio del bienestar social. F. Rahman hace referencia a los movimientos reformistas -como el de Muḥammad ᶜAbduh en Egipto y el de Aḥmad Jān en el Subcontinente indo-pakistaní- que son, en su opinión clásicos ejemplos de la dirección intelectual modernista. Más tarde el estudio se centra en el caso de Pakistán y en las iniciativas recientes (1966) para el desarrollo del país en áreas como la educación y las comunicaciones.

874. **RAHMAN, F.**, "The Status of the Individual in Islam", *I.S.*, 5, 1966, pp. 319-330.

El artículo se ha planteado como un intento por resaltar el estatus del individuo en el Islam como religión y por poner al individuo en relación con la sociedad, según las enseñanzas religiosas musulmanas, dado que el Islam es generalmente visto como una religión que hace un gran hincapié en la existencia colectiva y en la importancia fundamental de la comunidad.

875. **RAHMAN, F.**, "Currents of Religious Thought in Pakistan", *I.S.*, 7, 1968, pp. 1-7.

Se trata de las siguientes tendencias: en los años 30: 1) El grupo de los ulemas representados principalmente por las Escuelas de Deoband y Bareilly y mostrando las tendencias más conservadoras. 2) En el lado opuesto, la actividad de Abū l-ᶜAlā Mawdūdī que atrajo mucho la atención del público cultivado; sin embargo, este movimiento se tornó, paulatinamente, conservador y gradualmente, círculos de intelectuales emancipados comenzaron a organizarse alrededor de los años 50 en movimientos como el de Jalīfa ᶜAbdul Ḥakīm y el de Gulām Aḥmad Parvez. El autor concluye que los requerimientos intelectuales para generar un pensamiento genuinamente islámico todavía no habían sido conveniente evaluados en su época.

876. **RAHMAN, F.**, "Islam and the constitutional problem of Pakistan", *S.I.*, 32, 1970, pp. 275-287.

Interesante discusión acerca del carácter islámico del estado pakistaní a través de sus diferentes constituciones.

877. **RAHMAN, F.**, "*Jibt, ṭāghūt* and the *taḥkīm* of the *umma*", *Arabica*, 29, 1982, pp. 50-59.

Estudio de la figura del Profeta como árbitro (*ḥakam*) supremo de la comunidad musulmana.

878. **RAHMAN, T.**, "Adab al-Qāḍī", *I.S.*, 5, 1966, pp. 199-207.

Sobre los requisitos que tiene que cumplir un musulmán para ser *qāḍī*, las reglas que debe seguir, lo que debería y lo que está obligado a evitar. Todas estas normas son objeto de comentarios por parte del autor y vienen resumidas al final del artículo, pp. 205-207.

879. **RAMÓN GUERRERO, R.**, "El prólogo del *Taqrīb li-ḥadd al-manṭiq* de Ibn Ḥazm de Córdoba", *Qurṭuba*, 1, 1996, pp. 139-156.

La traducción del prólogo del tratado de lógica de Ibn Ḥazm es de interés para un mejor entendimiento de la doctrina jurídica de este ẓāhirí andalusí.

880. **RAMOS CALVO, A.**, "Le *Barnāmaǧ* d'al-Tuǧībī", *Arabica*, 24, 1977, pp. 291-298.

Descripción técnica y temática del *Barnāmaŷ*, destacando su interés histórico y bio-bibliográfico. Mención del manuscrito y del autor de la copia.

881. **RAMOS CALVO, A.**, "Estudio de la transmisión de las obras de *fiqh* contenidas en el *Barnāmaŷ* de at-Tuŷībī", A.Q., 7, 1986, pp. 107-134.

El repertorio bibliográfico estudiado contiene dieciocho obras completas sobre *fiqh*, tres fragmentos y sus respectivas cadenas de transmisión.

882. **RAYMOND, A.**, "Tunisiens et Maghrébins au Caire au dix-huitième siècle", *C.T.*, 7, 1959, pp. 335-371.

Entre los grupos de personas que viajaron a Egipto para cumplir con el santo deber de la peregrinación a La Meca y para el intercambio comercial, en las pp. 351-357 se analiza el caso de los ulemas. La mayoría de ellos aprovechaban la ocasión también para completar su formación intelectual en la Universidad cairota de al-Azhar, ocupando las ciencias jurídicas un lugar primordial entre los temas de sus estudios.

883. **RAYMOND, A.**, "Une liste des Deys de Tunis, de 1590 à 1832", *C.T.*, 8, 1960, nº 32, pp. 129-151.

La lista aparece en el manuscrito nº 1618 inventariado por E. Fagnan en la Biblioteca Nacional de Argel, folios 39 y 40, como parte del *kunnāš* de Šayj Ḥasan Ibn Muṣṭafā al-Turŷumān. Dicha lista confirma el contenido de otras proporcionadas por autores árabes, esencialmente Ibn Abī Dīnār al-Qayrawānī, y por otros occidentales, y permite hacerse una idea bastante exacta de las características del cargo de Dey y de su evolución.

884. **REENEN, D. van**, "The *Bilderverbot*, a new Survey", *D.I.*, 67, 1990, 27-77.

Estudio de la prohibición de crear imágenes en la literatura de hadiz. El autor revisa minuciosamente numerosos pasajes relativos a este tema extraídos de diversas fuentes, entre ellas algunos libros de *fiqh*. Sobre esta cuestión, véanse: K.A.C. Creswell, "The Lawfulness of Painting in Early Islam", *Ars Islamica*, 11-12, 1946, pp. 159-66; G.R.D. King, "Islam, Iconoclasm, and the Declaration of Doctrine", *BSOAS*, 48, 1985, pp. 267-77, a los que D. van Reenen remite en la nota 2.

885. **REILLY, J.A.**, "Women in the economic life of Late-Ottoman Damascus", *Arabica*, 42, 1995, pp. 79-106.

A través de documentación de archivos y fuentes literarias se analizan especialmente las relaciones de la mujer con la propiedad.

886. **REINAUD, M.**, "Traités de commerce entre la république de Venise et les derniers sultans mameloucs d'Égypte, traduits de l'italien, et accompagnés d'éclaircissements", *J.A.*, 4, 1829, pp. 22-51.

En estos tratados comerciales se utilizan las mismas expresiones que en los tratados árabes del mismo género establecidos entre las colonias cristianas de Oriente y los primeros sultanes mamelucos. Muestran cómo el penúltimo sultán mameluco recurre a singulares medidas para conservar sus beneficios cuando Egipto perdió mucha de su importancia comercial al ser descubierto el Cabo de Buena Esperanza y aparecer otras vías de navegación.

887. **REITER, Y.**, "Family Waqf Entitlements in British Palestine (1917-1948)", *I.L.S.*, 2, 1995, pp. 174-93.

A través de los documentos de *waqf* y de decisiones de los jueces en los registros de los tribunales de Jerusalén durante el dominio británico en Palestina, se analizan tres aspectos relativos a los legados familiares: el derecho de las mujeres a transmitir sus propiedades a la siguiente generación, el tratamiento entre hombres y mujeres, así como las propiedades de los nietos huérfanos. En estos tres campos, se compara la teoría y la práctica.

888. **RICHARD, Y.**, "La constitution de la république islamique d'Iran et l'Etat Nation", *R.E.M.M.M.*, 68-69, 1993, pp. 151-162.

Análisis de la Constitución iraní de 1979 en relación a conceptos de la modernidad política, tales como nación, estado, democracia. Se concluye que la defensa de la nación es la tarea principal del estado y que se pone tanto más énfasis en su carácter islámico cuanto más débil es el carácter estrictamente religioso de las instituciones.

889. **RISPLER(-CHAIM), V.**, "Toward a New Understanding of the Term *bid'a*", *D.I.*, 68, 1991, 320-228.

Estudio comparativo del uso y significado del término *bid'a* (innovación) en diferentes juristas árabes, pertenecientes a las diversas escuelas y a diferentes épocas -al s. XX le dedica el tercer apartado del artículo. La autora concluye que la evolución de este concepto no se detuvo al cerrarse la puerta del *iŷtihād*, sino que supuso un desarrollo posterior del derecho que prosigue en nuestros días. Ningún jurista tuvo problemas por discutir esta cuestión, lo que hace suponer que hubo un consenso implícito, que consentía su estudio.

890. **RISPLER-CHAIM, V.**, "*Nušūz* between Medieval and Contemporary Islamic law: the human rights aspect", *Arabica*, 39, 1993, pp. 315-327.

Detallado análisis de la "rebelión" de la mujer contra el marido y el tema relacionado de los malos tratos a la mujer por parte del marido.

891. **RISPLER-CHAIM, V.**, "Ḥasan Murād Mannā', «Childbearing and the

Rights of a Wife»", *I.L.S.*, 2, 1995, pp. 92-9.

Traducción y estudio de una fetua del muftí kuwaytí Ḥasan Murād Mannā', ante la pregunta de una mujer que pide el divorcio de su marido porque éste es estéril. El estudio de esta respuesta ofrece importantes datos relativos al estatus de la mujer en la sociedad musulmana contemporánea, a las actitudes de los juristas musulmanes respecto a los logros conseguidos por la medicina moderna, así como su visión respecto a los conflictos surgidos entre la doctrina clásica islámica y los logros modernos.

892. **RISPLER-CHAIM, V.**, "The 20th Century Treatment of an Old *Bid'a: Laylat al-Niṣf min Sha'bān*", *D.I.*, 72, 1995, 82-97.

A pesar de la discusión de los juristas, numerosas costumbres consideradas como innovaciones (*bida'*) , han sido aceptadas por la mayoría y han pervivido a lo largo de los siglos. Rispler-Chaim presta atención a la consideración como *bid'a* de la antigua costumbre de la celebración de la noche del día quince del mes de *ša'bān*.

893. **RISPLER-CHAIM, V.**, "Islamic Law of Marriage and Divorce and the disabled Person: The Case of the epileptic Wife", *W.I.*, 36, 1996, 90-106.

Su autora estudia la cuestión legal de algunas enfermedades padecidas por la esposa como un factor válido para la disolución del matrimonio y toma como ejemplo el caso de la epilepsia.

894. **RITTER, H.**, "Fetwa des Scheiches-Saijid Hibet ed-Din Eschschahrastani en-Nedschefi über die Freundschaft der Muslime mit den Deutschen", *W.I.*[1], 4, 1917.

Traducción de una *fatwà* sobre la amistad de Alemania con los musulmanes. El Dr. H. Ritter realizó la traducción cuando era traductor en el 6º ejército otomano en Bagdad.

895. **RITTER, H.**, "Carl Heinrich Becker als Orientalist (geb. 12.4. 1876, gest. 10.2. 1933)", *D.I.*, 24, 1937, pp. 175-185.

Necrológica del orientalista alemán C.H. Becker, autor de trabajos sobre temas muy diversos, entre ellos, algunos de derecho islámico.

896. **RITTER, H.**, "Azerbeidschanische Texte zur nordpersischen Volkskunde. II", *D.I.*, 25, 1939, pp. 234-268.

Continuación de un artículo publicado dieciocho años antes en la misma revista. H. Ritter analiza, sobre todo desde el punto de vista lingüístico, unos relatos tradicionales procedentes de Azerbayán. Los textos recogidos por Ritter son interesantes desde el punto de vista jurídico para el estudioso del derecho de familia porque describen tradiciones matrimoniales.

897. **ROBSON, J.**, "The transmission of Nasā'ī's «*Sunan*»", *J.S.S.*, 1, 1956, pp. 38-59.

Después de hacer una brevísima biografía de al-Nasā'ī y las circunstancias en las que escribió su *Sunan*, una de las seis recopilaciones de *ḥadīṯ* consideradas como canónicas, se estudian cinco transmisiones del libro recopilado por al-Nasā'ī: Ibn al-Aḥmar (m.358/969), Muḥammad b. Qāsim (m.327/939), Ḥamza b. Muḥammad (m.357/968), Ibn Ḥayawīya (m.306/919, fecha que el autor pone en duda), Ibn al-Muhandis (m.385/995) e Ibn al-Sunnī (m.364/975).

898. **ROBSON, J.**, "The transmission of Ibn Majah's «*Sunan*»", *J.S.S.*, 3, 1958, pp. 129-41.

El *Sunan* de Ibn Māŷa no tuvo la misma variedad de transmisores que las otras cinco colecciones canónicas de *ḥadīṯ*. Quizá esto fuese motivado por el hecho de que fue aceptado mucho más tarde por la comunidad de juristas. Este trabajo es un estudio sobre la transmisión de esta obra, en la misma línea que el artículo anterior.

899. **ROBSON, J.**, "Varieties of the *ḥasan* tradition", *J.S.S.*, 6, 1961, pp. 47-61.

Algunos términos técnicos utilizados en las colecciones canónicas han dado lugar a frecuentes discusiones destinadas a clarificar su significado a lo largo del tiempo y explicar su evolución. El término *ḥasan* aparece combinado frecuentemente con otra serie de términos a los que adjetiva y que han sido recogidos por el autor a partir del *Ŷāmi'* de al-Tirmiḏī.

900. **RODRÍGUEZ MAÑAS, F.**, "Hombres santos y recaudadores de impuestos en el Occidente musulmán (siglos VI-VII/XII-XIV)", *A.Q.*, 12, 1991, pp. 471-96.

Exposición de la actuación de los santos magrebíes en favor de aquellos afectados por el cobro abusivo de impuestos. Este tipo de intercesión (*šafā'a*) se ilustra a través de varios ejemplos prácticos, procedentes de fuentes hagiográficas del Occidente musulmán (siglos VI/VII-XII/XIV).

901. **RODRÍGUEZ-MAÑAS, F.**, "Encore sur la controverse entre soufis

et juristes au moyen âge: critique des mécanismes de financement des confréries soufies", *Arabica*, 43, 1996, pp. 406-421.

De interés para las relaciones de rivalidad entre los grupos de alfaquíes y sufíes, para la práctica de la limosna tanto obligatoria como voluntaria y para el funcionamiento de los *awqāf* en conexión con las cofradías místicas.

902. **RODRÍGUEZ MEDIANO, F.**, "Justice, crime et châtiment au Maroc au 16e siècle", *A.H.S.S.*, 51, 1996, pp. 611-28.

Análisis de los sistemas penales existentes en Marruecos en el s. XVI como un elemento en la estrategia del poder político para obtener el monopolio sobre la violencia legítima.

903. **RÖHRBORN, K.**, "Konfiskation und intermediäre Gewalten im Osmanischen Reich", *D.I.*, 55, 1978, pp. 345-351.

Se estudian las causas y las justificaciones legales de las confiscaciones de bienes privados llevados a cabo en el Imperio Otomano durante los ss. XVI y XVII.

904. **RONDOT, P.**, "Assemblées traditionelles dans les Nefza. Les conseils de fraction (*miᶜād*) dans quelques tribus de la Tunisie du Nord (Nefza, ᶜAmdūn, Uštāta)", *C.T.*, 3, 1955, pp. 265-267.

Estudio muy interesante sobre una institución llamada *miᶜād* consistente en un consejo de notables en las tribus; los miembros de dicho consejo ejercieron un papel de gran relevancia como árbitros en diferencias de naturaleza variada. El autor hace referencia al proceso de decadencia en el que entró esta institución a mediados del siglo XX como resultado del control creciente ejercido por el poder central del Protectorado y llama la atención sobre la escasez de publicaciones sobre instituciones beduinas de este tipo.

905. **ROSEN, L.**, "Law and Custom in the Popular Legal Culture of North Africa", *I.L.S.*, 2, 1995, pp. 194-208.

Se argumenta, a través de las decisiones tomadas en los tribunales del Norte de Africa, que la costumbre no se sitúa fuera de la ley sagrada, sino que es uno de los componentes esenciales de la ley considerada islámica. La práctica local y los principios universales de la *šarīʿa* surgen de conceptos populares. Los propios funcionarios de la justicia, según el autor, no sólo entienden la costumbre como parte de la *šarīʿa*, sino que suponen que es susceptible de responder a las circunstancias cambiantes.

906. **ROSENTHAL, E.I.J.**, "Some reflections on the Separation of Religion and Politics in Modern Islam", *I.S.*, 3, 1964, pp. 249-284.

El autor plantea que para dar respuesta a las preguntas que hoy en día se hacen los musulmanes sobre el tema, es necesario primero entender lo que fue el Islam clásico y su relevancia y capacidad para resolver muchos de los problemas prácticos que deben ser resueltos en cada Estado. Para ello Rosenthal hace un repaso de las opiniones de varios pensadores islámicos del presente y del pasado como Rašīd Riḍà, ᶜAlī ᶜAbd al-Rāziq y Muḥammad al-Gazālī.

907. **ROSENTHAL, F.**, "Political Justice and the Just Ruler", *I.O.S.*, 10, 1980, pp. 92-101.

Las principales cuestiones que se plantean son: ¿Se puede hablar de la existencia de una noción de "justicia" como ideal político y social a lo largo de la historia del mundo islámico? ¿pudo la amplia difusión de la filosofía griega transmitir este concepto a los círculos religiosos islámicos?

908. **ROSSI, E.**, "Risposta di Shekīb Arslān e dichiarazioni del *Muftī* di Beirut favorevoli alle democrazie", *O.M.*, 20, 1940, pp. 376-382.

Traducción de documentos favorables a la democracia emitidos como respuesta a la propaganda contra las potencias totalitarias.

909. **ROSSI, E.**, "Il diritto consuetudinario delle tribu arabe del Yemen", *R.S.O.*, 23, 1948, pp. 1-36.

Artículo desarrollado en once puntos en los que se comentan cuestiones fundamentales del derecho consuetudinario de las tribus árabes del Yemen, apoyándose en los textos (derecho penal, procesal, la guerra). Incluye una fetua zaydí sobre *ḥukm al-ṭāgūt*.

910. **ROUSSIER, J.**, "L'application du Chra' au Maghrib en 1959", *W.I.*, 6, 1959-61, pp. 25-55.

Estudio de la aplicación de la ley islámica en Marruecos, Argelia -todavía perteneciente a la República Francesa- y Túnez en época del autor del artículo. Divide el análisis en los siguientes apartados: estatuto personal; propiedad; contratos y obligaciones; y, por último, sucesiones, testamentos y fundaciones pías (*ḥubus*). Véase otro artículo sobre el tema de J. Roussier en esta misma revista, así como un documento, firmado por Habib Bourguiba, relativo al contrato matrimonial y a la prohibición de la poligamia en Túnez : "L'Acte de Mariage et le délite de polygamie en Tunisie" (*Urkunden*, pp. 130-133).

911. **ROUSSIER, J.**, "Mariage et divorce en Algérie", *W.I.*, 6, 1959-61, pp. 248-254.

Apostilla a otro artículo de este autor publicado en el mismo número de esta revista (*vide supra*), en el que explica un documento argelino aparecido tras su publicación (17 de septiembre de 1959), que trataba aspectos jurídicos importantes relativos al matrimonio y a su disolución.

912. **ROUSSIER, J.**, "Dispositions nouvelles dans le statut successoral en Droit tunisien", *S.I.*, 12, 1960, pp. 131-144.

Las disposiciones de la ley del 19/VI/59 fueron pensadas para subsanar las lagunas que aparecen en el decreto del 13/VIII/56 en materia de testamento.

913. **ROUSSIER, J.**, "Le Livre du Testament dans le nouveau Code Tunisien du statut personnel", *S.I.*, 15, 1961, pp. 89-124.

Sobre la ley nº 59-77 del 19 de junio de 1959 del Código tunecino del estatuto personal que versa sobre el testamento voluntario y el legado obligatorio.

914. **RUBIN, U.**, "*Al-walad li-l-firāsh*: on the Islamic campaign against *zinā*", *S.I.*, 78, 1993, pp. 5-26.

La famosa tradición del Profeta "la descendencia pertenece al dueño del lecho" es estudiada en el contexto de la sociedad islámica de los primeros siglos y en el de la pugna entre el derecho "califal" y el de los ulemas basado en la "tradición del Profeta" o *sunna*.

915. **RUBIO, L.**, "Juicios de algunos musulmanes sobre las doctrinas de Algazel", *C.D.*, 169, 1956, pp. 90-111.

Edición, traducción y estudio de la *Risāla* de Ibn Jalṣūn (recogida en la *Iḥāṭa* de Ibn al-Jaṭīb), en la que se pasa revista a los juicios formulados por diferentes ulemas andalusíes sobre la obra de al-Gazālī. De interés por el debate habido en el seno del mālikismo andalusí respecto a la producción gazaliana.

916. **RUBIO, L.**, "La Ciudad de Dios y los estudios semíticos", *C.D.*, 194, 1981, pp. 239-268.

La parte dedicada a estudios árabes aporta bibliografía sobre derecho islámico.

917. **RUIZ-ALMODÓVAR, C.**, "El Código sirio de Estatuto Personal", *M.E.A.H.*, 45, 1996, pp. 233-280.

Traducción dicho Código de 1975, acompañada de su estudio en relación al anterior de 1953.

918. **RUIZ-ALMODÓVAR, C.**, "El Código Tunecino de Estatuto Personal", *M.E.A.H.*, 44, 1995, pp. 157-199.

Promulgado en 1956, es el que más innovaciones ha introducido con respecto al derecho islámico. Se ofrece su traducción.

919. **RUIZ DE ALMODÓVAR Y SEL, C.**, "La posición de la mujer musulmana en el matrimonio: su desarrollo social a partir del testimonio coránico", *M.E.A.H.*, 37, 1988, pp. 227-239.

Descripción general de las prescripciones relativas a la mujer en el matrimonio islámico. En la nota 1 se recoge una bibliografía general sobre la situación social y jurídica de la mujer en el Islam.

920. **RUZAFA GARCÍA, M.**, "El matrimonio en la familia mudéjar valenciana", *Sh.A*, 9, 1992, pp. 165-176.

Análisis de los cambios que se advierten en las prácticas matrimoniales de los mudéjares, como por ejemplo eclipse del *mahr* del novio frente a las arras de la esposa. .

921. **SAAB, H.**, "The Spirit of Reform in Islam", *I.S.*, 2, 1963, pp. 17-39.

Muy interesante desde el punto de vista jurídico, pues el reformador es presentado como un *muŷtahid* que tiene que hacer una nueva interpretación del Corán para hacer frente a los cambios que traen consigo los tiempos. El artículo está centrado en el reformismo islámico de finales del siglo XIX y primera mitad del XX.

922. **SAARISALO, A**, "A *waqf*-document from Sinai", *S.O.*, 5, 1934, pp. 3-24+8 pp. en árabe.

Edición y traducción de un documento de *waqf* del año 1064/1654 como ejemplo de los más de 500 manuscritos árabes de contratos legales conservados en el monasterio del monte Sinaí.

923. **SAARISALO, A.**, "The Turkish *waqf*", *S.O.*, 19, 1953, pp. 3-6.

Precisiones sobre el significado del término *waqf* y la permisividad del gobierno turco para que el monasterio del monte Sinaí mantuviera sus propiedades de *waqf* bajo una administración especial.

924. **SABUNI, A. y WIEDENSOHLER, G.**, "Die Eheschließung und ihre Wirkung im syrisch-islamischen Recht", *W.I.*, 20, 1980, pp. 146-161.

Estudio de la leyes relativas al matrimonio en Siria y su repercusión en diversos aspectos legales de las relaciones familiares: la dote, sustento, vivienda, y custodia.

925. **SADAN, J.**, ""Community" and "Extra-Community" as a Legal and Literary Problem", *I.O.S.*, 10, 1980, pp. 102-115.

Análisis de la máxima que se recoge como dicha por el Profeta: "es preferible un gobernante infiel justo que un gobernante musulmán injusto" y sus consecuencias jurídicas.

926. **SAINT MARIE, A.**, "Mechmel et bien communaux dans la Kabylie du Djurdjura à la fin du XIXéme siècle", *C.T.*, 24, 2, 1976, pp. 119-143.

El término *mechmel* designa tierras comunales pertenecientes a un pueblo cuyos beneficios son dedicados al interés común. Estaban reguladas por la costumbre local, sancionada por una *ŷamā'a* o comunidad. Las normas (*qawānīn*) relacionadas con este tipo de propiedad eran escasas en la codificación de la ley consuetudinaria llevada a cabo durante la colonización. El autor tiene el propósito de definir esta categoría inmobiliaria y de precisar lo que representaba en la organización social y económica de las familias, pueblos y tribus.

927. **AL-ŠAK'A, M.**, "Abū l-Walīd b. Rušd wa-qaḍiyyat al-īmān", *R.I.E.E.I.*, 23, 1985-1986, pp. 153-171 (parte árabe).

Estudio de la profesión de fe de Ibn Rušd en tanto que filósofo y jurista.

928. **SALATI, M.**, "Un documento di epoca mamelucca sul *waqf* di 'Izz al-dīn Abū l-Makārim Ḥamza b. Zuhra al-Ḥusaynī al-Isḥāqī al-

Ḥalabī (ca. 707/1307)", *A.C.F.*, 33, 1994, pp. 97-138.
Edición de un documento de *waqf* fechado en 829/1426 (Alepo).

929. **SALIBI, K.S.**, "Listes chronologiques des grands cadis de l'Egypte sous les Mamelouks", *R.E.I.*, 25, 1957, pp. 81-125.
Lista de los cadíes de Egipto en época mameluca precedida de un índice bibliográfico.

930. **SALIBI, K.S.**, "The Banū Jamā'a: a dynasty of shāfi'ite jurists in the Mamluk period", *S.I.*, 9, 1958, pp. 97-109.
Estudio de una familia de alfaquíes šāfi'íes en época mameluca, parte de un estudio más amplio sobre la formación de una "aristocracia de erudición jurídica y religiosa" que era la única salida posible para los nativos musulmanes dentro de la vida pública bajo el gobierno de los mamelucos.

931. **SALLES, E. de**, "Conjectures sur la médicine légale parmi les arabes du temps des khalifes", *J.A.*, 15, 1835, pp. 202-206.
Apología del desarrollo de la medicina y de la preocupación por la higiene entre los árabes. Curioso.

932. **SAMI A. AL DEEB, A. S.**, "La section du droit arabe et musulman de l'Institut Suisse de Droit Comparé à Lausanne", *O.M.*, 67, 1987, pp. 223-230.
Tras describir los objetivos del "Institut Suisse de Droit Comparé" de Lausana, se pasa revista a la sección de derecho árabe y musulmán, concluyendo que posee la mejor colección de obras al respecto en Europa.

933. **SANGUINETTI, B.R.**, "Notice sur Khalil, fils de Caicaldy, extraite du Dictionnaire biographique intitulé: *al-Wāfī bi-l-Wafayāt*; texte arabe, publié, traduit et commenté par...", *J.A.*, 10, 1857, pp. 227-250.
Edición y traducción de la biografía de Jalīl b. Kaykaldī, alfaquí šāfi'í de principios del s. VIII/XIV.

934. **SANTIAGO SIMÓN, E. de**, "A propósito de la prodigalidad de un alfaquí", *M.E.A.H.*, 21, 1972, pp. 171-174.

Anécdota relativa al alfaquí toledano Aḥmad b. Sa'īd b. Kawṯar al-Anṣārī (m. 403/1012), extraída de la *Ṣila* de Ibn Baškuwāl. Muestra su generosidad y hospitalidad hacia sus discípulos.

935. **SANTIAGO SIMÓN, E. de**, "Una curiosa anécdota de Ibn al-Jaṭīb", *M.E.A.H.*, 26-28, 1977-79, pp. 441-442.

Anédota relativa a una mujer, casada con el cadí de Loja, que era más sabia que su marido en cuestiones relativas a los dictámenes jurídicos y los procedimientos legales.

936. **SANTILLANA, D.**, "Il Libro di diritto di Zayd b. 'Alī e il sistema zaydita", *R.S.O.*, 8, 1919-20, pp. 743-74.

Extensa recensión de la edición del "Corpus iuris" de Zayd b. 'Alī llevada a cabo por E. Griffini y publicada en Milán 1919. Se incluyen algunas correcciones a la edición.

937. **SANTILLANA, D.**, "Il concetto di califfato e di sovranitá nel diritto musulmano", *O.M.*, 4, 1924, pp. 339-350.

Reproducción del libro I, sec. II, de la obra de D. Santillana, *Istituzioni di diritto musulmano malichita* (2 vols., Roma, 1938).

938. **SANTUCCI, R.**, "Les formes de l'Etat et les problèmes ethnico-religieux", *C.E.A.*, 1, 1987, pp. 87-107.

Plantea el problema de las minorías étnico-religiosas dentro de los estados islámicos actuales.

939. **SARTAIN, E.M.**, "Jalāl ad-Dīn al-Suyūṭī's relations with people of Takrur", *J.S.S.*, 16, 1971, pp. 193-8.

Se estudian las fluídas relaciones establecidas entre al-Suyūṭī y los juristas, hombres de religión y sultanes de las zonas más sureñas de Africa, comprobándose la importante influencia que tuvieron los intelectuales y juristas de El Cairo en esta zona al menos en el siglo XV.

940. **SAUVAGET, J.**, "Décrets mamelouks de Syrie", *B.E.O.*, 2, 1932, pp. 1-52; 3, 1933, pp. 1-29; 12, 1947-48, pp. 5-60.

Publicación de una serie de inscripciones árabes que recogen decretos y que ofrecen una importante información sobre detalles de procedimientos administrativos ignorados por los manuales y los formularios de las cancillerías.

941. **SAUVAGET, J.**, "Extraits du *Bugyat aṭ-Ṭalab* d'Ibn al-'Adīm", *R.E.I.*, 7, 1933, pp. 393-409.

Como tantos otros diccionarios biográficos, la obra de Ibn al-'Adīm contiene información sobre alfaquíes y cadíes.

942. **SAVORY, R.M.**, "Religion and Government in an Iṯnā 'Ašarī Šī'ī State", *I.O.S.*, 10, 1980, pp. 195-210.

Irán es el único estado en el que el ši'ismo Iṯnā 'Ašarī es la religión oficial. Los juristas ši'íes, a diferencia de los sunníes, nunca han intentado adaptar la teoría jurídica a la práctica política en lo que respecta al gobierno del estado: en su opinión, ninguna forma de gobierno es legítima excepto la del Imām oculto. ¿Cuáles son, pues, las relaciones entre estos ulemas y el gobierno?

943. **ŠAYJA, Ŷ.**, "Abū ᶜAbd Allāh Muḥammad b. Ḥāriṯ b. Asad al-Jušanī al-Ifrīqī al-Andalusī", *C.T.*, 26, 2, 1978, pp. 33-60 de la parte árabe.

Estudio sobre la vida y la obra del famoso autor de la historia de jueces cordobeses *Ta'rīj quḍāt Qurṭuba*, en el que se hace hincapié en el interés de las obras del género *ṭabaqāt* o diccionarios biográficos.

944. **AL-SAYYID, R.**, "Contemporary Muslim thought and Human Rights", *I.CH.*, 21, 1995, pp. 27-41.

Comparación de las dos declaraciones islámicas de derechos del hombre (1981 y 1992) con la Declaración de Derechos del Hombre de 1942. Apuesta a favor de una renovación que tenga presente la evolución histórica.

945. **SCARCIA, G.**, "Aspetti giuridici e politici della recente polemica tra Persia e Unione Sovietica", *O.M.*, 39, 1959, pp. 499-513.

Análisis jurídico-político de la polémica entre la Unión Soviética y Persia a raíz de la intención de esta última de firmar un acuerdo bilateral con los Estados Unidos.

946. **SCHACHT, J.**, "*Šarī'a* und *Qānūn* im modernen Ägypten. Ein

Beitrag zur Frage des islamischen Modernismus", *D.I.*, 20, 1932, pp. 209-236.

Los puntos fundamentales de este artículo fueron expuestos en el *18. Internationalen Orientalistenkongreß* el ocho de septiembre de 1931 en Leiden (véase *Actes du XVIIIe Congrès International des Orientalistes*, Leiden 1931, pp. 209 y ss.). Schacht hace un análisis de la relación o conflicto entre ley (*qānūn*) y ley islámica (*šarī'a*) existente en Egipto a raíz de las modificaciones legales llevadas a cabo por los "reformistas".

947. **SCHACHT, J.**, "Zur Geschichte des islamischen Dogmas", *D.I.*, 21, 1933, pp. 286-291.

Largo comentario a la obra de A.J. Wensinck, *The Muslim Creed. Its Genesis and Historical Development*, publicado en Cambridge en 1932, que, según el propio J. Schacht, vino a llenar la carencia que había hasta ese momento de un estudio de conjunto sobre el desarrollo histórico de los dogmas en el Islam.

948. **SCHACHT, J.**, "Zur soziologischen Betrachtung des islamischen Rechts", *D.I.*, 22, 1935, pp. 207-238.

Rebate detenidamente las teorías expuestas por M. Weber en el capítulo VII de su obra *Wirtschaft und Gesellschaft* (*Economía y sociedad*) acerca del derecho islámico.

949. **SCHACHT, J.**, "Christiaan Snouk Hurgronje (8.2 1857- 26.6. 1936)", *D.I.*, 24, 1937, pp. 192-195.

Necrológica del orientalista holandés C.S. Hurgronje.

950. **SCHACHT, J.**, "New sources for the history of Muhammadan theology", *S.I.*, 1, 1953, pp. 23-42.

En función de las nuevas fuentes descubiertas en el momento de escribir el artículo, Schacht pasa revista a los problemas históricos más importantes de la teología islámica (préstamos e influencias no islámicos, la responsabilidad del hombre, los precedentes del aš'arismo, ortodoxia popular), poniéndolos en relación con sus propias investigaciones sobre derecho islámico.

951. **SCHACHT, J.**, "Islam in Northern Nigeria", *S.I.*, 8, 1957, pp. 123-146.

Uno de los estudios pioneros sobre las características del Islam existente en el Norte de Nigeria, prestando atención a la influencia del Islam "puritano" de 'Uṯmān b. Fūdī y a la institución del cadiazgo. Se analiza la creciente difusión del Islam entre la población pagana.

952. **SCHACHT, J.**, "Problems of modern Islamic legislation", *S.I.*, 12, 1960, pp. 99-129.

La legislación islámica moderna es la manifestación más importante del modernismo islámico. Su problemática puede ser comparada a la que existió en los dos primeros siglos del Islam, comparación esbozada por Schacht.

953. **SCHACHT, J.**, "On Abū Muṣ'ab and his *Muḫtaṣar*", *A.A.*, 30, 1965, pp. 1-14.

El *Mujtaṣar* de Abū Muṣ'ab es uno de los manuales más antiguos de la escuela mālikí y en este artículo se analiza la vida del autor y el contenido de dicha obra.

954. **SCHACHT, J.**, "Further on Abū Muṣ'ab and his *Muḫtaṣar*", *A.A.*, 30, 1965, p. 386.

Correcciones a su artículo publicado en el mismo número de *Al-Andalus*.

955. **SCHACHT, J.**, "Notes on Islam in East Africa", *S.I.*, 23, 1965, pp. 91-136.

Estudio de la historia y de las características del Islam existente en Uganda, Kenya, Tanganika, Zanzíbar, con una parte dedicada a la difusión de la Aḥmadiyya, de los Ibādíes, Ismā'īlíes y Bohoras en la zona. Se dedica un apartado a las prácticas religiosas y a las sectas, y otro a las mezquitas. Termina con un apartado bibliográfico.

956. **SCHEFFLER, A.**, "Die Dardanellenfrage", *W.I.*[1], 2, 1914, pp. 101-179.

Largo informe sobre la historia del conflicto sobre los montes Dardanelos, donde se sigue detenidamente todo el proceso legal.

957. **SCHIMMEL, A.M.**, "Some glimpses of the religious life in Egypt during the later Mamlūk period", *I.S.*, 4, 1965, pp. 353-392.

Las fuentes que la autora examina -las crónicas de Ibn Tagrībirdī e Ibn Iyās, la historia de al-Maqrīzī y el manual para funcionarios de al-Qalqašandī y otros muchos pequeños tratados-, entre el gran número de las existentes para el periodo mameluco (1250-1517), están llenos de interesantes detalles, pues en su mayoría no se trata de historiografía oficial sino que aportan la visión personal de sus autores. Gracias a esta circunstancia, permiten obtener una rica impresión de la vida y las prácticas rituales de las clases populares, así como de las virtudes y defectos del ejército mameluco y de aquellos que ejercían cargos religiosos.

958. **SCHNEIDER, I.**, "Die Merkmale der idealtypischen *qāḍī*-Justiz-Kritische Anmerkungen zu Max Webers Kategorisierung der islamischen Rechtsprechung", *D.I.*, 70, 1993, pp. 145-159.
Algunas puntualizaciones críticas a la teoría de Max Weber sobre lo que el llamó "Kadijustiz".

959. **SCHNEIDER, I.**, "Imprisonment in Pre-classical and Classical Islamic Law", *I.L.S.*, 2, 1995, pp. 157-73.
Se analiza la posible evolución legal del encarcelamiento en el derecho islámico, como una de las formas generalmente aceptadas de castigo. La autora estudia especialmente las circunstancias en las que el juez islámico tiene capacidad para mandar a una persona a prisión, así como la atención prestada por los textos legales a esta cuestión durante la época medieval.

960. **SCHÜTZINGER, H.**, "Der Qāḍi'l-Marīstān", *W.I.*, 18, 1977-78, pp. 101-115.
Estudio de la vida y la personalidad del juez iraquí Abū Bakr Muḥammad b. 'Abd al-Bī al-Anṣārī al-Bagdādī al-Naṣrī al-Ḥanbalī, conocido como *Qāḍī l-māristān* (m. 535/1141). Aunque fue autor en géneros muy diversos, destaca su obra *K. al-farā'iḍ*.

961. **SEBTI, A.**, "Au Maroc: sharifisme citadin, charisme et historiographie", *A.E.S.C.*, 41, 1986, pp. 433-457.
Hay una parte dedicada a los documentos legales utilizados por los ulemas para garantizar el šarīfismo.

962. **SECO DE LUCENA PAREDES, L.**, "Documentos árabes granadinos: I. Documentos del Colegio de Niñas Nobles", *A.A.*, 8, 1943, pp. 415-430.
Sobre algunos títulos de propiedad encontrados en Granada, que aportan datos interesantes para el estudio de los formularios notariales del reino nazarí y su supervivencia entre los moriscos. Asimismo, nos dan información acerca de la organización fiscal en el reino de Granada y de su sistema numismático.

963. **SECO DE LUCENA PAREDES, L.**, "Documentos árabes granadinos: II. Documentos de las Comendadoras de Santiago (1er grupo)", *A.A.*, 9, 1944, pp. 121-140.

Sobre una colección de documentos árabes conservada en el archivo del Convento de las Comendadoras de Santiago en Granada, y constituída por los títulos de propiedad de los terrenos que cedieron los Reyes Católicos a la Orden para la erección del monasterio y por algunos otros.

964. **SECO DE LUCENA PAREDES, L.**, "Actas notariales arábigo granadinas", *M.E.A.H.*, 2, 1953, pp. 99-107.

Documentos árabes (ss. XIV-XVI) encontrados en archivos granadinos, de interés no sólo jurídico sino también social, económico, cultural y político, así como onomástico y toponímico. Se da información sobre autores andalusíes de formularios notariales, así como sobre los estudios parciales ya publicados en los que se han aprovechado esos documentos.

965. **SECO DE LUCENA PAREDES, L.**, "Notas para el estudio del Derecho hispano-musulmán. Dos fatwas de Ibn Manẓūr", *M.E.A.H.*, 5, 1956, pp. 5-17.

Análisis, edición y traducción de dos fetuas del alfaquí granadino del s. XV Muḥammad b. Manẓūr, encontradas entre los documentos árabes ocultos en una vieja vivienda en Baza. La primera fetua trata una cuestión de servidumbre. La segunda de si los objetos facilitados a la hija casadera por los padres para que forme su hogar matrimonial constituyen o no comodato.

966. **SECO DE LUCENA PAREDES, L.**, "Waṯā'iq 'arabiyya garnāṭiyya (Actas notariales arábigo-granadinas)", *R.I.E.E.I.*, 4, 1956, pp. 169-181 (parte árabe).

Recoge una conferencia del autor dando noticia de una serie de documentos árabes granadinos que fueron publicados en 1961.

967. **SECO DE LUCENA PAREDES, L.**, "Escrituras de donación arábigo granadinas", *R.I.E.E.I.*, 5, 1957, pp. 65-78.

Edición, traducción y estudio de cuatro escrituras de donación granadinas (s. XV) que presentan ciertas diferencias con respecto a los modelos recogidos en los formularios notariales andalusíes.

968. **SECO DE LUCENA PAREDES, L.**, "El juez de Frontera y los Fieles del Rastro", *M.E.A.H.*, 7, 1958, pp. 137-140.

Ampliación del estudio de J. de Mata Carriazo publicado en *Al-Andalus*, 13, 1948, pp. 35-96 sobre la figura del *alcalde entre moros y cristianos*, institución jurídica que floreció en los ss. XIV-XV al amparo de pactos bilaterales entre los reyes musulmanes y cristianos. Trata también la institución de los "fieles del rastro", ayudantes del juez de frontera.

969. **SECO DE LUCENA PAREDES, L.**, "La escuela de juristas granadinos en el siglo XV", *M.E.A.H.*, 8, 1959, pp. 7-28.

Estudio de los juristas granadinos del s. XV dentro del contexto de la actividad intelectual de la época.

970. **SECO DE LUCENA PAREDES, L.**, "Los documentos arábigo-granadinos y su valor histórico", *R.I.E.E.I.*, 7 y 8, 1959-1960, pp. 85-108 (parte árabe).

El Instituto Egipcio de Estudios Islámicos publicó en 1961 el libro de Seco de Lucena, *Documentos arábigo-granadinos*. En este artículo el autor presenta en árabe los principales resultados de carácter histórico alcanzados en el estudio de dichos documentos.

971. **SECO DE LUCENA PAREDES, L.**, "Sobre el juez de frontera", *M.E.A.H.*, 11, 1962, pp. 107-109.

Continuación del artículo publicado en *M.E.A.H.*, 7, 1958, pp. 137-40. Se hace referencia a nuevos estudios aparecidos sobre esta institución jurídica.

972. **SEKALY, A.**, "Le problème des Wakfs en Egypte", *R.E.I.*, 3, 1929, pp. 75-126, pp. 277-338, pp. 395-454, pp. 601-659.

Extenso estudio con las siguientes partes: definición de *waqf*, condiciones de la validez del *waqf*, carácter especial del *waqf*, causas y ventajas del *waqf*, inconvenientes del *waqf*, su gestión, sus orígenes, la autoridad soberana, organización en Egipto, abusos antiguos, reestablecimiento del ministerio de los *waqf*-s, los *waqf*-s y la constitución, resultado del control parlamentario sobre la gestión de los *waqf*-s, necesidad de una reforma, desarrollo y estado presente de los *waqf*-s en Egipto. Se incluye un apéndice en el que se reproducen varios documentos de finales del s. XIX y principios del s. XX.

973. **SENI, N.**, "Ville ottomane et legislation sur la presence en ville des femmes et des minorites ethniques-religieuses", *C.T.*, 34, 1986, pp. 325-334.

Estudio de una serie de edictos (*firmān*) del siglo XVI concernientes a la presencia de mujeres en las ciudades, promulgados por los otomanos y dirigidos a las autoridades urbanas de Estambul para que velaran por el mantenimiento de las normas relativas a la vestimenta de las mujeres y al mantenimiento de las prácticas tradicionales, establecidas por la Puerta Sublime.

974. **SERJEANT, R.B.**, "The «White Dune» at Abyan: an ancient place of Pilgrimage in Southern Arabia", *J.S.S.*, 16, 1971, pp. 74-83.

En este artículo se niega la teoría de I. Goldziher para quien la cuestión de *al-walad li-l-firāš* es una influencia del derecho romano. Esta influencia puede negarse gracias a la existencia, entre unas tribus preislámicas que no han podido recibir influencias externas, de una ley consuetudinaria preislámica que es claramente el precedente de esta ley islámica.

975. **SERRANO, D.**, "Dos fetuas sobre la expulsión de mozárabes al Magreb en 1126", *A.E.A.*, 2, 1991, pp. 163-182.

Traducción de las fetuas del cadí 'Iyāḍ y de Ibn Ward.

976. **SERRANO, D.**, "La práctica legal (*'amal*) en al-Andalus durante los siglos X-XII, a través de los *Maḏāhib al-ḥukkām fī nawāzil al-aḥkām* de Muḥammad ibn 'Iyāḍ", *Qurṭuba*, 1, 1996, pp. 171-192.

Revisión del concepto de *'amal* a través del material contenido en una obra de *aḥkām*.

977. **SERRANO NIZA, D**, "Los vestidos según la ley islámica: La seda", *B.A.E.O.*, 29, 1993, pp. 155-166.

El material está sacado de la obra de Ibn Ŷuzayy, *Kitāb al-qawānīn*.

- **SERRANO RUANO, D.**: v. **SERRANO, D.**

978. **SETHOM, H.**, "Liquidation des habous et évolution des campagnes dans la presqu'île de Cap Bon", *C.T.*, 24, 2, 1976, pp. 222-242.

La liquidación tuvo lugar en los años sesenta. El mantenimiento de los bienes habices es presentado como un motivo de regresión económica, social y cultural. El estudio está centrado en el caso de la tribu marabout de los Maouine, que dió nombre a la peninsula conocida hoy en día como Dakhlet-El-Maouine, caso que es comparado con el de la tribu Saafi, de la delegación de la Kélibia. La división de grandes propiedades dió lugar a la venta masiva de tierras seguida de la proletarización.

979. **SHAHAM, R.**, "Judicial Divorce at the Wife's Initiative: The Sharī'a Courts of Egypt, 1920-1955", *I.L.S.*, 1, 1994, pp. 217-57.

El Código del Estatuto Personal Egipcio da a la mujer la posibilidad de pedir el divorcio teniendo en cuenta cuatro supuestos: defectos físicos y enfermedades graves del marido, falta de pago de la manutención, ausencia prolongada y perjuicios causados a su esposa. En este estudio se analizan las decisiones tomadas en los tribunales egipcios entre 1920 y 1955 para conocer cuál es la actitud de los jueces en estos casos y saber hasta qué punto tienen capacidad para adaptar el Código a los cambios sociales.

980. **SHAHAM, R.**, "Custom, Islamic Law, and Statutory Legislation: Marriage Registration and Minimum Age at Marriage in the Egyptian Sharī'a Courts", *I.L.S.*, 2, 1995, pp. 258-81.

Se examina la relación existente entre los cambios sociales y la ley, así como las relaciones establecidas entre las costumbres sociales, la ley islámica y los estatutos personales a través del análisis de unas cuarenta decisiones tomadas en los tribunales egipcios. Este análisis demuestra, por un lado, la forma en que los litigantes encuentran estrategias legales para burlar la aplicación de algunas reformas introducidas en los códigos. Por otra parte, la actitud de los jueces ante estas reformas es equívoca y poco uniforme. El autor entiende que estas reformas en los códigos deben ir acompañadas de un conjunto de medidas de política educativa, que hagan que la mujer conozca en mejor medida sus derechos y obligaciones legales.

981. **SHAHAM, R.**, "Jews and the *sharī'a* in Modern Egypt", *S.I.*, 82, 1996, pp. 113-136.

Análisis de fuentes musulmanas que recogen ejemplos de judíos recurriendo a los tribunales musulmanes y razones que explican dicho recurso.

982. **SHARON, M.**, "A *waqf* inscription from Ramlah", *Arabica*, 13, 1966, pp. 77-84.

Transcripción y traducción de una inscripción encontrada en Ramla y fechada en 301 h.

983. **SHARON, M.**, "Notes on the Question of the Legitimacy of Government in Islam", *I.O.S.*, 10, 1980, pp. 116-123.

Breve estudio sobre la terminología utilizada a lo largo del Islam temprano sobre la cuestión de la legitimación del poder.

984. **SHATZMILLER, M.**, "*Waqf Khayrī* in fourteenth century Fez: Legal, social and economic aspects", *A.E.A.*, 2, 1991, pp. 193-218.

La institución es estudiada a partir de distintos tipos de fuentes, señalando las limitaciones que imponen dichas fuentes en su conocimiento, y concluyendo que el *waqf jayrī* en el Fez meriní no constituyó una solución satisfactoria para el mantenimiento de los lugares de culto y de enseñanza.

985. **SHATZMILLER, M.**, "Women Property Rights in al-Andalus and the Maghrib: Social Patterns and Legal Discourse", *I.L.S.*, 2, 1995, pp. 219-57.

Estudio de la aplicación de los derechos de la mujer a la propiedad en al-Andalus y el Magreb en el periodo entre los siglos X y XV, tal y como queda reflejado en las fuentes jurídicas, especialmente las recopilaciones de fetuas. Se examinan las leyes mālikíes relativas a la propiedad y a la familia, la práctica jurídica sobre ambas cuestiones, así como la actitud de los juristas hacia las mujeres. En este sentido son especialmente interesantes las conclusiones de la autora en lo que se refiere al papel jugado por las mujeres en la transmisión intergeneracional de la propiedad familiar.

986. **SHEPARD, W.**, "The Development of the Thought of Sayyid Quṭb as reflected in earlier and later Editions of 'Social Justice in Islam'", *W.I.*, 32, 1992, pp. 196-236.

Shephard estudia el desarrollo del pensamiento de Sayyid Quṭb a través de las diversas ediciones de su obra *al-'Adāla al-iŷtimā'iyya fī l-Islām*. Describe la evolución de este autor desde una ideología "secular" hasta convertirse en un pensador islamista radical, a través de su visión de diferentes aspectos de la sociedad, entre ellos algunos estrechamente relacionados con el ámbito jurídico, como p. ej. la noción de *iŷtihād*, analizando los cambios e intentando explicar las causas ideológicas por las que se produjeron. Se añade un apéndice con la comparación minuciosa del quinto capítulo de *al-'Adāla* en la primera edición y en la séptima y última edición.

987. **SHINAR, P.**, "'Ulamā', Marabouts and Government: An Overview of their Relationships in the French Colonial Maġrib",

I.O.S., 10, 1980, pp. 211-229.

La primera preocupación del gobierno francés colonial fue controlar la totalidad del Islam institucional. Esta política incluía a los marabouts, y se aplicó en mayor o menor medida en los tres países bajo su control: Argelia, Túnez y Marruecos. Esta política influyó decisivamente en los gobiernos instaurados tras la independencia.

988. **SHUVAL, T.**, "La pratique de la *mu'āwaḍa* (échange de biens *ḥabūs* contre propriété privée) à Alger au XVIIIe siècle", *R.E.M.M.M.*, 79-80, 1996, pp. 55-72.

Se concluye que, aunque los bienes habices no tenían libertad completa de acción para llevar a cabo todo tipo de transacciones, no eran realmente "bienes de mano muerta" en el sentido de estar totalmente inmovilizados.

989. **SICE, E.**, "Traité des lois mahométanes, ou recueil des lois, us et coutumes des musulmans du Décan", *J.A.*, 12, 1841, pp. 149-187 y 193-245.

Traducción de tres tratados de jurisprudencia musulmana: 1) *Kanz* de Nazr ben-Ahmed, 2) *Jilāṣat al-Aḥkām* de Aḥ. A. l-Qāsim b. Aḥ. Ṭāya'tā y 3) *Farā'iḍ 'Irtaḍiyyah* de 'Irtaḍah 'A. Jān Bahdūr.

990. **SIDDIQĪ, A.**, "*Jihād*, an instrument of Islamic revolution", *I.S.*, 2, 1963, pp. 383-398.

A través de una aproximación histórica al papel del *ŷihād* en los primeros tiempos del Islam, tanto en sus manifestaciones violentas como en las pacíficas, el autor concluye que el *ŷihād* fue un instrumento de la revolución islámica capaz de afrontar todas las situaciones creadas por las actividades revolucionarias que tuvieron lugar en la época del Profeta.

991. **SIDDIQI, M.**, "Iqbal's *Principle of Movement* and its application to the present Muslim society", *I.S.*, 5, 1966, pp. 9-42.

El artículo trata del pensamiento de Iqbāl sobre la capacidad de evolución del derecho islámico por medio del principio del *iŷtihād*, con un examen preliminar de los constituyentes de la legislación islámica inicial: el Corán, la *sunna*, el hadiz, el *iŷmā*ᶜ y, finalmente, el *iŷtihād*.

992. **SIDDIQI, M.**, "Religious thought of Sir Sayyid Ahmad Khan",

I.S., 6, 1967, pp. 289-308.
Sobre su rechazo del *fiqh* véanse las pp. 293-294.

993. **SIVAN, E.**, "The beginnings of the *Faḍā'il al-Quds* Literature", *I.O.S.*, 1, 1971, pp. 263-271.
Estudio sobre los inicios de la literatura dedicada a elogiar la ciudad de Jerusalén, especialmente como lugar de peregrinación de los musulmanes.

994. **SORIA MESA, E.**, "La venta de bienes de la casa real. El caso de Gor bajo Muḥammad IX El Izquierdo", *M.E.A.H.*, 42-43, 1993-1994, pp. 291-304.
Se estudian seis documentos de venta de 1428, traducidas del árabe en 1494 en Granada.

995. **SOUISSI, M.**, "Ibn Gāzī (1437/1513)", *C.T.*, 26, 2, 1978, pp. 52-65.
Biografía con una lista de obras del historiador, matemático y jurista mālikí, que fue imam predicador en Meknés y después en Fez al-ŷadīda. El presente artículo se basa principalmente en la información que trae el *Nayl al-ibtihāŷ* de Aḥmad Bāba.

996. **SOURDEL, D.**, "Les cadis de Baṣra d'après Wakī'", *Arabica*, 2, 1955, pp. 111-114.
Nómina de los cadíes de Basora a partir de la información suministrada por los *Ajbār al-quḍāt* de Wakī' (m. 306/918).

997. **SOURDEL, D.**, "La politique religieuse des successeurs d'al-Mutawakkil", *S.I.*, 13, 1960, pp. 5-21.
Análisis de la oposición mu'tazilismo/ortodoxia que se produce durante los califatos de al-Ma'mūn y sus sucesores hasta al-Mutawakkil, con mención de la intervención de alfaquíes.

998. **SOURDEL, D. y SOURDEL-THOMINE, J.**, "Henri Laoust 1905-1983", *R.E.I.*, 52, 1984, pp. 3-11.
Este número de *Revue des Études Islamiques* está dedicado a la memoria de H. Laoust, que estudió entre otras cosas el derecho musulmán, y más concretamente la figura del jurisconsulto Ibn Taymiyya como se indica en este artículo. En las pp. 13-

16 se recoge la bibliografía de este investigador francés.

999. **SOURDEL-THOMINE, J.**, "Deux décrets mamelouks de Marqab", *B.E.O.*, 14, 1952-54, pp. 61-64.

Edición, traducción y estudio de dos decretos que se encuentran en inscripciones árabes en la mezquita de Marqab (Siria): el primero va contra las prácticas "reprensibles", el segundo suprime el *dirham* de la investidura.

1000. **SOURDEL-THOMINE, J.** y **SOURDEL, D.**, "Nouveaux documents sur l'histoire religieuse et sociale de Damas au Moyen-Age", *R.E.I.*, 32, 1964, pp. 1-25.

Se da noticia del descubrimiento en Estambul en 1963 de un gran número de documentos procedentes de la mezquita de Damasco, entre los que abundan los certificados de peregrinación (con traducción de uno). Se incluye una descripción de los documentos más interesantes.

1001. **SOURDEL-THOMINE, J.** y **SOURDEL, D.**, "A propos de documents de la grande mosquée de Damas conservés à Istanbul. Résultat de la seconde enquête", *R.E.I.*, 33, 1965, pp. 73-85.

Continuación del estudio anterior.

1002. **SPIES, O.**, "Irak. Urteil des Gross-Muǧtahid über den Kommunismus", *W.I.*, 6, 1959-61, *Mitteilungen*, pp. 264-265.

Consulta realizada a un muftí iraquí sobre el comunismo con fecha de 22 de marzo de 1960 y la *fatwà* de éste contra la afiliación al Partido Comunista, a causa de su ateísmo.

1003. **SPIES, O.**, "Zur Persischen Kalenderreform von 1925", *W.I.*, 7, 1961, *Mitteilungen*, pp. 184-185.

Se refiere a la adopción legal en Turquía (enero de 1926), por iniciativa de Kemal Atatürk, del calendario cristiano y, en especial, a una ley que estuvo en vigor diez días en marzo de 1925 que sustituía los meses solares por los del calendario persa.

1004. **SPINAZZOLA, V.**, "Islam e schiavitú in Brasile", *O.M.*, 47, 1967, pp. 269-285.

Mientras que los españoles no aceptaron en las colonias americanas esclavos de religión musulmana, no ocurrió lo mismo en Brasil. En el artículo se traza un panorama de los esclavos musulmanes llevados a Brasil.

1005. **SPULER, B.**, "Die Lage der Muslime in Jugoslawien", *W.I.*, 26, 1986, pp. 124-140.

Trabajo acerca de la situación demográfica y política de los musulmanes en la desaparecida Yugoslavia, así como de las restricciones legales que les fueron impuestas en la práctica de la religión. El autor se detiene en las tensiones ideológicas existentes entre la comunidad musulmana y el gobierno durante los años ochenta. Estudio valioso para conocer la situación que precedió a la guerra civil, circunstancia política que fue una de las causas de la disgregación de Yugoslavia.

1006. **STAHL, M.**, "Mémoire sur la législation arabe", *J.A.*, 6, 1830, pp. 120-152.

Pasa revista a la labor legislativa del Profeta.

1007. **STAUTH, G.**, "Leonard Binder and the hermeneutic of authenticity - Critical Note", *Arabica*, 40, 1993, pp. 62-83.

Amplia reseña crítica del libro de L. Binder, *Islamic liberalism: a critique of development theory*, Chicago, 1988.

1008. **STEPPAT, F.**, "Ein "Contrat social" in einer palästinischen Stadt 1854", *W.I.*, 15, 1974, pp. 233-246.

La obra *Ta'rīj al-Nāṣira* del pastor protestante As'ad Manṣūr contiene el texto de un acuerdo legal firmado en 1854 entre los representantes de las comunidades religiosas de la ciudad de Nazareth y algunos pueblos vecinos. El texto incluye algunas cuestiones relativas al derecho penal.

1009. **STEWART, F.H.**, "The woman, her guardian, and her husband in the law of the Sinai Bedouin", *Arabica*, 38, 1991, pp. 102-129.

A partir de un caso ocurrido en 1978 en un pozo del Sinaí que provocó un litigio entre una mujer y un hombre, se analiza el procedimiento legal beduino al respecto.

1010. **STÖBER, G.**, ""Habous Public" in Chaouen. Zur wirtschaflichen Bedeutung religiöser Stiftungen in Nordmarokko", *W.I.*, 25,

1985, pp. 97-125.

Estudio de la importancia económica de las fundaciones pías de carácter público existentes en la actualidad en la ciudad marroquí de Xaouen y en su circunscripción territorial. El autor ofrece datos estadísticos referentes al campo agrícola y al espacio urbano, en que se refiere especialmente a los *aḥbās* inmobiliarios (pisos, hornos, baños públicos, etc). Dedica un último apartado a la estructura administrativa de las fundaciones.

1011. **SUBLET, J.**, "Un itinéraire du *fiqh šāfi'ite* d'après al-Ḫaṭīb al-'Uṯmānī", *Arabica*, 11, 1964, pp. 188-195.

Estudio de una cadena de transmisión del *fiqh* šāfi'í, que se remonta hasta el fundador de la escuela, recogida en el *Kitāb ṭabaqāt al-kubrà* de Ibn al-Jaṭīb al-'Uṯmānī (s. VIII/XIV).

1012. **SUBLET, J.**, "La peste prise aux rêts de la jurisprudence. Le traité d'Ibn Ḥağar al-'Asqalānī sur la peste", *S.I.*, 33, 1971, pp. 141-149.

Estudio de la actitud de un jurista musulmán ante la peste a través de la obra de Ibn Ḥaŷar al-'Asqalānī (m 852/1449), *Badl al-mā'ūn fī fawā'id al-ṭā'ūn*, tratado de carácter jurídico-religioso.

1013. **SUBLET, J.**, "Bibliographie de Georges Vajda (1908-1981)", *Arabica*, 29, 1982, pp. 315-329.

Entre las numerosas publicaciones de Vajda, las hay de interés jurídico.

1014. **SULTANUL ALAM CHOWDHURY, A.B.M.**, "The problem of Representation in the Muslim law of Inheritance", *I.S.*, 3, 1964, pp. 375-391.

Se estudian los casos de los hijos del hijo premoriente y de los hijos de la hija premoriente, aunque ambos difieren bastante entre sí. En el caso de que el heredero varón muera antes que su *de cuius*, se recomienda a este último que beneficie a los huérfanos con un legado (*waṣiyya*) o con una donación (*hiba*) antes de su muerte, pues de no ser así no recibirían nada.

1015. **SURIN, R.**, "Une nouvelle orientation de la politique de mise en valeur: la basse vallée de la Medjerda", *C.T.*, 1, 1953, pp. 286-319.

Aunque el tema principal es la historia inmobiliaria de Túnez y el sistema de cultivos y de recaudación de impuestos y la puesta en explotación de nuevas tierras para hacer frente al crecimiento demográfico experimentado por el país y a la necesidad de mejorar el nivel de vida de la población, el artículo contiene información que ilustra perfectamente la confrontación entre ciertos aspectos del desarrollo económico y social, ligados a la modernización y a la occidentalización de los países musulmanes en la época pre-colonial, y la cultura y el derecho islámicos, además del esfuerzo realizado por los legisladores para adaptar el viejo sistema a las necesidades de la vida moderna.

1016. **SZYLIONICZ, J.S.**, "The 1961 Turkish Constitution - An Analysis", *I.S.*, 2, 1963, pp. 383-398.

Dicha Constitución tiene un carácter eminentemente occidental y poco que ver ya con el derecho islámico. La traducción al inglés de este texto aparece en *I.S.*, 2, 1963, pp. 467-519, bajo el título "The Constitution of the Republic of Turkey (1961). English Translation", sin que se mencione el nombre de la persona que la ha llevado a cabo. Se divide en los apartados siguientes: Preámbulo, 1) Principios Generales, 2) Derechos y deberes fundamentales, 3) Organización básica de la República, 4) Estipulaciones misceláneas, 5) Estipulaciones temporales y 6) Estipulaciones finales.

1017. **ṬĀHIR, M.A.**, "*Kitāb akriyat al-sufun wa l-nizāᶜ bayna ahli-hā* (mansūb ilā l-faqīh Abī l-Qāsim Jalaf b. Abī Firās al-lāḏī samiᶜa min Ibn al-Dabbāg fī-mā bayna (359-330)), ta'līf Muḥammad b. ᶜUmar b. Yūsuf b. ᶜĀmir al-Kinānī al-Andalusī al-Iskandarānī (m. 310)", *C.T.*, 31, 1983, pp. 5-53 de la parte árabe.

Edición del texto árabe que es la fuente andalusí más antigua que se conserva sobre el derecho marítimo. Precede un estudio sobre los dos autores de la obra: Muḥammad b. ᶜUmar que parece ser un mero transmisor de la fuente, e Ibn Abī Firās. Sigue un breve análisis del contenido de la obra.

1018. **TALBI, M.**, "Quelques données sur la vie sociale en Occident musulman, d'après un traité de ḥisba du XVᵉ siècle", *Arabica*, 1, 1954, pp. 294-306.

Análisis de parte de la información contenida en la *Tuḥfat al-nāẓir* de al-ʻUqbānī (s. IX/V), de interés para el conocimiento de la actividad urbana, el comercio, la alimentación, la práctica del culto, las costumbres, la vida privada y la situación de los ḏimmíes.

1019. **TALBI, M.**, "Interêt des oeuvres juridiques traitant de la guerre pour l'historien des armées médièvales ifrikiyennes", *C.T.*, 4, 1956, pp. 289-293.

El artículo se centra en el *Kitāb al-Nawādir wa l-ziyādāt* de Ibn Abī Zayd al-Qayrawānī y resalta el gran valor de la literatura jurídica como suministradora de información para llevar a cabo estudios históricos. A través del análisis de varias cuestiones relacionadas con la guerra, contenidas en el libro anteriormente citado, Talbi extrae algunas impresiones en relación al botín, a las rabitas, el ejercito en tiempos de guerra, el adorno de los caballos para intimidar al enemigo y algunos comportamientos lícitos e ilícitos en la guerra.

1020. **TALBI, M.**, "La *qirā'a bi-l-alḥān*", *Arabica*, 5, 1958, pp. 183-190.

Estudio de un pasaje del *Kitāb al-ḥawādiṯ wa-l-bida'* de al-Ṭurṭūšī, en el que se reprueba la recitación cantada del Corán.

1021. **TALBI, M.**, "Rapports de l'Ifriqiya et de l'Orient au VIIIe siècle", *C.T.*, 7, 1959, pp. 289-305.

De interés para la historia del *ŷihād* como forma de conquistar de nuevos territorios para el Islam, para la imposición de impuestos islámicos en dichos territorios y para la influencia doctrinal oriental en Africa durante los primeros siglos del Islam.

1022. **TALBI, M.**, "Les *bida'*", *S.I.*, 12, 1960, pp. 43-77.

Estudio del desarrollo del concepto de *bid'a* (innovación) en el Islam, especialmente su evolución dentro del derecho islámico.

1023. **TALBI, M.**, "Les relations entre l'Ifrīqiya et l'Espagne Musulmane au IIIe/IXe siècle", *C.T.*, 18, 1970, pp. 31-46.

Véanse especialmente las pp. 38-45 sobre la dimensión jurídica de dichas relaciones y sobre el papel jugado por los alfaquíes de ambos lugares en la implantación del malikismo.

1024. **TALBI, M.**, "Henry Laoust", *C.T.*, 31, 1983, pp. 3-4.

Breve nota biográfica sobre la famoso orientalista francés que dedicó una buena parte de su actividad intelectual y de sus trabajos al ḥanbalismo.

1025. **TALBI, M.**, "Fiqh et taxation (*tas^{c}ir*). Contribution à l'histoire des doctrines économiques", *C.T.*, 35, 1987, pp. 121-158.

Sobre el establecimiento de precios e impuestos como un posible remedio a las crisis económicas, con la opinión de cada escuela jurídica al respecto y su incidencia en las fuentes del derecho islámico. En opinión de Talbi, el sistema impositivo en el Islam no fue más que un paliativo que nunca dió lugar a una política de precios contínua y coherente y cuya eficacia es discutible.

1026. **TALBI, M.**, "Islam et Occident - Les possibilites et les conditions d'une meilleure compréhension", *C.T.*, 35, 2, 1987, pp. 5-46.

De interés general, véanse especialmente las pp. 36-37 para el análisis del retorno a la *šarī'a* al que se apela en los países musulmanes.

1027. **TALBI, M.**, "Les structures et les caracteristiques de l'Etat islamique traditionnel", *C.T.*, 36, 1988, pp. 231-256.

El artículo se divide en dos secciones: una dedicada a las estructuras, donde Talbi analiza las estructuras tradicionales del poder ejecutivo -centrado en el califato- y la organización judicial tradicional -en definitiva la institución cadial-. La segunda sección está dedicada a las características; en ella Talbi se ocupa del concepto de *umma*, presente en los poderes legislativos cuyo corpus normativo procede del Corán y de la *Sunna*.

1028. **TALMON, R.**, "Schacht's theory in the light of recent discoveries concerning the origins of Arabic grammar", *S.I.*, 65, 1987, pp. 31-50.

Tras señalar que las teorías de Schacht relativas a los orígenes de la jurisprudencia islámica han sido más aceptadas en la teoría que adoptadas en la práctica, el autor presenta nuevos materiales que apoyan dichas teorías. Los materiales son descubrimientos recientes en la historia de la gramática árabe temprana.

1029. **TALMON HELLER, D.**, "The Shaykh and the community. Popular Hanbalite Islam in 12th-13th century Jabal Nablus and Jabal Qasyūn", *S.I.*, 79, 1994, pp. 103-120.

Sobre la cuestión de la existencia de dos tipos de religiosidad (popular y elitista) en el islam medieval.

1030. **TAMDOĞAN-ABEL, I.**, "L'écrit comme échec de l'oral? L'oralité des engagements et des règlements à travers les registres des cadis d'Adana au XVIIIe siècle", *R.E.M.M.M.*, 75-6, 1995, pp. 155-168.

Análisis de algunos ejemplos de rastros de "oralidad" en documentos de los registros de jueces otomanos, oralidad estrechamente ligada a la reputación.

1031. **TAPIERO, N.**, "Le grand Shaykh Peul Uthmān Ibn Fūdī (Othman Dan Fodio, mort en 1232H.-1816-17 J.C.) et certaines sources de son Islām doctrinal", *R.E.I.*, 31, 1963, pp. 49-88.

Análisis de las fuentes doctrinales del gran reformador musulmán 'Uṯmān b. Fūdī, cuya actividad se desarrolló en el norte de la actual Nigeria.

1032. **TAUSCHWITZ, O.**, "Absinthverbot in Marokko", *W.I.*[1], 2, 1914, p. 351.

Se recoge la noticia de la prohición legal del consumo, fabricación y transporte de ajenjo en el Marruecos francés.

1033. **AL-TĀZĪ, A.H.**, "'Iyāḍ fī Fās", *Awrāq*, 4, 1981, pp. 165-172.

Sobre la visita del cadí 'Iyāḍ a Fez, las familias que visitó allí y la poca repercusión que tuvo su visita a causa de las tensiones entre el cadí y el poder almohade.

1034. **TERÉS, H.**, "Le développement de la civilisation arabe a Tolède", *C.T.*, 18, 1970, pp. 73-86.

En la p. 84 se cita a Ibn Muṭāhir que continuó viviendo en Toledo después de que la ciudad fuera definitivamente tomada por los cristianos y que escribió una historia de alfaquíes y jueces de la ciudad, desgraciadamente perdida, pero que Ibn Baškuwāl transmitió parcialmente en su *Ṣila*.

1035. **TERÉS SÁDABA, E.**, "Los códices árabes de la «Colección Gayangos»", *A.A.*, 40, 1975, pp. 1-52.

Entre las obras de la colección Gayangos se encuentran libros de *fiqh* y relacionados con materias jurídicas (v. especialmente pp. 18-21).

1036. **THUNG, M.H.**, "Written Obligations from the 2nd/8th to the 4th/10th Century", *I.L.S.*, 3, 1996, pp. 1-12.

Análisis de cuatro documentos inéditos de la Biblioteca Nacional de Austria en Viena, datados de la segunda mitad del siglo VIII hasta la primera mitad del X. El autor, que edita estos documentos, investiga la relación existente entre la teoría y la práctica en el derecho islámico comparando los datos de estos documentos con los formularios notariales recogidos por el jurista ḥanafí al-Ṭaḥāwī (m.321/933) en su obra titulada *Kitāb aḏkār al-ḥuqūq*.

1037. **TIBAWI, A.L.**, "Religion and Educational Administration in Palestine of the British Mandate", *W.I.*, 3, 1953-54, pp. 1-14.

Se estudia la política educativa en Palestina durante el mandato británico (1917-48), prestando especial atención a la cuestión de los diversos credos de las escuelas.

1038. **TLILI, B.**, "La notion de liberté dans la pensée de Ḫayr ad-Dīn (1810-1889)", *C.T.*, 20, 1, 1972, pp. 59-85

Exposición de los diferentes usos del concepto de libertad por parte de Jayr al-Dīn. El programa de Jayr al-Dīn, gobernado por la idea de libertad, inspiró el movimiento "Liberté et Entente" que se formó en Turquía en 1911, en oposición al partido "L'Union et progrès", uno de cuyos líderes era el propio Jayr al-Dīn. Véanse las pp. 60-65 sobre el concepto de libertad y su relación con la justicia.

1039. **TLILI, B.**, "L'idee d'un bon gouvernement ottoman dans la pensée de Bayram V (1840-1889)", *C.T.*, 20, 2, 1972, pp. 147-170.

Análisis de un texto, un resumen del Congreso de Berlín celebrado, entre las potencias europeas y los turcos otomanos. El texto revela la originalidad del proceso de reformas llevadas a cabo por Bayram V en la Turquía del siglo XIX; con ellas se inició una renovación de las estructuras administrativas, financieras, jurídicas y políticas del imperio, al tiempo que se trata de mantener el equilibrio entre los valores islámicos de la sociedad y la necesidad de modernización.

1040. **TLILI, B.**, "Problematiques des processus de formation des faits nationaux et des ideologies nationalistes dans le monde islamo-mediterranéen de l'entre deux-guerres (1919-1930). L'exemple de la Tunisie", *C.T.*, 21, 1, 1973, pp. 183-221.

Ensayo desde el punto de vista histórico y cultural del nacimiento del nacionalismo tunecino y de sus tendencias particulares en el marco la ideología nacionalista y de los movimientos políticos internacionales de los paises islamo-mediterráneos a finales del siglo XIX y principios del XX. Se alude a ideas legales surgidas con el fenómeno colonial y por el contacto con occidente, tales como la de *ḥukm muqayyid bi-qānūn* o poder constitucional, igualdad (*musāwāt*), participación (*muṣāraka*), las necesidades impuestas por los tiempos (*ḥaŷiyyāt al-zamān*), etc...

1041. **TLILI, B.**, "A propos de la formation du fait national et de l'ideologie nationaliste en Tunisie: un colloque sur *L'identité culturelle et la conscience nationale* (Tunis, marzo 1974)", *C.T.*, 22, 2, 1974, pp. 237-250.

Véanse las pp. 245-246 sobre el wahhabismo, que más que un movimiento nacionalista, fue un intento de reforma política, jurídica y religiosa.

1042. **TLILI, B.**, "L'Algerie au lendemain de la grande guerre: revendications et reformisme. Un document inèdit sur la situation politique et administrative des indigènes de l'Algerie (1920-1921)", *C.T.*, 22, 2, 1974, pp. 93-165.

El documento es un informe perteneciente a un dossier de documentos concernientes a Túnez entre los años 1919-1923, conservado en los Archives Générales du Gouvernement Tunisien. Fue redactado por la Direction des Affaires Indigènes y en las pp. 133-134 se alude a la situación administrativa de la población autóctona; en concreto al sistema de cobro de impuestos y en las pp. 143-151 se habla de delitos cometidos por los indígenas contra los europeos o contra sus propios funcionarios. El informe permite hacerse una idea bastante precisa de la realidad social y política de Túnez en la época posterior a la Primera Guerra Mundial.

1043. **TLILI, B.**, "Les Rapports arabo-turcs a la veille de la Grande Guerre (1907-1913)", *C.T.*, 23, 1975, pp. 34-140.

Aunque el artículo tiene un interés esencialmente político e histórico, contiene importantes referencias al sistema constitucional de la turquía post-otomana, con mención de algunas instituciones de reminiscencia islámica como la *šūrà*, y a los movimientos nacionalistas panislámicos y panarabistas.

1044. **TLILI, B.**, "La reorganisation de la justice tunisienne au sortir de la Grande Guerre (1921-1924): reforme ou reajustement de la souverainete française?", *C.T.*, 24, 2, 1976, pp. 148-186.

Sobre el conflicto que originó la dualidad de jurisdicción francesa y tunecina y su impacto socio-político. Este problema dominó las reivindicaciones nacionalistas hasta el proceso de descolonización.

1045. **TORRES FONTES, J.**, "Notas sobre los fieles del rastro y alfaqueques murcianos", *M.E.A.H.*, 10, 1951, pp. 89-105.

Se hace referencia a los artículos anteriores de Carriazo en *Al-Andalus*, 13, 1948, pp. 35-96, Torres Fontes en *Hispania*, 78, 1960 y Seco de Lucena en *M.E.A.H.*, 7, 1958. Se aportan nuevos datos sobre los fieles del rastro y sobre la actuación de los alfaqueques en la zona murciana.

1046. **TORRES FONTES, J.**, "El alcalde mayor de las aljamas de moros en Castilla", *A.H.D.E.*, 32, 1962, pp. 131-182.

El estudio de la figura del alcalde mayor y sus funciones permite un mejor conocimiento del funcionamiento interno de las aljamas de moros en Castilla.

1047. **TOTTOLI, R.**, "Islam e libertá di espressione: il caso dello scrittore 'Alā' Ḥāmid", *O.M.*, 71 (1991), pp. 223-251.

El proceso contra el escritor 'A. Ḥāmid y su editor y su condena a ocho años de reclusión por blasfemia dio lugar a un intenso debate sobre la libertad de expresión en los periódicos egipcios a lo largo del año 1992.

1048. **TOUATI, H.**, "Approche sémiologique et historique d'un document hagiographique algérien", *A.E.S.C.*, 44, 1989, pp. 1205, 1228.

Hay una parte dedicada a la forma en que reacciona el alfaquí frente al santo.

1049. **TOUATI, H.**, "En relisant les *Nawāzil Mazouna*, marabouts et chorfa au Maghreb central au XVe siècle", *S.I.*, 69, 1989, pp. 75-94.

Se trata de una revisión del estudio de J. Berque publicado en *S.I.* (1970) en el que analizaba el mutismo de los *nawāzil* sobre los *šurafā'*.

1050. **TRIAUD, J.L.**, "Le renversement du souverain injuste: un débat sur les fondements de la légitimité islamique en Afrique noire au XIXe siècle", *A.E.S.C.*, 40, 1985, pp. 509-519.

El *ŷihād* como forma de aspiración al poder político y como movimiento de reforma del Islam en el África Occidental sudano-sahelí. Asimismo se trata el problema de la justificación jurídica que han de dar los ulemas a las guerras entre musulmanes.

1051. **TSAFRIR, N.**, "Semi Ḥanafīs and Ḥanafī bibliographical sources", *S.I.*, 84, 1996, pp. 67-86.

Análisis del hecho de que en un diccionario biográfico supuestamente dedicado a los miembros de una determinada escuela legal a menudo se encuentran biografías de ulemas cuya adscripción a dicha escuela está sujeta a controversia. De las fuentes ḥanafíes analizadas se concluye que las líneas de demarcación entre ḥanafíes y *ahl al-ḥadīṯ* no siempre estaban claramente perfiladas.

1052. **TUCKER, J.E.**, "*Muftīs* and Matrimony: Islamic Law and Gender in Ottoman Syria and Palestine", *I.L.S.*, 1, 1994, pp. 265-300.

A través del análisis de varias fetuas que tratan sobre cuestiones matrimoniales, la autora fija la forma en que los juristas de Siria y Palestina en los siglos XVII y XVIII han construido un discurso legal que está basado en una división sexual de los derechos y obligaciones de los individuos. Es clara igualmente, según la autora, la relación existente entre este discurso y los cambios producidos en la sociedad.

1053. **TURAN, O.**, "Le droit terrien sous les Seldjoukides de Turquie", *R.E.I.*, 16, 1948, pp. 25-49.

Los selŷūquíes habrían sido los instauradores de los *iqṭā'* militares, creando un sistema nuevo en la organización militar y en la administración de las tierras.

1054. **TURKĪ, 'A.M.**, "Lisān al-dīn Ibn al-Ḫaṭīb (713-76/1313-74), juriste d'après son oeuvre inédite: *Muṯlā al-ṭarīqa fī ḏamm al-waṯīqa*", *Arabica*, 16, 1969, pp. 155-211 y 279-312.

Edición de la obra de Ibn al-Jaṭīb *Muṯla al-ṭarīqa*, sátira contra los notarios y su profesión, precedida de una introducción en la que se estudian las circunstancias en que fue escrita y el interés que reúne.

1055. **TURKĪ, 'A.M.**, "Situation du *tributaire* qui insulte l'Islam, au regard de la doctrine et de la jurisprudence musulmanes", *S.I.*, 30, 1969, pp. 39-72.

Análisis de la doctrina jurídico-religiosa relativa al ḏimmí que insulta a la religión musulmana.

1056. **TURKĪ, 'A.M.**, "La vénération pour Mālik et la physionomie du mālikisme andalou", *S.I.*, 33, 1971, pp. 41-65.

Estudio de la literatura de exaltación de Mālik b. Anas y su influencia en la formación y supremacía de la escuela mālikí en al-Andalus.

1057. **TURKĪ, 'A.M.**, "Argument d'autorité, preuve rationnelle et absence des preuves dans la méthodologie juridique musulmane", *S.I.*, 42, 1975, pp. 59-91.

Análisis de tres procedimientos de argumentación en la metodología jurídica islámica.

1058. **TURKĪ, 'A.M.**, "Femmes privilégiées et privilèges féminins dans le système théologique et juridique d'Ibn Ḥazm", *S.I.*, 47, 1978, pp. 25-82.

Estudio dividido en tres partes. En la primera se pasa revista a la condición "inferior" concedida a la mujer en el derecho islámico. En la segunda, se expone la postura de Ibn Ḥazm al respecto. En la tercera, se analizan las razones que determinaron la originalidad del pensamiento de Ibn Ḥazm.

1059. **TURKĪ, 'A.M.**, en "Notes et commentaires", *S.I.*, 56, 1982, pp. 181-184.

Réplica a la reseña de D. Gimaret aparecida en *Arabica*, 27, 1980, pp. 194-8, de los libros de Turki, *Polémiques entre Ibn Ḥazm et Bāǧī*, y su edición de la obra de al-Bāŷī, *al-Minhāŷ fī tartīb al-ḥiŷāŷ*.

1060. **TURKĪ, 'A.M.**, "La logique juridique des origines jusqu'à Shāfi'ī (Réflexions d'ordre méthodologique)", *S.I.*, 57, 1983, pp. 31-45.

En estas "reflexiones metodológicas" (en las que parece seguir las teorías de Schacht), se contemplan los estudios llevados a cabo por investigadores musulmanes contemporáneos y se menciona el eco que tuvo entre los musulmanes la obra de M. Bucaille, *La Bible, le Coran et la science* (París, 1976).

1061. **TURKĪ, 'A.M.**, "Consultation juridique d'al-Imām al-Māzārī sur le cas des musulmans vivant en Sicilie sous l'autorité des Normands", *M.U.S.J.*, 50, 1984, pp. 689-674.

Edición del texto árabe y traducción al francés de una fetua de al-Māzarī, nacido en

Ifrīqiya, donde falleció en 1141 d.C. La fetua fue emitida en Mahdiyya y en ella su autor se pronunciaba sobre la legalidad o no de que un musulmán permaneciera en territorio cristiano. El tema de fondo es el estatuto de los musulmanes que han de vivir en un país no musulmán y el valor que tiene un dictamen pronunciado por un cadí nombrado por una autoridad no musulmana. El documento se ha conservado en el *Miʿyār* de al-Wanšarīsī, cuyo valor jurídico e histórico es puesto de relieve por Turki.

1062. **TURKĪ, 'A.M.**, "L'*ijmā' ummat al-mu'minīn* entre la doctrine et l'histoire", *S.I.*, 59, 1984, pp. 49-78.

Estudio del concepto de "consenso de la comunidad de los creyentes" (*iŷmā' ummat al-mu'minīn*) en su evolución doctrinal e histórica.

1063. **TURKĪ, 'A.M.**, "Notes sur l'évolution du ẓāhirisme d'Ibn Ḥazm (456/1063) du *Taqrīb* à *l'Iḥkām*", *S.I.*, 59, 1984, pp. 175-185.

Desarrollo de las doctrinas ẓāhiríes de Ibn Ḥazm en el periodo que transcurre desde la composición del *Taqrīb* hasta la composición del *Iḥkām*.

1064. **TURKĪ, 'A.M.**, "De quelques affinités culturelles tuniso-turques", *Alifbā'*, 4, 1985, pp. 73-88.

En el último apartado se aborda la reintroducción del ḥanafismo en Túnez, las polémicas anti-wahhābíes y el modernismo jurídico en el siglo XX. El total de las sesenta notas con que cuenta este artículo es, en comparación, más rico en información que el propio artículo.

1065. **TURKĪ, 'A.M.**, "L'idée de justice dans la pensée politique musulmane: l'interprétation d'Ibn Ḥazm de Cordoue (456/1063)", *S.I.*, 68, 1988, pp. 5-26.

Análisis de la doctrina jurídico-religiosa y política sobre la justicia desarrollada por Ibn Ḥazm.

1066. **TYAN, E.**, "L'idée dynastique dans le gouvernement de l'Islam", *J.A.*, 223, 1933, pp. 337-346.

Análisis del problema de la transmisión legal del poder en el Islam en su forma de transmisión hereditaria.

1067. **TYAN, E.**, "La procédure du *défaut* en droit musulman", *S.I.*, 7, 1957, pp. 115-133.

Estudio del procedimiento de "no comparecencia" en el derecho islámico.

1068. **TYAN, E.**, "Méthodologie et sources du droit en Islam (*istiḥsān, istiṣlāḥ, siyāsa šar'iyya*)", *S.I.*, 10, 1959, pp. 79-109.

Estudio de los procedimientos metodológicos que permiten la adaptación de la doctrina jurídica a los cambios sociales, a saber, el *istiḥsān*, el *istiṣlāḥ* y la *siyāsa šar'iyya*.

1069. **TYAN, E.**, "Les rapports entre droit musulman et droit européen occidental en matière de droit civil", *A.A.*, 26, 1961, pp. 323-336.

Estudio de las relaciones entre el derecho musulmán y el europeo occidental en Líbano, Iraq, Siria y Egipto: recepción teórica del derecho occidental y su aplicación práctica.

1070. **TYAN, E.**, "L'autorité de la chose jugée en droit musulman", *S.I.*, 17, 1962, pp. 81-90.

Estudio de si una sentencia puede ser revisada por el juez que la ha emitido o por otro juez y en qué circunstancias.

1071. **TYAN, E.**, "*Iflās* et procédure d'exécution sur les biens en droit musulman (*maḏhab ḥanafite*)", *S.I.*, 21, 1964, pp. 145-166.

Estudio de los medios a los que pueden recurrir los acreedores contra los deudores recalcitrantes en el derecho ḥanafí.

1072. **TYAN, E.**, "La condition juridique de *l'absent (mafḳūd)* en droit musulman, particulièrement dans le *maḏhab* ḥanafite", *S.I.*, 31, 1970, pp. 249-256.

Estudio de la condición jurídica de la figura del *mafqūd* o "ausente del que no se sabe si está vivo o muerto".

1073. **UDOVITCH, A. L.**, "Theory and practice of Islamic law: some evidence from the Geniza", *S.I.*, 32, 1970, pp. 289-303.

Interesante aportación a un viejo problema en los estudios sobre derecho musulmán: el de la relación entre teoría y práctica.

1074. **UDOVITCH, A.L.**, "Reflections on the institutions of credits and banking in the Medieval Islamic Near East", *S.I.*, 41, 1975, pp. 5-21.

Tras señalar la existencia de formas complejas de crédito en la vida económica del mundo islámico con tres o cuatro siglos de anterioridad con respecto a Europa, el autor intenta explicar la razón por la cual ello no tuvo como resultado el surgimiento de instituciones de crédito y bancarias más efectivas y elaboradas. Utiliza en el estudio tanto material "literario" como el recogido en los documentos de la Geniza.

1075. **UDOVITCH, A.L.**, "Les échanges de marché dans l'Islam médiéval: théorie du droit et savoir local", *S.I.*, 65, 1987, pp. 5-30.

A partir de un estudio de Cl. Geertz ("Local Knowledge: Fact and Law in Comparative Perspective"), se analiza la influencia del "saber local" en los intercambios del mercado en el Islam medieval basándose de algunos textos jurídicos medievales.

1076. **UDOVITCH, A.L.**, "Market and society in the Medieval Islamic world", *S.S.*, 40, 1993, pp. 767-798.

Interesante visión de conjunto.

1077. **URSINUS, M.**, "Zur Geschichte des Patronats: *patrocinium*, *ḥimāya* und *der'uhdecilik*", *W.I.*, 23-34, 1984, pp. 476-497.

Estudio de la institución del patronato y la tutela. Donde se establece una comparación entre el *patrocinium* bizantino, la *ḥimāya* árabe y *der'uhdecilik* otomano. A esta última institución se le dedica especial atención dentro del artículo.

1078. **URVOY, D.**, "Une étude sociologique des mouvements religieux dans l'Espagne musulmane de la chute du califat au milieu du XIIIe siècle", *M.C.V.*, 8, 1972, pp. 223-293.

Analiza, entre otros aspectos, el papel desempeñado por los alfaquíes y la evolución de las doctrinas jurídicas.

1079. **URVOY, D.**, "La vie intellectuelle et spirituelle dans les Baléares musulmanes", *A.A.*, 37, 1972, pp. 87-132.

Estudio de los ulemas más importantes de las Baleares, de sus relaciones maestro-discípulo/filiación intelectual, así como de las disciplinas a las que se dedicaron y de sus aportaciones.

1080. **URVOY, D.**, "Sur l'évolution de la notion de *ǧihād* dans l'Espagne musulmane", *M.C.V.*, 9, 1973, pp. 335-371.

Análisis de la evolución del concepto de *ŷihād* en al-Andalus tanto en la teoría como en la práctica. Una de las conclusiones es que dicho concepto tuvo menos vitalidad en al-Andalus que en el resto del mundo islámico.

1081. **URVOY, D.**, "La structuration du monde des ulemas à Bougie au VIIe/XIIIe siècle", *S.I.*, 43, 1976, pp. 87-107.

Análisis sociológico del mundo de los ulemas de Bujía a partir de la obra de al-Gubrīnī, *'Unwān al-dirāya fī man 'urifa min al-'ulamā' fī l-mi'a al-sābi'a bi-Biŷāya.*

1082. **URVOY, D.**, "Modes de présence de la pensée arabo-islamique dans l'Afrique de l'Ouest (jusque vers 1150h./1737 p.c.)", *S.I.*, 62, 1985, pp. 121-143.

Estudio del proceso de islamización del África occidental antes de la época de Ibn Fūdī a través de la difusión de las distintas disciplinas intelectuales arabo-islámicas.

1083. **URVOY, D.**, "La polémique autour de l'assimilation par l'orthodoxie de pratiques non islamiques", *S.I.*, 68, 1988, pp. 129-146.

Se centra en las siguientes cuestiones: definición de musulmán, la lógica de la ortodoxia, las exigencias de la práctica. Los casos concretos analizados se refieren a la zona occidental islámica.

1084. **VADET, J.-C.**, "La création et l'investiture de l'homme dans le sunnisme ou la légende d'Adam chez al-Kisā'ī", *S.I.*, 42, 1975, pp. 5-37.

De interés para el concepto de *jalīfat Allāh.*

1085. **VAJDA, G.**, "Abū-l-Mu'ayyad al-Muwaffaq al-Ḥāṣṣī et un opuscule non-existant d'Aḥmad al-Gazālī", *Arabica*, 15, 1968, pp. 209-210.

Precisiones en torno a una noticia de G.A.L., S.I., I, 773.

1086. **VAJDA, G.**, "L'Aventure tragique d'un cadi maghrébin en Egypte fāṭimide", *Arabica*, 15, 1968, pp. 1-5.

'Atīq b. 'Imrān b. Muḥammad al-Raba'ī, cadí de Ceuta de los almorávides, fue condenado a muerte por el visir fāṭimí Badr al-Ŷamālī por llevar cartas del califa 'abbāsí al emir almorávide.

1087. **VALENSI, L.**, "La tour de Babel. Groupes et relations ethniques au Moyen-Orient et en Afrique du Nord", *A.E.S.C.*, 41, 1986, pp. 817-838.

Análisis sociológico de las distintas comunidades étnicas y sus relaciones.

1088. **VALLVÉ, J.**, "Un privilegio granadino del siglo XIII", *A.A.*, 29, 1964, pp. 233-242.

Estudio de un privilegio de donación y exención a perpetuidad a favor del ulema Ibn Mahīb por parte del primer sultán nazarí.

1089. **VALLVÉ, J.**, "El zalmedina de Córdoba", *A.Q.*, 2, 1981, pp. 277-318.

Estudio de las funciones del zalmedina de Córdoba en época omeya a través de datos extraídos de fuentes históricas y biográficas.

- **VAN KONINGSVELD, P.S.**: v. **KONINGSVELD, P.S. van**
- **VAN REENEN, D.**: v. **REENEN, D. van**

1090. **VELÁZQUEZ BASANTA, F.N.**, "Abū Ŷa'far Aḥmad ibn al-Zubayr, profesor, cadí y poeta a través de la *Iḥāṭa* de ben al-Jaṭīb", *M.E.A.H.*, 34-35, 1985-86, pp. 97-107.

Traducción de la biografía de Ibn Zubayr (m. 708/1308), el famoso autor de la *Ṣila*, recogida en la *Iḥāṭa*.

1091. **VERNET, J.**, "Bibliografía general", *A.A.*, 23, 1958, pp. 216-218 y 466- 468.

Hay información sobre estudios jurídicos.

1092. **VESELÁ-PŘENOSILOVÁ, Z.**, "Quelques exemples de la résignation (*ferāğat*) de la solde et de la pension dans l'Egypte ottomane vers le milieu du XVIIIe siècle", *ArOr*, 35, 1967, pp. 183-196.

Edición y estudio de diecisiete cartas dirigidas al sultán otomano en el s. XVIII y escritas por egipcios. Estas cartas contienen *ferāğat* o "renuncia", según la cual personas que tienen derecho a recibir un sueldo o una pensión del estado renuncian a una parte o a la totalidad de la suma para cederla a otra persona jurídica.

1093. **VESELÁ-PŘENOSILOVÁ, Z.**, "A propos de la protection exercée par le gouvernement ottoman sur le monastère de Ste Cathérine au Sinai", *ArOr*, 37, 1969, pp. 326-337.

Estudio sobre los cartas emitidas por los sultanes otomanos para proteger al monasterio del monte Sinaí. Edición del texto turco y análisis sobre una de estas cartas, escrita en 923/1517.

1094. **VESELÁ-PŘENOSILOVÁ, Z.**, "Le décret impérial délivré pour le consul général de l'Autriche-Houngrie à Alexandrie", *ArOr*, 37, 1969, pp. 12-18.

Edición y estudio de un decreto imperial emitido en 1877 por el sultán otomano y dirigido al cónsul general del imperio austro-húngaro en Alejandría, en el que se dictan una serie de normativas respecto a las relaciones entre ambos imperios en temas como el comercio.

1095. **VESELÁ-PŘENOSILOVÁ, Z.**, "Quelques remarques sur l'evolution de l'organisation urbaine en Empire Ottoman", *ArOr*, 42, 1974, pp. 200-224.

Utilizando especialmente material sobre las ciudades de Rumelia en los ss. XVII y XVIII, se estudia el desarrollo urbano del imperio otomano. En este proceso juega un papel muy importante el cadí, así como el *ayanlik*, relacionado con el anterior.

1096. **VESELÝ, R.**, "Un document de construction émis pour Süleymān

Pacha en 946 de l'hegire (1539 N.E.)", *ArOr*, 31, 1963, pp. 423-441. (A list of misprint in *ArOr*, 32, 1964, pp. 499-500).

Edición y estudio de un documento de *waqf* emitido por Süleyman Pacha en El Cairo en el año 946/1539. En el documento se recogen las disposiciones sobre los diferentes trabajos de construcción de esa fundación piadosa.

1097. **VESELÝ, R.**, "De la situation des esclaves dans l'institution du wakf", *ArOr*, 32, 1964, pp. 345-353.

Edición y estudio de tres textos incluidos en la *waqfiyya* de Süleyman Pacha en el s. X/XVI, donde se recogen las diferentes disposiciones sobre los esclavos relacionados con diferentes fundaciones piadosas.

1098. **VESELÝ, R.**, "Die Hauptprobleme der Diplomatik Arabischer Privaturkunden aus dem Spätmittelalterlichen Ägypten", *ArOr*, 40, 1972, pp. 312-343.

Problemática en torno a la documentación diplomática árabe privada escrita durante la Alta Edad Media en Egipto. Conservada en archivos y bibliotecas, esta documentación permanece, en su mayor parte, inédita, y no ha suscitado la atención de los investigadores para realizar análisis desde el punto de vista diplomático o sobre el notariado.

1099. **VIDAL, F.**, "Aḥmad al-Wanšarīsī (m. 914/1508). Principales aspectos de su vida", *A.Q.*, 12, 1991, pp. 315-62.

Estudio biográfico de Aḥmad al-Wanšarīsī, autor de la colección de fetuas titulada *al-Mi'yār al-mugrib*, ilustrado con datos sobre su actividad intelectual.

1100. **VIDAL, F.**, "Las obras de Aḥmad al-Wanšarīsī (m. 914/1508). Inventario analítico", *A.E.A.*, 3, 1992, pp. 73-112.

Exhaustiva información sobre la producción del famoso al-Wanšarīsī.

1101. **VIDAL, F.**, "El *Mi'yār* de al-Wanšarīsī (m. 914/1508). I: Fuentes, manuscritos, ediciones, traducciones", *M.E.A.H.*, 42-43, 1993-1994, pp. 317-362.

Primera de dos partes de un exhaustivo estudio de la conocida compilación de fetuas de al-Wanšarīsī.

1102. **VIDAL, F.**, "El *Mi'yār* de al-Wanšarīsī (m. 914/1508) II: estudio", *M.E.A.H.*, 44, 1995, pp. 213-246.
Continuación del artículo anterior.

- VIDAL CASTRO, F.: v. **VIDAL, F.**

1103. **VIGIER, R.**, "La femme Kabyle: quelque remarques sur le décret du 19 mai 1931", *R.E.I.*, 5, 1931, pp. 1-19.
Se pasa revista a las características de dicho decreto, señalando los aspectos positivos y los negativos.

1104. **VIGUERA, Mª.J.**, "Las cartas de al-Gazālī y al-Ṭurṭūšī al soberano almorávid Yūsuf b. Tāšufīn", *A.A.*, 42, 1977, pp. 341-374.
Estudio y traducción de las cartas enviadas por al-Ṭurṭūšī y al-Gazālī a Ibn Tāšufīn en las que le exhortan a actuar con justicia y a combatir contra los infieles.

1105. **VIGUERA, Mª.J.**, "Partición de herencia entre una familia mudéjar de Medinaceli", *A.Q.*, 3, 1982, pp. 73-133.
Estudio del cuaderno nº 9 del ms. de la Junta nº XXXVII que contiene una serie de actas sobre el reparto de una herencia entre una familia mudéjar de la villa de Medinaceli (Soria), con seis escrituras árabes fechadas en marzo y diciembre de 1459 y en abril de 1460.

1106. **VIGUERA, Mª.J.**, "Los jueces de Córdoba en la 1ª mitad del siglo XI (análisis de datos)", *A.Q.*, 5, 1984, pp. 123-145.
Relación de los jueces de Córdoba en la primera mitad del s. V/XI y análisis del nombramiento, titulación, otros cargos, etc.

1107. **VIGUERA, Mª.J.**, "La *Historia de alfaquíes y jueces* de Aḥmad b. 'Abd al-Barr", *R.I.E.E.I.*, 23, 1985-1986, pp. 49-61.
Estudio de la vida y la obra de Aḥmad b. Muḥammad b. 'Abd al-Barr (m. 338/950), autor de uno de los primeros diccionarios biográficos sobre alfaquíes y jueces andalusíes, obra perdida, aunque se conservan fragmentos recogidos en obras posteriores.

1108. **VIGUERA, Mª.J.**, "Apuntes sobre Ibn Ḥayyān (377/989-8-469/1076)", *T.A.*, 1, 1986, pp. 77-92.

Pasa revista a la información sobre los cadíes de Córdoba en el s. V/XI contenida en la obra de Ibn Ḥayyān.

1109. **VILA, S.**, "Abenmoguit. «Formulario notarial». Capítulo del matrimonio", *A.H.D.E.*, 8, 1931, pp. 5-200.

Presentación de la obra y del autor seguida de la traducción al castellano de los capítulos referentes al matrimonio del *Muqni' fī 'ilm al-šurūṭ* de Ibn Mugīṯ al-Ṭulayṭulī (m. 459/1066).

1110. **VILA, S.**, "Un contrato de matrimonio entre musulmanes del siglo XVI", *A.H.D.E.*, 10, 1933, pp. 186-196.

El artículo consta de una introducción, una traducción y el texto en árabe del contrato. En la introducción destaca la coincidencia de este contrato del siglo XVI con el *Formulario Notarial* de Ibn Mugīṯ, en cuyos modelos encaja.

1111. **VILLANUEVA, C. y SORIA, A.**, "Fuentes toponímicas granadinas. Los libros de bienes habices", *A.A.*, 19, 1954, pp. 457-462.

Importancia de los registros de bienes habices elaborados tras la conquista de Granada para el estudio de la toponimia. Se anuncia la transcripción y edición de los libros de habices por C. Villanueva, de los que se da una relación.

1112. **VINCENT, B.**, "Acte de vente passé à Tombouctou; manuscrit arabe venu de Tombouctou", *J.A.*, 9, 1840, pp. 375-383 y 384-389.

Estudio del documento sobre la venta del ms. nº 480 de la Biblioteca Real de Rabat, *al-Aḥkām* de Ibn al-Jarrāṭ al-Išbīlī.

1113. **VIRE, F.**, "Jurisprudence en matière de gibier tué à plomb. *Risāla Tuḥfat al-ḫawāṣṣ fī ḥull ṣayd bunduq al-raṣāṣ*, Šayḫ Muḥammad Bayram (IV) al-Tūnisī", *B.E.O.*, 30, 1978, pp. 289-305.

Sobre la licitud de cazar con balas de plomo.

1114. **VIZCAÍNO, J.M.**, "Las obras de *zuhd* en al-Andalus", *A.Q.*, 12,

1991, pp. 417-38.

La importancia jurídica, dentro de esta recopilación de datos ofrecidos por los repertorios bibliográficos, se centra en la influencia mālikí destacada por Ibn Jayr. Partiendo de esos repertorios se estudia la transmisión de obras de *zuhd* en al-Andalus durante los siglos VI/XII al VIII/XIV.

1115. **VIZCAÍNO, J.M.**, "El *Barnāmaŷ* de Ibn al-Barrāq", *Sh.A.*, 9, 1992, pp. 47-82.

Información sobre transmisión de obras de contenido jurídico y relacionadas durante el s. VI/XII en el Magreb y al-Andalus.

- **VON GRUNEBAUM, G.E.**: v. **GRUNEBAUM, G.E. von**

1116. **WAINES, D.**, "The *darmak* decree", *A.Q.*, 13, 1992, pp. 263-5.

Análisis de una de las medidas adoptadas por el cadí Ya'īš b. Muḥammad cuando se hizo con el poder en Toledo a comienzos del s. V/XI.

1117. **WANNER, J.**, "Amīn al-Husaynī and Germany's Arab Policy in the Period 1939-1945", *ArOr*, 54, 1986, pp. 226-245.

El muftí palestino Amīn al-Husaynī (1897-1975), durante la II Guerra Mundial, lanzó proclamas contra los aliados, condenándolos como los mortales enemigos de los árabes y utilizó la ideología nazi contra el sionismo.

1118. **WASSERSTROM, S.M.**, ""The Šī'īs are the Jews of our Community". An Interreligious Comparison Within Sunnī Thought", *I.O.S.*, 14, 1994, pp. 297-324.

En este estudio se refleja cómo el Islam sunní ha comparado el šī'ismo con el judaísmo. En las pp. 311-313 se analiza la posibilidad de realizar esta comparación dentro del ámbito del *fiqh*.

1119. **WATT, W.M.**, "Conditions of membership of the Islamic Community", *S.I.*, 21, 1964, pp. 5-12.

Estudio de las condiciones requeridas para ser considerado miembro de la comunidad islámica en sentido diacrónico.

1120. **WATT, W.M.**, "Sidelights on early *Imāmite* doctrine", *S.I.*,

31, 1970, pp. 287-298.

Análisis de la lista de obras šī'íes elaborada por al-Ṭūsī (m. 458/1066).

1121. **WEISS, B.**, "The primacy of revelation in classical Islamic legal theory as expounded by Sayf al-Dīn al-Āmidī", *S.I.*, 59, 1984, pp. 79-109.

Análisis de las tendencias positivistas y anti-positivistas en el pensamiento legal islámico.

1122. **WEISS, B.**, "Law in Islam and the West: some comparative observations", *Islamic Studies Presented to Charles J. Adams*, ed. W. Hallaq and D.P. Little, Leiden, 1991.

1123. **WENSINCK, A.J.**, "Proposta di indici analitici delle principali raccolte di tradizioni (*ḥadīṯ*) musulmane", *R.S.O.*, 7, 1916-18, pp. 531-2 y 910.

Inicio de la composición de las concordancias del hadiz por A.J. Wensinck y otros.

1124. **WESSELSKI, A.**, "Die gelehrten Sklavinnen des Islāms und ihre byzantinischen Vorbilder", *ArOr*, 9, 1937, pp. 353-378.

Aunque el artículo se refiere a las esclavas eruditas del mundo islámico cuyo ejemplo eran las esclavas bizantinas, entre los ejemplos se cita una discusión en la que interviene una esclava sobre derecho y teología islámicos, p. 358 y ss.

1125. **WIEDENSOHLER, G.**, "Zur Methodik des Shariatrechts", *D.I.*, 57, 1980, pp. 323-336.

Ensayo sobre los métodos de creación y evolución del derecho islámico.

1126. **WIEDERHOLD, L.**, "Legal Doctrines in Conflict: The Relevance of *madhhab* Boundaries to Legal Reasoning in the Light of an Unpublished Treatise on *taqlīd* and *ijtihād*", *I.L.S.*, 3, 1996, pp. 234-304.

El objetivo principal de este trabajo es la presentación, edición (pp. 290-304) y traducción (pp. 269-89) de un manuscrito anónimo, titulado *Risāla fī l-taqlīd* en el que se estudian las relaciones entre el *iŷtihād* and *taqlīd*. El autor analiza las formas en que los juristas musulmanes entienden el término *iŷtihād* así como los posibles cambios de significado que tiene este término. El autor se pregunta si este cambio es únicamente el resultado de discusiones teóricas.

1127. **WIELANDT, R.**, "Zeitgenössische ägyptische Stimmen zur Säkularisierungsproblematik", *W.I.*, 22, 1982, pp. 117-133.

Texto de una conferencia pronunciada en *XXII Deutschen Orientalistentag* (Tubinga, 1983), acerca de el proceso de secularización sufrido por Egipto en este siglo y las opiniones que se han opuesto a ello. Entre otros aspectos, se trata extensamente el de la abolición de la ley islámica (*šarī'a*) como ley del Estado.

1128. **WIENER, A.**, "Altarabischer Brauch in der ägyptischen Zigeunerjustiz", *W.I.*[1], 1, 1913, pp. 211-215.

Breve e interesante artículo donde se describen las costumbres de tribus nómadas gitanas en Egipto. En primer lugar, el autor hace una introducción al tema en la que recoge y comenta la bibliografía existente hasta la fecha acerca de los gitanos de Egipto. En la segunda parte, se relatan varios casos que ponen de relieve la manera de hacer justicia de los gitanos y de resolver sus litigios recurriendo a pruebas de fuerza. El autor aclara que se trata de antiguas costumbres árabes preislámicas documentadas, pero que sólo se mantienen vivas entre ellos.

1129. **WILKINSON, J.C.**, "Ibāḍi Ḥadīth: an Essay on Normalization", *D.I.*, 62, 1985, pp. 231-259.

Estudio de la transmisión de hadiz por los 'ibādíes y su importancia en la construcción de su doctrina. Entre esas transmisiones hay material relativo a las opiniones legales de los 'ibādíes frente a otros dogmas islámicos, recogidas en colecciones de *fatwà*-s.

1130. **WILLIS, J.R.**, "Islamic Africa: reflections on the servile state", *S.I.*, 52, 1980, pp. 183-197.

Panorámica general sobre el *status* de esclavo en el Islam, con tres puntos: la conexión amo-esclavo, "la esclavitud es una forma de infidelidad" y sobre la negritud. También se hace una comparación entre el tráfico de esclavos en territorios islámicos y el transatlántico.

1131. **WINTER, M.**, "A polemical treatise by 'Abd al-Ġanī al-Nābulusī against a Turkish scholar on the religious status of the *Dimmī*s", *Arabica*, 35, 1988, pp. 92-103.

Análisis de la obra de al-Nābulusī (m. 1143/1731), *Kitāb al-qawl al-sadīd fī ŷawāz julf al-wa'īd wa-l-radd 'alà l-Rūmī al-ŷāhil al-'anīd*, en la que se trata entre otros temas el *status* de los ḏimmíes.

1132. **WORMS,** "Sur la constitution de la propriété territoriale dans les pays musulmans, et subsidiairement en Algérie", *J.A.*, 14, 1842, pp. 225-282 y 321-398.

Estudio de los derechos de propiedad en Argelia de clara inspiración colonialista.

1133. **WÜRTH, A.,** "A Sana'a Court: The Family and the Ability to Negotiate", *I.L.S.*, 2, 1995, pp. 320-40.

A través del estudio de las decisiones de los tribunales, la autora observa que los cambios producidos en la sociedad (especialmente los referidos a la familia), quedan reflejados en los tribunales matrimoniales de Sana'a, ya que en ellos se presentan nuevos casos que resultan desconocidos a los jueces.

1134. **Y.L.,** "Nominations, réformes et projets dans le Divan de Tunis", *R.E.I.*, 6, 1932, pp. 225-230.

Resumen breve de la organización y el funcionamiento de la justicia de la *šarī'a* en la Regencia de Túnez.

1135. **YANAGIHASHI, H.,** "The Judicial Functions of the *Sulṭān* in Civil Cases According to the Mālikīs up to the Sixth/Twelfth Century", *I.L.S.*, 3, 1996, pp. 41-74.

Mientras que los malikíes de época temprana sostenían que las decisiones jurídicas tomadas por los sultanes en casos específicos sólo podían ser revocadas por los jueces cuando los sultanes eran manifiestamente corruptos, los juristas malikíes más tardíos introdujeron la noción de delegación del poder judicial y la idea de que un *muŷtahid*, cadí o muftí, tenían la posibilidad general de revocar un juicio que no considerasen justo.

1136. **YANAGIHASHI, H.,** "Quelques considérations sur la responsabilité civile en matière de vente et d'usurpation chez les premiers ḥanafīs", *I.L.S.*, 1, 1994, pp. 2-28.

Consideraciones relativas a la teoría ḥanafí de *ḍamān*. En derecho islámico, este concepto es fundamental dentro del sistema de la responsabilidad civil para explicar las soluciones tomadas por los primeros juristas ḥanafíes respecto a las ventas.

1137. **AL-ŶANHĀNĪ, AL-H.**, "Al-Ṣirāᶜ al-fāṭimī al-umawī fī l-Magrib jilal al-qarn al-rābiᶜ al-hiŷrī", *C.T.*, 26, 2, 1978, pp. 17-32 de la parte árabe.

Sobre el trasfondo ideológico de la confrontación política entre los omeyas de al-Andalus y los fāṭimíes de Egipto: la oposición entre *sunna* y *šīᶜa*.

1138. **YUSUF, S.M.**, "The Sunnah: its place in Islam", *I.S.*, 1, 4, 1962, pp. 41-50.

El artículo se divide en los siguientes apartados: 1) la *sunna* y el *Kitāb*, 2) Shāh Walī Allāh y la importancia de la forma en su obra *al-Ḥuŷŷa* y 3) distinción entre *maṣlaḥa* e *ᶜilla* y el reto de la modernidad.

1139. **ZAFRANI, J.R.**, "Judaisme d'Occident musulman. Les relations judéo-musulmanes dans la littérature juridique. Le cas particulier du recours des tributaires juifs à la justice musulmane et aux autorités représentatives de l'Etat souverain", *S.I.*, 64, 1986, pp. 125-149.

Estudio de textos del *Miᶜyār* de al-Wanšarīsī relativos a los casos en los que judíos recurren a la justicia musulmana.

1140. **ZAKĪ, 'A.R.**, "Al-'ilm wa l-'ulamā' fī dawlat al-mamālīk al-baḥriyya al-miṣriyya", *R.I.E.E.I.*, 15, 1970, pp. 113-132 (parte árabe).

Estudio sobre los ulemas y el saber religioso en Egipto durante la época de los sultanes mamelucos baḥríes (años 1250-1382 de la Hégira).

1141. **ZANÓN, J.**, "Ibn Masdī y su obra biográfica", *A.Q.*, 9, 1988, pp. 13-28.

Estudio de la vida de este alfaquí, tradicionista y sufí del s. VII/XIII, autor de un repertorio biográfico (perdido) utilizado por biógrafos posteriores.

1142. **ZIADEH, F.J.**, "Compelling Defendant's Appearance at Court in Islamic Law", *I.L.S.*, 3, 1996, pp. 305-15.

La ley islámica requiere que el acusado, o su representante (*wakīl*), estén presentes antes de emitir la sentencia, teniendo en cuenta que la primera de las funciones del cadí es conciliar a las partes. Las leyes islámicas describen varias formas que deben emplearse para obligar al acusado a aparecer en el juicio, así como para buscar un representante legal en el caso en que no comparezca. Según el autor, estos procedimientos han sido introducidos en la ley islámica por influencia occidental.

1143. **ZOMEÑO, A.**, "Transferencias matrimoniales en el Occidente islámico medieval: las joyas como regalo de boda", *Revista de Dialectología y Tradiciones Populares*, 51, 1996, pp. 79-96.

Análisis de problemas legales surgidos en torno a una donación o préstamo de joyas en el contexto de las prácticas matrimoniales del Occidente musulmán medieval. La mayor parte de los casos estudiados están sacados del *Mi'yār* de al-Wanšarīsī y de los *Aḥkām* de al-Ša'bī.

1144. **ZOUARI, A.**, "Deux documents d'archives relatifs au commerce de Djerba et de Sfax avec l'Egypte au début du XIXème siècle", *R.O.M.M.*, 39, 1985, pp. 189-199.

De interés para la correspondencia comercial musulmana en los ss. XVIII-XIX.

Reseñas de Libros y Artículos

1. **AL-'ABBĀDĪ, Abū 'Āṣim Muḥammad b. Aḥmad,** *Kitāb Ṭabaqāt al-fuqahā' al-šāfi'iyya*, ed. G. Vitestam, Leiden, 1964.
Arabica, 12, 1965, pp. 204-5 (G. Lecomte)

2. **'ABD ALLĀH B. WAHB,** *al-Ǧāmi'*, ed. M. Muranyi, Wiesbaden, 1992.
S.I., 81, 1995, pp. 212-3 (C. Gilliot)

3. **ABDALWAHAB, H.H.,** *Waraqat. Etudes sur certaines aspects de la civilisation arabe en Ifriqiya*, Túnez, 1965.
C.T., 14, 1966, pp. 281-3 (H. Djait)

4. **'ABD AL-MĀLIK B. ḤABĪB,** *Kitāb adab al-nisā'*, ed. 'A.M. Turki, Beirut, 1992.
A.Q., 13, 1992, pp. 587-9 (M. Fierro)
S.I., 78, 1993, pp. 198-201 (C. Gilliot)
B.A.E.O., 32, 1996, p. 407 (C. del Valle)

5. **'ABD AL-RAḤMĀN HILĀL, Ŷ.,** "Risālat al-ḥudūd li-l-qāḍī Abī l-Walīd al-Bāŷī", *R.I.E.E.I.* II (1955).
Arabica, 2, 1955, p. 122.

6. **ABDEL-MALEK, A.,** *La Pensée politique arabe contemporaine*, París, 1970.
C.T., 19, 1971, pp. 322-3 (M.H. Cherif)

7. **ABD-EL-YALIL, J.M.,** *L'Islam et nous*, París, 1947.
M.U.S.J., 27, 1947-48, pp. 427-8 (X.)

8. **ABDUL WAHAB, H.H.,** *Les règles de conduite des maîtres d'école par Moh. ibn Saḥnoun de Kairouan*, Túnez, 1931.
A.A., 1, 1933, pp. 481-2 (M. Asín Palacios)

9. **ABOU 'L-HASSAN EL-MĀWERDĪ,** *El-Ahkām Es-Soulthānīya. Traité de droit public musulman*, trad. L. Ostrorog, París, 1906.
J.A., 8, 1906, pp. 567-73 (Cl. Huart)

10. **ABOU YOUSOF YA'KOUB,** *Le livre de l'impot foncier (Kitāb el-kharādj)*, traducido y anotado por E. Fagnan, París, 1921.
M.U.S.J., 8, 1922, pp. 465-6 (M. Borrmans)

11. **ABŪ 'ABD AR-RAḤMĀN AS-SULĀMĪ,** *Kitāb ādāb aṣ-Ṣuḥba*, ed. M. J. Kister, Jerusalén, 1954.
J.S.S., 1, 1956, pp. 88-9 (J. Robson)

12. **ABŪ 'ĀṢIM MUḤAMMAD B. AḤMAD AL-'ABBADĪ,** *Kitāb ṭabaqāt al-fuqahā' aš-šāfi'īya. Das Klassenbuch der Gehelerten Šāfi'iten*, ed. y est. de Gösta Vitestam, Leiden, 1964.
ArOr, 34, 1966, pp. 264-5 (R. Veselý)

13. **ABŪ BAKR AL-ṬURṬŪSHĪ,** *Kitāb al-ḥawādith wa-l-bida'*, ed. Muḥammad al-Ṭālibī, Túnez, 1959.
J.S.S., 6, 1961, pp. 137-42 (M.J. Kister)

14. **ABŪ BAKR AL-ṬURṬŪŠĪ,** *Kitāb al-ḥawādiṯ wa-l-bida'*, ed. A.M. Turki, Beirut, 1990.
A.Q., 13, 1992, pp. 267-8 (M. Fierro)

15. **ABŪ BAKR AL-ṬURṬŪŠĪ,** *Kitāb al-ḥawādiṯ wa-l-bida' (El libro de las novedades y las innovaciones)*, trad. M. Fierro, Madrid, 1993.
A.Q., 15, 1994, pp. 525-6 (N. Kaptein)
S.I., 81, 1995, pp. 223-4 (C. Gilliot)

16. **ABUBEQUER DE TORTOSA,** *Lámpara de Príncipes*, trad. M. Alarcón, 2 vols., Madrid, 1930-1931.
A.H.D.E., 8, 1931, pp. 572-4 (J. López Ortiz)

17. **ABU GHUSH, S.,** *Qarārāt shar'iyya min al-maḥkama al-isti'nāfiyya*, Jerusalén, 1992.
I.L.S., 1, 1, 1994, pp. 137-8 (I. Hamdy)

18. **ABU L-ḤASAN ᶜABD AL-ŶABBĀR,** *Kitāb al-Majmūᶜ fi' l-Muḥīṭ bi' l-Taklīf de Qāḍi 'l-Quḍāt Abu'l Ḥassan ᶜAbd al-Jabbār (m. 415 A.H./1024 A.D.)*, ed. J.J. Houben, Beirut, 1965.
M.U.S.J., 41, 1965, pp. 279-81 (A. Nader)

19. **ABUMALHAM, M. (ed.),** *Comunidades islámicas en Europa*, Madrid, 1995.
M.E.A.H., 44, 1995, pp. 263-5 (C. Gómez Camarero)

20. **ABU NASR, J., KHOURY, N.F. y AZZAM, H.T. (eds.),** *Women, Employment and Development in the Arab World*, Berlín- Nueva York- Amsterdam, 1985.
W.I., 27, 1987, pp. 126-7 (H. Müller)

21. **ABŪ L-NŪR, 'A.,** *al-Taṣnīf al-bibliyūgrāfī li-'ulūm al-dīn al-*

islāmī, El Cairo, 1973.
Arabica, 24, 1977, pp. 214-5 (Y. Sauvan)

22. **ABŪ L-QĀSIM MUḤAQQIQ**, *Šawā'i' al-islām fī bayān masā'il al-ḥalāl wa-l-ḥarām. Lois de l'islamisme; explication des questions relatives à ce qui est permis et à ce qui est défendu*, ed. Al. Kasem Beg, San Petersburgo, 1278/1862.
J.A., 1 (VIe sèrie), 1863, pp. 295-6 (Garcin de Tassy)

23. **ABŪ L-SHAYKH AL-IMĀM ABŪ MUḤAMMAD 'ABD ALLĀH B. MUḤAMMAD B. ŶA'FAR B. ḤAYYĀN**, *Ṭabaqāt al-muḥaddiṯīn bi-Iṣbahān*, Beirut, 1989.
R.S.O., 66, 1992, pp. 211-4 (L. Bottini)

24. **ABŪ L-WALĪD AL-BĀŶĪ**, *Kitāb al-išāra ilà ma'rifat al-uṣūl wa-l-waŷāza fī ma'nà l-dalīl*, ed. M. al-Waḍīrī y M. Nāŷī, Rabat, 1988.
A.E.A., 3, 1992, pp. 333-4 (F. Vidal)

25. **ABŪ YŪSUF**, *Kitāb al-Kharāj. Taxation in Islam*, vol. III, trad. e introd. A. Ben Shemesh, Londres, 1969.
ArOr, 41, 1973, pp. 281-2 (R. Veselý)

26. *Actes du XVIIIe Congrès Internationale des Orientalistes*, Leiden, 1932.
ArOr, 5, 1933, pp. 133-8 (W. Gamper)

27. **ADAMOVIC, M.**, *Die Rechtslehre des Imám an-Nasafí in türkischer Bearbeitung vom Jahre 1332*, Stuttgart, 1990.
ArOr, 64, 1996, p. 288 (P. Stěpánek)

28. **AGERPM. Ch.R.**, *Les Algèriens musulmans et la France (1871-1919)*, París, 1968.
C.T., 17, 1969, pp. 284-5 (M.H. Cherif)

29. **AGLIETTI, B.**, *Il governo di alcuni condomini*, Florencia, 1939.
O.M., 19, 1939, p. 487 (A. Giannini)

30. **AGUIRRE SADABA, F.J.**, *El "Kitāb al-muqni' fī 'ilm al-šurūṭ" de Abū Ŷa'far Aḥmad ibn Mugīṯ al-Ṭulayṭulī*, Tesis Doctoral, Universidad de Granada, 1988.
A.E.A., 2, 1991, pp. 375-6 (M.C. Jiménez Mata)

31. **AHMAD, I. (ed.)**, *Rituals and Religion among Muslims in India*, Nueva Delhi, 1981.
ArOr, 54, 1986, pp. 187-8 (D.M.)

32. **AHMAD, Q.**, *The Wahabi Movement in India*, Calcuta, 1966.
I.S., 6, 1967, pp. 199-203 (S.Q. Fatimi)

33. **ALBARRACÍN NAVARRO, J., ESPINAR MORENO, M., MARTÍNEZ RUIZ, J. y RUIZ PÉREZ, R.**, *El Marquesado del Cenete: historia, toponimia y onomástica, según documentos árabes inéditos*, Granada, 1986.
A.Q., 8, 1987, pp. 495-8 (J. Vallvé)

34. **ALDEEB ABU SAHLIEH, S. A.**, *Les Musulmans face aux droits de l'homme - religion/droit/politique*, Bochum, 1994.
I.L.S., 3, 1996, pp. 375-6 (S. Tellenbach)

35. **ALDEEB SAMI, A.**, *Mariages mixtes entre Suisses et étrangers musulmans*, Lausana, 1996.
I.CH., 22, 1996, pp. 279-80 (M. Borrmans)

36. **ALLARD, M., S.J.**, *Textes apologétiques de Guwaynī. Textes arabes traduits et annotés*, Beirut, 1968.
C.T., 18, 1970, pp. 207-8 (R. Caspar)

37. **ALLOUCHE, I.S. y REGRAGUI, A.**, *Catalogue des Manuscrits Arabes de Rabat*, París, 1954.
M.E.A.H., 3, 1954, p. 134 (L. Seco de Lucena)
J.A., 243, 1955, pp. 124-6 (G. Vajda)

38. **ALMELA Y VIVES, F.**, *El "Llibre del Mustaçaf" y la vida en la ciudad de Valencia a mediados del siglo XVI*, Castellón de la Plana, 1948.
A.A., 14, 1949, pp. 490-1 (L. Torres Balbás)

39. **ALUFFI BECK-PECCOZ, R.**, *La modernizzazione del diritto di famiglia nei paesi arabi*, Milán, 1990.
O.M., 73, 1993, pp. 247-9 (P. Branca)

40. **AMAR, E.**, *La pierre de touche des Fétuas, de Aḥmad al-Wanscharīsī*, en *Archives Marocaines* XII y XIII (1908-1909).
J.A., 15, 1910, pp. 531-4 (Cl. Huart)

41. **AMBROSINI, G.**, *Lo statuto dei nativi dell' Algeria e della Libia*, Padua, 1939.
O.M., 20, 1940, pp. 561-2 (E. Rossi)

42. **AMIN, A.**, *My Life- the Autobiography of an Egyptian Scholar, Writer and cultural Leader*, Leiden, 1978.
W.I., 20, 1980, pp. 108-9 (J.A. Haywood)

43. **AMIN, G.A.**, *The Modernization of Poverty. A Study in the Political Economy of Growth in Nine Arab Countries, 1945-1970*, Leiden, 1980.
W.I., 21, 1981, pp. 245-7 (D. Weiss)

44. **AMĪN, M.M..**, *Catalogue des documents d'archives du Caire de 239/853 à 922/1516 (depuis le IIIe/IXe siécle jusqu'à la fin de l'époque Mamlouk), suivi de l'édition critique de neuf documents*, El Cairo.
S.I., 57, 1983, pp. 180-1 (Y. Rāġib)

45. **AMIN, S.H.**, *Middle East Legal Systems*, Glasgow, 1985.
D.I., 63, 1986, pp. 357-9 (H. Krüger)

46. **AMIN, S.H.**, *Law and Justice in Contemporary Yemen: People's Democratic Republic of Yemen Arab Republic*, Glasgow, 1987.
D.I., 65, 1988, pp. 353-4 (H. Krüger)

47. **AMIN, S.H.**, *The Legal System of Iraq*, Glasgow, 1989.
W.I., 33, 1993, pp. 120-2 (H. Krüger)

48. **AMMAN, L.**, *Vorbild und Vernunft, Die Regelung von Lachen und Scherzen im mittelalterlichen Islam*, Hildesheim- Olms, 1993.
W.I., 35, 1995, pp. 279-81 (S. Leder)

49. **ANDERSON, J.N.D.**, *Islamic Law in Africa*, Londres, 1954.
W.I., 4, 1955-56, pp. 224-6 (G. Jäschke)
W.I., 13, 1971, pp. 131-2 (O. Spies)

50. **ANDERSON, N.**, *Law Reform in the Muslim World*, Londres, 1976.
D.I., 54, 1977, pp. 337-8 (O. Spies)
Arabica, 24, 1977, p. 339 (A.M. Delcambre)

51. *Anuario de Historia del Derecho Español*
R.B.P., 14, 1935, pp. 337-41 (Ch. Verlinden)

52. **ARAZI, A.**, *Al-Aḥādīth al-Ḥisān fī Faḍl al-Ṭaylasān de Djalal al-Dīn Abū l-Faḍl 'Abd al-Raḥmān al-Suyūṭī*, Jerusalén, 1983.
J.S.S., 32, 1987, pp. 387-8 (A. Rippin)

53. **ARIN, F.**, *Recherches historiques sur les opérations usuraires et aléatoires en droit musulman*, thèse de Doctorat, París, 1909.
J.A., 14 (Xe série), 1909, pp. 175-7 (Cl. Huart)

54. **ARKOUN, M.**, *Min al-Ijtihād ilā Naqd al-'Aql al-Islāmī*, trad. Hāshim Ṣāliḥ, Londres, 1993 y **ARKOUN, M.**, *Min Fayṣal al-Tafrīqa ilā Faṣl al-Maqāl: Ayna huwa al-Fikr al-Islāmī al-Mu'āṣir?*, trad. y notas Hashim Ṣāliḥ, Londres, 1993.
I.L.S., 2, 1995, pp. 364-5 (W.B. Hallaq)

55. **ARMANAZI, M.N.**, *Le droit international dans l'Islam*, en *Revue de l'Académie Arabe*, Damasco, 1931.
A.A., 1, 1933, p. 229 (M. Asín Palacios)

56. **ARMINJON, P.**, *L'Enseignement, la Doctrine et la Vie dans les Universités musulmanes d'Egypte*, París, 1907.
M.U.S.J., 19, 1908-1909, pp. 80-1 (L. Ronzevalle)

57. **Sir ARNOLD, T.W.**, *The Caliphate*, Routledge - Londres, s.d.
I.S., 5, 1966, pp. 432-5 (A. Hasan)

58. **ARNOLD, T, y GUILLAUME, A. (eds.)**, *The legacy of Islam*, Oxford, 1931.
A.A., 1, 1933, pp. 222-3 (A. González Palencia)

59. **ASAD, M.**, *The principles of State and Government in Islam*, Berkeley-Los Angeles, 1961.
I.S., 1, 3, 1962, pp. 131-3 (K.K. Aziz)

60. **ASHTOR, E.**, *A Social and Economic History of the Near East in the Middle Ages*, Londres, 1976.
D.I., 55, 1978, pp. 125-7 (S.Y. Lahib)

61. **ASÍN PALACIOS, M.**, *Abenházam de Córdoba y su Historia Crítica de las Ideas Religiosas*, t. I, Madrid, 1927-1932.
R.A.B.M., 48, 1927, pp. 382-5 (A. González Palencia)
A.H.D.E., 5, 1928, pp. 537-42 (J. López Ortiz)

62. **AL-ASYŪṬĪ, Ṭ. A.**, *Al-Islām wa-l-milkīya (Islam und Eigentum)*, *s.l.*, 1979.
D.I., 59, 1982, pp. 128-9 (W. Ende)

63. **ATIYA, A. S.**, *The Arabic Manuscripts of Mount Sinai*, Baltimore-Londres, 1955.
J.S.S., 1, 1956, pp. 414-5 (J. Robson)

64. **AUBOYNEAU, G. y FEUVET, A.**, *Essai de Bibliographie por servir a l'histoire de l'Empire Ottoman*, Fascic. I: Religion-Moeurs et Coutumes. París, 1911.
M.U.S.J., 5, 2, 1911-1912, pp. xxxii-xxxiii (L. Ronzevalle)

65. **AVERROÈ**, *L'accordo della legge divina con la filosofía*, trad. F. Luchetta, Génova, 1994.
I.CH., 21, 1995, p. 279 (M. Borrmans)
A.E.A., 7, 1996, pp. 277-9 (E. Tornero)

66. **AVERROÈ**, *Il trattado decisivo sull'accordo della religione con la filosofia*, introd., trad. italiana y notas de M. Campanini, Milán, 1994.
I.CH., 21, 1995, p. 279-80 (M. Borrmans)
A.E.A., 7, 1996, pp. 277-9 (E. Tornero)

67. **AVERROES**, *La Bidaya, manuel de l'interpréte des lois. I.: Du mariage et de sa dissolution. II: Des donations, des testaments, des successions, des jugements*, trad. A. Laïmeche, Argel, 1926-1928.
A.H.D.E., 8, 1931, pp. 567-9 (J. López Ortiz)

68. **ÁVILA, M.L.**, *La sociedad hispanomusulmana al final del califato. Aproximación a un estudio demográfico*, Madrid, 1985.
A.Q., 7, 1986, pp. 479-81 (M. Marín)

69. *Al-Azhar, A Millenium of Muslim Learning*, Washington, 1961.
M.U.S.J., 39, 1963, pp. 260-1 (A. D'Alverny)

70. **AL-AZMEH, A.**, *Islams and Modernities*, Londres, 1993.
S.I., 81, 1995, pp. 208-9 (O. Carré)

71. **AZMEH, R. AL- (ed.)**, *Islamic Law. Social and Historical Contexts*, Londres- Nueva York, 1988.

W.I., 29, 1989, pp. 218-21 (B. Ossendorf-Conrad)

72. **BARADIE, A. EL-,** *Gottes-Recht und Menschen-Recht. Grundlagenprobleme der islamischen Strafrechtslehre*, Baden-Baden, 1984.
W.I., 29, 1989, pp. 151-5 (M. Forstner)

73. **BARCELÓ, C.,** *Minorías islámicas en el País Valenciano. Historia y dialecto*, Valencia-Madrid, 1984.
A.Q., 6, 1985, pp. 590-2 (M. García-Arenal)

74. **BARNES, J.R.,** *An Introduction to Religious Foundations in the Ottoman Empire*, Leiden, 1986.
S.I., 68, 1988, pp. 194-5 (C. Gilliot)
D.I., 70, 1993, pp. 187-9 (K. Kreiser)

75. **AL-BASRĪ, A. al-H. M.b.ᶜA.b. al-T.,** *Kitāb al-mu'tamad fī usul al-fiqh*, ed. M. Hamidullah en colaboración con A. Bekir y H. Hanafi, Damasco, 1965.
C.T., 14, 1966, p. 269 (M. Talbi)

76. **Al-BĀŶĪ,** *Al-minḥaǧ fī tartīb al-ḥiǧǧāǧ, l'art de la polémique*, ed. A.M. Turki, París, 1978.
Arabica, 27, 1980, pp. 194-8 (D. Gimaret)

77. **Al-BĀŶĪ,** *Iḥkām al-fuṣūl fī aḥkām al-uṣūl*, ed. A.M. Turki, Beirut, 1986.
S.I., 66, 1987, pp. 182-5 (C. Gilliot)
Arabica, 37, 1990, pp. 240-1 (M. Arkoun)

78. **BEESTON, A. F. L.,** *Baiḍāwī's Commentary on Sūrah 12 of the Qur'ān*, Oxford, 1963.
J.S.S., 11, 1966, pp. 130-1 (J.D. Latham)

79. **BEHRENS-ABOUSEIF, D.,** *Egypt's Adjustement to Ottoman Rule. Institutions, Waqf and Architecture in Cairo (16th and 17th centuries)*, Leiden, 1994.
R.E.M.M.M., 77-78, 1995, p. 314.
I.L.S., 3, 1996, pp. 372-5 (M.J. Reimer)

80. *Beiträge zum deutschen und israelischen Privatrecht. Deutsch-israelisches Juristensymposium 1975* (Herausgegeben von der Gesellschaft zur Förderung der wissenschaftlichen

Zusammenarbeit mit der Universität Tel-Aviv e.V.), Colonia, 1977.
D.I., 55, 1978, pp. 370-1 (J. Thieme)

81. **BEL, A.**, *La religion musulmane en Berbérie; esquisse d'histoire et de sociologie religieuses*, París, 1938.
J.A., 30, 1938, pp. 490-5 (M. Gaudefroy-Demombynes)

82. **BELDICEANU, N.**, *Les actes des premiers sultans conservés dans les Manuscrits Turcs de la Bibliothèque Nationale à Paris*, t. I de las *Actes de Mehmed II et de Bayezid II du Ms. fonds Turc Ancien 39*, París, 1960.
ArOr, 30, 1962, pp. 667-669 (Z. Veselá-Přenosilová)

83. **BELDICEANU, N.**, *Le timar l'État ottoman (début XIVe-début XVIe siècle)*, Wiesbaden, 1980.
D.I., 59, 1982, pp. 166-8 (S. Faroqhi)

84. **BELL, R.**, *Introduction to the Qur'ān*, Edimburgo, 1953.
J.S.S., 1, 1956, pp. 89-91 (J. Robson)

85. **BELL, J.N.**, *Love Theory in Later Ḥanbalite Islam*, Albany, 1979.
D.I., 58, 1981, pp. 329-30 (J. van Ess)

86. **BELLO, I.A.**, *The Medieval Islamic Controversy between Philosophy and Ortodoxy: Ijmā' and Ta'wīl in the Conflict between al-Ghazālī and Ibn Rushd*, Leiden, 1989.
J.S.S., 39, 2, 1994, pp. 351-2 (I.R. Netton)

87. **BENNASSAR, B. y L.**, *Los cristianos de Alá. La fascinante aventura de los renegados*, trad. J.L. Gil Aristu, Madrid, 1989.
A.Q., 11, 1990, pp. 280-3 (M. García-Arenal)

88. **BEN SHEMESH, A.**, *Taxation in Islam. I.- Yaḥyà ben Adam's "Kitāb al-Kharāj"*; ed., trad., introd. y notas, Leiden, 1958.
M.U.S.J., 35, 1958, pp. 297-8 (X.)

89. **BERCHER, L. y BOUSQUET G.-H.**, *Ghazālī. Le Livre des Bons Usages en Matière de Mariage (Extrait de l'*Ih'ya' 'Ouloûm

ed-Dîn *ou: Vivification des Sciences de la foi)*, París, 1953.
M.E.A.H., 2, 1953, p. 165 (L. Seco de Lucena)
W.I., 3, 1953-54, pp. 301-2 (G. Jäschke)

90. **BERCHER, L. y BOUSQUET G.-H.**, *Le statut personnel en droit musulman hanafite*, Túnez, *s.d.*.
M.E.A.H., 2, 1953, pp. 164-5 (L. Seco de Lucena)

91. **BERG, L.W.C. van der**, *De Contractu "do ut des" jure Mohammedano scripsit*, Leiden, 1868.
J.A., 14, 1869, pp. 238-40 (B. de Meynard)

92. **BERGÉ, M.**, *Les Arabes, Histoire et Civilisation des Arabes et du monde musulman des origines à la chute du royaume de Grenade, racontées par les temoins*, París, 1978.
C.T., 27, 2, 1979, pp. 518-21 (M. Talbi)

93. **BERGSTRASSER, G.**, *Grundzüge des Islamischen Rechts. (Bearbeitet und herausgegeben von Joseph Schacht)*, Berlín-Leipzig, 1935.
A.A., 7, 1942, pp. 228-32 (J. López Ortiz)

94. **BERKEY, J.**, *The Transmission of Knowledge in Medieval Cairo: A Social History of Islamic Education*, Princeton, 1992.
A.Q., 14, 1993, pp. 509-11 (M. Marín)
I.L.S., 1, 3, 1994, pp. 367-76 (D. J. Stewart)

95. **BERTOLA, A.**, *Il regime dei culti in Turchia*, Turín, 1925.
O.M., 6, 1926, pp. 643-4 (C.A. Nallino)

96. **BERTOLA, A.**, *Il regime dei culti nell'Africa italiana*, Bolonia, 1939.
O.M., 19, 1939, p. 487 (A. Giannini)

97. **BERTOLI SALIS, B.**, *La giustizia indigena nelle Colonia*, Padua, 1933.
O.M., 13, 1933, p. 492 (A. Giannini)

98. **BIEZAIS, H.**, *Dynamics and Institution. Based on Papers read at the Symposium on Dynamics and Institution held at Åbo on the 6th-8th of September 1976. (Scripta Instituti Donneriani Åboensis IX)*, Uppsala, 1976.

W.I., 18, 1977-78, pp. 225-6 (H.J. Klimkeit)

99. **BINSWANGER, K.**, *Untersuchungen zum Status der Nichtmuslime im Osmanischen Reich des 16. Jahrhunderts, mit einer Neudefinition des Begriffes* "Ḏimma", Munich, 1977.
D.I., 57, 1980, pp. 390-2 (B. Flemming)

100. **BIRKELAND, H.**, *Old Muslim Oppositions against Interpretation of the Koran*, Oslo, 1955.
J.S.S., 2, 1957, pp. 107-8 (J. Robson)

101. **BIUDER, L.**, *Religion and Politics in Pakistan Berkeleyand*, Los Ángeles-Londres, 1961.
I.S., 1, 1962, pp. 131-6 (M.D. Ahmed)

102. **BJÖRKMANN, W.**, *Beiträge zur Geschichte der Staatskanzelei im islamischen Agypten*, Hamburgo, 1928.
A.H.D.E., 6, 1929, pp. 565-7 (J. López Ortiz)

103. **BLACHERE, R.**, *Le Coran (al-Qor'ân) traduit de l'arabe*, París, 1957.
J.S.S., 4, 1959, pp. 88-9 (J. Robson)

104. **BOJANIĆ, D.**, *Turski zakoni i zakonski propisi iz XV i XVI veka za smederevsku, kruševačku i vidinsku oblast* (Nebent: *Lois et règlements turcs du XVe et XVIe siècles concernant les régions de Smederevo, de Kruševac et de Vidin*), Belgrado, 1974.
D.I., 53, 1976, pp. 328-9 (H.-J. Kornrumpf)

105. *Boletín oficial de la zona de influencia española en Marruecos*, Madrid, 1913-1914.
W.I.[1], 3, 1916, pp. 164-5 (M. Hartmann)

106. **BONO, S.**, *Corsari nel Mediterraneo. Christiani e musulmani fra guerra, schiavitú e commercio*, Milán, 1993.
R.E.M.M.M., 68-69, 1993, pp. 300-2 (N. Lafi)
O.M., 73, 1993, pp. 135-9 (F. Cresti)
I.CH., 20, 1994, pp. 327-8 (M. Borrmans)
A.H.S.S., 49/4, 1994, pp. 990-1 (M. Fontenay)

107. **BORSI, U.**, *Corso di diritto coloniale. Parte generale*, Padua, 1932.

O.M., 12, 1932, pp. 218-9 (A. Giannini)
O.M., 17, 1937, p. 466 (A. Giannini)

108. **BORSI, U.**, *Principi di diritto coloniale* (3ª ed. revisada), Padua, 1938.
O.M., 18, 1938, p. 325 (A. Giannini)

109. **BOSWORTH, C. E. (ed.)**, *Iran and Islam. In Memory of the Late Vladimir Minorsky*, Edimburgo, 1971.
J.S.S., 18, 1973, pp. 310-2 (B. Lewis)

110. **BOUAMRANE, CH.- GARDET, L.**, *Panorame de la pensée islamique*, París, 1984.
C.D., 199, 1986, pp. 179-80 (B. Justel)

111. **BOULOS, M.F**, *La succession en droit musulman, son origine et son èvolution*, París, 1925.
J.A., 222, 1932, pp. 352-3 (G. Ferrand)

112. **BOURELY, M.**, *Droit public marocain*, París-Rabat, *s.d.*
R.O.M.M., 2, 1966, pp. 249-50 (B. Etienne)

113. **BOUSQUET, G.-H.**, *Kitáb et-tambíh ou Le Livre de l'Admonition touchant la Loi Musulmane selon le rite de l'imám Ech-Chafé'i par le Cheikh et Imám Abou Is̈haq Ibrahin ben ' Ali ech-Chirazi et Firouzabadhi.* Primera parte: *Le rituel*, Argel, 1949. Tercera parte: *Le statut personnel*, Argel, *s.d.*
M.E.A.H., 1, 1952, pp. 157-8 (L. Seco de Lucena)

114. **BOUSQUET, G.-H.**, *Khalil Ben Ish'aq. Abrégé de la Loi Musulmane selon le rite de l'imam Malek*, nueva trad. Primera parte: *Le rituel*, Argel, 1956. Segunda parte: *Le statut personnel*, París, 1958.
M.E.A.H., 8, 1959, pp. 139-40 (L. Seco de Lucena)

115. **BOUSQUET, G.-H.**, *Le statut personnel en droit musulman hanéfite*, Túnez, *s.d.*
O.M., 34, 1954, pp. 47-8 (A. D'Emilia)

116. **BOYER, A.**, *Le droit des religions en France*, París, 1993.
I.CH., 20, 1994, pp. 299-300 (M. Borrmans)

117. **BREDOW, M. Von**, *Der heilige Kriege (ǧihād) aus der Sicht der*

Malikitische Rechtsschule, Beirut, 1994.
R.S.O., 69, 1996, pp. 237-8 (B. Scarcia Amoretti)
I.CH., 21, 1995, p. 288 (M. Borrmans)

118. **BRUGMAN, J.**, *De Betekenis van het Mohammedaanse Recht in het Hedendaagse Egypte (Verhandelingen Instituut voor Taal, Land- en Volkenkunde, deel XXVIII)*, La Haya, 1960.
W.I., 7, 1961, pp. 215-6 (J.M.S. Baljon)

119. **BRUNO, H.**, *Le régime des eaux en Droit musulman*, París, 1913.
J.A., 4, 1914, pp. 676-8 (Cl. Huart)

120. **BRUNO, H. y GAUDEFROY-DEMOMBYNES, M.**, *El-Wancherisi, Le livre des magistratures*, texto árabe, trad. y anotaciones, Rabat, 1937.
B.E.O., 7-8, 1937-1938, pp. 291-2 (H. Laoust)
O.M., 19, 1939, p. 527 (E. Bussi)

121. **BRUNSCHVIG, R.**, "Considérations sociologiques sur le droit musulman ancien", *S.I.*, 3, 1955, pp. 61-73.
Arabica, 2, 1955, p. 374 (D.S.)

122. **BRUNSCHVIG, R.**, "Variations sur le thème du doute dans le fiqh", *Studi orientalistici in onore di G. Levi Della Vida*, I, 1956, pp. 61-82.
Arabica, 4, 1957, p. 102 (D.S.)

123. **BRUNSCHVIG, R.**, *Etudes d'Islamologie*, prefacio y bibliografía del autor por A.M. Turki, París, 1976.
C.T., 26, 2, 1978, p. 309 (M. Talbi)

124. **BURLOT, J.**, *La Civilisation Islamique*, París, 1982.
C.T., 30, 2, 1982, pp. 278-281 (H. Mohammed)

125. **BURTON, J.**, *The collection of the Qur'ān*, Cambridge, 1977.
J.A., 266, 1978, pp. 361-362 (G. Monnot)
C.D., 192, 1979, pp. 498-499 (B. Justel)

126. **BURTON, J.** *The sources of Islamic Law*, Edimburgo, 1990.
Arabica, 40, 1993, pp. 136-9 (C. Gilliot)

127. **BURTON, J. (ed./comm.)**, *Abū 'Ubaid al-Qāsim b. Sallām's K. al-nāsikh wa-l-mansūkh (Ms. Istanbul, Topkapi, Ahmet III A 143)*, ed. y comentario, Cambridge, 1987.

W.I., 31, 1991, pp. 264-9 (M. Muranyi)

128. **BUSSI, E.**, *Richerche intorno alle relazioni per retratto bizantino e musulmano*, Milán, 1933.
A.H.D.E., 10, 1933, pp. 469-472 (J. López Ortiz)

129. **BUSSI, E.**, *Principi di diritto musulmano*, Milán, 1943.
O.M., 25, 1945, pp. 64-5 (A. D'Emilia)
A.A., 12, 1947, pp. 225-7 (E.L.)

130. **CABRILLANA, N**, *Documentos notariales referentes a los moriscos*, Granada, 1978.
M.E.A.H., 27-18 (1978-1979), pp. 248-50 (D. Cabanelas)

131. **CAHEN, C.**, *L'Islam, des origines au début de l'Empire Ottoman*, París, 1970.
C.T., 19, 1971, pp. 302-304 (M. Talbi)

132. **CAHEN, C.**, *Makhzūmiyyāt. Études sur l'histoire économique et financière de l'Egypte médiévale*, Leiden, 1977.
W.I., 21, 1981, pp. 252-4 (R. Shulze)

133. **CAHEN, C.**, *Introduction à l'histoire du monde musulman médiéval, VIIe-XVe siècles. Méthodologie et éléments de bibliographie*, París, 1982.
A.Q., 4, 1983, pp. 489-92 (L. Molina)

134. **CALDER, N.**, *Studies in Early Muslim Jurisprudence*, Oxford, 1993.
J.S.S., 39, 2, 1994, pp. 346-9 (A. Rippin)

135. **CALERO SECALL, I. y MARTÍNEZ ENAMORADO, V.**, *Málaga, ciudad de al-Andalus*, Málaga, 1995.
A.Q., 17, 1996, pp. 489-91 (M. Marín)
M.E.A.H., 44, 1995, pp. 265-7 (C. Castillo Castillo)

136. **CAMAU, M.**, *Pouvoirs et Institutions au Maghreb*, Túnez, 1978.
R.O.M.M., 30, 1980, pp. 137-44 (J.-C. Vatin)

137. **CANO ÁVILA, P.**, *Contratos conmutativos en la Granada nazarí del siglo XIV según el formulario notarial de Ibn Salmūn (m. 767/1366)*, Tesis Doctoral, Universidad de Granada, 1987.
A.E.A., 2, 1991, pp. 377-8 (M.C. Jiménez Mata)

138. **CARDAIRE, M.**, *Contribution à l'étude de l'Islam Noir. Memorandum nº 2 de l'I.F.A.N.*, Camerún, 1949 y **GOUILLY**, *L'Islam en A.O.F.*, París, 1952.
C.T., 1, 1953, pp. 189-192 (D. Pauphilet)

139. **CARLIER, O.**, *Entre nation et jihad. Histoire sociale des radicalismes algériens*, París, 1995.
R.E.M.M.M., 77-78, 1995, p. 315.

140. **CARLIER, J.-Y. y VERWILGHEN, M.**, *Le Statut Personnel des Musulmans (Droit comparé et droit international privé)*, Bruselas, 1992.
I.CH., 19, 1993, p. 385 (M. Borrmans)

141. **CARMONA, A.**, *"Al-Mufīd li-l-ḥukkām" de Ibn Hišām de Córdoba (m. 606/1209)*, Tesis Doctoral, Universidad de Granada, 1986.
A.E.A., 2, 1991, pp. 376-7 (M.C. Jiménez Mata)

142. **CARRA DE VAUX, B.**, *Les penseurs de l'Islam*: T. III. *L'exégèse, la tradition et la jurisprudence*;- T. IV. *La scolastique, la théologie et la mystique; la musique*;- T. V. *Les sectes, le liberalisme moderne*, 3 vols., París, 1923-1926.
M.U.S.J., 12, 1927, pp. 301-2 (G. Levenq)

143. **CARRÉ, O.**, *L'Islam et l'État dans le monde d'aujourd'hui*, París, 1982.
R.H.R., 3, 1985, pp. 305-8 (A. Morabia)

144. **CARUSI, E.**, "Sui rapporti fra diritto romano e diritto, Musulmano", en *Atti della Società Italiana per il Progresso delle Scienze VII Riunione*, Roma, 1913.
W.I.[1], 2, 1914, pp. 92-93 (M. Hartmann)

145. **CARUSI, E.**, *Diritto e filologia (riporte di un giurista alla criticha di un filologo)*, Bolonia, 1925.
O.M., 5, 1925, pp. 157-69 (C.A. Nallino)

146. **CASTILLA, J.**, *Indices del Tartīb al-madārik (biografías de andalusíes)*, Granada, 1990.
A.Q., 12, 1991, pp. 293-4 (C. de la Puente)

147. **CERULLI, E.**, *Somalia. Scritti vari editi e inediti. II. Diritto, etnografia, linguistica. Como viveva una tribú Haniyya*, Roma, 1959.
O.M., 39, 1959, pp. 248-50 (G. Levi della Vida)

148. **CHALMETA GENDRON, P.**, "El «*Kitāb fī ādāb al-ḥisba*» (Libro del buen gobierno del zoco) de al-Saqaṭī", *A.A.*, 32, 1967, 359-97; 33, 1968, 143-95 y 367-434.
Arabica, 20, 1973, 211-2 (Ch. Pellat)

149. **CHALMETA GENDRON, P.**, *El "señor del zoco" en España: edades media y moderna, contribución al estudio de la historia del mercado*, Madrid, 1973.
C.T., 23, 1975, pp. 324-5 (M. Talbi)
C.H.I., 7, 1975-6, pp. 177-9 (J. Martos)
Arabica, 23, 1976, pp. 214-9 (H.R. Idris)
C.C.M., 19, 1976, pp. 280-3 (E. Ashtor)
D.I., 54, 1977, pp. 157-9 (R. Arié)

150. **CHAMBERLAIN, M.**, *Knowledge and social practice in Medieval Damascus, 1190-1350*, Cambridge, 1995.
A.Q., 17, 1996, pp. 239-42 (M. Fierro)

151. **CHARFI, M.**, "L'influence de la religion dans le droit international privé des pays musulmans", *Recueil des cours*, tome 203, 1987-III, de l'Académie de Droit International, Dordrecht- Boston- Lancaster, pp. 325-454.
I.CH., 14, 1988, pp. 319-22 (M. Borrmans)

152. **CHARLES, R.**, *Le droit musulman*, París, 1956.
M.U.S.J., 34, 1957, pp. 341-2 (E. Gonthier, S.J.)

153. **CHARNAY, J.-P.**, *Islamic Culture and Socio-Economic Change*, Leiden, 1971.
ArOr, 43, 1975, pp. 94-95 (L. Kropáček)

154. **CHARNAY, J.-P.**, *La vie musulmane en Algérie, d'après la jurisprudence de la première moitié du XXe siècle*, París, 1991.
I.CH., 18, 1992, p. 363.
I.S.C., 11/38, 1992, p. 40-2 (B.M. Scarcia Amoretti)
Arabica, 40, 1993, pp. 263-6 (N. Marouf)

155. **CHATILA, K.**, *Le mariage chez les musulmans en Syrie*, París, 1934.
B.E.O., 4, 1934, pp. 124-5 (J. Gaulmier)

156. **CHEHATA, C.T.**, *Essai d'une théorie génerale de l'obligation en droit musulman. Tome Ier. Les sujets de l'obligation*, El Cairo, 1936.
M.U.S.J., 21, 1937-38, pp. 309-10 (E. Tyan)

157. **CHEHATA, CH.**, *Droit musulman. Application au Proche-Orient*, París, 1970.
Arabica, 19, 1972, pp. 202-3 (Y. Linant de Bellefonds)

158. **CHEHATA, CH.**, *Études de droit musulman*, París, 1971
Arabica, 20, 1973, pp. 103-4 (M. Arkoun)

159. **CHELHOD, J.**, *Le sacrifice chez les Arabes*, París, 1955.
M.U.S.J., 32, 1955, pp. 222-4 (H. Charles, S.J.)

160. **CHELHOD, J.**, *Introduction à la sociologie de l'Islam, de l'Animisme à l'Universalisme*, París, 1958.
R.H.R., 155-6, 1959, pp. 105-7 (J.-P. Roux)

161. **CHELHOD, J.**, *Les structures du sacré chez les Arabes*, París, 1965.
C.T., 14, 1966, p. 336 (R. Darmon)

162. **CHELHOD, J.**, *Le droit dans la société bédouine. Recherches ethnologiques sur le òrf ou droit coutunier des Bédouins*, prefacio de Jean Carbonnier, París, 1971.
R.O.M.M., 12, 1972, pp. 174-6 (M. Gast)
Arabica, 20, 1973, pp. 105-6 (Ch. Pellat)

163. **CHODKIEWICZ, M.**, *Un océan sans rivage. Ibn Arabi, le Livre et la Loi*, París, 1992.
S.I., 76, 1992, pp. 185-7 (P. Lory)

164. **CILARDO, A.**, *Diritto ereditario islamico delle scuole giuridiche ismailita e imamita (Casistica)*, Roma-Nápoles, 1993.
I.CH., 21, 1995, p. 283.

165. **CILARDO, A.**, *Diritto ereditario islamico delle scuole*

giuridiche sunnite (ḥanafita, mālikita, šāfi'ita e ḥanbalita) e delle scuole giuridiche zaydita, ẓāhirita e ibāḍita (Casuistica), Roma-Nápoles, 1994.
I.CH., 22, 1996, p. 316 (M. Borrmans)

166. **CIPOLLONE, G.**, *Cristianitá-Islam. Cattivitá e liberazione in nome di Dio. Il tempo di Innocenzo III dopo il 1187*, Roma, 1992.
I.CH., 20, 1994, pp. 301-3 (A. Ferré)

167. *Classicisme et Déclin culturel dans l'Histoire de l'Islam. Actes du Symposium international d'Histoire de la civilisation musulmane* (Bordeaux, 25-29 juin, 1956), París, 1957.
C.T., 6, 1958, pp. 187-94 (M. Mantran)

168. **COHEN, A.**, *Economic Life in Ottoman Jerusalem*, Cambridge, 1989.
D.I., 69, 1992, pp. 156-8 (W. Hütteroth)

169. **COHEN, M.**, *Under Crescent and Cross. The Jews in the Middle Ages*, Princeton, 1994.
A.Q., 16, 1995, pp. 471-4 (E. Alfonso)

170. **COLIN, G.S. y LÉVI-PROVENÇAL, E.**, *Un manuel hispanique de "ḥisba". Traité d'Abū 'Abd Allāh Muḥammad b. Abī Muḥammad as-Sakaṭī de Malaga sur la surveillance des corporations et la repression des fraudes en Espagne musulmane*, París, 1931.
A.A., I, 1933, pp. 224-5 (E. García Gómez)

171. **COLLECTIF 95 MAGHREB EGALITE**, *Cent mesures et dispositions. Pour une codification maghrébine égalitaire du Statut personnel et du Droit de la famille*, Montpellier, 1995.
M.E.A.H., 45, 1996, pp. 342-5 (C. Pérez Beltrán)

172. **COMBS-SCHILLING, M.E.**, *Sacred Performances. Islam, Sexuality, and Sacrifice*, Nueva York, 1989.
D.I., 70, 1993, pp. 325-6 (H. Venzlaff)
R.H.R., 210, 1993, pp. 483-6 (J. Dakhlia)

173. **Commissariat Royal à la Politique des Immigrés**, *Connaître ses*

droits, aujourd'hui et demain (Une guide pratique des droits de la femme marocaine en Belgique), Bruselas, 1995.
I.CH., 20, 1994, p. 330.

174. **CONSTABLE, O.R.**, *Trade and traders in Muslim Spain. The commercial realignment of the Iberian Peninsula, 900-1500*, Cambridge, 1994.
A.Q., 16, 1995, pp. 474-6 (M. Morony)

175. **COOK, M.A. (ed.)**, *Studies in the Economic History of the Middle East from the Rise of Islam to the Present Day*, Londres, 1970.
W.I., 15, 1974, pp. 264-5 (W. Hoenerbach)
ArOr, 44, 1976, pp. 376-377 (R. Veselý)

176. **COOK, M.**, *Early Muslim Dogma: a source-critical study*, Cambridge, 1981.
J.S.S., 28, 1983, pp. 180-7 (N. Calder)

177. **COULSON, N.J.**, *A History of Islamic Law*, Edimburgo, 1964.
J.S.S., 10, 1965, pp. 137-8 (J. Robson)
Arabica, 15, 1968, pp. 94-5 (Y. Linant de Bellefonds)

178. **COULSON, N.J.**, *Conflicts and Tensions in Islamic Jurisprudence*, Chicago-Londres, 1969.
I.S., 6, 1967, pp. 309-14 (A. Hasan)
ArOr, 41, 1973, pp. 182-3 (Z. Polívková)

179. **COULSON, N.J.**, *Succession in the Muslim Family*, Cambridge, 1971.
B.A.E.O., 7, 1971, pp. 285-6 (F.M. Pareja)

180. **COULSON, N.J. y YEHIA, A.**, *Studien zum islamischen Recht* (Veröffentlichungen der Kommission für Europarecht, Internationales Recht und Ausländisches Privatrecht Nr. 2, herausgegeben von Fritz Schwind), Viena, 1983.
D.I., 62, 1985, pp. 151-2 (H. Motzki)

181. **CRAGG, K.**, *The call of the Minaret*, New York, 1956.
M.U.S.J., 34, 1957, pp. 345-6 (H. Charles, S.J.)

182. **CRONE, P.**, *Roman, provincial and Islamic Law. The Origins of the Islamic Patronate*, Cambridge, 1987.

A.Q., 9, 1988, pp. 528-9 (M. Fierro)
D.I., 65, 1988, pp. 342-5 (H. Motzki)
J.S.S., 35, 1990, pp. 326-30 (D.S. Powers)

183. **CRONE, P. y COOK, M.**, *Hagarism. The Making of the Islamic World*, Londres, 1977.
R.H.R., 193-4, 1978, pp. 108-12 (G. Vajda)

184. **CRONE, P. y HINDS, M.**, *God's Caliph. Religious Authority in the first Centuries of Islam*, Cambridge, 1986.
A.Q., 7, 1986, pp. 481-5 (M. Fierro)
J.S.S., 32, 1987, pp. 375-8 (N. Calder)
R.H.R., 205, 1988, pp. 215-6 (G. Monnot)
D.I., 66, 1989, pp. 361-3 (H. Motzki)

185. **CRUZ HERNÁNDEZ, M.**, *Historia del pensamiento en el mundo islámico*, 2 vols., Madrid, 1981.
A.Q., 2, 1981, pp. 471-81 (S. Gómez Nogales)
C.D., 195, 1982, pp. 364-5 (B. Justel)
A.E.A., 7, 1996, pp. 271-3 (R. Ramón Guerrero)

186. **CRUZ HERNÁNDEZ, M.**, *Historia del pensamiento en al-Andalus*, Sevilla, 1985.
C.D., 201, 1988, p. 217 (B. Justel)

187. **CUCINOTTA, E.**, *Diritto coloniale italiano*, Roma, 1933.
O.M., 13, 1933, p. 438 (A. Giannini)

188. **CUOQ, J.M.**, *Les Musulmans en Afrique*, París, 1975.
C.T., 24, 1976, pp. 181-2 (M. Talbi)

189. **CUOQ, J.M.**, *Recueil des Sources Arabes concernant l'Afrique Occidentale du VIIIe au XIVe siècle (Bilād al-Sūdān)*, trad. y notas, París, 1975.
C.T., 24, 2, 1976, p. 364 (M. Talbi)

190. **CURIEL, R. y GYSELEN, R. (eds.)**, *Itinéraires d'Orient. Hommages à Claude Cahen*, *Res Orientalis* VI, 1994.
S.I., 82, 1995, pp. 154-8 (J.-M. Mouton)

191. **CVETKOVA, B.A.**, *Les Institutions Ottomanes en Europe*, Wiesbaden, 1978.
ArOr, 48, 1980, p. 370 (Z. Veselá-Přenosilová)

192. **DAGHESTANI, K.**, *Étude sociologique sur la famille musulmane*

contemporaine en Syrie, París, 1932.
B.E.O., 2, 1932, pp. 288-9 (J. Gaulmier)

193. **DAMAS, E.**, *Moeurs et Coutumes de l'Algerie*, París, 1988.
C.T., 37, 2, 1988, pp. 276-8 (M. Talbi)

194. **DAMMEN MCAULIFFE, J.**, *Qur'ānic Christians. An Analysis of Classical and Modern Exegesis*, Cambridge, 1991.
Arabica, 39, 1992, pp. 405-6 (G. Monnot)
S.I., 80, 1994, pp. 185-8 (C. Gilliot)

195. **DANAU, Y.M.**, *La vie politique à Alger*, París, 1963.
R.B.P., 42, 1964, pp. 1186-8 (L. Liebmann)

196. **DANDAŠ, 'I.'A.**, *Dawr al-murābiṭīn fī našr al-Islām fī garb Ifrīqiya (430-515/1038-1121), ma'a našr wa-taḥqīq Rasā'il Abī Bakr b. al-'Arabī*, Beirut, 1988.
A.Q., 13, 1992, pp. 276-7 (F. Rodríguez Mañas)

197. **DANNHAUER, P.G.**, *Untersuchungen zur frühen Geschichte des Qāḍī-amtes*, Bonn, 1975.
J.S.S., 22, 1977, pp. 232-3 (G.H.A. Juynboll)

198. **DAVISON, R.H.**, *Reform in the Ottoman Empire 1856-1876*, Princeton, 1963.
ArOr, 34, 1966, pp. 639-41 (Z. Veselá-Přenosilová)
W.I., 9, 1964, pp. 292-5 (J. Jäschke)

-DE WAART, P.J.I.M.: v. **WAART, P.J.I.M. de**

-DE WAEL, H.: v. **WAEL, H. de**

199. **DEBUS, E.**, *Die islamisch-rechtlichen Auskünfte der Millî Gazete im Rahmen des "Fetwa-Wesens" der Türkischen Republik*, Berlín, 1984.
D.I., 63, 1986, pp. 179-80 (H. Krüger)
W.I., 26, 1986, pp. 185-6 (M. Götz)
ArOr, 58, 1990, pp. 401-2 (N. Zimová)

200. **DEMEEREMAN, A.**, *Aspects de la société tunisienne d'après Ibn Abī l-Dhiyāf*, Túnez, 1993.
R.E.M.M.M., 79-80, 1996, pp. 305-9 (A. Henia)

201. **D'EMILIA, A.**, *La compravendita nel cap. XXXIII del Nomocanone di Ibn al-'Assāl*, Milán, 1938.

O.M., 19, 1939, pp. 137-8.

202. **D'EMILIA, A.**, *Il Waqf Ahlī secondo la dottrina di Abū Yūsuf*, Milán, 1938.
O.M., 19, 1939, pp. 137-8.

203. **DEMORNGY, G.**, *Les institutions de la police en Perse*, París, 1914.
J.A., 4, 1914, pp. 666-8 (Cl. Huart)

204. **DENNETT, C.D.**, *Conversion and the Poll-Tax in Early Islam*, Cambridge Ma., 1950.
J.A., 40, 1952, pp. 522-4 (C. Cahen)

205. **DERENBOURG, H.- BARRAU-DIHIGO, L.**, *Une charte hispano-arabe de l'année 1312 (Extrait de la Revue hispanique, t. XV et XX)*, Nueva York- París, 1906-09.
J.A., 16, 1910, pp. 174-5 (M. Schwab)

206. **DIEM, W.**, *Arabische Briefe auf Papyrus und Papier aus der Heidelberger Papyrus-Sammlung*, Wiesbaden, 1991.
Arabica, 40, 1993, pp. 439-40 (Y. Rāġib)

207. **DIEM, W. RADENBERG, H.-P.**, *A Dictionary of the Arabic Material of S.D. Goitein's "A Mediterranean Society"*, Wiesbaden, 1994.
R.S.O., 69, 1996, pp. 508-11 (G. Lancioni)

208. **DIETRICH, A.**, *Zum Drogenhandel im islamischen Ägypten. Eine Studie über die arabische Handschrift nr. 912 der Heidelberger Papyrus-Sammlung*, Heidelberg, 1954.
W.I., 5, 1957-58, p. 274-6 (K. Garbers)

209. **DIRKS, S.**, *La famille musulmane turque, son évolution au 20è siècle*, París-La Haya, 1969.
C.T., 21, 1, 1973, pp. 287-9 (F. Georgeon)

210. *Discursos leídos ante la Real Academia de la Historia en la recepción del Señor D. Miguel Asín Palacios*, Madrid, 1924.
M.U.S.J., 9, 1923-1924, pp. 458-9 (H. Lammens)

211. **DJAIT, H.**, *La personnalité et le devenir Arabo-Islamiques*, París, 1974.

C.T., 23, 1975, pp. 336-9 (B. Tlili)

212. **DJAIT, H., TALBI, M., DACHRAOUI, F., DOUIB, A., M'RABET, M.A.**, *Histoire de la Tunisie - Le Moyen Age*, Túnez, 1971.
C.T., 20, 1, 1972, pp. 280-283 (P. Sebag)

213. *Documents de l'Islam médiéval. Nouvelles perspectives de recherches*, ed. Y. Rāġib, El Cairo, 1991.
S.I., 76, 1992, pp. 190-3 (M.K.)

214. **DODGE, B.**, *Muslim Education in Medieval times*, Washington D.C., 1962.
I.S., 2, 1963, pp. 527-30 (A.S. Bazmee)

215. **DOUTTÉ, E.**, *L'Islam algérien en l'an 1900*, Argel, 1900 y **DOUTTÉ, E.**, *Les Marabouts*, París, 1900.
J.A., 17, 1901, pp. 564-7 (M. Gaudefroy-Demombynes)

216. *Dustūr: A Survey of the Constitution of the Arab and Muslim States*, Leiden, 1966.
W.I., 15, 1974, p. 265 (W. Hoenerbach)

217. **DWYER, K.**, *Arab Voices: The Human Rights Debate in the Middle East*, Londres, 1991.
I.L.S., 2, 1, 1995, pp. 100-2 (M. Al-Sayyid)

218. **EBERT, H.-G.**, *Die Interdependenz von Staat, Verfassung und Islam im Nahen und Mittleren Osten in der Gegenwart*, Frankfurt am Main, 1991.
D.I., 71, 1994, pp. 156-7 (J. Paul)

219. **EBERT, J.**, *Religion und Reform in der arabischen Provinz. Ḥusayn al-Ǧisr aṭ-Ṭarābulusī (1845-1909) - Ein islamischer Gelehrter zwischen Tradition und Reform*, Frankfurt am Main *et al.*, 1991.
W.I., 33, 1993, pp. 145-7 (A. Havemann)

220. **EHRENKREUTZ, A.S.**, "Contributions to the Knowledge of the filcal Administration of Egypt in the Middle Ages", *B.S.O.A.S.*, 16, 1954, pp. 502-14.
Arabica, 2, 1955, p. 376 (D.S.)

221. **EICKELMAN, C.**, *Women and Community in Oman*, Nueva York, 1984.

D.I., 64, 1987, pp. 154-5 (M. Schmidt-Dumont)

222. **EISENMAN, R.H.**, *Islamic Law in Palestine and Israel. A History of the Survival of* Tanzimat *and* Sharī'a *in the British Mandate and the Jewish State*, Leiden, 1978.
W.I., 20, 1980, pp. 209-11 (H. Krüger)

223. **ELAD, A.**, *Medieval Jerusalem and Islamic Worship*, Leiden, 1995.
M.E.A.H., 45, 1996, pp. 347-351 (J.P. Monferrer Sala)

224. **EL ALAMI, D.S.**, *The Marriage Contract in Islamic Law in the Shari'ah and Personal Status Laws of Egypt and Morocco*, Londres, 1992.
I.L.S., 1, 2, 1994, pp. 259-60 (C. Fluehr-Lobban)

225. **ELBOUDRARI, H. (ed.)**, *Modes de transmission de la culture religieuse en Islam*, El Cairo, 1993.
A.Q., 15, 1994, pp. 264-7 (M. García-Arenal)
S.I., 80, 1994, pp. 171-3 (P. Lory)

226. **ELBOUDRARI, H. (ed.)**, *Normes juridiques et pratiques sociales dans le monde musulman*, en *Annales Islamologiques* XXVII (1994).
S.I., 84, 1996, pp. 203-4 (C. Hamès)

227. **EL-HAKIM, J.**, *Le dommage de source delictuelle en droit musulman. Survivance en droit syrien et libanais*, París, 1964.
O.M., 47, 1967, p. 340 (F. Castro)

228. **ENDE, W.**, *Arabische Nation und islamische Geschichte. Die Umayyaden im Urteil arabischer* Autoren *des 20. Jahrhunderts*, Beirut, 1977.
W.I., 19, 1979, pp. 236-7 (A. Schölch)

229. **ENGINEER, A.A.**, *The Rights of Women in Islam*, Nueva Delhi, 1992.
ArOr, 62, 1994, pp. 357-8 (D.M.)

230. **D'ENRICO, I.**, *L'Islam et la politique des Alliés*, adaptación del italiano por Magali-Boismard, París, 1920.

M.U.S.J., 7, 1914-1921, pp. 433-5 (H. Lammens)

231. **EPALZA, M. de (ed.),** *La Ràpita islámica: historia institucional i altres estudis regionals: (I Congrés de les Rapites de l'Estat Espanyol), (Sant Carles de la Ràpita, 7-10 setembre 1989)*, Sant Carles de la Ràpita-Madrid, 1993.
I.CH., 20, 1994, p. 331-2.

232. **ERLMANN, V.,** *Music and the Islamic Reform in the Early Sokoto Empire. Sources, Ideology, Effects*, Stuttgart, 1986.
D.I., 68, 1991, pp. 175-7 (E. Neubauer)

233. **ESCHER, A.,** *Studien zum traditionellen Handwerk der orientalischen Stadt. Wirtschafts- und sozialgeographische Strukturen und Prozesse anhand von Fallstudien in Marokko*, Erlangen, 1988.
D.I., 66, 1989, pp. 167-8 (H. List)

234. **ESCOVITZ, J.H.,** *The Office of Qāḍī al-Quḍāt in Cairo under the Baḥrī Mamlūks*, Berlín, 1984.
D.I., 64, 1987, pp. 146-7 (M. Gronke)
W.I., 29, 1989, pp. 225-8 (G. Conrad)

235. **ESS, J. van,** *Zwischen Ḥadīṯ und Theologie. Studien zum Entstehen prädestinatianischer Überlieferung*, Berlín-Nueva York, 1975.
J.S.S., 21, 1976, pp. 224-5 (W. Montgomery Watt)

236. **ESS, J. van,** *Das "Kitāb an-Nakṯ" des Naẓẓām und seine Rezeption im "Kitāb al-Futyà" der Ǧāḥiẓ. Eine Sammlung der Fragmente mit Übersetzung und Kommentar*, Gotinga, 1972.
Arabica, 20, 1973, pp. 205-6 (Ch. Pellat)

237. **ESS, J. van,** *Theologie und Gesellschaft im 2. und 3. Jahrhundert Hidschra. Eine Geschichte des religiösen Denkens im frühen Islam*, vols. I y II, Berlín-Nueva York, 1991-1992.
A.Q., 14, 1993, pp. 248-9 (E. Tornero)
Arabica, 40, 1993, pp. 345-402 (C. Gilliot)

238. **FALATURI, A., BROHI, A.K., GRÄF, E., MAY, R., DEBS, R.A., ZIADEH, F.J. y DILGER, K.,** *Beiträge zu islamischen Rechtsdenken*, Stuttgart, 1986.

ArOr, 57, 1989, pp. 187-8 (J. Muzikář)
W.I., 29, 1989, pp. 156-60 (K. Lech)
D.I., 70, 1993, pp. 367-70 (H. Krüger)

239. **FALK, Z.W.**, *Religious Law between Eternity and Change*, Jerusalén, 1986.
S.I., 65, 1987, pp. 180-2 (Y. Meron)

240. **FARES, B.**, *Philosophie et jurisprudence par les arabes*, Damasco, 1957.
M.U.S.J., 34, 1957, pp. 337-8 (R.M.)

241. **FARIS, N.A.**, *The Mysteries of Almsgiving. A traslation from the Arabic with Notes of the* Kitāb Asrār al-Zakāh *of Al-Ghazzālī's* Iḥyā' 'Ulūm al-Dīn, Beirut, 1966.
W.I., 12, 1969, pp. 139-40 (O. Spies)

242. **FAROQHI, S.**, *Men of modest Substance. House Owners and House Property in Seventeenth-Century Ankara and Kayseri*, Cambridge, 1987.
D.I., 68, 1991, pp. 146-8 (W. Hütteroth)

243. **FARUKI, K.A.**, *Ijma' and the Gate of Ijtihad*, Karachi, 1954.
W.I., 4, 1955-56, p. 63 (O. Spies)

244. **FARUKI, K.A.**, *Islamic Jurisprudence*, Karachi, 1962.
W.I., 8, 1962-63, pp. 266-7 (O. Spies)
I.S., 2, 1963, pp. 287-90 (F. Rahman)
A.A., 29, 1964, pp. 382-3 (R. Castrillo)

245. **FARUKI, K.A.**, *Islamic Family Law in Pakistan*, Karachi, 1964.
W.I., 10, 1965-67, p. 82 (G. Jäschke)

246. **FARUKI, K.A.**, *Islam, Today and Tomorrow*, Karachi, 1974.
W.I., 16, 1975, p. 236 (O. Spies)

247. **FATHY, M.**, *La doctrine musulmane de l'abus des droits, étude d'histoire juridique et de droit comparé*, Lyon-París, 1913.
J.A., 4, 1914, pp. 674-6 (Cl. Huart)
R.S.O., 7, 1916-18, pp. 756-68 (D. Santillana)

248. **FATTAL, A.**, "La nature juridique du statut des Ḏimmīs", *Annales de la Faculté de Droit de l'Université de Beyrouth*, 1956, pp. 139-54.

Arabica, 5, 1958, p. 105 (G.T.)

249. **FATTAL, A.**, *Le statut légal des non-musulmans en pays d'Islam*, Beirut, 1958.
Arabica, 7, 1960, pp. 95-8 (D. Sourdel)

250. **FAUVELLE, P.**, *Le Peuple d'Allah*, París, 1958.
M.U.S.J., 35, 1958, pp. 301-2 (M. Tallon, S.J.)

251. **FERCHIOU, S. (ed.)**, *Ḥasab wa nasab: parenté, alliance et patrimoine en Tunisie (Sociétés Arabes et Musulman)*, París, 1992.
I.L.S., 2, 3, 1995, pp. 341-3 (N. S. Hopkins)

252. **FERJANI, Mohamed-Chérif**, *Islamisme, laicité et droits de l'homme. Un siécle de débat sans cesse reporté au sein de la pensée arabe contemporaine*, París, 1991.
I.CH., 18, 1992, pp. 330-2 (H. Didier)

253. **FERRARI, S. (ed.)**, *L'islam in Europa (Lo statuto giuridico delle communitá musulmane)*, Bolonia, 1996.
I.CH., 22, 1996, pp. 306-7 (M. Borrmans)

254. **FIERRO BELLO, M.I.**, *La heterodoxia en al-Andalus durante el período omeya*, Madrid, 1987.
Sh.A., 5, 1988, pp. 246-7 (L.F. Bernabé Pons)
A.Q., 9, 1988, pp. 531-4 (M. Benaboud)

255. **FITZGERALD, L.P.**, *The Justice God Wants. Islam and Human Rights*, North Blackburn, Victoria, 1993.
I.CH., 20, 1994, p. 333.

256. **FLORY, M. y MANTRAN, R.**, *Les régimes politiques des pays arabes*, París, 1968.
C.T., 18, 1970, pp. 214-6 (M.H. Cherif)

257. **FRANTZ-MURPHY, G.**, *The Agrarian Administration of Egypt from the Arabs to the Ottomans*, El Cairo, 1986 (*Supplément aux Annales Islamologiques, cahier no. 9)*
D.I., 68, 1991, pp. 365-7 (H. Halm)

258. **FRIEDMANN, Y.**, *Prophecy continuous. Aspects of Aḥmadī Religious Thought and its Medieval Background*, Berkeley-Los

Angeles-Londres, 1989.
Awrāq, 12, 1991, pp. 241-5 (M. Fierro)
S.I., 75, 1992, pp. 188-90 (C. Gilliot)

259. **FRIEDMAN, E.G.**, *Spanish Captives in North Africa in the early Modern Age*, Wisconsin, 1983.
A.Q., 4, 1983, pp. 493-6 (M. García-Arenal)

260. **FYZEE, A.A.A.**, *An Introduction to the Study of Mahomedan Law*, Calcuta, 1931.
ArOr, 6, 1934, pp. 304-5 (F. Tauer)

261. **FYZEE, A.A.A.**, *The Ismaili Law of Wills*, Londres-Bombay-Calcuta-Madrás, 1933.
ArOr, 7, 1935, p. 271 (F. Tauer)

262. **FYZEE, A.A.A.**, *Cases in the Muhammadan Law of India and Pakistan*, Oxford, 1965.
ArOr, 38, 1970, p. 247 (J. Marek)

263. **FYZEE, A.A.A.**, *Outlines of Muhammadan Law. Fourth Edition*, Nueva Delhi-Londres, 1974.
D.I., 53, 1976, pp. 300-1 (W. Ende)

264. **GABORIEU, M.**, *Minorités musulmanes dans le royaume hindou du Népal*, Nanterre, 1977.
J.A., 268, 1980, pp. 417-8 (C.M. Kieffer)

265. **GABRIELI, F.**, "Il trattado censorio di Ibn 'Abdūn sul buon governo di Siviglia (tradotto dall'arabo e annotato)" Reale Accademia Nazionale dei Lincei. Estratto dai *Rendiconti della Classe di Scienze morali, storiche e filologiche*, ser. VI, vol. XI, fasc. 11-12, pp. 878-935.
A.A., 6, 1941, pp. 249-50 (E. García Gómez)

266. **GARCÍA-ARENAL, M. y LEROY, B.**, *Moros y judíos en Navarra en la Baja Edad Media*, Madrid, 1984.
A.Q., 5, 1984, pp. 496-9 (A. Ozaki)

267. **GARCÍA BARRIUSO, P.**, *Derecho matrimonial islámico y matrimonios musulmanes en Marruecos*, Madrid, 1952.
W.I., 3, 1953-54, pp. 55-6 (H. Sobotta)

268. **GARCÍA GÓMEZ, E.**, *Un alfaquí español: Abū Isḥāq de Elvira.* Texto árabe de su "Diwān", según el ms. escur. 404, publicado por primera vez, con introducción, análisis, notas e índices, Madrid- Granada, 1944.
A.A., 9, 1944, pp. 517-9 (A. González Palencia)

269. **GAUDEFROY-DEMOMBYNES, M.**, *Les institutions musulmans*, París, 1921.
O.M., 1, 1921, pp. 251-2 (C.A. Nallino)
J.A., 102, 1923, pp. 307-9 (G. Ferrand)

270. **GAUDEFROY-DEMOMBYNES, M.**, *Le pèlerinage à la Mekke, étude d'histoire religieuse* (Annales du Musée Guimet, bibliothèque d'études, t. XXXIII), París, 1923.
J.A., 106, 1925, pp. 324-5 (Cl. Huart)

271. **GAUDEFROY-DEMOMBYNES, M.**, *Mahomet*, París, 1957.
R.H.R., 151-2, 1957, pp. 111-2 (G. Vajda)

272. **GELLNER, E. (ed.)**, *Islamic Dilemmas: Reformers, Nationalists and Industrialization. The Southern Shore of the Mediterranean*, Berlín- Nueva York- Amsterdam, 1985.
W.I., 27, 1987, pp. 148-9 (W. Ende)
ArOr, 56, 1988, pp. 277-278 (J. Muzikář)

273. **GENTZ, J.**, *Die Bürgschaft im islamischen Recht nach al-Kāsānī (=Beiträge zur Sprach- und Kulturgeschichte des Orients, Heft 15)*, Walldorf, 1961.
W.I., 8, 1962-63, pp. 70-1 (O. Spies)

274. **GERBER, H.**, *State, Society, and Law in Islam: Ottoman Law in Comparative Perspective*, Albany, 1994.
I.L.S., 2, 1995, pp. 365-71 (L. Peirce)

275. **GERVERS, M. y BIKHAZI, R.J. (eds.)**, *Conversion and continuity. Indigenous Christian Communities in Islamic Lands, Eight to Eighteenth Centuries*, Toronto, 1990.
A.Q., 13, 1992, pp. 571-7 (M. García-Arenal)

276. **GHALI, R.**, *De la tradition considérée comme source du Droit musulman*, París, 1909.
J.A., 17, 1911, pp. 357-61 (E. Amar)

277. **GHAUSSY, A.G.**, *Das Wirtschaftsdenken im Islam. Von der orthodoxen Lehre bis zu den heutigen Ordnungsvorstellungen*, Berna- Stuttgart, 1986.
W.I., 29, 1989, pp. 162-4 (H. Müller)

278. **GIBB, H.A.R.**, "The Islamic Background of Ibn Khaldun's Political Theory", *B.S.O.A.S.*, 7, 1933.
A.A., 2, 1934, p. 250 (S. Vila)

279. **GIBB, H.A.R.**, *La structure de la pensée religieuse de l'Islam*, trad. francesa, París, 1950.
O.M., 30, 1950, p. 163 (G. Levi della Vida)

280. **GIL BENUMEYA, R.**, *Historia de la política árabe*, Madrid, 1951.
W.I., 4, 1955-56, p. 64 (H. Sobotta)

281. **GILBAR, G.G. (ed.)**, *Studies in the economic and social History of the Middle East, 1800-1914*, Asian and African Studies (Haifa), vol. 15, no. 1 marzo de 1981.
D.I., 61, 1984, pp. 352-3 (G. Krämer)

282. **GILBAR, G.G. (ed.)**, *Ottoman Palestine 1800-1914: Studies in Economic and Social History*, Leiden, 1990.
W.I., 33, 1993, pp. 156-8 (R. Owen)

283. **GILLIOT, C.**, *Exégèse, langue et théologie en Islam. L'exégèse coranique de Ṭabarī*, París, 1990.
Arabica, 39, 1992, pp. 405-7 (A. Roman)
S.I., 75, 1992, pp. 184-6 (M. Chodkiewicz)
R.H.R., 210, 1993, pp. 481-3 (G. Monnot)

284. **GIMARET, D.**, *La doctrine d'al-Ashʿarī*, París, 1990.
D.I., 69, 1992, pp. 374-6 (J. van Ess)
S.I., 75, 1992, pp. 183-4 (G. Monnot)

285. **GNIDIL, A.**, *Die völkerrechtliche Lage der ehemaligen Spanischen Sahara*, Tubinga, 1987.
W.I., 31, 1991, pp. 274-5 (A. Zimmermann)

286. **GODCHOT, J.-E.**, *Les Constitutions du Proche et du Moyen Orient*, París, 1957.
M.U.S.J., 35, 1958, pp. 302-3 (H. Charles, S.J.)

W.I., 6, 1959-61, pp. 158-60 (G. Jäschke)

287. **GOITEIN, S.D.**, "From the Mediterranean to India: Documents on the Trade to India, South Arabia and East Africa from the XIXth and XIIth Centuries", *Speculum, A Journal of Medieaeval Studies*, 29, abril 1954, pp. 181-97.

A.A., 20, 1955, pp. 234-5 (E. García Gómez)

288. **GOITEIN, S.D.**, *Muslim Law in Israel*, Jerusalén, 1957.

A.A., 23, 1958, pp. 243-5 (E. Ashtor)

289. **GOITEIN, S.D.**, *Studies in Islamic History and Institutions*, Leiden, 1966.

W.I., 11, 1968, p. 236 (O. Spies)

290. **GOITEIN, S.D.**, *A Mediterranean society, the Jewish communities of the Arab world as portrayed in the documents of the Cairo geniza*. Vol. I. *Economic foundations*, Berkeley-Los Angeles, 1967.

C.T., 16, 1968, pp. 135-8 (M. Talbi)

291. **GOLDZIHER, I.**, *Vorlesungen über den Islam*, Heidelberg, 1910.

J.A., 20, 1912, pp. 378-82 (M. Delafosse)

292. **GOLDZIHER, I.**, *Le dogme et la loi de l'Islam, Histoire du développement dogmatique et juridique de la religion musulmane*, trad. de F. Arin, París, 1920.

M.U.S.J., 7, 1914-1921, pp. 425-7 (H. Lammens)
O.M., 1, 1921, pp. 113-4 (G. Levi della Vida)

293. **GOLDZIHER, I**, *al-'Aqīda wa-l-šarī'ah fī l-Islām*, trad. de M. Mūsā Yūsuf, 'Abd al-'Azīz 'Abd al-Ḥaqq y 'A. Ḥasan 'Abd al-Qādir, El Cairo, 1946.

O.M., 293, 1949, pp. 86-9 (M.M. Moreno)

294. **GOLDZIHER, I**, *Études sur la tradition islamique*, París, 1952.

ArOr, 23, 1955, p. 270 (I. Hrbek)

295. **GOLDZIHER, I.**, *Muslim Studies*, ed. por S.M. Stern, trad del alemán por C.R. Barber y S.M. Stern, Londres, 1968.

W.I., 12, 1969, p. 245 (O. Spies)

296. **GOLDZIHER, I.**, *Muslim Studies, Volume II*, ed. por S.M. Stern,

trad del alemán por C.R. Barber y S.M. Stern, Londres, 1971.
W.I., 15, 1974, pp. 253-4 (O. Spies)

297. **GOLDZIHER, I.**, *Introduction to Islamic Theology and Law*, trad. por Andres and Ruth Hamori, Princeton, 1981.
O.M., 61, 1981, pp. 90-92 (A. Scarabel)
D.I., 59, 1982, p. 125 (B. Spuler)
J.S.S., 27, 1982, pp. 137-9 (G. H. A. Juynboll)

298. **GONZÁLEZ PALENCIA, A.**, *Los mozárabes de Toledo en los siglos XII y XIII*, 4 vols., Madrid, 1926-30.
A.H.D.E., 8, 1931, pp. 545-7 (J. López Ortiz)

299. **GOTTHEIL, R., GOTTHEIL, W. y WILLIAM, H.**, *Fragments from the Cairo Genizah in the Freer Collection*, Nueva York, 1927.
J.A., 114, 1929, pp. 378-9 (M. Cohen)

300. **GRÄF, E.**, *Das Rechtswesen der heutigen beduinen*, Walldorf-Hessen, 1951.
J.A., 40, 1952, pp. 414-5 (L. Massignon)

301. **GRÄF, E.**, *Jagdbeute und Schlachttier im islamischen Recht. Eine Untersuchung zur Entwicklung der islamischen Jurisprudenz (=Bonner Orientalistische Studien, begr. von P. Kahle und W. Kirfel, Neue Serie hrsg. von Otto Spies, Band 7)*, Bonn, 1959.
W.I., 6, 1959-61, p. 280 (E. Pritsch)
W.I., 8, 1962-63, p. 204 (M. Hamidullah)

302. **GRAHAM, W. A.**, *Divine word and Prophetic word in early Islam. A reconsideration of the sources with special reference to the Divine Saying or ḥadīth qudsī*, La Haya-París, 1977.
J.S.S., 25, 1980, pp. 124-6 (G.H.A. Juynboll)

303. **GRANQUIST, H.**, *Marriage conditions in a Palestinian village*, Helsingfors, 1931.
D.I., 24, 1937, pp. 98-104 (O. Spies)

304. **GREEN, A.H.**, *The Tunisian ulama 1873-1950. Social structure and response to ideological currents*, Leiden, 1978.
C.T., 27, 2, 1979, pp. 531-9 (M.ᶜA. Ben Achour)

305. **GRIBETZ, A.**, *Strange Bedfellows: Mut'at al-nisā' and Mut'at*

al-Ḥājj. A Study Based on Sunnī and Shī'ī Sources of Tafsīr, Ḥadīth and Fiqh, Berlín, 1994.
I.L.S., 2, 3, 1995, pp. 343-5 (B. Krawietz)

306. **GRIFFINI, F.**, *"Corpus juris" di Zaid Ibn 'Alī (VIII sec. Cr.)*, Milán, 1919.
J.A., 17, 1921, pp. 318-21 (Cl. Huart)

307. **GRIGNASCHI, M.**, *La valeur du témoignage des sujets non-musulmans (*dhimmī*) dans l'empire ottoman*, Bruselas, 1964.
J.A., 254, 1966, pp. 311-2 (Y. Linant de Bellefonds)

308. **GROHMANN, A.**, *Südarabien als Wirtschaftsgebie. Zweiter Teil*, Brünn- Praga- Leipzig- Viena, 1933.
D.I., 23, 1936, pp. 194-6 (C. Rathjens)

309. **GROHMANN, A.**, *Arabic Papyri in the Egyptian Library. Volume II: Legal Texts with twenty four Plates*, El Cairo, 1936.
D.I., 24, 1937, pp. 326-7 (A. Dietrich)

310. **GROHMANN, A. y KHOURY, R.G. (eds.)**, *Chrestomathie de papyrologie arabe, documents relatifs à la vie privée, sociale et administrative dans les premiers siècles islamiques*, Leiden-Nueva York-Colonia, 1993.
Arabica, 42, 1995, pp. 289-90 (Y. Rāġib)
A.E.A., 5, 1994, pp. 175-7 (P. Chalmeta)

311. **GRONKE, M.**, *Arabische und persische Privaturkunden des 12. und 13. Jahrhunderts aus Ardabil (Aserbeidschan)*, Berlín, 1982.
D.I., 61, 1984, pp. 113-5 (G. Herrmann)
W.I., 27, 1987, pp. 149-50 (H. Horst)

312. **GUEST, R.**, *The Governors and Judges of Egypt or Kitâb el 'Umarâ' (el Wulâh) wa Kitâb el Quḍâh of el Kindî together with an Appendix derived mostly from Raf' el Iṣr by Ibn Ḥajar*, Leiden, 1912.
R.S.O., 6, 1914-15, pp. 1024-6 (I. Guidi)

313. **GUICHARD, P.**, *Al-Andalus. Estructura antropológica de una sociedad islámica en Occidente*, Barcelona, 1976.
B.A.E.O., 13, 1977, pp. 312-9 (F.M. Pareja)

314. **GUICHARD, P.**, *Structures sociales "orientales" et "occidentales" dans l'Espagne musulmane*, París-La Haya, 1977.
B.A.E.O., 14, 1978, pp. 311-2 (P. Chalmeta)

315. **GUIDI, I. y SANTILLANA, D.**, *Il* "Muḫtaṣar" *o Sommario del diritto malechita di Ḫalīl ibn Isḥāq. Vol. I: Giurisprudenza religiosa (*"ʿibādāt"*) Vol. II: Diritto civile, penale e giudiziario*, Milán, 1919.
J.A., 18, 1921, pp. 295-8 (Cl. Huart)

316. **GUILLAUME, A.**, *The Traditions of Islam, and Introduction to the* ḥadīth *Literature*, Oxford, 1924.
J.A., 108, 1926, pp. 151-2 (G. Ferrand)

317. **HAERI, S.**, *Law of Desire: Temporary Marriage in Iran*, Londres, 1989.
W.I., 33, 1993, pp. 291-2 (W. Ende)

318. **HALL, H.P. (ed.)**, *The Evolution of Public Responsability in the Middle East (A series of addresses presented at the Ninth Annual Conference on Middle Eastern Affairs, sponsored by The Middle East Institute March 4-5 , 1955)*, Washington D.C., 1955.
W.I., 5, 1957-58, pp. 131-2 (W. Björkman)

319. **HALLAQ, W. B. (trad.)**, *Ibn Taymiyya against the Greek Logicians*, Oxford, 1993.
J.S.S., 40, 2, 1995, pp. 373-4 (I. R. Netton)

320. **HALLAQ, W.B.**, *Law and Legal Theory in Classical and Medieval Islam*, Aldershot, 1994.
W.I., 36, 1996, pp. 126-7 (B. Krawietz)

321. **HALM, H.**, *Die Ausbreitung der šāfiʿitischen Rechtsschule von den Anfängen bis zum 8./14. Jahrhundert*, Wiesbaden, 1974.
D.I., 52, 1975, pp. 334-5 (B. Spuler)

322. **HALM, H.**, *Die Schia*, Darmstadt, 1988.
W.I., 31, 1991, pp. 99-100 (Y. Richard)

323. **HAMIDULLAH, M.**, *The Muslim Conduct of State*, Lahore, 1953.

W.I., 4, 1955-56, pp. 62-3 (O. Spies)

324. **HAMIDULLAH, M.**, *Le Prophète de l'Islam, I. Sa vie, II. Son oeuvre*, París, 1959.
C.T., 7, 1959, pp. 399-404 (M. Talbi)
R.H.R., 157-8, 1960, pp. 109-10 (G. Vajda)

325. **HANS, J.**, *Dynamik und Dogma im Islam*, Leiden, 1966.
W.I., 11, 1968, p. 235 (O. Spies)

326. **HARDY, P.**, *Partners in Freedom and True Muslims. The Political Thought of some Muslim Scholars in British India. 1912-1947*, Lund, 1971.
J.S.S., 18, 1973, pp. 319-20 (Y. Friedman)

327. **HASSANEIN RABIE**, *The Financial System of Egypt, A.H. 564-741/ A.D. 1169-1341*, Londres, 1972.
J.S.S., 18, 1973, pp. 183-9 (R.S. Cooper)

328. **HAVEMANN, A.**, Ri'āsa *und* qaḍā'. *Institutionen als Ausdruck wechselnder Kräfteverhältnisse in syrischen Städten vom 10. bis zum 12. Jahrhundert*, Friburgo (Alemania), 1975.
D.I., 54, 1977, pp. 155-6 (B. Spuler)

329. **HAYKAL, Aḥmad 'Abd al-Maqṣūd**, *Muḥāḍarāt ḥawla l-Islām*, Madrid, 1977.
R.I.E.E.I., 19, 1976-78, pp. 150-2.

330. **HEER, N. (ed.)**, *Islamic Law and Jurisprudence, Studies in Honor of Farhat J. Ziadeh*, Washington, 1990.
D.I., 70, 1993, pp. 322-5 (I. Schneider)

331. **HEFFENING, W.**, *Das islamische Fremdenrecht bis zu den islamisch-fränkischen Staatsverträgen (Beiträge zum Rechts- und Wirtschaftsleben des islamischen Orients. Vol. I.)*, Hannover, 1925.
A.H.D.E., 6, 1929, pp. 534-8 (J. López Ortiz)

332. **HEYD, U.**, *Ottoman documents on Palestine, 1552-1615. A Study of the Firman according to the Mühimme Defteri*, Oxford, 1960.
ArOr, 33, 1965, pp. 118-21 (Z. Veselá-Přenosilová)

333. **HIRSCH, E.E.**, *Die Verfassung der Türkischen Republik (= Die Staatsverfassungen der Welt in Einzelausgaben, hg. von der Forschungsstelle für Völkerrecht und ausländisches öffentliches Recht der Universität Hamburg, Bd. 7)*, Frankfurt am Main-Berlín, 1966.
W.I., 12, 1969, pp. 150-1 (G. Jäschke)

334. *Historia de España Menéndez Pidal*, t. VIII/I, *Los reinos de taifas, Al-Andalus en el siglo XI*, coordinación M.J. Viguera, Madrid, 1994.
A.Q., 17, 1996, pp. 492-6 (D. Wasserstein)
S.I., 83, 1996, pp. 142-52 (M. Meouak)

335. **HITTI, P. K.**, *Islam, a Way of Life*, Mineapolis-Oxford, 1970.
J.S.S., 17, 1972, pp. 162-3 (J. A. Haywood)

336. **HOENERBACH, W. (ed.)**, *Der Orient in der Forschung. Festschrift für Otto Spies zum 5. April 1966*, Wiesbaden, 1967.
W.I., 12, 1969, pp. 128-32 (S.D. Goitein)

337. **HOENERBACH, W.**, *Agrarische Vorstellungen in Nordafrika. Protokolle*, Wiesbaden, 1984.
W.I., 31, 1991, pp. 276-7 (H.R. Singer)

338. **HOLT, P. M., LAMBTON, A. K. S. y LEWIS, B. (eds.)**, *The Cambridge History of Islam*, Cambridge, 1970.
J.S.S., 17, 1972, pp. 294-300 (J.D. Latham)
J.A., 262, 1974, pp. 214-7 (A. Popovic)

339. **HOPKINS, J. F. P.**, *Medieval Muslim Government in Barbary Until the Sixth Century of the Hijra*, Londres, 1958.
J.S.S., 5, 1960, pp. 215-6 (C.F. Beckingham)

340. **HOSNY OMAR BEY, M.**, *Al-Qānūn al-diblūmāsī*, El Cairo, 1946.
M.E.A.H., 1, 1952, pp. 164-5 (L. Seco de Lucena)

341. **HÜBER, R.**, *Arabisches Wirtschaftsleben*, Heidelberg-Berlín-Magdeburg, 1943.
W.I., 1, 1951, pp. 242-3 (W. Björkman)

342. **AL-ḤUMAYDĪ**, *Ŷaḏwat al-muqtabis fī ta'rīj 'ulamā' al-Andalus*, El Cairo, 1984.

C.D., 199, 1986, pp. 180-1 (B. Justel)

343. **AL-ḤUMAYDĪ**, *Ŷadwat al-muqtabis fī ta'rīj 'ulamā' al-Andalus*, ed. I. al-Ibyārī, El Cairo-Beirut, 1983.
A.Q., 9, 1988, p. 218-20 (A.C. López)

344. **HUMPHREYS, S.**, *Islamic History: a framework for inquiry*, ed. revisada, Londres-Nueva York, 1991.
Arabica, 42, 1995, pp. 424-7 (A. Cheikh-Moussa)

345. **HUNWICK, J.O.**, Sharī'a *in Sanghay. The Replies of al-Maghīlī to the Questions of Askia al-Ḥājj Muḥammad*, Oxford, 1985.
A.E.S.C., 43, 1988, p. 1378 (J.L. Triaud)

346. **IBN ABĪ ZAMANĪN**, *Kitāb qudwat al-gazī*, ed. A. al-Sulaymānī, Beirut, 1989.
A.Q., 11, 1990, pp. 559-61 (M. Jarrar)

347. **IBN ABĪ ZAYD AL-QAYRAWĀNĪ**, *Kitāb al-ŷāmi' fī l-sunan wa-l-ādāb wa-l-ḥikam wa-l-magāzī*, ed. A.M. Turki, Beirut, 1990 (segunda edición).
S.I., 75, 1992, pp. 190-4 (C. Gilliot)

348. **IBN ABĪ ZAYD AL-QAYRAWĀNĪ**, *The Risāla. Treatise on Mālikī Law*, trad. J. Kenny, Nigeria, 1992.
I.CH., 19, 1993, p. 384 (M.L.F.)

349. **IBN ᶜĀÇIM AL-MĀLIKĪ AL-GHARNĀṬĪ**, *Al-ᶜĀçimiyya ou Tuh'fat al-H'ukkām fi nukat al-uqoūd wa l-ah'kām. "Le present fait aux juges touchant les points dèlicats des contrats et des jugements"*, ed., trad. y anotado por L. Bercher, Argel, 1958.
C.T., 7, 1959, p. 550 (M. Talbi)

350. **IBN AL-'AṬṬĀR**, *Kitāb al-wathā'iq wa-l-sijillāt. Formulario notarial hispano-árabe por el alfaquí y notario cordobés Ibn al-'Aṭṭār (s. X)*, ed. F. Corriente y P. Chalmeta, Madrid, 1983.
C.T., 31, 1983, pp. 173-4 (M. Talbi)
A.Q., 4, 1983, pp. 468-74 (L. Molina)
J.S.S., 30, 1985, pp. 322-4 (J.D. Latham)

351. **IBN ḤAZM, Abū Muḥammad 'Alī**, *Al-Taqrīb li-ḥadd al-manṭiq wa-*

l-madjal ilay-hi bi al-alfāẓ al-ʿāmiyya wa-l-amṯila al-fiqhiyya, ed. I. ʿAbbās, Beirut, 1959.
R.I.E.E.I., 6, 1958, pp. 296-8.

352. **IBN ḤAZM, Abū Muḥammad ʿAlī**, *Qaṣīda fī uṣūl al-fiqh al-ẓāhiriyya*, ed. M. al-Wadīrī y M. Nāŷī, Rabat, 1988.
A.E.A., 3, 1992, pp. 333-4 (F. Vidal)

353. **IBN ḤIBBĀN AL-BUSTĪ, M.**, *Kitāb mašāhir ʿulamā' al-amṣār (Ibn Ḥibbān al-Busta, Die berühmten Traditionanier der Islamischenländer)*, ed., introd. en alemán, texto e índices de M. Fleischhammer (*Bibliotheca Islamica XXII*), El Cairo, 1379/1959.
Arabica, 8, 1961, pp. 211-2 (R. Blachère)

354. **IBN JALDŪN**, *La Voie et la Loi ou Le Maître et le Juriste. Shifā' al-sā'il li-tahdhīb al-masā'il*, trad. R. Pérez, París, 1991.
A.Q., 14, 1993, pp. 512-4 (M. García-Arenal)
S.I., 77, 1993, pp. 194-6 (M. Chodkiewicz)
Arabica, 42, 1995, pp. 427-30 (A. Cheddadi)
I.CH., 18, 1992, pp. 368-9 (M. Borrmans)

355. **IBN AL-LABBĀD AL-QAYRAWĀNĪ**, *Kitāb al-radd ʿalà l-Šāfiʿī*, Túnez, 1986.
A.Q., 8, 1987, pp. 513-4 (M.I. Fierro)

356. **IBN QAYYIM AL-ǦAUZIYYA**, *Über die Frauen. Liebeshistorien und Liebeserfahrung aus dem arabischen Mittelalter. Herausgegeben von Dieter Bellmann*, Munich, 1986.
W.I., 29, 1989, pp. 233-4 (H. Fähndrich)

357. **IBN QUTAYBA**, *Kitāb Mukhtalif al-hadīth*, trad. G. Lecomte.
C.T., 14, 1966, p. 261 (M. Talbi)

358. **IBN RUŠD**, *Kitāb al-bayān wa-l-taḥṣīl wa-l-šarḥ wa-l-tawŷīḥ wa-l-taʿlīl fī masā'il al-Mustajraŷa*, vols. 1-5, Beirut, 1984
A.Q., 6, 1985, pp. 576-8 (M. Fierro)

359. **IBN RUŠD**, *Fatāwī*, ed. al-Mujtār al-Ṭāhir al-Talīlī, Beirut, 1987 e **IBN RUŠD**, *Masā'il*, ed. Muḥammad al-Ḥabīb al-Taŷānī,

Casablanca, 1992.
A.Q., 15, 1994, pp. 531-4 (D. Serrano)

360. **IBN SALIM, U.**, *Qābādu, Hayātuh, aṯāruh wa tafkīruh al-iṣlāḥi (Qābādu, sa vie, ses oeuvres et sa pensée reformiste)*, Túnez, 1975.
C.T., 23, 2, 1975, pp. 411-2 (B. Tlili)

361. **IBN SAMURA AL-ǦA'DĪ**, *Ṭabaqāt fuqahā' al-Yaman*, ed. F. Sayyid, El Cairo, 1957.
Arabica, 5, 1958, p. 211 (D. Sourdel)

362. **IBN AL-ZUBAYR**, *Silat as-sila. Repertoire biographique andalou du XIIIe siècle. Dernièr partie*, ed. E. Lévi-Provençal, Rabat, 1938.
A.A., 6, 1941, p. 250 (A. González Palencia)

363. **IBRAHIM, A.b.M.**, *Sources and Development of Muslim Law*, Singapur, 1965.
I.S., 5, 1966, pp. 224-6 (K.A. Faruki)

364. **IBRAHIM, A.b.M.**, *The Legal Status of the Muslims in Singapore*, Singapur, 1965.
I.S., 5, 1966, pp. 110-1 (Kh.M. Ishaque)

365. **IDRĪS B. BAIDAKĪN B. 'ABDALLĀH AT-TURKUMĀNĪ AL-ḤANAFĪ**, *Kitāb al-luma' fī l-ḥawādiṯ wal-bida'*, ed. S. Labib, 2 vols., Wiesbaden, 1986.
ArOr, 61, 1993, p. 102 (L. Kropáček)

366. **IDRIS, H.R.**, "Deux juristes Kairouanais de l'époque zīrīde: Ibn Abī Zaid et al-Qābisī (Xe-XIe siècles), *A.I.E.O.*, 12, pp. 122-98.
Arabica, 2, 1955, p. 257 (E. Lévi-Provençal)

367. **IDRIS, H.R.**, "Deux juristes Kairouanais de l'époque zīrīde: Abū Bakr b. 'Abd al-Raḥmān et Abū 'Imrān al-Fāsī", *A.I.E.O.*, 13, 1955, pp. 30-60.
Arabica, 4, 1957, p. 325 (D.S.)

368. **IDRIS, H.R. y RÖHRBORN, K.**, *Regierung und Verwaltung des Vorderen Orients in islamischer Zeit. Teil 1*, Leiden-

Colonia, 1979.
W.I., 23-24, 1984, pp. 513-5 (U. Haarmann)

369. **IMĀM AL-ḤARAMAYM,** *al-Iršād,* ed. J.D. Luciani, París, 1938.
J.A., 230, 1938, pp. 149-53 (G. Vajda)

370. **IMAMUDDIN, S.M.,** *The economic History of Spain under the Ummayads, 711-1031,* Dacca, 1963.
R.B.P., 44, 1966, pp. 614-6 (Ch. Verlinden)

371. **IMAMUDDIN, S.M.,** *Some Aspects of the socio-economic and cultural History of Muslim Spain,* Leiden, 1965.
W.I., 10, 1965-67, pp. 233-5 (W. Hoenerbach)

372. *Index Islamicus, 1906-1955,* comp. J.D. Pearson, Cambridge (England), 1958.
C.T., 7, 1959, pp. 546-7 (R. Mantran)

373. **'ĪSĀ, M. 'A.,** *Ta'rīj al-ta'līm fī l-Andalus,* El Cairo, 1982.
R.I.E.E.I., 21, 1981-1982, pp. 175-6.

374. *Islam e finanza (religione musulmana e sistema bancario nel Sud-est asiatico),* Turín, 1991.
I.CH., 18, 1992, pp. 375-6.
I.S.C., 11/40, 1992, pp. 120-2 (S. Bono)

375. *Islam from the Prophet Muhammad to the capture of Constantinople.* Vol. I: *Politics and War;* Vol. II: *Religion and Society,* Nueva York-Evantson-San Francisco-Londres, 1974.
C.T., 23, 1975, p. 325 (M. Talbi)

376. *Islamic Studies (Journal of the Central Institute of Islamic Research),* I, 1962 (4 fascículos), II, 1963 (2 fascículos), Karachi.
J.A., 251, 1963, pp. 385-6 (Cl. Cahen)

377. **ISPROM,** *Méditerranée: intégration ou éclatement (Aspects culturels, économiques, juridiques et politiques),* Publisud, 1990.
I.CH., 18, 1992, p. 369.

378. **IVANOW, W.,** *A guide to Ismaili Literature,* Londres, 1933.

R.S.O., 15, 1935, pp. 114-6 (M. Guidi)

379. **'IYĀḌ**, *Al-Gunya. Fihrist šuyūj al-Qāḍī 'Iyāḍ*, ed. M. Ibn 'Abd al-Karīm, Libia-Túnez, 1978 y ed. M.Z. Ŷarrār, Beirut, 1982.
A.Q., 5, 1984, pp. 505-511 (M.J. Hermosilla)

380. **JAHN, K.**, *Türkische Freilassungserklärungen des 18. Jahrhunderts (1702-1776) (= Istituto Universitario Orientale di Napoli, Seminario di Turcologia)*, Nápoles, 1963.
W.I., 9, 1964, pp. 287-90 (O. Spies)

381. **JALĪL B. ISḤĀQ**, *Il "Muḫtaṣar" Sommario del diritto malechita*, 2 vols., trad. I. Guidi y D. Santillana, Milán, 1919.
R.S.O., 8, 1919-20, pp. 791-800 (C.A. Nallino)

382. **JALĪL B. ISḤĀQ**, *al-Mujtaṣar*, diversas traducciones.
A.H.D.E., 1, 1924, pp. 427-30 (A.B.)

383. **JALLĀF, M.**, *Qurṭuba al-islāmiyya fī l-qarn al-ḥādī 'ašar al-mīlādī al-jāmis al-hiŷrī. Al-ḥayāt al-iqtiṣādiyya wa-l-iŷtima'iyya*, Túnez, 1984.
A.Q., 6, 1985, pp. 585-7 (M. Marín)

384. **JAMEELAH, M.**, *Islam and Modernism*, Lahore, 1966.
I.S., 5, 1966, pp. 105-7 (M. Ahmed y A. Rizvia)

385. **JAMEELAH, M.**, *Islam versus the West*, Lahore, *s.d.*
I.S., 1, 3, 1962, pp. 135-8 (M. Siddiqi)

386. **JANNACCONE, C.**, *Curso di diritto ecclesiastico coloniale italiano*, Milán, 1938.
O.M., 18, 1938, pp. 691-2 (S. Nava)

387. **JÄSCHKE, G.**, *Die Form der Eheschliessung nach türkischem Recht*, Leipzig, 1940.
O.M., 21, 1941, p. 490 (E. Bussi)

388. **JIMÉNEZ DE ASÚA, L.**, *Derecho penal hispano-árabe*, Buenos Aires, 1943.
C.H.E., 1-2, 1944, pp. 414-5 (G.H.)

389. **JOHANSEN, B.**, *The Islamic Law on Land Tax and Rent. The Peasants' Loss of Property Rights as Interpreted in the Hanafite Legal Literature of the Mamluk and Ottoman Periods*,

Londres, 1988.
W.I., 30, 1990, pp. 245-7 (R. Peters)
J.S.S., 35, 1990, pp. 361-5 (N. Calder)

390. **AL-JUŠANĪ**, *Quḍāt Qurṭuba wa-'ulamā' Ifrīqiya*, ed. 'I. al-Ḥasanī, El Cairo, 1372/1954.
Arabica, 1, 1954, pp. 357-8 (E. Lévi-Provençal)

391. **AL-JUŠANĪ**, *Uṣūl al-futyā fī l-fiqh 'alà maḏhab al-imām Mālik*, Túnez, 1985.
A.Q., 7, 1986, pp. 487-9 (M. Marín)

392. **AL-JUŠANĪ**, *Ajbār al-fuqahā' wa-l-muḥaddiṯīn*, est. y ed. María Luisa Ávila y Luis Molina, Madrid, 1992.
A.Q., 13, 1992, pp. 607-9 (M. Fierro)
A.E.A., 4, 1993, pp. 203-6 (P. Chalmeta)
A.E.A., 5, 1994, pp. 139-166 (M.'A. Makkī)
B.A.E.O., 32, 1996, p. 366 (C. del Valle)

393. **JUYNBOLL, TH.W.**, *Handleiding tot de kennis van de Mohammedaansche de leer der Sjâfi'tische School*, Leiden, 1925.
O.M., 6, 1926, pp. 61-2 (C.A. Nallino)

394. **KABRDA, J.**, *Le sistème fiscal de l'Eglise Orthodoxe dans l'Empire Ottoman (d'après les document turcs)*, Brno, 1969.
ArOr, 41, 1973, pp. 386-7 (Z. Veselá-Přenosilová)

395. **KAMALI, M. H.**, *Law in Afghanistan. A Study of the Constitutions, Matrimonial Law and the Judiciary*, Leiden, 1985.
W.I., 27, 1987, pp. 182-4 (H. Krüger)

396. **KAMALI, M. H.**, *Principles of Islamic Jurisprudence*, Cambridge, 1991.
I.L.S., 2, 1995, pp. 209-10 (W.B. Hallaq)

397. **KAMEL SALEM, I.**, *Islam und Völkerrecht. Das Völkerrecht in der islamischen Weltanschauung*, Berlín, 1984.
W.I., 26, 1986, pp. 233-4 (H. Krüger)

398. **KAPTEIN, N.J.G.**, *Muhammad's Birthday Festival. Early History in the Central Muslim Lands and Development in the Muslim*

West until the 10th/16th century, Leiden, 1993.
A.Q., 14, 1993, pp. 517-20 (M. García-Arenal)
S.I., 83, 1996, pp. 157-8 (C. Hamès)
A.H.S.S., 49/4, 1994, pp. 982-4 (H. Touati)

399. **KARABUDA, B.**, *Türkei ohne Schleier*, Hamburgo, 1959.
W.I., 6, 1959-61, p. 177 (G. Jäschke)

400. **KARAMUK, G.**, *Ahmed Azmi Efendis Gesandtschaftsbericht als Zeugnis des osmanischen Machtverfalls un der beginnenden Reformära unter Selim III*, Berna- Frankfurt am Main, 1975.
W.I., 18, 1977-78, pp. 133-6 (M. Götz)

401. **KARAYALÇIN, Y.**, *Türk Hukuk Bibliyografyasi. Türk Harlerinin Kabulüne Kadar Yayinlanmiş Kitap ve Makaleler. 1727-1928*, Ankara, 1972.
D.I., 53, 1976, pp. 164-5 (K. Dilger)

402. **KARPAT, K.H. *et al.***, *Social Change and Politics in Turkey. A Structural-Historical Analysis (= Social, Economic and Political Studies of the Middle East, Vol. VII)*, Leiden, 1973.
W.I., 16, 1975, pp. 245-8 (G. Jäschke)

403. **KATSH, A. I.**, *Judaism in Islam, Biblical and Talmudic Backgrounds of the Koran and its Commentaries*, Nueva York, 1954.
J.S.S., 5, 1960, pp. 171-3 (S.M. Stern)

404. **KEÇİK, M.Ş.**, *Briefe und Urkunden aus der Kanzlei Uzun Ḥasans. Ein Beitrag zur Geschichte Ost-Anatoliens im 15. Jahrhundert*, Friburgo, 1976.
D.I., 55, 1978, pp. 161-2 (H. Busse)

405. **KEDDIE, N.R.**, *Religion and Politics in Iran. Shi'ism from Quietism to Revolution*, New Haven- Londres, 1983.
D.I., 64, 1987, pp. 164-6 (B.G. Fragner)

406. **KERBER, W. (ed.)**, *Wie tolerant ist der Islam?*, Munich, 1991.
I.CH., 18, 1992, pp. 336-8 (J. Stamer)

407. **KERR, M. H.**, *Islamic Reform. The Political and Legal Theories of Muḥammad 'Abduh and Rashid Riḍā*, Cambridge, 1966.

R.I.E.E.I., 13, 1965-66, pp. 197-203.
J.S.S., 15, 1970, pp. 115-25 (E.I.J. Rosenthal)

408. **KHADDURI, M.**, *The Law of War and Peace in Islam. A Study in Muslim International Law*, Londres, 1940.
A.A., 7, 1942, pp. 232-4 (J. López Ortiz)

409. **KHADDURI, M.**, *Islamic Jurisprudence- Shāfiʿī's Risālah*, trad. al inglés con introd., Baltimore, 1961.
I.S., 1, 3, 1962, pp. 128-31 (F. Rahman)

410. **KHADDURI, M.**, *The Islamic Law of Nations-Shaybānī's Siyar*, Baltimore, 1966.
I.S., 5, 1966, pp. 429-32 (A. Hasan)

411. **KHADDURI, M. y LIEBESNY, H.J.**, *Law in the Middle East*. Vol. I: *Origin and Development of Islamic Law*, Washington, 1955.
M.U.S.J., 34, 1957, pp. 342-3 (H. Charles, S.J.)

412. **KHALID, D.** *et ali.*, *Reislamisierung und Entwicklungspolitik*, Munich- Colonia- Londres, 1982.
W.I., 23-24, 1984, pp. 521-2 (W. Ende)

413. **KHAN, M.S.**, *An unpublished treatise of Miskawaih on Justice or Risāla fī Māhīyat al-ʿadl li Miskawaih*, Leiden, 1964.
I.S., 3, 1964, pp. 536-8 (M.S.H. Maʿṣūmī)

414. **KHAN, Q.**, *The Political Thought of Ibn Taymiyah*, 1 vol., Islamabad, 1973.
D.I., 52, 1975, pp. 155-6 (B. Sourdel)

415. **KHAN, G.**, *Arabic Legal and Administrative Documents in the Cambridge Genizah Collections*, Cambridge, 1993.
J.S.S., 41, 1, 1996, pp. 164-9 (J.D. Latham)
S.I., 82, 1995, pp. 145-6 (L. Kalus)

416. **KHANEBOUBI, A.**, *Les premiers sultans mérinides et l'Islam (1269-1331)*, París, 1987.
A.Q., 9, 1988, pp. 220-3 (M.A. Manzano)

417. **KHAYYAR, I.H.**, *Le refus de l'École. Contribution à l'étude des problèmes de l'éducation chez les Musulmans du Ouaddai (Tchad)*, París, 1976.

J.A., 267, 1979, pp. 217-9 (J.L. Triaud)

418. **KHOMEYNI, A.S.R.**, *Pour un gouvernement islamique*, trad. M. Kotobi y B. Simon con la colaboración de Ozra Banisadre, París, 1979.
I.CH., 7, 1981, pp. 283-8 (M. Talbi)

419. **KHOURY, A.**, *Los fundamentos del Islam*, Barcelona, 1980.
C.D., 194, 1981, pp. 709-10 (B. Justel)

420. **KHOURY, A.**, *Toleranz im Islam*, Munich, 1980.
C.D., 194, 1981, pp. 711-2 (B. Justel)

421. **KHOURY, R.G.**, *'Abd allāh ibn Lahī'a (97-174/715-790): Juge et grand maître de l'école égyptienne. Avec édition critique de l'unique rouleau de papyrus arabe conservé à Heidelberg*, Wiesbaden, 1986.
D.I., 69, 1992, pp. 118-20 (U. Haarmann)

422. **KHOURY, R.G.**, *Chrestomathie de papyrologie arabe: Documents relatifs à la vie privée, sociale et administrative dans les premiers siècles islamiques*, Leiden, 1993.
J.S.S., 39, 1994, pp. 379-82 (J.D. Latham)

423. **KINDERMANN, H.**, *Über die Guten Sitten beim Essen und Trinken*, Leiden, 1964.
W.I., 10, 1965-67, pp. 213-4 (L. Zolondek)

424. *Kissling-Festschrift: Aus dem Institut für Geschichte und Kultur des Nahen Orients and der Universität München. Hans Joachim Kissing zum 60. Geburtstag gewidmet von seinen Schülern. Redaktion: Hans Georg Majer (= Beiträge zur Kenntnis Südosteuropas und des Nahen Orients, XVII. Band)*, Munich, 1974.
W.I., 16, 1975, pp. 239-41 (O. Spies)

425. **KOHLBERG, E.**, *A Medieval Muslim scholar at work. Ibn Ṭāwūs and his library*, Leiden, 1992.
A.Q., 16, 1995, pp. 191-2 (M. Fierro)
Arabica, 40, 1993, pp. 128-9 (M. Arkoun)
R.S.O., 67, 1993, pp. 361-5 (L. Bottini)

426. **KÖHLER, M.A.**, *Allianzen und Verträge zwischen den fränkischen*

und islamischen Heerschern im Vorderen Orient. Eine Studie über das zwischenstaatliche Zusammen vom 12. bis ins 13. Jahrhundert, Berlín- Nueva York, 1991.
D.I., 71, 1994, pp. 346-8 (P. Thorau)

427. **KONINGSVELD, P.S. van, SADAN, J. y AL-SAMARRAI, Q.**, *Yemenite Authorities and Jewish Messianism. Ahmad ibn Nāsir al-Zaydī's Account of the Sabbathian movement in seventeenth century Yemen and its aftermath*, Leiden, 1990.
A.H.S.S., 49/4, 1994, pp. 986-8 (L. Valensi)

428. **KOZLOWSKI, G.C.**, *Muslim Endowments and Society in British India*, Cambridge, 1985.
D.I., 68, 1991, pp. 154-6 (C.E. Bosworth)

429. **KRAEMER, J.L. y ALON, I. (eds.)**, *Religion and Goverment in the World of Islam*, Tel Aviv, 1980.
O.M., 64, 1984, pp. 286-7 (P.G. Donini)

430. **KRÜGER, H.**, *Fetwa und Siyar. Zur internationalrechtlichen Gutachtenpraxis der osmanischen Şeyh ül-Islâm vom 17. bis 19. Jahrhundert unter besonderer Berücksichtigung des "Behcet ül-Fetâvâ"*, Wiesbaden, 1978.
D.I., 56, 1979, pp. 354-6 (M. Götz)

431. **KRUSE, H.**, *Das Staatsangehörigkeitsrecht der arabischen Staaten* (Sammlung geltender Staatsangehörigkeitsgesetze, Bd. 15), Frankfurt am Main-Berlín, 1955.
W.I., 5, 1957-58, p. 147 (G. Jäschke)

432. **KURDI, A.A.**, *The Islamic State. A Study based on the Islamic Holy Constitution*, Londres- Nueva York, 1984.
D.I., 63, 1986, p. 339 (G. Rotter)

433. **LABARTA, A. y BARCELO, C.**, *Números y cifras en los documentos arábigo-hispanos*, Córdoba, 1988.
A.Q., 10, 1989, pp. 590-1 (M.I. Fierro)

434. **LABIB, S. (ed.)**, *Idrīs b. Baidakīn:* Kitāb al-luma' fī l-ḥawādiṯ wal-bida'. *Eine Streitschrift gegen unstaffhafte Neuerungen*, Stuttgart- Wiesbaden, 1986.

W.I., 30, 1990, pp. 247-8 (M. Fierro)

435. **LADJILI, J.**, *Histoire juridique de la Mediterranée, Droit Romain, Droit Musulman*, Túnez, 1990.
C.T., 37, 2, 1988, pp. 289-92 (L. Ben Salem)

436. **LAGARDÈRE, V.**, *Campagnes et paysans d'Al-Andalus*, París, 1993.
C.C.M., 38, 1995, pp. 49-50 (L. Bolens)

437. **LAGARDÈRE, V.**, *Histoire et société en Occident musulman au Moyen Age. Analyse du Mi'yār d'al-Wanšarīsī*, Madrid, 1995.
A.Q., 17, 1996, pp. 246-54 (F. Vidal)
B.A.E.O., 32, 1996, p. 404 (M.J. Viguera)

438. **LAMBERT, E.**, *La doctrine musulmane de l'abus des droits*, París, 1913.
W.I.[1], 1, 1913, pp. 239-40 (E. Feder)

439. **LAMBERT, J**, *Manuel de législation algérienne*, Argel, 1952.
O.M., 33, 1953, p. 298 (R. Rubinacci)

440. **LAMBTON, A.K.S.**, *Landlord and Peasant in Persia. A Study of Land Tenure and Land Revenue Administration*, Oxford, 1953.
O.M., 33, 1953, pp. 387-8 (E. Rossi)

441. **LAMBTON, A.K.S.**, *State and Government in Medieval Islam. An Introduction to the Study of Islamic Political Theory: the Jurists*, Oxford, 1981.
D.I., 59, 1982, pp. 312-3 (B. Spuler)
W.I., 23-24, 1984, pp. 522-3 (T. Nagel)

442. **LAMBTON, A.K.S.**, *Continuity and Change in Medieval Persia. Aspects of Administrative, Economic and Social History, 11th-14th Century, s.l.*, 1988.
D.I., 66, 1989, p. 172 (B. Spuler)

443. **AL-LĀMIŠĪ**, *Kitāb al-tamhīd li-qawā'id al-tawḥīd*, ed. A.M. Turkī, Beirut, 1995 y **AL-LĀMIŠĪ**, *Kitāb fī uṣūl al-fiqh*, ed. A.M. Turkī, Beirut, 1995.
A.Q., 17, 1996, pp. 503-5 (R. El Hour)
S.I., 83, 1996, pp. 174-5 (C. Gilliot)

444. **LAMMENS, H.**, *L'Islam. Croyances et institutions*, Beirut, 1926.

M.U.S.J., 11, 1926, pp. 396-7 (L. Rigoulet)
O.M., 7, 1927, pp. 45-6 (C.A. Nallino)

445. **LANSKY, R.**, *Handbuch der Bibliographien zum Recht der Entwicklungsländer*, Hamburgo, 1977.

D.I., 57, 1980, p. 180 (H. Krüger)

446. **LAOUST, H.**, *Le califat dans le doctrine de Rašīd Riḍā. Traduction annotée d'al-Ḫilāfa au al-Imāma al-ùẓmā*, Beirut, 1938.

O.M., 19, 1939, p. 574 (L. Veccia Vaglieri)

447. **LAOUST, H.**, *Le traité de droit public d'Ibn Taimiyya*, trad. anotada de la *Siyāsa šarᶜīya*, Beirut, 1948.

M.U.S.J., 27, 1947-48, pp. 416-7 (R.M.)

448. **LAOUST, H.**, *Le précis de droit d'Ibn Qudāma*, Beirut, 1950.

M.U.S.J., 28, 1949-50, pp. 346-7 (R.M.)
O.M., 31, 1951, p. 54 (A. D'Emilia)

449. **LAOUST, H.**, *La Profesion de foi d'Ibn Batta traditioniste et jurisconsulte musulman, d'école hanbalite, mort en Irak à ᶜUkbara, en 387/997; "Kitāb al-Šarḥ wa-l-Ibāna ala 'uṣūl al-diyāna" li Ibn Baṭṭa al-ᶜUkbarī*, ed. y trad. anotada, Damasco, 1958.

M.U.S.J., 35, 1958, pp. 298-9 (M. Allard)

450. **LAOUST, H.**, "Le ḥanbalisme sous le califat de Bagdad (241/855-656/1258)", *R.E.I.*, 1959, pp. 67-128.

Arabica, 7, 1960, p. 310 (D. Sourdel)

451. **LAPIDUS, I.M.**, *A History of Islamic Societies*, Cambridge *et al.*, 1988.

D.I., 72, 1995, pp. 365-7 (P. von Sivers)
W.I., 32, 1992, pp. 281-4 (U. Haarmann)

452. **LAUNE, I.**, *Manuel français-arabe ou recueil d'actes administratifs, judiciaires et sous-sign privé traduit en arabe*, Argel, 1897.

J.A., 10, 1897, p. 372-3 (O. Houdas)

453. **LAYISH, A.**, *Marriages, Divorce and Succession in the Druse Family*, Leiden, 1982.
O.M., 64, 1984, pp. 289-90 (P.G. Donini)

454. **LECOMTE, G.**, *Ibn Qutayba (mort en 276/889), L'homme, son oeuvre, ses idées*, thèse de Doctorat, Damasco, 1965.
C.T., 14, 1966, pp. 262-5 (M. Talbi)

455. **LEDER, S.**, *Ibn al-Ǧauzī und seine Kompilation wider die Leidenschaft. Der Traditionalist in gelehrter Überlieferung und originärer Lehre*, Beirut, 1984.
D.I., 65, 1988, pp. 333-5 (A. Hartmann)

456. **LENS, A.L. de**, *Pratiques des harems marocains. Sorcelleries, médicine, beauté*, París, 1925.
O.M., 6, 1926, pp. 124-5 (C.A. Nallino)

457. **LE TOURNEAU, R.**, *L'Islam contemporain*, París, 1950.
C.T., 1, 1953, 88-90 (L. Bercher)

458. **LE TOURNEAU, R.**, *The Almohad Movement in North Africa in the Twelfth and Thirtheenth Centuries*, Princeton, 1969.
C.T., 18, 1970, pp. 201-3 (M. Talbi)

459. **LÉVI-PROVENÇAL, E.**, *L'Espagne musulmane au Xe siècle. Institutions et vie sociale*, París, 1932.
A.H.D.E., 9, 1932, pp. 440-4 (J. López Ortiz)
A.A., 1, 1933, p. 224 (E. García Gómez)

460. **LÉVI-PROVENÇAL, E.**, "Un document sur la vie urbaine et les corps de métiers à Seville au début du XIIe siècle: le traité d'Ibn 'Abdūn, publié avec une introduction et un glossaire", *J.A.*, abril-junio 1934, pp. 177-299.
A.A., 3, 1935, pp. 457-8 (E. García Gómez)

461. **LÉVI-PROVENÇAL, E.**, *Seville musulmane au début du XIIe siècle. Traduction du traité d'Ibn ʿAbdun*, París, 1947.
M.U.S.J., 27, 1947-48, pp. 426-7 (X.)
R.B.P., 28, 1950, pp. 831-3 (Ch. Verlinden)

462. **LÉVI-PROVENÇAL, E.**, *Histoire de l'Espagne Musulmane. III. Le Siècle du Califat de Cordoue*, París, 1953.

C.T., 3, 1955, pp. 123-4 (Ch. Pellat)

463. **LÉVI-PROVENÇAL, E. y GARCÍA GÓMEZ, E.**, *Sevilla a comienzos del s. XII. El tratado de Ibn 'Abdūn*, Madrid, 1948.
A.A., 14, 1949, pp. 225-7 (L. Torres Balbás)

464. **LÉVY, R.**, *The* Ma'ālim al-qurba fī aḥkām al-ḥisba *of Ḍiyā' al-Dīn Muḥammad Ibn Muḥammad al-Qurashī al-Shāfi'ī known as Ibn al-Ukhuwwa*, Cambridge, 1938.
A.A., 7, 1942, pp. 492-4 (C.E. Dubler)

465. **LEWIS, B.**, *The emergence of Modern Turkey*, Londres, 1961.
I.S., 2, 1963, pp. 148-50 (M.R. Feroze)

466. **LEWIS, B.**, *The Political Language of Islam*, Chicago-Londres, 1988.
D.I., 69, 1992, pp. 160-1 (G. Krämer)
A.E.A., 3, 1992, pp. 325-7 (M. Meouak)

467. **LEWIS, B.**, *El lenguaje político del islam*, trad. M. Lucini Baquerizo, Madrid, 1990.
A.Q., 12, 1991, p. 300 (M. Fierro)
Awrāq, 12, 1991, pp. 245-8 (B. López García)
A.E.A., 3, 1992, pp. 327-9 (M.A. Parejo Fernández)

468. **LIEBESNY, H.**, *The Law of the Near and Middle East. Readings, Cases and Materials*, Albany, 1975.
D.I., 55, 1978, pp. 108-9 (H. Krüger)

469. **LITTLE, D. P.**, *A Catalogue of the Islamic Documents from al-Ḥaram al-Šarīf in Jerusalem*, Beirut, 1984.
J.S.S., 35, 1990, pp. 365-7 (L. Kalus)

470. **LOHLKER, R.**, *Der Handel im mālikitischen Recht. Am Beispiel des* K. al-buyū' *im* Kitāb al-Muwaṭṭa' *des Mālik b. Anas und des salam aus der* Mudawwana al-kubrā, Berlín, 1991.
W.I., 33, 1993, pp. 310-1 (M. Muranyi)

471. **LØKKEGAARD, F.**, *Islamic Taxation in the classic Period*, Copenhague, 1950.
Arabica, 1, 1954, pp. 346-53 (Cl. Cahen)

472. **LOMBARD, M.**, *L'Islam dans sa première grandeur (VIIIe-XIe siècle)*, París, 1971.

C.T., 20, 1, 1972, pp. 284-5 (M. Talbi)

473. **LÓPEZ ORTIZ, J.**, *La recepción de la escuela malequí en España*, Madrid, 1931.
A.A., 1, 1933, pp. 228-9 (S. Vila)

474. **LÓPEZ ORTIZ, J.**, *Derecho musulmán*, Barcelona, 1932.
A.H.D.E., 9, 1932, pp. 479-80 (R. García de Linares)
A.A., 1, 1933, p. 478 (S. Vila)

475. **LÓPEZ ORTIZ, J.**, *La jurisprudencia y el estilo de los Tribunales musulmanes de España*, Madrid, 1933.
A.A., 1, 1933, p. 478-9 (S. Vila)

476. **LÓPEZ ORTIZ, J.**, *El tribunal de fe de los omeyas cordobeses*, Madrid, 1933.
A.A., 2, 1934, pp. 250-2 (S. Vila)

477. **LÖSCHNER, H.**, *Die dogmatischen Grundlagen des šiʿitischen Rechts (=Erlanger Juristische Abhandlungen Bd. 9)*, Colonia-Berlín-Bonn-Munich, 1971.
D.I., 53, 1976, pp. 297-8 (B. Spuler)
W.I., 17, 1976-77, pp. 227-31 (E. Meyer)

478. **LÖWINGER, S., SHEIBER, A. and SOMOGYI, J.** (eds.), *Ignaz Goldziher Memorial Volumen*, Part. II, Jerusalén, 1958.
J.S.S., 5, 1960, pp. 311-6 (E.I.J. Rosenthal)

479. **MADELUNG, W.**, *Religious Schools and Sects in Medieval Islam*, Londres, 1985.
D.I., 63, 1986, p. 137 (B. Spuler)

480. **MAHER, V.**, *Women and property in Morocco. Their changing relation to the process of social stratification in the Middle Atlas*, Cambridge, 1974.
C.T., 24, 1976, pp. 180-1 (M. Talbi)

481. **AL-MAH̲ZŪMĪ**, "Kitāb al-minhāǧ fī ʿilm h̲arāǧ Miṣr, éd. partielle par Cl. Cahen, mise au point par Y. Rāgib", *Cahier des Annales Islamologiques*, 8, El Cairo, 1986.
S.I., 70, 1989, pp. 191-2 (C. Décobert)

-**MAJER, H.G.**, véase Kissling-Festschrift...

482. **MAJER, H.G.**, *Das osmanische "Registerbuch der Beschwerden"*

(Şikâyet defteri) vom Jahre 1675, Viena, 1984.
D.I., 64, 1987, pp. 344-5 (B. Kellner-Heinkele)

483. **MAKDISI, G.**, *Ibn Aqīl et la Résurgence de l'Islam Traditionaliste au XIe siècle*, Damasco, 1963.
C.T., 14, 1966, pp. 266-8 (M. Talbi)

484. **MAKDISI, G.**, *Religion, Law and Learning in Classical Islam*, Hampshire- Brookfield, 1991.
D.I., 71, 1994, pp. 373-4 (S. Günther)

485. **MAKTARI, A. M. A.**, *Water Rights and Irrigation Practices in Lahj. A Study of the Application of Customary and Shari'ah Law in South-West Arabia*, Cambridge, 1971.
J.S.S., 17, 1972, pp. 290-1 (A.F.L. Beeston)

486. **MALEKIAN, F.**, *The Concept of Islamic International Criminal Law: A Comparative Study*, Londres-Dordrecht-Boston, 1994.
I.L.S., 3, 1996, pp. 380-3 (R. Peters)

487. **MĀLIK B. ANAS**, *Muwaṭṭa', riwāyat Suwayd b. Sa'īd al-Ḥadaṯānī*, ed. A.M. Turki, Beirut, 1994.
S.I., 82, 1995, pp. 180-1 (C. Gilliot)

488. **MALLAT, C.**, *The renewal of Islamic Law*, Cambridge, 1993.
R.S.O., 67, 1993, pp. 366-72 (D. Bredi)

489. **MALLAT, C. (ed.)**, *Islam and Public Law*, Londres, 1993.
I.L.S., 2, 3, 1995, pp. 345-8 (F.J. Ziadeh)

490. **MALLAT, C.**, *The Renewal of Islamic Law. Muhammad Baqer as-Sadr, Najaf and the Shi'i International*, Cambridge, 1993.
W.I., 35, 1995, pp. 155-7 (W. Ende)
I.L.S., 2, 3, 1995, pp. 348-53 (S.A. Arjomand)

491. **MAMADOU, D.**, *Islam. Sociétés Africaines et Culture Industrielle*, Dakar-Abidjan, 1975.
C.T., 25, 2, 1977, pp. 334-5 (R. Marzouki)

492. **MANSOUR, C.**, *L'autorité dans la pensée musulmane. Le concept d'*Ijmā' *(consensus) et la problématique de l'autorité*, 1975.
Arabica, 27, 1980, pp. 199-201 (M. Arkoun)

493. **MANTRAN, R.**, *L'Empire ottoman du XVIe au XVIIIe siècle.*

Administration, économie, societé, Londres, 1984.
D.I., 62, 1985, p. 380 (B. Spuler)

494. **AL-MANŪNĪ, M.**, *al-Maṣādir al-'arabiyya li-ta'rīj al-Magrib: al-fatra al-mu'āṣira (1790-1930)*, Rabat, 1989.
A.E.A., 3, 1992, p. 365 (M.J. Viguera)

495. *Les manuscrits arabes de l'Escurial*, descritos a partir de las notas de H. Derenbourg, revisadas y puestas al día por E. Lévi-Provençal. Tome III, Théologie, géographie, histoire, París, 1928.
M.U.S.J., 14, 1929, pp. 219-21 (F. Taoutel, S.J.)

496. **MANZANARES DE CIRRE, M.**, *Arabistas españoles del siglo XIX*, Madrid, 1972.
C.T., 20, 1, 1972, pp. 297-8 (M. de Epalza)

497. **MA'OZ, M.**, *Ottoman Reform in Syria and Palestine 1840-1861. The Impact of the Tanzimat on Politics and Society*, Oxford, 1968.
ArOr, 38, 1970, pp. 107-10 (Z. Veselá-Přenosilová)

498. **MARCUS, A.**, *The Middle East on the Eve of Modernity: Aleppo in the Eighteenth Century*, Nueva York, 1989.
I.L.S., 1, 2, 1994, pp. 258-9 (Th. Abdullah)

499. **MARÍN, M. y GARCÍA-ARENAL, M. (eds.)**, *Saber religioso y poder político en el Islam (Actas del Simposio Internacional, Granada, 15-18 octubre 1991)*, Madrid, 1994.
D.I., 73, 1996, pp. 374-7 (F. Rodríguez-Manas)

500. **MARIÑO, P.** (con la colaboración de M. Morán), *Tratados internacionales de España. Período de la preponderancia española. Carlos V.*, vol. II. *Norte de Africa*, Madrid, 1980.
A.Q., 1, 1980, pp. 503-8 (M. García-Arenal)

501. **MARNEUR, F.**, *Essai sur la théorie de la Preuve en Droit musulman*, París, 1910.
J.A., 18, 1911, pp. 163-5 (E. Amar)

502. **MARTIN MUÑOZ, G. (ed.)**, *Democracia y derechos humanos en el mundo árabe*, Madrid, 1993.

Awrāq, 15, 1994, pp. 335-40 (M. Fierro)

503. **MARTOS QUESADA, J.**, *Los muftíes andalusíes (92-898/711-1492). Contribución al estudio de las instituciones jurídicas en al-Andalus*, tesis Doctoral, Universidad de Granada, 1986.
A.E.A., 2, 1991, pp. 374-5 (M.C. Jiménez Mata)

504. **MARTY, P.**, *La justice civile musulmane au Maroc*, París, 1933.
ArOr, 7, 1935, pp. 528-30 (K. Haltmar)

505. **MASRY, A.M. EL-**, *Die Bauten von Ḫādim Sulaimān Pascha (1468-1548) nach seinen Urkunden im Ministerium für Fromme Stiftungen in Kairo*, Berlín, 1991.
W.I., 34, 1994, pp. 287-9 (U. Haarmann)

506. **MASSIGNON, L.**, *Opera Minora*, textos recogidos, clasificados y presentados con bibliografía por Y. Moubarac, Beirut, 1963.
C.T., 14, 1966, pp. 272-3 (M. Talbi)

507. **MASUCCI, G.**, *Il garante nelle consuetudini etiopiche*, Roma, 1941.
O.M., 22, 1942, pp. 83-4 (M.M. Moreno)

508. **MASUD, M.K.**, *Islamic Legal Philosophy. A Study of Abū Isḥāq al-Shāṭibī's Life and Thought*, Islamabad, 1977.
D.I., 56, 1979, pp. 317-8 (H. Fähndrich)

509. *Materiali per un Dizionario giuridico islamico*, I. Sassari, 1991.
I.CH., 18, 1992, p. 369.

510. **MATTAR, PH.**, *The Mufti of Jerusalem. Al-Hajj Amin Al-Husayni and the Palestinian National Movement*, Nueva York, 1988.
D.I., 67, 1990, pp. 383-4 (G. Krämer)
A.E.A., 3, 1992, pp. 366-7 (D. Serrano)

511. **MATUZ, J.**, *Krimtatarische Urkunden im Reicharchiv zu Kopenhagen. Mit historisch-diplomatischen und sprachlischen Untersuchungen*, Friburgo, 1976.
ArOr, 45, 1977, pp. 355-6 (Z. Veselá-Přenosilová)

512. **MAYER, A.E.**, *Islam and Human Rights, Tradition and Politics*,

Boulder (Colorado)-Londres, 1991.
Arabica, 40, 1993, pp. 278-83 (B. Botiveau)
Awrāq, 12, 1991, pp. 255-8 (M. Fierro)

513. **McAULIFFE, J.D.,** *Qur'ānic Christians. An Analysis of Classical and Modern Exegesis*, Cambridge, 1991.
R.H.R., 210, 1993, pp. 105-6 (G. Monnot)
I.CH., 20, 1994, pp. 312-3 (M.L. Fitzgerald)

514. **McCARTHY, R. J.,** *Freedom and Fulfillment: an annotated translation of al-Ghazālī's al-Munqidh min al-dalāl and other relevant works of al-Ghazālī*, Boston, 1980.
J.S.S., 27, 1982, pp. 124-5 (N. Calder)

515. **McCARTHY, J.,** *Muslims and minorities. The population of Ottoman Anatolia and the end of the Empire*, Nueva York-Londres, 1983.
R.O.M.M., 39, 1985, pp. 235-7 (D. Panzac)

516. **McCHESNEY, R.D.,** *Waqf in Central Asia. Four Hundred Years in the History of a Muslim Shrine, 1480-1889*, Princeton, 1991.
D.I., 71, 1994, pp. 152-3 (J. Paul)

517. **McGOWAN, B.,** *Economic Life in Ottoman Europe, Taxation, Trade and the Struggle for Land 1600-1800, Studies in Modern Capitalism*, Cambridge- París, 1981.
D.I., 61, 1984, pp. 157-60 (S. Faroqhi)

518. **EL-MAWERDI, Abou'l-Hassan,** *El-Ahkam es-soultanīya. Traité de droit public musulman, traduit et annoté par le comte Léon Ostrogof*, París, 1901.
J.A., 18, 1901, pp. 391-3 (B.M.)

519. **MEGHDESSIAN, S.R. (Ed.),** *The Status of the Arab Woman. A Select Bibliography. Compiled under the Auspices of the Institute for Women's Studies in the Arab World*, Beirut, 1980.
W.I., 23-24, 1984, pp. 532-3 (S. Wild)

520. **MERCIER, M.,** *Étude sur le waqf abadhite et ses aplications au Mzab*, Argel, 1927.
J.A., 114, 1929, pp. 188-9 (G. Ferrand)

521. **MERNISSI, F.**, *Le sultane dimenticate. Donne capi di stato nell'Islam*, trad. italiana de B. Scarcia Amoretti, Génova, 1992.
O.M., 75, 1995, pp. 338-40 (M.D. Ferrari)

522. **MESSICK, B.**, *The Calligraphic State: Textual domination and history in a Muslim society*, Berkeley, 1993.
I.L.S., 2, 3, 1995, pp. 353-7 (M. Mundy)
A.H.S.S., 49/4, 1994, pp. 996-9 (H. Touati)

523. **MEYERSON, M.D.**, *The Muslims of Valencia in the age of Fernando and Isabel. Between coexistence and crusade*, Berkeley, 1991.
Sh.A., 9, 1992, pp. 295-8 (M. de Epalza)
Sh.A., 12, 1995, pp. 680-6 (F. Franco Sánchez) (de la traducción valenciana)

524. **MEZ, A.**, *Die Renaissance des Islams*, Heidelberg, 1922.
A.H.D.E., 6, 1929, pp. 546-52 (J. López Ortiz)

525. **MEZ, A.**, *El renacimiento del Islam*, trad. S. Vila, Madrid, 1936.
O.M., 16, 1936, pp. 299-300 (C.A. Nallino)

526. **MICHOT, J.R.**, *Musique et danse selon Ibn Taymiyya. Le Livre du Samāʿ et de la Danse (Kitāb al-samāʿ wa-l-raqṣ) compilé par le shaykh Muḥammad al-Manbijī*, París, 1991.
A.E.A., 4, 1993, pp. 207-8 (M. Cruz Hernández)

527. **MILLIOT, L.**, *Les institutions kabyles*, París, 1932.
ArOr, 8, 1936, pp. 401-3 (A. Fichelle)

528. **MIQUEL, A.**, *L'Islam et sa civilisation*, París, 1968.
C.T., 16, 1968, pp. 127-9 (M. Talbi)

529. **MIR-HOSSEINI, Z.**, *Marriage on Trial: A Study of Islamic Family Law*, Londres, 1993.
I.L.S., 2, 2, 1995, pp. 210-3 (L. Rosen)

530. *Mission d'Ollone, 1906-1909. Recherches sur les Musulmans chinois*, París, 1911.
R.S.O., 6, 1914-5, pp. 193-7 (I. Guidi)

531. **MISSIR REGGIO MAMACHI DE LUSIGNAN, L.**, *Le statut inter-*

national d'une famille de Smyrne depuis Mahmoud Ier, Bruselas, 1981.
D.I., 62, 1985, p. 382 (F. Steppat)

532. **MITRI, T. (ed.)**, *Religion, Law and Society: A Christian-Muslim Discussion*, Ginebra, 1995.
I.CH., 21, 1995, pp. 256-7 (M.L. Fitzgerald)

533. **MODARRESSI TABĀTABĀ'I, H.**, *Kharāj in Islamic Law*, Londres, 1983.
J.S.S., 31, 1986, pp. 101-2 (G.H.A. Juynboll)

534. **MOHEBBI, M.K.**, *L'influence religieuse sur le droit constitutionnel de l'Iran*, Teherán, 1958.
R.H.R., 157-8, 1960, pp. 256-7 (É. Szlechter)

535. **MOINUDDIN, H.**, *The Charter of the Islamic Conference and Legal Framework of Economic Co-operation among its Member States*, Oxford, 1987.
ArOr, 60, 1992, pp. 106-7 (J. Pantůčková)

536. **MONDAIN, G.**, *La legislazione coloniale italiana nel suo sviluppo storico e nel suo stato attuale (1881-1940)*, Milán, 1941.
O.M., 21, 1941, p. 489 (A. Giannini)

537. **MONROE, J.T.**, *Islam and the Arabs in Spanish scholarship (sixteenth century to the present)*, Leiden, 1970.
C.T., 20, 1, 1972, pp. 293-5 (M. de Epalza)

538. **MORABIA, A.**, *Le ǧihād dans l'islam médiéval. Le "combat sacré" des origines au XIIe siècle*, París, 1993.
Arabica, 42, 1995, pp. 419-23 (F. Micheau)

539. **MORIMOTO, K.**, *The Fiscal Administration of Egypt in the Early Islamic World*, Dohosha, 1981.
D.I., 62, 1985, pp. 158-61 (H. Halm)

540. **MOSCATI, S.**, *Islām*, Florencia, 1950.
M.U.S.J., 28, 1949-50, pp. 359-62 (E. Lator, S.J.)

541. **MOTTAHEDEH, R.P.**, *Loyalty and Leadership in an Early Islamic Society*, Princeton, 1980.

D.I., 59, 1982, pp. 307-9 (A. Noth)

542. **MOTZKI, H.**, *Die Anfänge der Islamischen Jurisprudenz. Ihre Entwicklung in Mekka bis zur Mitte des 2./8. Jahrhunderts*, Stuttgart, 1991.
A.Q., 13, 1992, pp. 604-6 (M. Fierro)
ArOr, 63, 1995, pp. 241-2 (L. Kropáček)

543. **MOUTON, J.-M.**, *Damas et sa principauté sous les Saljoukides et les Bourides (468-549/1076-1154). Vie politique et religieuse*, El Cairo, 1994.
R.E.M.M.M., 75-76, 1995, pp. 310-1.
R.E.M.M.M., 77-78, 1995, pp. 287-291 (A.-M. Eddé)

544. **AL-MUFĪD, SHAYKH**, *Kitāb al-Irshād. The Book of Guidance into the Lives of the Twelve Imams*, trad. I.K.A. Howard, Horsham-Londres, 1981.
J.S.S., 32, 1987, pp. 224-7 (D. Maceoin)

545. **MUḤAMMAD B. WAḌḌĀḤ AL-QURṬUBĪ**, *Kitāb al-bida'*, ed. y trad. M.I. Fierro, Madrid, 1988.
A.Q., 11, 1990, pp. 564-5 (M.J. Viguera)
S.I., 77, 1993, pp. 198-9 (C. Gilliot)

546. **Sir MUIR, W.**, *The Caliphate: its rise, decline and fall*, Beirut, Khayats, 1963.
I.S., 4, 1965, pp. 348-51 (Q. Khan)

547. *La mujer en al-Andalus. Reflejos históricos de su actividad y categorías sociales*, ed. M.J. Viguera, Madrid-Sevilla, 1989.
A.Q., 11, 1990, pp. 284-6 (M. García-Arenal)

548. **MUMCU, A.**, *Osmanli hukukunda zulüm kavrami (deneme)*, Ankara, 1972.
D.I., 53, 1976, p. 165 (K. Dilger)

549. **MURANYI, M.**, *Die Prophetengenossen in der frühislamischen Geschichte*, Bonn, 1973.
ArOr, 45, 1977, pp. 91-2 (J. Pauliny)

550. **MURANYI, M.**, *Materialien zur mālikitischen Rechtsliteratur*, Wiesbaden, 1984.

A.Q., 6, 1985, pp. 579-81 (M.I. Fierro)
D.I., 66, 1989, pp. 367-8 (H. Motzki)

551. **MURPHY, R.**, *Regional Structure in the Ottoman Economy- A Sultanic Memorandum of 1636 A.D. Concerning the Sources and Uses of Tax-Farm Revenues of Anatolia and the Coastal and Northern Portions of Syria*, Wiesbaden, 1987.
D.I., 70, 1993, pp. 190-1 (W. Hütteroth)

552. **MUSALLAM, B.F.**, *Sex and Society in Islam. Birth Control before the Nineteenth Century*, Cambridge, 1983.
D.I., 62, 1985, pp. 372-5 (H. Motzki)
D.I., 65, 1988, p. 375 (B. Spuler)

553. **MUSCA, G.**, *L'Emirato di Bari, 847-871*, Bari, 1964.
C.T., 19, 2, 1971, pp. 282-284 (M. Talbi)

554. **MUSHIR UL-HAQ**, *Islam in Secular India*, Simla, 1972.
D.I., 52, 1975, pp. 379-80 (J. Marek)

555. **AL-MUTAWALLĪ**, *al-Mugnī*, en *Annales Islamologiques. Supplément*, cahier nº 7, 1986.
S.I., 66, 1987, pp. 187-8 (Y. Marquet)

556. **NABHAN, L.**, *Das Fest des Fastenbrechens ('īd al-fiṭr) in Ägypten. Untersuchingen zur theologischen Grundlagen und praktischer Gestaltung*, Berlín, 1991.
Arabica, 42, 1995, pp. 436-7 (C. Gilliot)

557. **NABIH, AMIN FARIS**, *The Book of Knowledge: being a Translation with Notes of the Kitāb al-'Ilm of al-Ghazzālī's Iḥyā' 'ulūm al-dīn*, Lahore, 1962.
J.S.S., 8, 1963, pp. 302-6 (W. Montgomery Watt)

558. **NAGEL, T.**, *Frühe Ismailiyya und Fatimiden im Lichte der Risālat Iftitāḥ Ad-Da'wa*, Bonn, 1972.
ArOr, 44, 1976, p. 190 (L.K.)

559. **NAGEL, T.**, *Die Festung des Glaubens. Triumph und Scheitern des islamischen Rationalismus in 11.Jahrhundert*, Munich, 1988.
Arabica, 39, 1992, pp. 240-260 (C. Gilliot)

560. **NALLINO, C.A.**, *Appunti sulla natura del "Califatto" in genere*

e sul presunto "califatto ottomano", Roma, *s.d.*
J.A., 10, 1917, pp. 491-4 (A. Bel)

561. **NAṢR, S.H.**, *Ideals and realities of Islam*, Londres, 1966.
I.S., 7, 1968, pp. 305-7 (M.S.H. Maᶜṣūmī)

562. **NEDKOFF, B.C.**, *Die Ǧizya (Kopfstener) im Osmanischen Reich. Mit besonderer Berücksischtigung von Bulgarien*, Leipzig, 1942.
O.M., 23, 1943, pp. 313-4 (E. Rossi)

563. **NIELSEN, J.S.**, *Secular Justice in an Islamic State: Maẓālim under the Baḥrī Mamlūks, 662/1264-789/1387*, Estambul, 1985.
W.I., 29, 1989, pp. 251-3 (G. Conrad)

564. **NIEMEIGER, A.Ch.**, *The Khilafat Movement in India 1919-1924*, Gravenhage, 1972.
R.B.P., 53, 1975, pp. 613-5 (L.G. Biegel y H. Jonker)

565. **NIEUWENHUIS, T.**, *Politics and Society in Early Modern Iraq. Mamlūk Pashas, Tribal Shayks and Local Rule between 1802 and 1831*, La Haya- Boston- Londres, 1982.
W.I., 259, 1985, pp. 238-40 (W. Ende)

566. **AL-NUBĀHĪ, Ibn al-Ḥasan**, *Histoire de juges d'Andalousie, intitulée* "Kitāb al-marqaba al-ʿulyā", ed. E. Lévi-Provençal, El Cairo, 1948.
A.A., 14, 1949, pp. 488-90 (E. García Gómez)

567. **NŪRĪ, M.**, *Muḥammad b. Waḍḍāḥ al-Qurṭubī; mu'assis madrasat al-ḥadīṯ bi-l-Andalus maʿa Baqī b. Majlad*, Rabat, 1983.
Sh.A., 3, 1986, pp. 261-5 (M. Fierro)

568. **O'BRIEN, P.**, *The Revolution in Egypt's Economic System; from private Enterprise to Socialism, 1952-1965*, Londres, 1966.
W.I., 11, 1968, pp. 250-1 (W. Jesser)

569. **OEHRING, O.**, *Bibliographie zum türkischen Recht und den internationales Beziehungen der Türkischen Republik*, Berlín, 1982.
W.I., 23-24, 1984, pp. 528-31 (H. Krüger)

570. **OEVERMANN, A.**, *Die "Republikanischen Brüder" im Sudan. Eine islamische Reformbewegung im zwanzigsten Jahrhundert*, Frankfurt am Main, 1993.
D.I., 72, 1995, pp. 180-1 (U. Rebstock)

571. **O'FAHEY, R.S.**, *Arabic literature of Africa*, vol. I, Leiden, 1994.
S.I., 81, 1995, pp. 224-5 (C. Hamès)

572. **OLIVER ASÍN, J.**, *Origen árabe de rebato, arroba y sus homónimos. Contribución al estudio de la historia medieval de la táctica militar*, Madrid, 1928.
O.M., 10, 1930, pp. 95-8 (C.A. Nallino)

573. **OLSON, R.**, *The Ba'th and Syria, 1947 to 1982. The Evolution of Ideology, Party and State from the French Mandate to the Era of Ḥāfiẓ al-Asad*, Princeton, 1982.
W.I., 23-24, 1984, pp. 531-2 (T. Mayer)

574. **OSORIO, M.J. y SANTIAGO SIMON, E. de**, *Documentos arábigo-granadinos romanceados*, Granada, 1986.
A.Q., 7, 1986, pp. 492-3 (M. García-Arenal)

575. **OTTO, I. y SCHMIDT-DUMONT, M. (eds.)**, *Frauenfragen im Modernen Orient. Eine Auswahlbibliographie*, Hamburgo, 1982.
W.I., 23-24, 1984, pp. 532-3 (S. Wild)

576. **ÖZBULAK, Z.K.**, *Das türkische Verfassungsystem*, Berlín, 1936.
W.I.[1], 18, 1936 (G. Jäschke)

577. **PAGENER, H.**, *Das Staatsangehörigkeitsrecht des Staates Israel und des ehemaligen Mandatsgebietes Palästina* (Sammlung geltender Staatsangehörigkeitsgesetze, Bd. 13), Frankfurt am Main-Berlín, 1954.
W.I., 5, 1957-58, pp. 146-7 (G. Jäschke)

578. **PARET, R.**, *Schriften zum Islam. Volksroman/ Frauenfrage/ Bilderverbot* (Editado por J. van Ess), Stuttgart- Berlín-Mainz- Colonia, 1981.
D.I., 59, 1982, pp. 125-6 (B. Spuler)

579. **PATZELT, E.**, *Die fränkische Kultur und der Islam*, Baden-

Viena-Leipzig-Brünn, 1932.
A.H.D.E., 10, 1933, pp. 505-9 (L.G. de Valdeavellano)

580. **PELETZ, M.G.**, *A Share of the Harvest. Kinship, Property, and Social History Among the Malays of Rembau*, Berkeley-Los Angeles, 1988.
D.I., 69, 1992, pp. 355-7 (K.-H. Pampus)

581. **PELLAT, Ch.**, *Ibn al-Muqaffaʿ, mort vers 140/757, "conseilleur" du calife*, París, 1976.
C.D., 192, 1979, p. 499 (B. Justel)

582. **PELLEGRIN, A.**, *L'Islam dans le monde*, París, 1950.
M.U.S.J., 28, 1949-50, pp. 365-6 (H. Charles)

583. **PELTIER, F.**, *Le Livre des ventes du Sah'īh' D'el-Bokhari, suivi du Livre de la vente à terme (selem) et du Livre de retrait (choufʿa)*, Argel, 1910.
J.A., 4, 1914, pp. 685-6 (Cl. Huart)

584. **PELTIER, F.**, *Le Livre des ventes du Mouwaṭṭa' de Mālik b. Anas*, Argel, 1911.
J.A., 18, 1911, pp. 162-3 (E. Amar)

585. **PELTIER, F. y BOUSQUET, C.H.**, *Les successions agnatiques mitigées. Etude comparée du régime succesoral en Droit germanique et en Droit msulman*, París, 1930.
A.H.D.E., 12, 1935, pp. 520-3 (J. López Ortiz)

586. **PEÑARROJA TORREJON, L.**, *Cristianos bajo el Islam. Los mozárabes hasta la reconquista valenciana*, Madrid, 1993.
A.Q., 15, 1994, pp. 519-23 (M. de Epalza)

587. **PESLE, O.**, *Le Testament dans le rite maléquite*, Rabat, 1932.
A.H.D.E., 10, 1933, p. 476 (J. López Ortiz)
A.A., 2, 1934, pp. 449-50 (J.L.S.)

588. **PETERS, J.R.T.M.**, *God's Created Speech. A Study in the speculative Theology of the Muʿtazilī Qāḍī l-Quḍāt Abū l-Ḥasan ʿAbd al-Jabbār bn Aḥmad al-Hamaḏānī*, Leiden, 1976.
D.I., 55, 1978, pp. 102-4 (W. Madelung)

589. **PETERS, R. (trad. y notas)**, *Jihad in Mediaeval and Modern*

Islam. The Chapter on Jihad from Averroes' Legal Handbook 'Bidāyat al-Mudjtahid' and the Treatise 'Koran and Fighting' by the late Shaykh al-Azhar, Maḥmūd Shaltūt, Leiden, 1977.
D.I., 56, 1979, p. 147 (A. Noth)
W.I., 18, 1977-78, pp. 239-40 (W. Ende)
J.S.S., 25, 1980, pp. 301-3 (B. Lewis)

590. **PETERS, R.**, *Islam and Colonialism. The Doctrine of Jihad in Modern History*, La Haya, 1979.
W.I., 22, 1982, pp. 165-6 (W. Ende)
J.S.S., 28, 1983, pp. 380-1 (N. Calder)

591. **PETERS, F.E.**, *The Hajj: the Muslim pilgrimage to Mecca and the holy places*, Princeton, 1992.
A.Q., 16, 1995, pp. 202-4 (D. Waines)

592. **PETRY, C.F.**, *The Civilian Elite of Cairo in the Later Middle Ages*, Princeton, 1981.
D.I., 61, 1984, p. 133 (H. Motzki)

593. **PICCINELLI, G.M.**, *Il sistema bancario islamico*, Roma, 1989.
O.M., 73, 1993, pp. 247-9 (P. Branca)

594. **PICCINELLI, G.M.**, *Le societá di persone nei paesi arabi*, Roma, 1990.
O.M., 73, 1993, pp. 247-9 (P. Branca)

595. **PIPES, D.**, *Slave Soldiers and Islam. The Genesis of a Military System*, New Haven- Londres, 1981.
D.I., 59, 1982, p. 140 (B. Spuler)

596. **DE PLANHOL, X.**, *Le Monde Islamique-Essai de Géographie Religieuse*, París, 1957.
C.T., 5, 1957, p. 126 (P.M.)

597. **PLESSNER, M.**, "Der *OIKONOMIKOC* des Neupythagoreers "Bryson" und sein Einfluß auf die islamische Wissenschaft. Edition und Übersetzung der erhaltenen Versionen, nebst einer Geschichte der Ökonomik im Islam mit Quellenproben in Text und Übersetzung", en G. BERGSTRÄSSER y O. REGENBOGEN (eds.), *Orient und Antike* (Heidelberg, 1928).
D.I., 19, 1931, pp. 27-9 (H. Ritter)

598. **POONAWALA, I.K. (ed.)**, *Al-Urdjūzat al-mukhtārah by al-Qāḍī al-Nu'mān*, Montreal, 1970.
ArOr, 45, 1977, p. 190 (M. Fiedler)

599. **POSTON, L.**, *Islamic Da'wah in the West. Muslim missionary activity and the dynamics of conversion to Islam*, Nueva York y Oxford, 1992.
Awrāq, 13, 1992, pp. 313-5 (M. Fierro)

600. **POUZET, L.**, *Damas au VIIe/XIIIe s. Vie et structure religieuse dans une métropole islamique*, Beirut, 1988.
A.Q., 12, 1991, pp. 303-4 (M. Marín)
R.E.I., 55-57, 1987-1989, pp. 331-42 (A.-M. Eddé)

601. **POWERS, D.S.**, *Studies in Qur'an and Ḥadīth- The Formation of the Islamic Law of Inheritance*, Berkeley et al., 1986.
D.I., 65, 1988, pp. 117-20 (H. Motzki)
J.S.S., 36, 1991, pp. 359-62 (J. Burton)

602. **PRINS, J.**, *Adat en Islamietische Plichtenleer in Indonesië. Derde herziene en op enige punten bijgewerkte Druk*, La Haya, 1954.
W.I., 5, 1957-58, pp. 130-1 (E. Pritsch)

603. **PRITSCH, E.**, "Zum Recht der südpalästinischen Beduinen", *Die Welt del Islams*, 20, 1938.
O.M., 19, 1939, p. 572 (E. Rossi)

604. **PRITSCH, E.- SPIES, O.**, "Das Findelkind im islamischen Recht nach al-Kāsānī", *Zeitschrift für vergleichende Rechtswissenschaft*, 57, 1954, 74-101.
W.I., 4, 1955-56, p. 63 (G. Jäschke)

605. **PRÖBSTER, E.**, *Privateigentum und Kollektivismus im mohammedanischen Liegenschaftsrecht, insbesondere des Maghrib (Habilitationsschrift. Leipzig)*, Leipzig, 1931.
D.I., 20, 1932, pp. 263-70 (J. Schacht)
O.M., 13, 1933, p. 440 (C.A. Nallino)
A.A., 1, 1933, pp. 479-80 (R.G.L.)
W.I.[1], 16, 1934 (G. Kampffmeyer)

606. **QĀḌĪ NU'MĀN**, *Kitāb ijtilāf uṣūl al-madāhib*, ed. S.T. Lokhandwalla, Simla, 1972.

J.A., 262, 1974, p. 475 (G. Vajda)

607. **QADRI, A.A.**, *Islamic Jurisprudence in the Modern World*, Bombay, 1962.
I.S., 2, 1963, pp. 521-5 (A.B.M. Sultanul Alam Chowdhury)

608. **AL-QAZZAZ, A. (ed.)**, *Women in the Middle East and North Africa. An Annotated Bibliography*, Austin, 1977.
W.I., 23-24, 1984, pp. 532-3 (S. Wild)

609. **QUDĀMA B. JA'FAR**, *Kitāb al-Kharāj. Taxation in Islam*, trad., introd. y notas por A. Ben Shemesh, vol. II, Londres-Luzac, 1965.
ArOr, 36, 1968, pp. 506-7 (R. Veselý)

610. **QUERRY, A.**, *Droit Musulman; recuil de lois concernant les musulmans schyites*, París, 1871.
J.A., 18, 1871, pp. 217-20 (M.B. Meynard)

611. **QURESHI, I.H.**, *The Muslim community in the Indo-Pak subcontinent*, S-Gravenhage, 1962.
I.S., 1, 4, 1962, pp. 137-41 (A.S. Bazmee)

612. **RABIE, H.A.**, *La doctrine comme source créatrice de la règle juridique en droit musulman*, Roma [1950]
O.M., 30, 1950, pp. 166-7 (A. D'Emilia)

613. **RAĠIB, Y.**, *Marchands d'ettoffes du Fayyoum au IIIe/IXe siècle d'après leurs archives (Actes et lettres) I. Les actes des Banū ᶜAbd al-Mu'min*. Supplément aux *Annales Islamologiques*, Cahier nº 2, El Cairo, 1982.
C.T., 32, 1984, pp. 155-6 (M. Chapoutot-Remadi)
A.E.A., 5, 1994, pp. 184-6 (P. Chalmeta)

614. **RAHIMUDDIN KEMAL**, *The Concept of Constitutional Law in Islam*, Hyderabad-Deccan, 1955.
W.I., 5, 1957-58, p. 160 (M. Hamidullah)

615. **RAHMAN, F.**, *Islam*, Londres-Oxford, 1966.
I.S., 6, 1967, pp. 407-10 (M.D. Ahmad Khan)

616. **RAMADAN, S.**, *Islamic Law: its scope and Equity*, Londres-Ginebra, 1961.

I.S., 3, 1964, pp. 103-6 (K.A. Faruki)

617. **RAMADAN, S.**, *Islamisches Recht. Theorie und Praxis*, Wiesbaden, 1980.
W.I., 20, 1980, p. 234 (H. Krüger)

618. **RAUSCHER, T.**, *Sharī'a. Islamisches Familienrecht der Sunna uns Shī'a*, Frankfurt, 1987.
W.I., 32, 1992, pp. 157-8 (H. Krüger)

619. *Recueil de consultations juridiques relatives à la condition des "ouaqf", publié par les sois du Protectorat*, Túnez, 1898.
J.A., 13, 1899, pp. 182-6 (O. Houdas)

620. *Recueil de Fetuas, écrit en turk et en arabe, imprimé à Constantinople*
J.A., 4, 1824, pp. 171-4.

621. **REINAUD, M.**, *Instituts du Droit musulman. Sur la guerre avec les infidéles*, trad. M. Solvet.
J.A., 4, 1829, pp. 331-3.

622. **REINAUD, M.**, *Rapport sur quelques volumes de législation arabe imprimés à Calcutta et offerts à la Société par le Comité d'instruction publique de cette ville.*
J.A., 11, 1833, pp. 71-5.

623. **REINERT, W.**, *Das Recht in der Altarabischen Poesie*, Colonia, 1963.
W.I., 10, 1965-67, pp. 80-2 (O. Spies)

624. *Revue des Etudes Islamiques*, I, 1927, París, 1927.
M.U.S.J., 12, 1927, p. 302 (H. Lammens)

625. **REYCHMAN, J., ZAJACZKOWSKI, A.**, *Handbook of Ottoman-Turkish Diplomatics*, París, 1968.
ArOr, 41, 1973, pp. 266-7 (Z. Veselá-Přenosilová)

626. **RICHARD, Y.**, *Shi'ite Islam, Polity, Ideology and Creed*, Oxford, 1995.
W.I., 36, 1996, pp. 268-9 (S. Naef)

627. **RIECK, A.**, *Unsere Wirtschaft. Eine gekürzte kommentierte*

Übersetzung des Buches Iqtiṣādunā *von Muḥammad Bāqir aṣ-Ṣadr*, Berlín, 1984.
D.I., 63, 1986, pp. 151-2 (V. Nienhaus)
W.I., 25, 1985, pp. 240-2 (H. Müller)

628. **RIERA FRAU, M.M.**, *Prosopografía dels 'ulamā' i dels fuqahā' de les illes orientales d'Al-Andalus*, Palma de Mallorca, 1985.
A.Q., 7, 1986, pp. 493-5 (M.V. Aguilar Sebastián)

629. **RIPPIN, A. y KNAPPERT, J.**, *Textual Sources for the Study of Islam*, Manchester, 1986.
S.I., 67, 1988, p. 162 (C. Gilliot)

630. **RIPPIN, A.**, *Muslims. Their Religious Beliefs and Practices. Volume I: The Formative Period*, Londres, 1990.
A.Q., 12, 1991, pp. 306-10 (E. Manzano)

631. **RIVLIN, H.A.B.**, *The Dār al-Wathā'iq in 'Äbdīn Palace at Cairo as a Source for the Study of the Modernization of Egypt in the Nineteenth Century*, Leiden, 1970.
ArOr, 43, 1975, pp. 190-1 (L. Kropáček)

632. **RIVLIN, J.J.**, *Gesetz im Koran, Kultus und Ritus*, Jerusalén, 1934.
D.I., 24, 1937, pp. 199-200 (E. Mainz)

633. **ROBERTS, R.**, *The Social Laws of the Qorān*, Londres-Dublín, 1971.
J.S.S., 17, 1972, p. 285 (J. Robson)

634. **ROBERTS, H.L.**, *Foreign Affairs Bibliography. A selected and annotated List of Books on international Relations, 1942-1952*, Nueva York, 1955.
W.I., 5, 1957-58, p. 287 (G. Jäschke)

635. **RODINSON, M.**, *Islam et capitalisme*, París, 1966.
ArOr, 38, 1970, pp. 236-8 (K. Petráček)

636. **RODINSON, M.**, *Marxisme et monde musulman*, París, 1972.
J.S.S., 18, 1973, pp. 318-9 (A. Hourani)

637. **RO'I, Y. (ed.)**, *The USSR and the Muslim World. Issues in*

Domestic and Foreign Policy, Londres- Boston- Sydney, 1984.
D.I., 62, 1985, pp. 386-7 (B. Spuler)

638. **RONDOT, P.**, *L'Islam et les Musulmans d'aujourd'hui*, París, 1958.
M.U.S.J., 35, 1958, pp. 306-7.

639. **ROSEN, L.**, *The Anthropology of Justice: Law as Culture in Islamic Society*, Cambridge, 1989.
I.L.S., 1, 1994, pp. 139-40 (A. Layish)

640. **ROSENTHAL, E.I.J.**, *Political Thought in medieval Islam: An Introductory Outline*, Cambridge, 1958.
W.I., 6, 1959-61, pp. 150-1 (P. Hardy)
R.H.R., 155, 1959, pp. 255-7 (G. Vajda)
J.S.S., 4, 1959, pp. 183-5 (C.F. Beckingham)
B.A.E.O., 5, 1967, pp. 270-2 (P. Chalmeta) De la traducción española de C. Castro, Madrid, 1967.

641. **ROSENTHAL, E.I.J.**, *Islam in the Modern National State*, Cambridge, 1965.
ArOr, 38, 1970, pp. 245-7 (J. Marek)
C.T., 14, 1966, pp. 274-5 (M. Talbi)
J.S.S., 12, 1967, pp. 152-5 (P.J. Vatikiotis)

642. **ROSENTHAL, F.**, *Gambling in Islam*, Leiden, 1975.
D.I., 54, 1977, pp. 153-4 (B. Spuler)
W.I., 18, 1977-78, pp. 145-8 (R. Wieber)

643. **ROTTER, G.**, *Die Stellung des Negers in der islamisch-arabischen Gesellschaft bis zum XVI Jahrhundert*, Bonn, 1967.
W.I., 15, 1974, pp. 255-6 (B. Lewis)

644. **RUIZ DE ALMODOVAR Y SEL, C.**, *El movimiento feminista egipcio. Estudio histórico sociológico: Durriyya Šafīq "Bint al-Nīl", presentación y valoración*, tesis Doctoral, Universidad de Granada, 1989.
A.E.A., 2, 1991, p. 390 (M.C. Jiménez Mata)

645. **RUIZ DE ALMODOVAR SEL, C.**, *Historia del movimiento feminista egipcio*, Granada, 1989.
M.E.A.H., 38, 1989-1990, pp. 436-9 (C. Pérez Beltrán)

646. **RUIZ DE ALMODOVAR SEL, C.**, *La mujer musulmana: bibliografía,*

2 vols., Granada, 1994.
M.E.A.H., 45, 1996, pp. 367-8 (C. Pérez Beltrán)

647. **RUTHVEN, M.**, *A Satanic affair. Salman Rushdie and the Wrath of Islam*, Londres, 1991.
Awrāq, 12, 1991, p. 209-21 (M. Fierro)

648. **RUUD, I.M. (ed.)**, *Women's Status in the Muslim World. A Bibliographical Survey*, Colonia, 1981.
W.I., 23-24, 1984, pp. 532-3 (S. Wild)

649. **SAAB, H.**, *The Arab Federalists of the Ottoman Empire*, Amsterdam, 1958.
W.I., 6, 1959-61, p. 291 (S.G. Haim)

650. **SAAD, E.N.**, *Social History of Timbuktu: The Role of Muslim Scholars and Notables 1400-1900*, Cambridge, 1983.
D.I., 64, 1987, pp. 342-4 (R. Oßwald)

651. **SAADEDDIN, F.**, *The arabische Wirtschaftsintegration*, Bochum, 1977.
D.I., 56, 1979, p. 335 (R.-R. Hoeppner)

652. **SAADI, N.**, *La femme et la loi en Algérie*, Argel, 1991.
O.M., 70, 1991, pp. 205-6 (F.M. Corrao)

653. **SABEA, M.**, *La réorganisation du Conseil d'État en Syrie*, París, 1932.
B.E.O., 2, 1932, p. 289 (J. Gaulmier)

654. *Saber religioso y poder político en el Islam. Actas del Simposio Internacional (Granada, 15-18 octubre 1991)*, Madrid, 1994.
A.Q., 17, 1996, pp. 254-7 (D. Waines)
R.S.O., 68, 1995, pp. 358-60 (B. Scarcia Amoretti)

655. **AL-ṢĀBĪ, H.**, *Rusūm Dār al-Khilāfah (The Rules and Regulations of the 'Abbāsid Court), übers. und eingeleitet von Elie A. Salem*, Beirut, 1977.
D.I., 56, 1979, p. 323 (B. Spuler)

656. **SACHEDINA, A.A.**, *The Just Ruler (*al-sultān al-'ādil*) in Shī'ite Islam. The Comprehensive Authority of the Jurist in*

Imamite Jurisprudence, Nueva York- Oxford, 1988 [1989].
D.I., 68, 1991, pp. 369-71 (W. Ende)

657. **SAHLIEH, S.A.A.**, *Les musulmans face aux droits de l'homme (religion, droit et politique: études et documents)*, Bochum, 1994.
I.CH., 20, 1994, pp. 293-5 (M. Borrmans)

658. **SALEH, N.A.**, *Unlawful Gain and legitimate Profit in Islamic Law- Riba, Gharar and Islamic Banking*, Cambridge, 1986.
D.I., 70, 1993, pp. 335-7 (V. Nienhaus)
J.S.S., 35, 1990, pp. 361-5 (N. Calder)

659. **SALLĀM, Abū 'Ubayd al-Qāsim b.**, *K. al-nāsikh wa-l-mansūkh*, Cambridge, 1987.
D.I., 70, 1993, pp. 167-70 (U. Rubin)

660. **SAMI AWWAD ALDEEB ABU-SAHLIEH**, *Non-Musulmans en pays d'Islam*, Friburgo, 1979.
I.CH., 7, 1981, pp. 290-3 (M. Borrmans)

661. **SÁNCHES (*sic*) PÉREZ, J.A.**, *Partición de herencias entre los Musulmanes del Rito Malequí -con transcripción anotada de dos manuscritos aljamiados*, Madrid 1914.
W.I.[1], 2, 1914 (M. Hartmann)

662. **SANHOURY, A.**, *Le Califat. Son évolution vers une Société des nations orientales*, París, 1926.
M.U.S.J., 12, 1927, pp. 299-301 (H. Lammens)

663. **SANTILLANA, D.**, *Istituzioni di Diritto musulmano malichita con riguardo anche al sistema sciafiita*, Roma, 1926.
A.H.D.E., 5, 1928, pp. 503-7 (J. López Ortiz)

664. **SARDAR, Z. y DAVIES, M.W.**, *Distorted Immagination. Lessons from the Rushdie Affair*, Londres, 1990.
I.CH., 21, 1995, pp. 262-3 (J. Lacunza Balda)

665. **Al-ŠĀṬIBĪ**, *al-Fatāwà*, ed. y estudio de M.Abū l-Aŷfān, Túnez, 1984 y **Al-ŠĀṬIBĪ**, *al-Ifādāt wa-l-inšādāt*, ed. y estudio de M.Abū l-Aŷfān, Beirut, 1983.
Sh.A., 4, 1987, pp. 351-4 (M. Fierro)

666. **AL-ŠAYBĀNĪ**, *Kitāb al-hiyāl wa-l-majāriŷ*, ed. J. Schacht, Hannover, 1923.
J.A., 106, 1925, pp. 340-1 (M. Gaudefroy-Demombynes)

667. **SAYYID, F.**, "Šurūṭ al-mu'arriḫ fī *Kitābat al-ta'rīḫ wa-l-tarāğim*, Ḫamsa fatāwā lam tunšar li-ḫamsa min a'lām al-qarn al-tāsi'al-hiğrī", *Revue de l'Institut des manuscrits arabes*, II/I, 1956, pp. 162-177.
Arabica, 4, 1957, p. 215 (D.S.)

668. **SCANDURRA, N.**, *Manuale di giurisprudenza musulmana*, Torino, 1928.
ArOr, 4, 1932, p. 147 (F. Tauer)

669. **SCHACHT, J.**, *Das Kitāb aḏkār al-ḥuqūq wa-l-ruhūn aus dem al-Ğāmi'al-kabīr fī-š-šurūṭ des Abū Ğa'far Aḥmad Ibn Muḥammad aṭ-Ṭaḥāwī herausgegeben*, Heidelberg, 1927.
O.M., 7, 1927, pp. 586-7 (C.A. Nallino)

670. **SCHACHT, J.**, *Der Islām mit Ausschluß des Qor'āns*, Tübingen, 1931.
D.I., 22, 1935, pp. 128-33 (H. Gottschalk)

671. **SCHACHT, J.**, *Aus orientalischen Bibliotheken (III)*, en *Abhandlungen der Preussischen Akademie der Wissensschachften*, 1, Berlín, 1931.
A.A., 1, 1933, p. 208 (J. López Ortiz)

672. **SCHACHT, J.**, *Das Kostantinopler Fragment des "Kitāb Ihtilāf al-Fuqahā'" des aṭ-Ṭabarī*, Leiden, 1933.
A.A., 2, 1934, pp. 447-8 (J. López Ortiz)

673. **SCHACHT, J.**, *The Origins of Muhammadan Jurisprudence*, Londres, 1950.
W.I., 2, 1952-53, p. 136 (J.N.D. Anderson)
Arabica, 1, 1954, pp. 358-60 (R. Brunschvig)
W.I., 10, 1965-67, pp. 79-80 (O. Spies)

674. **SCHACHT, J.**, "The Law", *Unity and Variety in Muslim Civilization*, 1955, pp. 65-86.
Arabica, 3, 1956, p. 341 (J.S.T.)

675. **SCHACHT, J.**, "Problems of Modern Islamic Legislation", *Studia*

Islamica, 12, 1960, pp. 99-129.
W.I., 6, 1959-61, p. 288 (G. Jäschke)

676. **SCHACHT, J.**, *An Introduction to Islamic Law*, Oxford, 1964.
B.A.E.O., 1, 1965, pp. 204-6 (F.M. Pareja)
R.I.E.E.I., 13, 1965-6, pp. 221-5.

677. **SCHACHT, J.**, *Introduzione al diritto musulmano*, trad. italiana de P. Guazzotti y E. Lanfranchi, Turín, 1995.
I.CH., 22, 1996, p. 322 (M. Borrmans)

678. **SCHACHT, J. y BOSWORTH, C.E. (eds.)**, *The Legacy of Islam*, 2ª ed., Oxford, 1974.
D.I., 52, 1975, pp. 320-1 (B. Spuler)
J.S.S., 21, 1976, pp. 217-21 (A. Houari)

679. **SCHEBEN, T.**, *Verwaltungsreformen der frühen Tanzimatzeit. Gesetze, Maßnahmen, Auswirkungen. Von der Verkündigung des Edikts von Gülhane 1839 bis zum Ausbruch des Krimkrieges 1853*, Frankfurt am Main- Berna- Nueva York- París, 1991.
W.I., 33, 1993, pp. 321-3 (M. Ursinus)

680. **SCHNEIDER, I.**, *Das Bild des Richters in der "Adab al-qāḍī" Literatur*, Berna-Nueva York-París, 1990.
Arabica, 41, 1994, pp. 301-2 (C. Gilliot)

681. **SCHULZE, R.**, *Islamischer Internationalismus im 20. Jahrhundert. Untersuchungen zur Geschichte der Islamischen Weltliga*, Leiden, 1990.
W.I., 32, 1992, pp. 160-1 (J. Landau)
Arabica, 39, 1992, pp. 126-30 (O. Carré)

682. **SCHWARZ, K. y KURIO, H.**, *Die Stiftungen des osmanischen Großwesirs Koğa Sinān Pascha (gest. 1596) in Uzuncaova Bulgarien*, Berlín, 1983.
D.I., 61, 1984, pp. 363-4 (M. Ursinus)

683. **SECO DE LUCENA, L.**, *Documentos arábigo-granadinos*, Madrid, 1961.
M.E.A.H., 11, 1962, pp. 133-6 (J. Bosch Vilá)

684. **SEEMAAN, K.I.**, *Ash-S̲hāfiʿī's Risālah. Basic ideas*, Lahore, 1961.

I.S., 1, 3, 1962, pp. 128-31 (F. Rahman)

685. **SÉKALY, A.**, *Le problème des wakfs en Égypte*, París, 1929 (*Extrait de la Revue des Études Islamiques*, année 1929, cahiers I-IV, p. 75-126, 277-337, 395-454, 601-659).
M.U.S.J., 15, 1930-31, pp. 336-7 (H. Lammens, S.J.)
D.I., 20, 1932, pp. 270-3 (W. Björkman)

686. **SELLE, F.**, *Prozessrecht des 16. Jahrhunderts im Osmanischen Reich (= Schriften der Max Freiherr von Oppenheim Stiftung, Heft 5)*, Wiesbaden, 1962.
W.I., 9, 1964, pp. 291-2 (O. Spies)

687. **SERJEANT, R.B.**, "Forms of plea, a *šāfi'ī* manual from al-Siḥr", *R.S.O.*, 30, 1955, pp. 1-15.
Arabica, 3, 1956, p. 124 (J.S.T.)

688. **SERJEANT, R.B.**, *Customary and Sharī'a Law in Arabian Society*, Aldershot, 1991.
J.S.S., 39, 1994, pp. 140-2 (M. Mundy)

689. **SERJEANT, R. B.**, *Farmers and Fishermen in Arabia: Studies in Customary Law and Practice*, ed. G. Rex Smith, Aldershot 1995.
J.S.S., 41, 2, 1996, pp. 377-8 (D. Martin Varisco)

690. **SERTOLI SALIS, R.**, *Il nuovo diritto d'oltremare. Appendice alle Nozioni di diritto coloniale*, Milán, 1939.
O.M., 19, 1949, p. 565 (A. Giannini)

SHALTŪT, M., véase R. Peters (trad.), *Jihad...*

691. **SHATZMILLER, M.**, *Labour in the Medieval Islamic world*, Leiden, 1994.
A.Q., 16, 1995, pp. 209-11 (M. Marín)

692. **EL SHAYYAL, G. Eldin**, "The Faṭimid documents as a source for the history of the Faṭimids and their institutions", *Bulletin of the Faculty of Arts*, 8, 1954, 12pp.
Arabica, 3, 1956, p. 123 (E.Lévi-Provençal)

693. **SHAW, S.J.**, *The Budget of Ottoman Egypt, 1005-1006/1596-1597*, París, 1968.

ArOr, 41, 1973, pp. 388-9 (Z. Veselá-Přenosilová)

694. **SHINAR, P.**, *Islam maghrébin contemporain. Bibliographie annotée*, París, 1933.
C.D., 199, 1986, p. 187 (B. Justel)

695. **SHORTER, C. (Ed.)**, *Four Studies on the Economic Development of Turkey*, Londres, 1967.
W.I., 12, 1969, pp. 160-1 (G. Jäschke)

696. **SHOSHAN, B.**, *Popular Culture in Medieval Cairo*, Cambridge, 1993.
D.I., 73, 1996, pp. 189-90 (J. Paul)

697. **SIDDIQI, M.N.**, *Insurance in an Islamic Economy*, Leicester-Nairobi-Kano, 1985 y **SIDDIQI, M.N.**, *Partnership and Profit-Sharing in Islamic Law*, Leicester-Nairobi-Kano, 1985.
ArOr, 56, 1988, pp. 280-1 (I. Svoboba)

698. **SIDDIQUI, N.U.A.**, *Studies in Muslim Law. Vol. I: Batil and Fasid Marriages*, Dacca, 1955.
W.I., 5, 1957-58, p. 281 (E. Gräf)

699. **SIMOONS, F.J.**, *Eat not this flesh*, Madison, 1961.
I.S., 2, 1963, pp. 530-4 (J.A. Boyle)

700. **SINGER, A.**, *Palestinian peasants and Ottoman officials. Rural administration around sixteenth-century Jerusalem*, Cambridge, 1994.
A.Q., 16, 1995, pp. 496-8 (F. Rodríguez Mañas)

701. **AL-ŠĪRĀZĪ**, *Šarḥ al-Luma'*, ed. A.M. Turki, Beirut, 1988 y **AL-ŠĪRĀZĪ**, *Kitāb al-Ma'ūna fī-l-jadal*, ed. A.M. Turki, Beirut, 1988.
Arabica, 37, 1990, pp. 240-1 (M. Arkoun)

702. **SMITH, W.C.**, *Islam in Modern History*, Princeton, 1957.
M.U.S.J., 35, 1958, pp. 302-3 (H. Charles, S.J.)

703. **SMITH, W.C.**, *On Understanding Islam*, La Haya, 1981.
ArOr, 54, 1986, pp. 200-1 (J. Muzikař)

704. **SNOUCK HURGRONJE, C.**, *Nederland en de Islâm vier voordrachten gehouden in de nederlandsch-indische bestuursacademie*,

Leiden, 1911.
R.S.O., 6, 1914-15, pp. 176-7 (I. Guidi)

705. **SNOUCK HURGRONJE, C.**, *Politique musulmane de la Hollande*, París, 1911.
R.S.O., 6, 1914-15, pp. 176-7 (I. Guidi)

706. **SOBERNHEIM, M.**, *Inschrifliche wirtschafts und Verwaltungs-verordnumgen des Mamluken- Sultane aus del Omejjaden-Moschee von Damaskus*, Berlín, 1933.
B.E.O., 5, 1935, p. 133 (J. Sauvaget)

707. **SOURDEL, D.**, *L'Islam*, París, 1949.
C.T., 1, 1953, pp. 87-8 (L. Bercher)

708. **SOURDEL, D.**, *Le Vizirat 'Abbāside de 749 à 936 (132 à 324 de l'Hegire)*, 2 vols., Damasco, 1959-60.
C.T., 8, 1960, pp. 137-40 (M. Talbi)

709. **SOURDEL, D. y J.**, *La Civilisation de l'Islam Classique*, París, 1968.
C.T., 16, 1968, pp. 131-3 (M. Talbi)

710. **SPECTORSKY, S. A.** (trad.), *Chapters on Marriage and Divorce. Responses of Ibn Ḥanbal and Ibn Rāhwayh*, Austin, 1993.
I.L.S., 3, 1996, pp. 376-80 (N. Hurvitz)
J.S.S., 40, 2, 1995, pp. 369-73 (M.Y.I. Dien)

711. **SPERDUTI, G.**, *Aspetti giuridici della questione del Sangiaccato di Alessandretta*, Milán, 1939.
O.M., 20, 1940, p. 89 (A. Giannini)

712. **SPIES, O.**, *Beiträge zur arabischen Literaturgeschichte. Juristen, Historiker, Traditionarier*, Leipzig, 1932.
O.M., 13, 1933, pp. 440-1 (C.A. Nallino)
R.S.O., 14, 1934, p. 91 (F. Gabrieli)

713. **SPIES, O.**, *Verarbeitung und Verbindung nach den Lahrmeinungen des islamisches Rechts; eine rechtssystematische und ideengeschichtliche Studie*, en *Zaitschrift für vergleichende Rechtswissenschaft*, band XLIV.
J.A., 222, 1932, pp. 363-4 (G. Ferrand)

714. **STEIN, K.W.**, *The Land Question in Palestine, 1917-1939,*

Chapel Hill-Londres, 1984.
W.I., 26, 1986, p. 237 (S. Wild)

715. **STEINBACH, U., HOFMEIER, R. y SCHÖNBORN, M. (eds.)**, *Politisches Lexikon Nahost*, Munich, 1979.
W.I., 20, 1980, p. 234 (W. Ende)

716. **STERN, S. M.**, *Coins and Documents from the Medieval Middle East*, Londres, 1986.
J.S.S., 33, 1988, pp. 144-5 (G. Leiser)

717. **STOJANOV, V.**, *Die Entstehung und Entwicklung der osmanisch-türkischen Paläographie und Diplomatik*, Berlín, 1983.
ArOr, 54, 1986, pp. 195-6 (Z. Veselá-Přenosilová)

718. **STROTHMANN, R.**, *Das Staatsrecht der Zaiditen* (Studien zur Geschichte u.Kultur des islamischen Orients), Strassburg, 1912.
R.S.O., 6, 1914-15, pp. 174-6 (I. Guidi)

719. **SURDON,G.**, *La justice civile indigène et le régime de la propieté inmobilière au Maroc*, Rabat, 1930.
A.A., 2, 1934, pp. 448-9 (J. López Ortiz)

720. **ṬABARĪ, M.**, *Sceau des prophètes*. Une biographie traditionelle traduite par H. Zotenberg, París, 1980.
C.T., 30, 1982, pp. 311-2 (M. Talbi)

721. **AṬ-ṬABARĪ**, *Ikhtilāf al-fuqahā'*, ed. Fr. Kern, Beirut, *s.d.*
S.I., 63, 1986, pp. 189-92 (C. Gilliot)

722. **ṬABĀṬABĀ'Ī**, *Shi'ite Islam*, trad. y ed. del persa Seyyed Hossein Nasr, Londres, 1975.
B.A.E.O., 12, 1976, pp. 277-9 (F.M. Pareja)
J.S.S., 22, 1977, pp. 134-6 (F.R.C. Bagley)

723. **TABBAH, B.**, *Du heurt à l'harmonie des droits*, París, 1936.
M.U.S.J., 19-20, 1935, pp. 181-2 (E. Tyan)

724. **TALBI, M.**, *L'Emirat Aghlabide 184-296/800-909. Histoire politique*, París, 1966.
C.T., 19, 1971, pp. 295-301 (H. Djait)

725. **TALBI, M.**, *Biographies Aghlabides. Extraites des Madārik du*

Cadi ᶜIyāḍ, ed. crítica con introd. e índices, Túnez, 1968.
C.T., 19, 1971, p. 302 (H. Djait)

726. **TAWFĪQ AL-SHĀWĪ**, *Fiqh al-Shūra wa-l-Istishārah*, al-Mansurah, 1992.
I.L.S., 2, 1995, pp. 102-4 (F.J. Ziadeh)

727. *Textos aljamiados sobre la vida de Mahoma*, ed. C. López-Morillas, Madrid, 1994.
A.Q., 16, 1995, pp. 498-501 (G. Wiegers)
Sh.A., 12, 1995, pp. 670-6 (M. de Epalza)

728. **TIBAWI, A.L.**, *The Islamic Pious Foundations in Jerusalem. Origins, History and Usurpation by Israel*, Londres, 1978.
D.I., 57, 1980, pp. 351-3 (A. Carmel)
W.I., 22, 1982, pp. 212-3 (A. Flores)

729. **TILLION, G.**, *Le harem et les cousins*, París, 1966.
C.T., 16, 1968, pp. 139-41 (A. Martel)

730. **TORRE Y DEL CERRO, A. de la**, *Unos documentos de 1490 sobre Abulcásim Venegas, Alguacil de Granada*, Córdoba, 1933.
A.A., 1, 1933, p. 473 (A. González Palencia)

731. **TOUATI, H.**, *Entre Dieu et les hommes. Lettrés, saints et sorciers au Maghreb (17e siècle)*, París, 1994.
A.Q., 16, 1995, pp. 501-3 (F. Rodríguez Mediano)
S.I., 84, 1996, pp. 199-201 (C. Hamès)
A.H.S.S., 50, 1995, pp. 908-10 (M. García-Arenal)

732. *Un tratado catalán medieval de derecho islámico: El Llibre de la Çuna e Xara dels moros*, ed. C. Barceló, Córdoba, 1989.
A.Q., 11, 1990, pp. 576-7 (A. Labarta)

733. **TRESSE, R.**, *Le pèlerinage syrien aux villes saintes de l'Islam*, París, 1937.
M.U.S.J., 21, 1937-38, pp. 313-4 (P.M.)

734. **TRITTON, A.S.**, *The Caliphs and their Non-Muslim Subjects. A Critical Study of the Covenant of 'Umar*, Londres, 1930.
D.I., 19, 1931, pp. 289-92 (J. Schacht)

735. **TRITTON, A.S.**, "Non-Muslim Subjects of the Muslim State", *J.R.A.S.*, 1942.

A.A., 7, 1942, pp. 490-1 (J. López Ortiz)

736. **TUCKER, J. E.**, *Women in nineteenth-century Egypt*, Cambridge, 1985.
I.L.S., 2, 3, 1995, pp. 358-61 (R. Shaham)

737. **TUNAYA, T.Z.**, *Türkiyede Siyasî Partiler (Die politischen Parteien in der Türkei) 1859-1952*, Estambul, 1952.
W.I., 2, 1952-53, pp. 309-10 (G. Jäschke)

738. **TUNAYA, T.Z.**, *Tūrkiyenin Siyari Hayatinda Batililasma Hareketleri (Westernisation movements in Turkey's Political Life)*, Estambul, 1960.
I.S., 1, 1962, pp. 136-40 (M.R. Feroze)

739. **TURKI, A.M.**, *Polémiques entre Ibn Ḥazm et Bāǧī sur les principes de la loi musulmane. Essai sur la littéralisme ẓāhirite et la finalité mālikite (Études et documents)*, Argel, 1975.
J.A., 266, 1978, pp. 370-1 (G. Vajda)
Arabica, 27, 1980, pp. 194-8 (D. Gimaret)

740. **TURKI, A.M.**, *Qaḍāyā ṯaqāfiyya min ta'riḫ al-garb al-islāmī (nuṣūṣ wa-dirāsāt). Problèmes culturels de l'occident musulman (Documents et études)*, Beirut, 1988.
S.I., 70, 1989, pp. 194-6 (C. Gilliot)

741. **AL-TURKUMĀNĪ AL-ḤANAFĪ, I. b. B.**, *Kitāb al-Luma' fī l-ḥawādiṯ wal-bida'. Eine Streitschrift gegen unstatthafte Neuerungen*, ed. S. Labib, vol. I: texto, vol. II: índices, El Cairo-Wiesbaden 1406/1986.
D.I., 68, 1991, pp. 379-82 (U. Haarmann)

742. **TWORUSCHKA, M.**, *Die Rolle des Islam in den arabischen Staatsverfassungen*, Walldorf, 1976.
D.I., 64, 1987, pp. 339-41 (H. Krüger)

743. **TYAN, É.**, *Histoire de l'organisation judiciaire en pays d'Islam*, París, 1938.
M.U.S.J., 22, 1939, pp. 235-6 (R. Mouterde, S.J.): Tomo II, Beirut, 1943
O.M., 19, 1939, pp. 350-1 (L. Veccia Vaglieri)
M.U.S.J., 26, 1944-46, pp. 150-1 (P. Mazas)

J.A., 235, 1946-47, pp. 123-32 (M. Gaudefroy-Demombynes)
M.U.S.J., 39, 1963, pp. 257-8 (P. Mazas)

744. **TYAN, É,** *Le notariat et le régime de la preuve par écrit dans le pratique du droit musulman*, Beirut, 1945.
J.A., 235, 1946-47, p. 132 (M. Gaudefroy-Demombynes)

745. **TYAN, É.,** *Institutions du Droit Public Musulman. Tome I: Le Califat*, París, 1954.
W.I., 3, 1953-54, pp. 286-7 (E. Gräf)
Arabica, 1, 1954, pp. 354-7 (E. Lévi-Provençal)
A.A., 19, 1954, pp. 475-6 (E. García Gómez)
M.U.S.J., 34, 1957, pp. 339-41 (R.M.)

746. **TYAN, É.,** *Institutions du Droit Public Musulman. Tome II: Sultanat et Califat*, París, 1957.
Arabica, 5, 1958, pp. 70-6 (Cl. Cahen)

747. **UBACH, E. y RACKOW, E. (eds.),** *Sitte und Recht in Nordafrika*, Stuttgart, 1923.
O.M., 5, 1925, pp. 218-9 (C.A. Nallino)

748. **UDOVITCH, A.L.,** *Partnership and Profit in Medieval Islam*, Princeton, 1970.
C.T., 23, 1975, pp. 323-4 (M. Talbi)

749. **UDOVITCH, A.L. (ed.),** *The Islamic Middle East, 700-1900: Studies in Economic and Social History*, Princeton, 1981.
D.I., 60, 1983, pp. 374-6 (H. Motzki)

750. **UĞUR, A.,** *The Ottoman ʿUlemā in the Mid-17th Century. An Analysis of the Vaḳāʾiʿü'l-Fużalā of Meḥmed Şeyh̲ī Ef.*, Berlín, 1986.
D.I., 66, 1989, p. 178 (M. Zilfi)
W.I., 31, 1991, pp. 296-8 (H. Reindl-Kiel)

751. **URSINUS, M.,** *Regionale Reformen im Osmanischen Reich am Vorabend der Tanzimat. Reformen der rumelischen Provinzial gouverneure im Gerichtssprengel von Manastir (Bitola) zur Zeit der Herrschaft Sultan Mahmuds II (1808-1839)*, Berlín, 1982.
W.I., 27, 1987, pp. 179-81 (A.H. de Groot)

752. **URVOY, D.**, *Le Monde des ulémas andalous du Ve/XIe au VIIe/XIIIe siècle*, Ginebra, 1978.
D.I., 60, 1983, pp 324-5 (R. Arié)

753. **UTAS, B.**, *Women in Islamic Societies. Social Attitudes and Historical Perspectives*, Londres- Malmö, *s.d.*
ArOr, 53, 1985, pp. 281-2 (D. Marková)
W.I., 26, 1986, pp 241-2 (M. Schmidt-Dumont)

754. **'UṮMĀN IBN FŪDĪ**, *Bayān wujūb al-hijra 'alà l-'ibād*, ed. F.H. El Masri, Jartum- Oxford, 1977.
O.M., 64, 1984, pp. 292-4 (C. Intartaglia)

755. **VAJDA, G.**, *Le Dictionnaire des Autorités (*Mu'ŷam aš-šuyūj *de 'Abd al-Mu'min ad-Dimyāṭī*, París, 1962.
A.A., 28, 1963, pp. 241-3 (J. Vallvé)
Arabica, 11, 1964, pp. 308-9 (D. Sourdel)

756. **VALENSI, L.**, *Le Maghreb avant la prise d'Alger*, París, 1969.
C.T., 18, 1970, pp. 249-50 (M.H. Cherif)

757. **VÁLI, F.A.**, *The Turkish Straits and NATO*, Stanford, 1972
W.I., 16, 1975, pp. 244-5 (G. Jäschke)

-VAN DER BERG, L.W.C.: v. **BERG, L.W.C. van der.**

-VAN ESS, J.: v. **ESS, J. van.**

-VAN KONINGSVELD, P.S.: v. **KONINGSVELD, P.S. van**

758. **VATIKIOTIS, P. J.**, *Islam and the State*, Londres-Nueva York, 1991.
J.S.S., 37, 1992, pp. 137-9 (V. Martin)

759. **VEDOVATO, G.**, *L'ordinamento capitolare in Oriente nei privilegi toscani dei secoli XII-XIV*, Florencia, 1946.
O.M., 27, 1947, pp. 60-1 (E. Rossi)

760. **VENZLAFF, H.**, *Der marokkanische Drogenhändler und seine Ware (= Akadamie der Wissenschaften und der Literatur, Veröffentl. der Orientalischen Kommission, Band XXXI)*, Wiesbaden, 1977.
W.I., 18, 1977-78, pp. 241-2 (O. Spies)

761. **VESEY-FITZGERALD, S.**, *Muhammadan Law. An Abridgement according to its various Schools*, Londres, 1931.

D.I., 20, 1932, pp. 258-63 (J. Schacht)

762. *La vie juridique des peuples. T. VIIe. Turquie.*
O.M., 19, 1939, p. 566.

763. **VIKØR, K.S.**, *Sufi and scholar on the Desert edge. Muḥammad b. 'Alī al-Sanūsī and his brotherhood*, Londres, 1995.
R.E.M.M.M., 77-78, 1995, pp. 295-302 (J.L. Triaud)
S.I., 84, 1996, pp. 205-7 (C. Hamès)

764. **VILA, S.**, *Abenmoguit: Formulario notarial*, Madrid, 1931.
A.A., 1, 1933, p. 227 (J. López Ortiz)

765. **VILLANI, S.**, *La condizione giuridica delle popolazioni coloniali*, Roma, 1939.
O.M., 19, 1939, p. 565 (A. Giannini)

766. **VILLANUEVA RICO, Mª.C.**, *Habices de las mezquitas de la Ciudad de Granada y sus alquerías. Edición, introducción e índices*, Madrid, 1961.
A.A., 26, 1961, pp. 479-81 (R. Singer)

767. **VITESTAM, G.**, *Kitāb Ṭabaqāt al-Fuqahā' aš-Šāfi'īya. Das Klassenbuch der Gelehrten Šāfi'iten des Abū 'Aṣim Muḥammad b. Aḥmad al-'Abbādī mit Einleitung und Kommentar herausgegeben (= Veröffentlichungen der "De Geoje-Stiftung" Nr. XXI)*, Leiden, 1964.
W.I., 10, 1965-67, pp. 98-9 (O. Spies)

768. **WAARDENBURG, J.J.**, *L'Islam dans le miroir de l'Occident*, París, 1963.
C.T., 14, 1966, pp. 284-5 (H. Djait)

769. **WAART, P.J.I.M. de**, *Dynamics of Self-Determination in Palestine: Protection of Peoples as a Human Right*, Leiden, 1994.
I.L.S., 2, 1995, pp. 362-3 (J. Strawson)

770. **WAEL, H. de**, *Le droit musulman. Nature et evolution*, París, 1989.
I.S.C. 11/40, 1992, p. 204 (C. Collarile)

771. **WAINES, D.**, *An Introduction to Islam*, Cambridge, 1995.

S.I., 83, 1996, pp. 154-5 (P. Lory)

772. **WAKIN, J.A.**, *The Function of Documents in Islamic Law. The Chapter on Sales from Ṭaḥāwī's Kitāb al-Shurūṭ al-kabīr*, ed. con introd. y notas, Nueva York, 1972.

Arabica, 20, 1972, pp. 320-1 (Cl. Cahen)
D.I., 52, 1975, pp. 343-5 (E. Gräf)
J.S.S., 20, 1975, p. 132 (W. Montgomery Watt)

773. **WALTHER, W.**, *Femmes en Islam*, París, 1981.

C.T., 33, 2, 1985, pp. 196-8 (M. Chapoutout-Remadi)

774. **WANSBROUGH, J.**, *Quranic Studies. Sources and methods of scriptural interpretation*, Oxford, 1977.

J.S.S., 24, 1979, pp. 293-6 (G.H.A. Juynboll)

775. **WAQFNĀMĀ-JI RAB'-I RAŠĪDĪ**, *al-Waqfīja ar-Rašīdīja bi-ḫaṭṭ al-wāqif fī bajān šarā'iṭ umūr al-waqf wa'l-maṣārif. Aṯar-i Rašīd ad-Dīn Fażlallāh Abī'l-Ḫair 'Ālī al-Hamadānī mašhūr bi-Rašīd aṭ-Ṭabīb. Čāp-i 'aksī az rūj-i nusḫa-ji aṣl zīr-i naẓar-i Muǧtabā Mīnuwī-Īraǧ Afšār. (Die Stiftungsurkunde Rašīds in der Handschrift des Stifters, mit der Darlegung der Bedingungen der Angelegenheiten der Stiftung und der Ausgaben, verfaßt von Rašīd ad-Dīn Fażlallāh Abī'l-Ḫair 'Ālī al-Hamadānī berühmt als Rašīd aṭ-Ṭabīb. Faksimile der Originalurkunde herausgegeben unter Aufsicht von Muǧtabā Mīnuwī <und> Īraǧ Afšār)*, Teherán, 1350/1972.

D.I., 52, 1975, pp. 360-2 (K. Jahn)

776. **WARRINER, D.**, *Land Reform and Development in the Middle East. A Study of Egypt, Syria and Iraq*, Londres-Nueva York, 1957.

W.I., 5, 1957-58, pp. 285-6 (G. Baer)
W.I., 8, 1962-63, p. 269 (C.E. Farah)

777. **WATT, W.M.**, *Islam and the Integration of Society*, Londres, 1961.

R.H.R., 163-4, 1963, pp. 251-4 (M. Rodinson)
I.S., 2, 1963, pp. 143-8 (M.E. Ahmed)

778. **WATT, W. M.**, *Muḥammad: Prophet and Statesman*, Oxford, 1961.

J.S.S., 8, 1963, pp. 124-5 (J. Robson)

779. **WATT, W.M.**, *Islamic Philosophy and Theology*, Edimburgo, 1962.
J.S.S., 9, 1964, pp. 394-5 (J. Robson)

780. **WATT, W.M.**, *The Influence of Islam on Medieval Europe*, Edimburgo, 1972.
J.S.S., 19, 1974, pp. 141-5 (N. Daniel)

781. **WATT, W. M.**, *Muslim Intellectual, a study of al-Ghazali*, Edimburgo, 1963.
J.S.S., 9, 1964, p. 401 (A.J. Arberry)

782. **WATT, W.M.**, *Der Islam- Mohammed u.d. Frühzeit, islamisches Recht, religiöses Leben* von W. Montgomery Watt; Alford T. WELCH [Von d. Verf. autoris Übers. aus d. amerikan. Orig.-Ms. von Sylvia Höfer], Stuttgart- Berlín- Colonia- Mainz, 1980.
D.I., 61, 1984, pp. 100-1 (T. Nagel)

783. **WATT, W.M.**, *Islamic fundamentalism and modernity*, Londres-Nueva York, 1988.
Awrāq, 12, 1991, pp. 265-7 (M. Fierro)

784. **WEBSTER, R.**, *A Brief History of Blasphemy. Liberalism, Censorship and "The Satanic Verses"*, Southwold, 199o.
Awrāq, 12, 1991, p. 209-21 (M. Fierro)

785. **WEERAMANTRY, C.G.**, *Islamic Jurisprudence: an international perspective*, Londres, 1988.
A.E.A., 2, 1991, pp. 373-4 (D. Serrano)

786. **WEISS, B.G.**, *The search for God's Law. Islamic jurisprudence in the writings of Sayf al-Dīn al-Āmidī*, Utah, 1992.
Arabica, 42, 1995, pp. 127-30 (M. Arkoun)

787. **WENSINCK, A.J.**, *Some Semitic rites of mourning and religion. Studies on their origin and mutual relation*, Amsterdam, 1917.
R.S.O., 7, 1916-18, pp. 904-6 (I. Guidi)

788. **WENSINCK, A.J.**, *Concordances et Indices de la Tradition Musulmane*, vols. I-III, Leiden, 1933-34.
R.S.O., 15, 1935, pp. 389-90 (M. Guidi)

789. **WENSINCK, A.J.**, *Muhammad and the Jews of Medina. With an excursus: Muhammad's constitution of Medina by Julius Welhausen*, ed. y trad. por Wolfgang Behn, Friburgo, 1975.
J.S.S., 22, 1977, pp. 122-3 (G.H.A. Juynboll)

790. **WICHARD, J.C.**, *Zwischen Markt und Moschee. Wirtschaftliche Bedürfnisse und religiöse Anforderungen im frühen islamischen Vertragsrecht*, Paderborn, 1995.
W.I., 36, 1996, pp. 137-8 (B. Krawietz)

791. **WIEDENSOHLER, G.**, *Mängel beim Kauf nach islamischem Recht (= Beiträge zur Sprach- und Kulturgeschichte des Orients, Heft 14)*, Walldorf, 1960.
W.I., 8, 1962-63, pp. 86-8 (E. Gräf)

792. **WIEGERS, G.**, *Yça Gidelli (fl. 1450), his antecedents and successors. A historical study of Islamic literature in Spanish and Aljamiado*, tesis Doctoral, Universidad de Leiden, 1991.
A.Q., 13, 1992, pp. 301-3 (M. de Epalza)

793. **WINKELHANE, G.- SCHWARZ, K.**, *Der osmanische Statthalter Iskender Pascha (gest. 1571) und seine Stiftungen in Ägypten und am Bosporus*, Bamberg, 1985.
D.I., 65, 1988, pp. 178-9 (M. Hoexter)

794. **YAHIA, O.**, *Histoire et classification de l'oeuvre d'Ibn Arabī, étude critique*, 2 vols., Damasco, 1964.
C.T., 11, 1963, pp. 127-8 (M. Talbi)

795. **YE'OR, B.**, *Les Chrétientés d'Orient entre Jihād et Dhimmitude*, París, 1991.
J.S.S., 38, 1993, pp. 166-7 (W. Montgomery Watt)

796. **YE'OR, B.**, *Juifs et chrétiens sous l'Islam - les dhimmis face au défi intégriste*, París, 1994.
I.CH., 20, 1994, pp. 297-9 (J.-M. Gaudeul)

797. **ZAFRANI, H.**, *Les Juifs du Maroc. Vie sociale, économique et religieuse. Études de Taqannot et Responsa*, París, 1973 y **ZAFRANI, H.**, *Pédagogie juive en terre d'Islam.*

L'enseignement traditionnel de l'hébreu et du judaïsme au Maroc, París, 1969.
J.S.S., 19, 1974, pp. 314-7 (K.L. Brown)

798. **ZARTMAN, W.**, *Government and Politics in Northern Africa*, Londres, 1964.
W.I., 12, 1969, p. 144 (G. Rotter)

799. **ZEBIRI, K.**, *Maḥmūd Shaltūt and Islamic Modernism*, Oxford, 1993.
I.CH., 20, 1994, p. 338 (A.J.L.)

800. **ZEGHAL, M.**, *Gardiens de l'Islam. Les oulémas d'Al Azhar dans l'Egypte contemporaine*, París, 1996.
R.E.M.M.M., 77-78, 1995, pp. 316-7.

801. **ZEVKLILER, A.**, *Nichteheliche Lebensgemeinschaft nach deutschem und türkischem Recht unter besonderer Berücksichtigung der geschichtlichen Entwicklung*, Würzburg-Altenberge, 1989.
W.I., 12, 1969, p. 144 (G. Rotter)
D.I., 70, 1993, pp. 370-1 (H. Krüger)

802. **ZIEMKE, K.**, *Die neue Türkei. Politische Entwicklung 1914-1929*, Stuttgart- Berlín- Leipzig, 1930.
D.I., 20, 1932, pp. 313-7 (J. Schacht)

803. **ZILFI, M.C.**, *The Politics of Piety: The Ottoman Ulema in the Postclassical Age (1600-1800)*, Minneapolis, 1988.
W.I., 34, 1994, pp. 170-1 (M. Ursinus)

804. **AL-ZWAINI, L. y PETERS, R.**, *A Bibliography of Islamic Law, 1980-1993*, Leiden- Nueva York- Colonia, 1994.
W.I., 36, 1996, p. 141-3 (H. Krüger)

805. **ZWEMER, S.M.**, *The Law of Apostasy in Islam*, Londres-Edimburgo- Nueva York, 1925.
O.M., 5, 1925, pp. 216-7 (C.A. Nallino)

Índices
Índice Analítico*
Índice de Autores de Reseñas

* Este índice se refiere únicamente a los artículos de revistas

ÍNDICE ANALÍTICO

A

B

C

D

F

G

H

I

J

K

L

M

N

O

P

Q

R

S

T

U

V

W

Y

Z

ÍNDICE DE AUTORES DE RESEÑAS

Siglas

*En algunas ocasiones, en el apartado "Reseñas de libros y artículos" se ha dado entrada a la misma obra dos veces. Los casos en que esto ha ocurrido son los correspondientes a los números 1 y 12, 9 y 518, 434 y 741, 488 y 490, 499 y 654.